Dirk Lippold

Personalmanagement und High Potentials

Dirk Lippold

Personalmanagement und High Potentials

Top-Talente finden und binden

DE GRUYTER
OLDENBOURG

ISBN 978-3-11-071421-0
e-ISBN (PDF) 978-3-11-071424-1
e-ISBN (EPUB) 978-3-11-071444-9

Library of Congress Control Number: 2020948095

Bibliografische Information der Deutschen Nationalbibliothek
Die Deutsche Nationalbibliothek verzeichnet diese Publikation in der Deutschen
Nationalbibliografie; detaillierte bibliografische Daten sind im Internet über
http://dnb.dnb.de abrufbar.

www.degruyter.com

If you can do it, teach it.

If you can teach it, write about it.

Vorwort

Seit den 1990er Jahren stehen sie im Mittelpunkt aller Recruiting-Bemühungen: die High Potentials. Sie sind die zentrale Ressource jedes Unternehmens. Keine Personengruppe ist wohl je so umworben worden. Die Gewinnung und Bindung dieser Hochleister ist der grundlegende Beitrag des Personalmanagements zur Wettbewerbsposition und zur Produktivität des Unternehmens.

Da besonders qualifizierte Bewerber zumeist die Wahl zwischen den Angeboten mehrerer Unternehmen haben, können sie auch besonders selbstbewusst bei ihrer Arbeitsplatzwahl auftreten. Somit stehen sich auf dem Arbeitsmarkt für High Potentials zwei Partner „auf Augenhöhe" gegenüber.

Um in diesem Wettbewerb um die Besten erfolgreich zu bestehen, müssen geeignete Bewerber quasi als Kunden genauso umworben werden wie potenzielle Käufer von Produkten und Dienstleistungen. Daher ist auch die Übertragung von Begriffen wie *Positionierung*, *Segmentierung*, *Kommunikation* oder auch *Branding*, die allesamt ihren Ursprung und ihre konzeptionellen Wurzeln im klassischen Marketing haben, auf das Personalmarketing eine wichtige Grundlage für den erfolgreichen „War for Talents".

High Potentials werden heute von Unternehmen umworben, noch bevor sie die Hochschulausbildung abgeschlossen haben. Somit kann auch eine Zusammenarbeit mit den Kandidaten zum Beispiel während eines Praktikums oder im Rahmen einer Masterarbeit frühzeitig Top-Talente an das Unternehmen binden.

Weil solche Talente mittlerweile über fundierte Netzwerke in den sozialen Medien verfügen, sind sie über konventionelle Recruiting-Kanäle wie Stellenanzeigen kaum zu erreichen. Die Wahrscheinlichkeit ist höher, High Potentials zu gewinnen, wenn ein Erstkontakt über persönliche Kontakte durch Alumni, ein Alumni-Netzwerk, bei Tagungen, Vorträgen bei Absolventen- oder Karrieremessen oder organisierten Recruiting-Events hergestellt wird.

Unternehmen sind dann gut aufgestellt, wenn sie auf solche – früher durchaus als unkonventionell bezeichnete – Herausforderungen eine Antwort haben. In der hier vorliegenden Abhandlung werden diese und ähnliche Vorgehensweisen im Recruiting vorgestellt und diskutiert.

Besonders bedanken möchte ich mich bei Dr. Stefan Giesen und Frau Sabina Dabrowski, die dieses Projekt verlagsseitig gefördert haben. Außerdem gilt mein Dank Herrn Michael Thiedemann und Herrn Lukas Jennerjahn sowie Frau Van Nguyen für ihre bewährten Korrekturarbeiten. Zur besseren Lesbarkeit wird für alle Personen das generische Maskulinum verwendet.

Berlin, im Oktober 2020   Dirk Lippold

Inhalt

1. Personalmanagement – konzeptionelle Grundlagen

„Moderne Personalbereiche erfinden sich selbst neu oder – dies ist der häufigere Fall – werden von außen neu erfunden." [Martin Claßen/Dieter Kern]

1.1 Anforderungen an das moderne Personalmanagement

Das **High Potential Management** – oder das etwas weiter gefasste *Talent Management* – ist wohl die zentrale Herausforderung für das Personalmanagement geworden. Das wird ganz besonders deutlich, wenn man die jährlich von Kienbaum durchgeführten HR-Trendstudien unter Top-Personalentscheidern für das letzte Jahrzehnt zusammenfasst: Die Steigerung der Führungs- und Managementqualitäten (engl. *Leadership Development*), das Talent Management und die Erkenntnis, dass Daten und Talente das neue Öl im Managementprozess sind, stehen ganz oben auf der Agenda der Top-Themen der Personalmanager (siehe auch Abbildung 1-01).

Aktuelle Themen mit hoher Priorität	„Dauerbrenner"	Verschobene oder abgearbeitete Themen	Themen mit zunehmender Aktualität und Priorität	Themen mit künftig hohem Leidensdruck
· Führungskräfteentwicklung · Talentmanagement bzw. -suche · „Daten und Talente sind das neue Öl" · Organisationsentwicklung bzw. Change Management mit dem Ziel, ein hybrides Zielbild zu verfolgen	· Performance Management · Employer Branding · Rekrutierung · Digitalisierung im HR-Bereich · Besetzung von Schlüsselpositionen · Chancengleichheit herstellen	· Anreiz- und Vergütungssysteme · Nachfolgemanagement · Kompetenz- und Skill-Management · HR als Businesspartner	· Diversity Management · Work-Life-Balance · Demografischer Wandel · Neue Formen der Zusammenarbeit und Führung · Implementierung einer neuen HR-Rolle: der People Coach	· Digitale Führungskompetenz · Social Media & Digitalisierung · HR Big Data · Digitale Transformation und Unternehmenskultur · Beschäftigungsfähigkeit der Mitarbeiter sicherstellen

[Quelle: HR-Trendstudien 2009 bis 2019; Global Human Capital Trendstudien 2017 und 2018]

Abb. 1-01: Top-Themen auf der Agenda des Personalmanagements

Demgegenüber zählen die Fokusthemen Performance Management, Arbeitgeberattraktivität (engl. *Employer Branding*), Rekrutierung, HR-Technologie sowie die Besetzung von Schlüsselpositionen schon länger zu den wichtigsten Themen des Personalmanagements.

Frühere Top-Themen wie Anreiz- und Vergütungssysteme, Nachfolgemanagement (engl. *Successor Management*), Kompetenz- und Skill-Management sowie HR als Business Partner, stehen dagegen nicht mehr so sehr im Fokus und sind aktuelleren Themen gewichen. Das Personalmanagement hat in diesen Bereichen seine Hausaufgaben entweder bereits erledigt oder aufgrund aktuellerer Themen auf der Prioritätenliste nach hinten verschoben. Es deutet allerdings einiges eher auf einen Aufschub als auf eine Abarbeitung hin.

Eine weitere Themengruppe, die hier angesprochen ist, gewinnt zunehmend an Aktualität auf der Prioritätenliste der Personalmanager. Dazu zählen Handlungsfelder wie das Diversity Management oder die Work-Life-Balance.

In die letzte Themengruppe schließlich sind zusätzlich die Human Capital Trends von Deloitte eingeflossen. Damit kommen auf das Personalmanagement einige Herausforderungen zu, die künftig einen mehr oder weniger hohen Leidensdruck erzeugen dürften [vgl. Deloitte 2018]:

- **Digitale Führungskompetenz** soll andeuten, dass Organisationen künftig vielseitige Führungskräfte und -konzepte benötigen, die auf die Digitalisierung und ihre Auswirkungen reagieren können. Stichwort: „Führung im Umbruch".

- **Social Media & Digitalisierung** steht für den Aufbau einer „Organisation der Zukunft", bei der neue Kommunikationstechnologien in Verbindung mit Teamführung und organisatorischer Agilität für Unternehmen im digitalen Zeitalter ein entscheidender Wettbewerbsfaktor geworden ist.

- **HR Big Data** bedeutet, dass der HR-Bereich zum Vorreiter des digitalen Wandels avancieren sollte. Neben der Digitalisierung der HR-Plattformen im Speziellen zählt dazu aber auch die Integration von künstlicher Intelligenz, Robotics und Automatisierung und deren Auswirkung auf die Arbeitswelt im Allgemeinen.

- **Digitale Transformation und Unternehmenskultur** soll darauf hinweisen, dass digitale Transformation ebenso in unsere Arbeitskultur hineinwirkt, wie Kultur die Entwicklung und den Einsatz von Technologien beeinflusst. Jeder Organisationskultur liegen Werte zugrunde, die auf neue Technologien reagieren. Positiv, wie auch negativ. Die Frage ist also, wie es gelingen kann, eine generationenübergreifende, besser generationenverbindende Kommunikations- bzw. Unternehmenskultur zu leben.

- **Beschäftigungsfähigkeit** (engl. *Employability*) bedeutet, dass es Teil der unternehmerischen Verantwortung ist, die Entwicklungs- und Qualifizierungsbedarfe besonders solcher Arbeitnehmer zu analysieren und zu decken, deren Arbeitsplätze durch den Einsatz digitaler Technologien wegzufallen drohen.

Der Stand der praktischen Umsetzung des Personalmarketings zeigt teilweise erhebliche **Realisierungsdefizite** auf. *Konzept- und Strategielosigkeit* sowie eine immer noch starke *Konjunkturabhängigkeit* beim Einsatz der Personalmarketing-Instrumente führt zu einem *Aktionismus*, der es dem Personalmanagement erschwert, das Personalmarketing als eigenständige Denk- und Arbeitshaltung zu etablieren. Die *fehlende Systematik* bei der Wechselwirkung seiner Aktionsfelder und die immer noch sehr *willkürliche Behandlung* unterschiedlicher Zielgruppen erschweren darüber hinaus die Schaffung einer eigenen Funktionsidentität des Personalmarketings [vgl. DGFP 2006, S. 26].

Produkt-, Produktions-, Prozess- oder Dienstleistungsinnovationen sind ohne leistungsfähiges Personal nicht denkbar. Längst hat sich der Arbeitsmarkt zu einem Käufermarkt für qualifizierte Fach- und Führungskräfte entwickelt. Eine Folge ist der „War for Talents", d. h. ein verstärkter Wettbewerb zwischen Unternehmen aus den verschiedensten Branchen in einem als *absurd* zu bezeichnenden Arbeitsplatzmarkt für akademische Nachwuchskräfte.

Absurd deshalb, weil er einerseits die Grundzüge eines Verkäufermarktes und andererseits die Charakteristika eines Käufermarktes trägt. Einerseits können sich Unternehmen fast uneingeschränkt bedienen, wenn es um die Rekrutierung von durchschnittlich begabten Hochschulabsolventen geht. Andererseits handelt es sich aus Sicht des Arbeitsplatzanbieters um einen klassischen Käufermarkt, wenn es darum geht, leistungsbereite Nachwuchskräfte mit hohem Potenzial – eben High Potentials – zu gewinnen. Da solch besonders qualifizierte Bewerber zumeist die Wahl zwischen den Angeboten mehrerer Unternehmen haben, können sie auch besonders selbstbewusst bei ihrer Arbeitsplatzwahl auftreten. Somit stehen sich auf dem Arbeitsmarkt für High Potentials zwei Partner „auf Augenhöhe" gegenüber.

Der Wettbewerb um hochqualifizierte und leistungsbereite Mitarbeiter sollte allerdings nicht dadurch gelöst werden, dass bei Bedarf entsprechendes Personal vom Wettbewerb abgeworben wird. Zielführender ist zumeist eine sorgfältige Personalauswahl auf dem Bewerbermarkt, verbunden mit einer späteren nachhaltigen Personal- und Karriereentwicklung. Denn die Wahrscheinlichkeit des Scheiterns abgeworbener Führungskräfte ist oftmals höher als für einen Mitarbeiter aus den eigenen Reihen, der im Rahmen einer systematischen Karriereentwicklung gefordert und gefördert wurde. Um in diesem Wettbewerb um die Besten erfolgreich zu bestehen, müssen geeignete Bewerber quasi als Kunden genauso umworben werden, wie potenzielle Käufer von Produkten und Dienstleistungen. Daher ist auch die Übertragung von Begriffen wie *Positionierung*, *Segmentierung*, *Kommunikation* oder auch *Branding*, die allesamt ihren Ursprung und ihre konzeptionellen Wurzeln im klassischen Marketing haben, auf das Personalmarketing eine wichtige Grundlage für den „War for Talents".

Eine wichtige Voraussetzung für das Durchstehen unterschiedlichster Wirtschaftssituationen ist ein Personalmanagement, das personalpolitisch relevante Chancen in einer sich verändernden Umwelt erkennen und daraus geeignete Maßnahmen und Programme ableiten muss.

Ziel dieser Abhandlung ist es, einen Handlungsrahmen für ein praxisorientiertes Vorgehen aufzuzeigen. Es soll den aktuellen und latenten Herausforderungen für das Personalmanagement mit einer *Denkhaltung* begegnen, die sich an folgenden sechs Fixpunkten orientiert:

- Die Konzentration auf Maßnahmen zur Gewinnung und Bindung von leistungsfähigen **Fach- und Führungsnachwuchskräften** (High Potentials), die für viele Unternehmen einen Engpassfaktor darstellen.

- Die **internationale Ausrichtung** des Personalmanagements, wobei die Internationalität des Arbeitgebers bei den High Potentials einen ganz besonderen Stellenwert hat.

- Das Selbstverständnis des Personalmanagements als **Business-Partner**, das den kundenorientierten Anforderungen an einen Gesprächspartner, der in die Geschäftsprozesse des Gesamtunternehmens eingebunden ist, am besten gerecht wird.

- Die Übertragung der (kundenorientierten) Erkenntnisse aus dem **Absatzmarketing** auf das Personalmanagement, das immer noch zu sehr den klassischen, verwaltungsorientierten Personalkonzepten verhaftet ist.

- Die Betrachtung der Aktivitäten des Personalmanagements als **Wertschöpfungskette** mit den beiden Phasen *Personalbeschaffung* und *Personalbetreuung*, deren Teilziele *Personalgewinnung* und *Personalbindung* im Hinblick auf die Generierung von Wettbewerbsvorteilen zu optimieren sind.

1.2 Begriffliche Abgrenzungen

Im Wesentlichen sind es zwei Begriffe, die – da sie unterschiedlichen logischen Dimensionen angehören und teilweise doch synonym behandelt werden – voneinander abgegrenzt werden sollen: *Personalmanagement* und *Personalmarketing*.

Personalmanagement. Das Personalmanagement stellt die Führungstätigkeiten in den Vordergrund, wobei der Begriff *Management* auf zweifache Weise verwendet wird: Zum einen als *Institution,* die alle Personen bezeichnet, die Managementaufgaben wahrnehmen, zum anderen als *Funktion,* die die Managementaufgaben an sich beschreibt, d. h. sämtliche Aufgabenbereiche, die zur Steuerung des Unternehmens wahrzunehmen sind. Im angelsächsischen Sprachraum existiert hierfür der Begriff *Human Resources Management* (kurz: **HRM**) und so wird folgerichtig – besonders bei international oder global agierenden Unternehmen – die Personalabteilung als *HR-Abteilung* bezeichnet [vgl. Jung 2017, S. 7 f.].

Personalmarketing. Die inhaltlichen Vorstellungen über den Begriff des Personalmarketings weisen in der Literatur verschiedene Facetten auf, die sich in *drei* Strömungen zusammenfassen lassen [vgl. Giesen 1998, S. 86]:

- Personalmarketing wird als eigenständiger Begriff abgelehnt und erscheint nur als neue Worthülse für die klassischen Instrumente einer mitarbeiterorientierten Personalpolitik.

- Personalmarketing befasst sich ausschließlich mit dem externen Wirkungsfeld personaler Aktivitäten, also dem Personalbeschaffungsmarkt des Unternehmens. Diese konservative Auffassung setzt im Prinzip die Begriffe Personalbeschaffung und Personalmarketing gleich.

- Personalmarketing wird als umfassende Denk- und Handlungskonzeption verstanden, die sich mit den Bedürfnissen sowohl der potenziellen Mitarbeiter (Bewerber) als auch der vorhandenen Mitarbeiter befasst. Damit wird die Denkhaltung des klassischen (Absatz-) Marketings, das sich mit den Bedürfnissen der Kunden befasst, aufgenommen. Diese Auffassung dient als Grundlage für die weiteren Ausführungen.

Dem Konzept dieser Ausführungen liegt folgende (zugegebenermaßen etwas sperrige) **Definition** des Personalmarketing-Begriffs zu Grunde [vgl. Lippold 2019, S. 8]:

Personalmarketing ist ein umfassendes Denk- und Handlungskonzept, das auf die Bedürfnisse potentieller und vorhandener Mitarbeiter ausgerichtet ist. Ziel dabei ist, zum einen durch eine entsprechende Attraktivitätswirkung auf dem externen Arbeitsmarkt bedarfsgerechte Mitarbeiter zu gewinnen und zum anderen durch mitarbeitergerechte und effiziente Gestaltung der Arbeitsbedingungen wertvolle Ressourcen an das Unternehmen zu binden und damit die personale Wertschöpfung zu optimieren.

Während also das Personalmarketing für eine **Denkhaltung** steht, hat ein modernes, kundenbezogen ausgerichtetes Personalmanagement die Aufgabe, dieses Konzept **umzusetzen**.

In Abbildung 1-02 sind wesentliche Perspektiven des Personalmarketing-Begriffs zusammengestellt.

Personalmarketing		
Wesen	Denk- und Handlungskonzept	
Oberziel	Optimierung der personalen Wertschöpfung	
Teilziele	Mitarbeitergewinnung	Mitarbeiterbindung
Wirkungsrichtung	Extern	Intern
Wirkungsfeld	Arbeitsmarkt	Arbeitsplatz
Funktionen	• Akquisitionsfunktion • Profilierungsfunktion	• Motivationsfunktion • Profilierungsfunktion
Aktionsbereiche	Personalbeschaffung	Personalbetreuung
Aktionsfelder	• Segmentierung (des Arbeitsmarktes) • Positionierung (im Arbeitsmarkt) • Signalisierung (im Arbeitsmarkt) • Kommunikation (mit dem Bewerber) • Personalauswahl und -integration	• Personalvergütung • Personalführung • Personalbeurteilung • Personalentwicklung • Personalfreisetzung

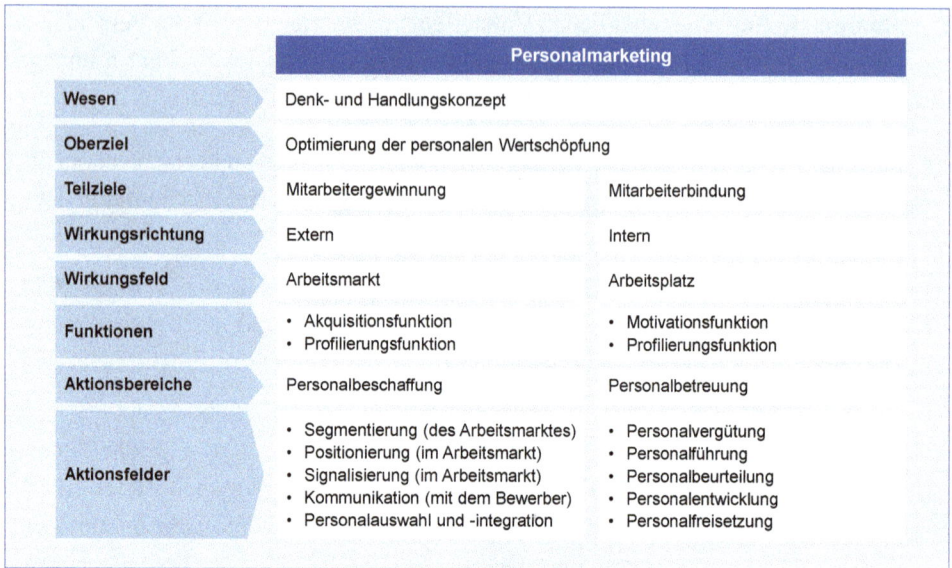

Abb. 1-02: Perspektiven des Personalmarketing-Begriffs

1.3 Zum Selbstverständnis des Personalmanagements

Mit Beginn des neuen Jahrtausends nahm der Druck auf die Personalfunktionskosten (Was kostet der Personalbereich?) und die Kritik an der inhaltlichen Vision des Personalmanagements (Welchen Wertbeitrag liefert die Personalabteilung?) zu.

Viele Unternehmen nahmen das Personalmanagement auf den internen (oder externen) Prüfstand und veranlassten Betroffene und Beteiligte dazu, über den Wertbeitrag und die Rolle des Personalmanagements nachzudenken. Bereits 2006 merkten Classen/Kern an: *„Moderne Personalbereiche erfinden sich selbst neu oder – dies ist der häufigere Fall – werden von außen neu erfunden."* Letztlich führte die inhaltliche Diskussion auch zu einem Wandel des Selbstverständnisses der Personalabteilung vom *Verwalter* zum *Gestalter*.

1.3.1 HR als Business-Partner

Man kann diese Entwicklung als Geburtsstunde des **„HR als Business-Partner"**-Konzepts, das auf Ulrich [1997] zurückgeht, bezeichnen. *Business-Partner* sein bedeutet, die Wertschöpfung im Unternehmen durch qualitativ hochwertige und kostengünstige Serviceleistungen und Produkte zu steigern. Für die anderen Unternehmensbereiche ist der HR-Business-Partner ein Gesprächspartner „auf Augenhöhe", mit dem die aktuellen und künftigen Herausforderungen diskutiert und gelöst werden können. Er ist thematisch und organisatorisch in den Geschäftsbereichen verankert und als Prozessverant-wortlicher für die strategische Übersetzungsarbeit zwischen Business und HR-Abteilung zuständig. Dieses Konzept des *Kundenbetreuers* einerseits und des *Prozess-verantwortlichen* andererseits geht deutlich über den traditionellen Ansatz des Personal-referenten hinaus.

Themen wie *Change Management*, *Talent Development*, *Personal- und Organisations-entwicklung* oder *Coaching* der Führungskräfte machen den qualitativen Unterschied in der Personalarbeit aus und liefern einen Mehrwert für das Unternehmen [vgl. Clas-sen/Kern 2007, S. 18].

Zwar mangelt es bis heute an einer eindeutigen Definition und Fundierung des Begriffs *HR-Business-Partner* (zu einer ausführlichen Darstellung der theoretisch motivierten Begriffsdiskussion siehe Classen/Kern 2006, S. 19-25 sowie Oechsler/Paul 2019, S. 17 f.), letztlich sind es aber die in Abbildung 1-03 dargestellten fünf Merkmalsdimen-sionen, an denen sich HR-Business-Partner identifizieren lassen können.

Die genannten Kriterien im Merkmalskatalog sind selbstverständlich nicht in „Stein ge-meißelt". Je nachdem, wie sich die Gewichte im Umfeld des Personalbereichs verlagern, werden sich auch die Kriterien, an denen sich HR-Business-Partner identifizieren lassen, verändern. Neue Kriterien kommen hinzu und alte werden ihre Relevanz verlieren.

Dimension	Kriterium für den HR-Business-Partner	Konkretisierung
Einfluss/Macht	Einbindung in wesentliche Entscheidungsprozesse	Teilnahme, Frequenz und Stimmberechtigung in Management Meetings
Akzeptanz	• Anerkennung von HR • Vertrauen der Führungskräfte gegenüber HR-Vertretern	• Häufigkeit der Konsultation durch Führungskräfte • Gesprächsthemen
Organisation	Thematische und organisatorische Verankerung in den Geschäftsbereichen	• Organigramm • Anerkannt Business-relevanter Input von HR
Aufgaben	Realisierung wertschöpfender Themen (z.B. Führungskräfte-entwicklung, Personalentwicklung)	• Aufgabenbeschreibungen • Ausübung der konkreten Funktion
Wertbeitrag	Nachweisbarer und zahlenbasierter Beitrag zum Unternehmenserfolg	• Vorhandensein und Umsetzung der HR-Strategie • HR-Controlling

[Quelle: Classen/Kern 2006, S. 22]

Abb. 1-03: Erkennungsmerkmale des HR-Business-Partners

1.3.2 Defizite im Personalbereich

Doch auch trotz des „HR als Business-Partner"-Konzepts konnte das Personalmanagement keinen Durchbruch im „Selbstfindungsprozess" erzielen. Vergleicht man die Aussage von Classen/Kern aus dem Jahr 2006 mit dem Appell „HR muss sich neue erfinden" von Grabmeier 11 Jahre später, so hat sich im Prinzip keine grundsätzliche Veränderung des kritischen Zustands eingestellt (siehe Abbildung 1-04).

HUMAN ✦ RESOURCES
M A N A G E R

HR muss sich neu erfinden

Agil, digital, begeisternd – diese Eigenschaften muss sich HR als Ziel setzen, um zukunftsfähig zu sein. Transformation ist die Erfolgsformel. Human Resources wird damit zum Ermöglicher. Deshalb muss HR neu gedacht werden: Raus aus der Zurückhaltung und rein in die Verantwortung – als Motor eines wandelbaren Unternehmens. HR sollte auf Augenhöhe mit dem Management stehen. Es muss sich neu erfinden, um weiterhin einen wertvollen und nachhaltigen Beitrag zum Unternehmenserfolg zu leisten.

[Quelle: Grabmeier 2017]

Abb. 1-04:   „HR muss sich neu erfinden"

Defizite im Personalbereich belegen auch die Ergebnisse der von Deloitte vorgelegten Human Capital Trendstudie 2018, die auf Antworten von über 11.000 Geschäftsführern und Personalchefs basiert und damit weltweit die größte HR-Studie auf diesem Gebiet darstellt. Betrachtet man nämlich die Antworten auf die Frage, wie zufrieden Abteilungsfremde mit der Leistung ihrer HR sind, wird deutlich, dass es ein großes Verbesserungspotenzial im HR-Bereich gibt: Während die Hälfte der Personaler ihre Arbeit mit „gut" bewerten, sagt dies nur jeder dritte Abteilungsfremde. Besonders auffällig ist, dass 21 Prozent die Arbeit als „schlecht" bewerten – nur neun Prozent der Personaler sehen ihre Leistung ebenso kritisch (siehe Abbildung 1-05).

Wie würden Sie im Allgemeinen die Human Capital-Programme Ihres Unternehmens bewerten?

[Quelle: Human Capital Trendstudie 2018, S. 27]

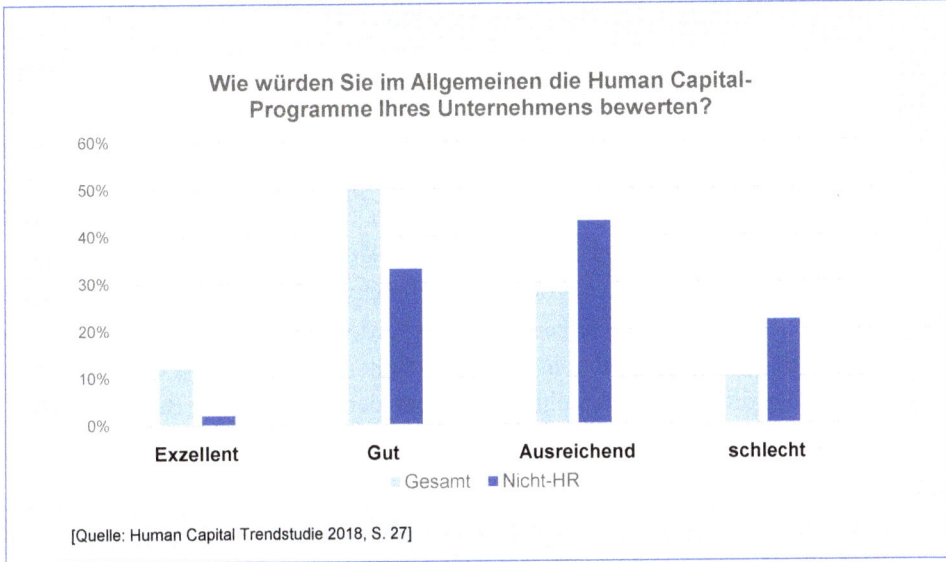

Abb. 1-05: Zufriedenheitsgrad mit den HR-Programmen des eigenen Unternehmens

1.4 Aktuelle Trends in der Personalwirtschaft

Digitalisierung. Die Digitalisierung – basierend auf dem Internet als Querschnittstechnologie – verändert unsere wirtschaftlichen und sozialen Lebensbereiche zunehmend. Die zugehörige digitale Transformation von Informations-, Kommunikations- und Transaktionsprozessen hat für alle Unternehmen zu neuen Aktionsfeldern mit ungeahnten Chancen geführt. Die technischen Fortschritte als Ursache der Transformation finden auf mindestens vier Gebieten statt: **Internet der Dinge, Roboter, künstliche Intelligenz (KI)** und **3D-Druck**. Hinzu kommen im Hintergrund noch **Big Data** und **Cloud Computing**. Die erfolgreiche Bearbeitung dieser Aktionsfelder erfordert allerdings ein neues Verständnis über die Funktionsweise von digitalen Märkten und deren handelnden Akteuren. Damit stehen Unternehmen vor Veränderungen, die alle Branchen betreffen. Auch vor Veränderungen in der Führung [vgl. Kollmann/Schmidt 2016, S. V].

Wissensgesellschaft. Unsere Gesellschaft entwickelt sich zu einer Wissensgesellschaft. Der zunehmende Kostendruck zwingt die Unternehmen und Organisationen dazu, die Wissensträger für Markt und Produktportfolio an das eigene Unternehmen zu binden, Mitarbeiter zu entwickeln und geeigneten Nachwuchskräften Schlüsselpositionen im Unternehmen zu bieten. Die Terminologie des „Bewerbers" täuscht nur allzu leicht darüber hinweg, dass sich die Rekrutierung hoch qualifizierter und motivierter Nachwuchskräfte längst zu einem strategischen Erfolgsfaktor innovativer Unternehmen entwickelt hat. Um **Wissensgenerierung** und damit letztendlich **Innovationen** zu ermöglichen, sind hervorragend ausgebildete Arbeitskräfte erforderlich. Um im Wissens- und Innovationswettbewerb nachhaltig erfolgreich zu sein, wird insbesondere das Personalmanagement in Unternehmen in Zukunft noch stärker gefordert werden. Zum einen im Bereich der Personalentwicklung, hier speziell in der Bereitstellung von neuen Talententfaltungsformaten. Zum anderen in der Personalbeschaffung, die es zukünftig noch schwerer haben dürfte, herausragende Experten in ihren jeweiligen Fachgebieten für das Unternehmen zu gewinnen [vgl. Weinert 2018, S. 4].

Diversity. Parallel zur Verknappung von qualifizierten Fach- und Führungskräften ist eine zunehmende **Erwerbstätigkeit von Frauen** festzustellen. Hier müssen neue Arbeitszeitmodelle gefunden werden, weil es nach wie vor überwiegend Frauen sind, die die klassischen Familienaufgaben wahrnehmen. Die gleichmäßige Aufmerksamkeit von Arbeits- und Privatsphäre steht unter dem Begriff **Work-Life-Balance** ganz oben auf der Agenda des Personalmanagements. Neben der steigenden Sensibilität für Freizeit und Gesundheit kommt noch ein weiterer Aspekt hinzu: Die Karriereambitionen **weiblicher Führungskräfte und Mitarbeiterinnen**, auf die mit entsprechenden *Karriere- und Diversity-Programmen* reagiert werden sollte. Besonders im Fokus steht hierbei die aktuelle Diskussion über die *Frauenquote* in den Führungsetagen deutscher Unternehmen.

Soziale Medien. Die neuen Organisationen zeichnen sich vor allem durch den konzentrierten Einsatz moderner **Informations- und Kommunikationsmittel** bzw. von sozialen Medien (engl. *Social Media*) aus. Gleichzeitig findet die Arbeit in geografisch und zeitlich verteilten Strukturen statt. Aufgrund des Mangels an direkten Kontakten erfolgt die wechselseitige Einflussnahme zwischen Führungskräften und Geführten hauptsächlich mit Hilfe dieser neuen Informations- und Kommunikationsmittel (IuK) bzw. sozialer Medien. Solche Rahmenbedingungen bringen zwangsläufig neue Anforderungen an die Führung mit sich. Traditionelle Führungsmodelle, die auf direkten Interaktionen basieren, sind grundsätzlich nicht geeignet, solche Anforderungen abzudecken. Demnach steht bei den („neuen") Führungskonzepten eine Führung im Mittelpunkt, die mittels moderner IuK bzw. sozialer Medien funktionieren muss [vgl. Wald 2014, S. 356].

New Work. Wenn die digitale Transformation immer wichtiger, wenn das Veränderungstempo immer schneller und wenn der Generationenwechsel immer sichtbarer wird, muss sich auch **Führung** an die neuen Gegebenheiten anpassen. Doch wie die Führung einer Organisation in Zukunft aussehen sollte, darüber ist eine kontroverse Diskussion entbrannt. Es prallen **klassische Führungsansätze und -konzepte**, die eng mit dem Verhalten und den Eigenschaften des Vorgesetzten verknüpft sind, auf **neuere Ansätze** – Ansätze, die auf einen stärkeren Interaktionsprozess zwischen Führungskräften und Mitarbeitern mit Perspektive auf eine gemeinsame, selbstorganisierte Führung setzen. Die Frage ist, welcher Weg eingeschlagen werden soll. Aber wer kennt sich aus im **Dickicht der New Work-Ansätze**? Wo liegt der Unterschied zwischen Super Leadership, der agilen und der digitalen Führung? Worin unterscheidet sich die systemische Führung von der virtuellen Führung? Ist Shared Leadership erfolgreicher als Distributed Leadership? Und sind das überhaupt Gegensätze? Eines unterscheidet die klassische Führung aber von den neueren Ansätzen: Die New Work-Ansätze weisen einen deutlich höheren **Demokratisierungsgrad** auf.

Internationalisierung. Die wirtschaftliche Zusammenarbeit mit anderen Ländern hat sich nicht nur im Zuge der Globalisierung, sondern auch mit der Intensivierung des europäischen Binnenmarktes verstärkt. So hat sich der „Binnenmarkt" als wichtigster Wirtschaftsmotor der EU entwickelt. Die Erzielung von Wettbewerbsvorteilen, die Reduktion von Kosten, der Zugang zu Ressourcen unterschiedlicher Art und nicht zuletzt die Minimierung der Steuerbelastung sind wichtige Gründe für die **Internationalisierung von Unternehmen**. Für das Exportland Deutschland spielen internationale Geschäftsbeziehungen und Zusammenarbeit eine ganz besonders wichtige Rolle. Doch trotz des vermeintlich rein ökonomischen Kontextes sind Produktion und Handel auf allen Ebenen von einer funktionierenden interpersonalen Kommunikation abhängig. Entsprechend gewinnt der interkulturelle Kommunikationsaspekt weiter an Gewicht und Aktualität.

1.5 Einführung in die Personalmarketing-Planung

Eine erfolgversprechende Personalmarketing-Konzeption, deren Umsetzung das Personalmanagement verantwortet, ist das Ergebnis einer systematischen Umwelt- und Unternehmensanalyse, die Chancen und Risiken des relevanten Arbeitsmarktes einerseits
sowie Stärken und Schwächen des Unternehmens andererseits identifiziert und bewertet. Die Verdichtung und Verzahnung dieser Daten und Informationen führt zum **konzeptionellen Kristallisationspunkt**, der den Ausgangspunkt für Zielbildung, Strategie-
wahl und Vorgehensmodell sowie für den auszuwählenden Maßnahmen-Mix im Arbeitsmarkt darstellt [vgl. Becker, J. 2009, S. 92 f.]. In Abbildung 1-06 sind die Zusammenhänge zwischen Umwelt- und Unternehmensanalyse sowie Personalmarketing- und
Unternehmensplanung dargestellt.

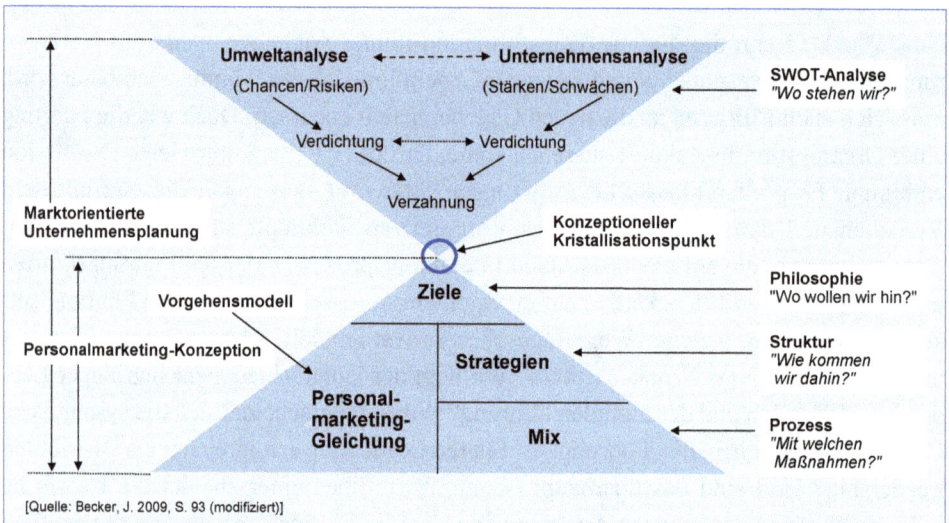

Abb. 1-06: Personalmarketing-Planung

Da der Arbeitsmarkt kein statisches Gebilde ist, sondern *dynamische* Strukturen aufweist, gibt es auch nicht *ein* Personalmarketing-Konzept und damit auch nicht *ein* Er-
folgsrezept für das Personalmanagement, sondern verschiedene Optionen, auf die unterschiedlichen Rahmenbedingungen zu reagieren.

1.5.1 Abfolge des Planungsprozesses

Mit Abbildung 1-06 ist zugleich auch die Grundlage für die *Personalmarketing-Planung* gelegt.
Die Abfolge des Planungsprozesses orientiert sich an folgenden Phasen [vgl. dazu auch Bid-
lingmaier 1973, S. 16 ff.]:

- **Situationsanalyse** (Wo stehen wir?)
- **Zielsetzung** (Wo wollen wir hin?)
- **Strategie** (Wie kommen wir dahin?)
- **Mix** (Welche Maßnahmen müssen dazu ergriffen werden?)

In der ersten Phase geht es um die **Situationsanalyse**, d. h. um eine Analyse der wesentlichen *externen* und *internen* Einflussfaktoren auf das Personalmarketing. Die Situationsanalyse gliedert sich in die Umweltanalyse (engl. *External Analysis*) und in die Unternehmensanalyse (engl. *Self Analysis*) [vgl. Aaker 1984, S. 47 ff. und S. 113 ff.].

- Die **Umweltanalyse** betrachtet wichtige unternehmensexterne Rahmenbedingungen und ihre Auswirkungen auf die Arbeitsverhältnisse wie z. B. die politisch-rechtlichen, die sozio-kulturellen, die makro-ökonomischen oder die technologischen Umweltbedingungen und Tendenzen. Diese externen Einflussfaktoren bilden das sogenannte **Makro-Umfeld** des Unternehmens. Aus der Umweltanalyse lassen sich *Chancen* und *Risiken* bzw. *Bedrohungen* für das Unternehmen ableiten und bewerten.

- Die **Unternehmensanalyse** liefert eine systematische Einschätzung und Beurteilung der personalpolitischen und kulturellen Situation des Unternehmens. Im Vordergrund der Unternehmensanalyse steht die Bestandsaufnahme der *Stärken* und *Schwächen* des Unternehmens. Diese Einflussfaktoren bilden das sogenannte **Mikro-Umfeld**.

Das Ergebnis der Analysephase, die in der Praxis regelmäßig als sogenannte **SWOT-Analyse** *(Strengths, Weaknesses, Opportunities, Threats)* durchgeführt wird, ist eine Darstellung der Ausgangssituation und eine Identifikation der Attraktivitätsfaktoren des Unternehmens als Arbeitgeber [vgl. DGFP 2006, S. 36].

An die umwelt- und unternehmensanalytisch aufbereitete Situationsanalyse schließt sich der **Zielbildungsprozess** als zweite Phase an. Hier werden die wesentlichen Zielgruppen, das Leistungsangebot des Personalmarketings und die zum Einsatz kommenden Ressourcen vorausgeplant.

In der dritten Phase wird auf der Grundlage des unternehmerischen Zielsystems die **Personalmarketing-Strategie** festgelegt. Sie hat nicht nur die Aufgabe, personalpolitische Entscheidungen und den entsprechenden Ressourceneinsatz zu kanalisieren, sondern auch Erfolgspotenziale aufzubauen und zu erhalten.

Strategien bilden den Rahmen für das unternehmerische Handeln und sind damit ein zentrales Bindeglied *(„Scharnierfunktion")* zwischen den Zielen und den laufenden operative Maßnahmen. Ziele bestimmen die Frage des „*Wohin*", Strategien konkretisieren die Frage des „*Wie*", und der Mix legt den Instrumentaleinsatz *(„Womit")* und damit den eigentlichen Handlungsprozess fest [vgl. Becker, J. 2009, S. 140 ff.; Kotler et al. 2007, S. 88 f.].

Die besonders deutlich von Becker, J. [1993] herausgearbeitete Trennung von Zielen (*„Philosophie"*), Strategien (*„Struktur"*) und Maßnahmen-Mix (*„Prozess"*) lässt sich in der Praxis allerdings kaum durchhalten. Zu eng sind die **Verflechtungen zwischen Strategie- und Prozessebene**. So ist es weder möglich, Strategien und Maßnahmen eindeutig voneinander zu trennen, da ein und dieselbe Entscheidung sowohl strategisch als auch maßnahmenorientiert ausgerichtet sein kann [vgl. Backhaus 1990, S. 206], noch lässt sich eine eindeutige Zuordnung der Instrumentalbereiche (Maßnahmen-Mix) zur strategisch-strukturellen Ebene bzw. zur taktisch-operativen Ebene vornehmen. Selbst Becker, J. [2009, S. 485] räumt ein, dass der Maßnahmen-Mix auch als die taktische Komponente der Strategie aufgefasst werden kann.

Abbildung 1-07 enthält eine synoptische Zuordnung der einzelnen Aktionsfelder der Personalmarketing-Gleichung zu den beiden Konzeptionsebenen *Strategie* und *Maßnahmen-Mix.*

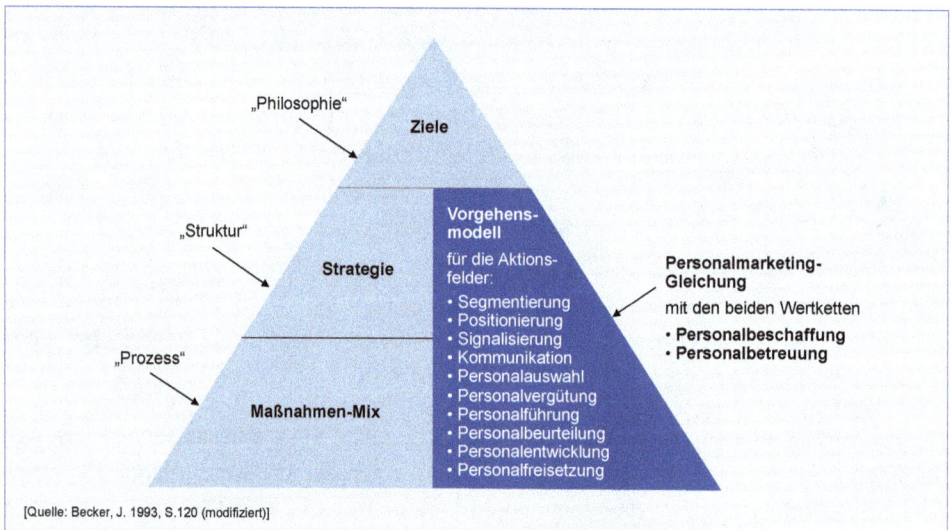

[Quelle: Becker, J. 1993, S.120 (modifiziert)]

Abb. 1-07:   Das Schichtenmodell der Personalmarketing-Konzeption

1.5.2 Personalstrategische Grundtypen

Der teilweise müßigen Diskussion um die Trennung zwischen Strategie- und Prozessebene gehen Gmür/Thommen mit der Vorlage ihrer **vier personalstrategischen Grundtypen** aus dem Wege. Hierbei handelt es sich weniger um Strategien im eigentlichen Sinne, sondern mehr um eine *Positionierung* von Grundverhaltensmustern moderner Personalkonzeptionen in einem zweidimensionalen Raum (siehe Abbildung 1-08).

Die erste Dimension beschreibt die *personalpolitische Ausrichtung* mit den beiden Ausprägungen „langfristige Personalbindung und -entwicklung" bzw. „kurzfristige flexible Personalbeschaffung".

Die zweite Dimension ist *marktstrategisch* motiviert und enthält die beiden Ausprägungen „Effizienz" und „Innovation". Somit ergeben sich vier Grundtypen, denen man folgende Branchen- bzw. Praxisbeispiele zuordnen kann [vgl. Gmür/Thommen 2011, S. 11 ff.; Bartscher et al. 2012, S. 137]:

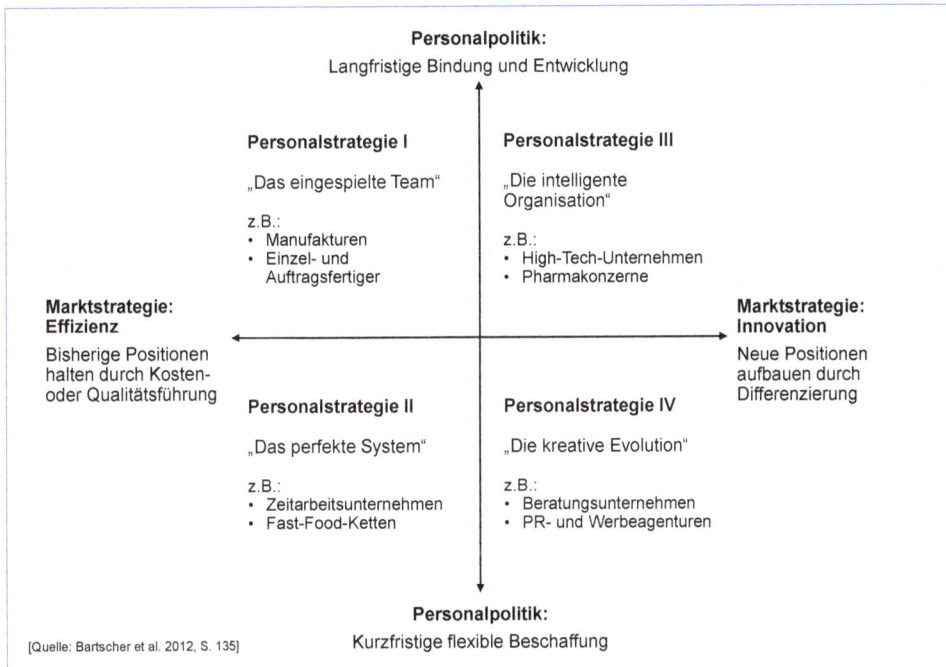

Abb. 1-08: Personalstrategische Grundtypen

Zur Einordnung bzw. Festlegung der jeweiligen personalstrategischen Grundausrichtung eines Unternehmens ist dieser typologische Ansatz gut geeignet, eine prozessuale und wertorientierte Sicht der einzelnen Aktionsbereiche und Aktionsfelder bietet er allerdings nicht.

In der vierten Phase des Planungsprozesses geht es darum, für die einzelnen **Aktionsfelder** des Personalmarketings einen **Handlungsrahmen** zu entwickeln, in dem die für das operative Handeln relevanten Maßnahmen und Prozesse als **Aktionsparameter** zusammengefasst und im Sinne bestimmter Anforderungskriterien optimiert werden können. Dieser Handlungsrahmen, der im Folgenden als **Personalmarketing-Gleichung** bezeichnet wird, bildet die grundlegende Struktur dieser Abhandlung und wird im folgenden Abschnitt einführend behandelt.

1.6 Die Personalmarketing-Gleichung als Handlungsrahmen

Die Idee der Personalmarketing-Gleichung beruht auf zwei Grundüberlegungen. Zum einen ist es die Darstellung und Analyse der Wertschöpfungs- und Prozessketten eines Unternehmens, zum anderen ist es die enge Analogie zur Marketing-Gleichung im (klassischen) Absatzmarketing (siehe hierzu ausführlich Lippold 2014, S. 58 ff.).

1.6.1 Die personale Wertschöpfungskette

Die Wertschöpfungskette (Wertkette) eines Unternehmens umfasst die Wertschöpfungsaktivitäten in der Reihenfolge ihrer operativen Durchführung. Diese Tätigkeiten schaffen Werte, verbrauchen Ressourcen und sind in Prozessen miteinander verbunden. Die in Abbildung 1-09 gezeigte Darstellung der Wertschöpfungskette geht auf Porter [1986] zurück und unterscheidet *Primär*aktivitäten und *Sekundär*aktivitäten:

- **Primäraktivitäten** *(Kernprozesse)* sind Eingangslogistik, Produktion, Ausgangslogistik, Marketing und Vertrieb sowie Kundendienst.

- **Sekundäraktivitäten** *(Unterstützungsprozesse)* stellen Beschaffung, Forschung und Entwicklung, Personalmanagement und Infrastruktur dar.

Aus der Kostenstruktur und aus dem Differenzierungspotenzial aller Wertaktivitäten lassen sich bestehende und potenzielle Wettbewerbsvorteile eines Unternehmens ermitteln. Durch die „Zerlegung" eines Unternehmens in seine einzelnen Wertschöpfungsaktivitäten kann jeder Prozess auf seinen aktuellen und seinen potenziellen Beitrag zur Wettbewerbsfähigkeit des Unternehmens hin durchleuchtet werden [vgl. Porter 1986, S. 19].

Abb. 1-09: Wertschöpfungskette nach Porter

Das *Personalmanagement* zählt nach dem Grundmodell von Porter zu den Sekundäroder Unterstützungsaktivitäten, die für die Ausübung der Primäraktivitäten die notwendige Voraussetzung sind. Sie liefern somit einen *indirekten* Beitrag zur Erstellung eines Produktes oder einer Dienstleistung. Ebenso wie die Primäraktivitäten lassen sich auch die Prozesse der Sekundäraktivitäten weiter unterteilen in Prozessphasen, Prozess-schritte etc. Prozesse können so auf unterschiedlichen Ebenen in verschiedenen Detail-lierungsgraden betrachtet werden.

Es soll in diesem Zusammenhang aber nicht unerwähnt bleiben, dass sich das Grund-modell von Porter in seiner Systematik schwerpunktmäßig auf die Wertschöpfungskette von Industriebetrieben bezieht. So ist bei Handelsbetrieben die Primäraktivität *Produk-tion* ohne Bedeutung und in der Beratungsbranche zählt das *Personalmanagement* nicht zu den Sekundär-, sondern zu den Primäraktivitäten. Das Gleiche gilt ganz besonders auch für die personalwirtschaftlichen Teilprozesse, die sich mit der Gewinnung und Be-treuung von High Potentials befassen. Hier ist die Zielgruppe des Personalmanagements – also die High Potentials – so wichtig und bedeutungsvoll für die zukünftige Unterneh-mensentwicklung, dass der Recruiting-Prozess für Top-Talente ebenfalls zu den Pri-märaktivitäten zählt.

Generell sind es zwei Phasen (= Aktionsbereiche), die die Wertschöpfungskette des Per-sonalmanagements bzw. des Personalmarketings bestimmen:

– die Phase (= Aktionsbereich) der *Personalbeschaffung* und
– die Phase (= Aktionsbereich) der *Personalbetreuung*.

Während die Personalbeschaffung auf die Mitarbeitergewinnung abzielt, ist die Perso-nalbetreuung auf die Mitarbeiterbindung ausgerichtet. Um den Personalbeschaffungspro-zess im Sinne einer Wertorientierung optimieren zu können, ist es sinnvoll, die Prozessphase **Personalbeschaffung** in seine einzelnen Prozessschritte (= Aktionsfelder) zu zerlegen und diese jeweils einem zu optimierenden *Bewerberkriterium* als Prozessziel zuzuordnen:

• Segmentierung (des Arbeitsmarktes) zur Optimierung des Bewerbernutzens
• Positionierung (im Arbeitsmarkt) zur Optimierung des Bewerbervorteils
• Signalisierung (im Arbeitsmarkt) zur Optimierung der Bewerberwahrnehmung
• Kommunikation (mit dem Bewerber) zur Optimierung des Bewerbervertrauens
• Personalauswahl *und -integration* zur Optimierung der *Bewerberakzeptanz*.

Analog dazu wird die Prozessphase **Personalbetreuung** in ihre Prozessschritte (= Aktionsfel-der) aufgeteilt und ebenfalls jeweils einem zu optimierenden *Bindungskriterium* zugeordnet:

• *Personalvergütung* zur Optimierung der *Gerechtigkeit* (gegenüber dem Mitarbei-ter)
• *Personalführung* zur Optimierung der *Wertschätzung* (des Mitarbeiters)
• *Personalbeurteilung* zur Optimierung der *Fairness* (gegenüber dem Mitarbeiter)
• *Personalentwicklung* zur Optimierung der *Forderung und Förderung* (des Mitar-beiters)
• *Personalfreisetzung* zur Optimierung der *Erleichterung* (des Mitarbeiters).

1.6.2 Analogien zum klassischen Marketing

Beide Teilziele der personalen Wertschöpfungskette, also die *Personalgewinnung* und die *Personalbindung*, lassen sich nur dann erreichen, wenn es dem Personalmanagement gelingt, die Vorteile des eigenen Unternehmens auf die Bedürfnisse vorhandener und potenzieller Mitarbeiter (Bewerber) auszurichten. Die Bestimmungsfaktoren dieser Vorteile sind das Leistungsportfolio, die besonderen Fähigkeiten, das Know-how, die Innovationskraft und auch die Unternehmenskultur, kurzum: das **Akquisitionspotenzial** des Unternehmens.

Das Akquisitionspotenzial ist der Vorteil, den das Unternehmen gegenüber dem Wettbewerb hat. Dieser **Wettbewerbsvorteil** (an sich) ist aber letztlich ohne Bedeutung. Entscheidend ist vielmehr, dass der Wettbewerbsvorteil auch von den Bewerbern (innerhalb der Prozesskette *Personalbeschaffung*) und von den eigenen Mitarbeitern (innerhalb der Prozesskette *Personalbetreuung*) wahrgenommen wird. Erst die Akzeptanz im Bewerbermarkt und bei den Mitarbeitern sichert die Gewinnung bedarfsgerechter Bewerbungen einerseits und die Bindung wertvoller personaler Ressourcen andererseits. Genau diese Lücke zwischen dem Wettbewerbsvorteil *an sich* und dem vom Bewerbermarkt und den eigenen Mitarbeitern **honorierten Wettbewerbsvorteil** gilt es zu schließen. Damit sind gleichzeitig auch die Pole aufgezeigt, zwischen denen die beiden Prozessphasen der personalen Wertschöpfungskette einzuordnen sind. Eine Optimierung des Beschaffungsprozesses und des Betreuungsprozesses führt somit zwangsläufig zur Schließung der oben skizzierten Lücke [vgl. Lippold 2014, S. 59].

Diese Aufgabenstellung erfordert eine Vorgehensweise, die in enger Analogie zum Vorgehen auf den Absatzmärkten steht. Im *Absatz*marketing (also im klassischen Marketing) ist der *Kunde* mit seinen Nutzenvorstellungen Ausgangspunkt aller Überlegungen. Im *Personal*marketing ist der gegenwärtige und zukünftige Mitarbeiter der Kunde. Die Anforderungen der Bewerber (engl. *Applicant*) und der Mitarbeiter (engl. *Employee*) an den (potenziellen) Arbeitgeber (engl. *Employer*) bilden die Grundlage für ein gezieltes Personalmarketing [vgl. Simon et al. 1995, S. 64].

Aus den beiden Teilzielen der personalen Wertschöpfungskette (Personalgewinnung und Personalbindung) lassen sich zwei *Zielfunktionen* ableiten, eine zur Optimierung der Prozesskette *Personalbeschaffung* und eine zur Optimierung der Prozesskette *Personalbetreuung*. Dieser Optimierungsansatz lässt sich in seiner Gesamtheit auch – analog zur Marketing-Gleichung im Absatzmarketing [vgl. Lippold 2015, S. 69 ff.] – als (zweigeteilte) *Personalmarketing-Gleichung* darstellen:

Erstens für den **Personalbeschaffungsprozess**:

Vom Bewerber honorierter Wettbewerbsvorteil = Wettbewerbsvorteil (an sich) + Bewerbernutzen + Bewerbervorteil + Bewerberwahrnehmung + Bewerbervertrauen + Bewerberakzeptanz

Zweitens für den **Personalbetreuungsprozess**:

Vom Mitarbeiter honorierter Wettbewerbsvorteil = Wettbewerbsvorteil (an sich) + Gerechtigkeit + Wertschätzung + Fairness + Forderung/Förderung + Erleichterung

Dabei geht es nicht um eine mathematisch-deterministische Auslegung dieses Begriffs. Angestrebt ist vielmehr der Gedanke eines herzustellenden *Gleichgewichts* (und Identität) zwischen dem Wettbewerbsvorteil an sich und dem vom Bewerber bzw. Mitarbeiter honorierten Wettbewerbsvorteil. Mit anderen Worten, hinter dieser Begriffsbildung steht die These, dass das Gleichgewicht durch die Addition der einzelnen, an Bewerber- bzw. Bindungskriterien ausgerichteten Aktionsfelder erreicht werden kann.

Abbildung 1-10 veranschaulicht darüber hinaus den ganzheitlichen Ansatz der Personalmarketing-Gleichung, indem sie die einzelnen Aktionsfelder in einen zeitlichen und inhaltlichen Wirkungszusammenhang stellt.

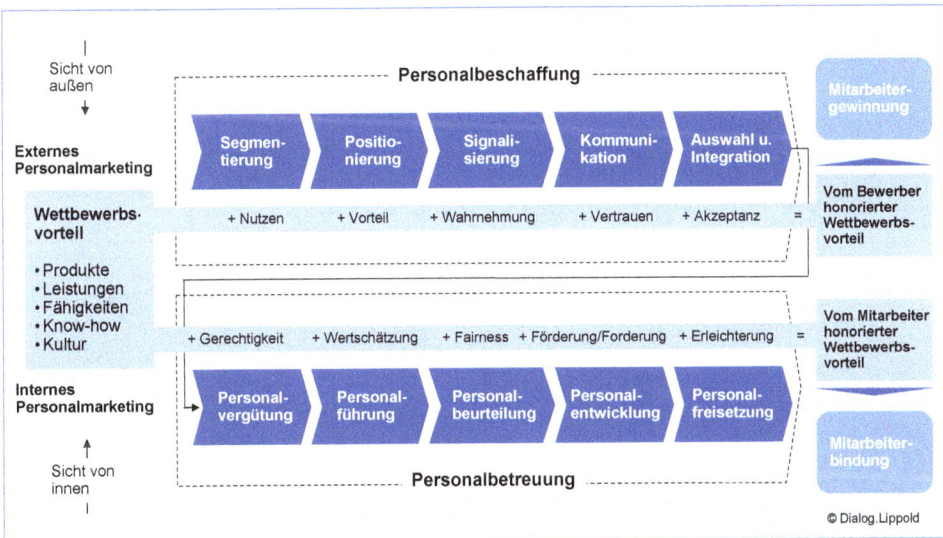

Abb. 1-10: Die Personalmarketing-Gleichung im Überblick

In dem Bewusstsein, dass sich der Arbeitsmarkt zu einem *Käufermarkt* für hoch qualifizierte Fach- und Nachwuchskräfte gewandelt hat, besteht der Grundgedanke des hier skizzierten Personalmarketings darin, das Unternehmen als Arbeitgeber samt Produkt *Arbeitsplatz* an gegenwärtige und zukünftige Mitarbeiter zu „verkaufen". Damit dies erfolgreich gelingt, sollte man sich immer wieder die Analogien zwischen Absatzmarketing und Personalmarketing – wie in Abbildung 1-11 synoptisch dargestellt – vor Augen führen [vgl. auch Schamberger 2006, S. 11].

	Absatzmarketing	Personalmarketing
Gegenstand	• Produkt • Dienstleistung • Unternehmen	• Arbeitsplatz • Unternehmen (als Arbeitgeber)
Wirkungsrichtung	Extern	• Extern • Intern
Wirkungsfeld	Absatzmarkt	• Arbeitsmarkt • Arbeitsplatz
Zielgruppen	• Neukunden • Altkunden	• Zukünftige Mitarbeiter • Gegenwärtige Mitarbeiter
Aktionsfelder	• Segmentierung • Positionierung • Kommunikation • Distribution • Akquisition • Betreuung	• Segmentierung (des Arbeitsmarktes) • Positionierung (im Arbeitsmarkt) • Signalisierung (im Arbeitsmarkt) • Kommunikation (mit dem Bewerber) • Personalauswahl und -integration • Personalvergütung • Personalführung • Personalbeurteilung • Personalentwicklung • Personalfreisetzung

Abb. 1-11: Vergleich zwischen Absatzmarketing und Personalmarketing

2. Zielgruppe mit Erfolgsversprechen: High Potentials

„Das Management ist die schöpferischste aller Künste – es ist die Kunst, Talente richtig einzusetzen." [Robert McNamara]

Unternehmen suchen ständig nach Fachkräften mit überdurchschnittlichen Abschlüssen. Doch was ist der Unterschied zwischen qualifizierten Fachkräften und hochqualifizierten Top-Talenten? Die Antwort darauf wird allgemein auf höchst einfache Weise gegeben: Während qualifizierte Fachkräfte die Basis für den Unternehmenserfolg darstellen, sollen hochqualifizierte Top-Talente, also High Potentials, einmal in die oberste Leitungsebene aufsteigen und den Kurs des Unternehmens vorgeben. Das Finden und das Binden der High Potentials ist daher bei vielen Unternehmen in den Mittelpunkt des Personalmanagements gerückt. Ob als *Talents*, *High Potentials* oder als *Leaders of Tomorrow* bezeichnet, nahezu alle größeren und international agierenden Unternehmen entwerfen derzeit Programme, um die Zielgruppe der High Potentials finden, adäquat fördern und binden zu können.

2.1 Wodurch sich High Potentials auszeichnen

Zurück zur Unterscheidung zwischen qualifizierten Fachkräften – also gewissermaßen den Arbeiterbienen in einem Bienenstock – und den hochqualifizierten Top-Talenten, die in diesem Vergleich die Bienenköniginnen darstellen. Doch während man in dieser Metapher die Arbeitsbienen von der Bienenkönigin sehr leicht unterscheiden kann, ist es im Businessbereich nicht so einfach.

Zur Identifizierung von High Potentials werden immer wieder die Ergebnisse einer Studie der Harvard Business School aus dem Jahre 2010 herangezogen [vgl. Ready et al 2010]. Danach sind es etwa drei bis fünf Prozent aller Beschäftigen, die zur Gruppe der High Potentials gehören. Nach den Erkenntnissen der Forscher müssen High Potentials

- Spitzenleistungen zeigen und dabei glaubwürdig sein,
- Vertrauen und Sicherheit vermitteln,
- über eine hohe emotionale und soziale Kompetenz verfügen,
- sich auch in angespannten Arbeitssituationen stets korrekt verhalten,
- instinktiv um ihre Vorbildfunktion wissen,
- durch einen außerordentlichen Willen zum Erfolg angetrieben sein,
- mehr Unternehmergeist als andere Mitarbeiter zeigen,
- neue Ideen entwickeln und alles daransetzen, diese auch erfolgreich umzusetzen,
- neue innovative Wege ohne Versagensangst gehen,
- keine Herausforderungen scheuen,
- über herausragende psychische Fähigkeiten verfügen.

Es genügt also nicht, eine hervorragende Performance zu zeigen und fehlerfrei zu arbeiten. Wichtig ist eine hohe Glaub- und Vertrauenswürdigkeit im Mitarbeiter- und Führungskreis. Wer es nicht schafft, andere zu überzeugen und mit ihm gemeinsam für eine Sache zu arbeiten, der wird an der Spitze keinen Erfolg haben.

Im Zuge der Harvard-Studie, die Top-Talente bei 45 weltweit agierenden Unternehmen untersuchte, kamen die Forscher schließlich zu folgender Definition von High Potentials [Ready et al. 2010]:

„High potentials consistently and significantly outperform their peer groups in a variety of settings and circumstances. While achieving these superior levels of performance, they exhibit behaviors that reflect their companies' culture and values in an exemplary manner. Moreover, they show a strong capacity to grow and succeed throughout their careers within an organization – more quickly and effectively than their peer groups do."

Eine weitere Studie, die sich explizit mit den Eigenschaften von High Potentials befasst, haben Zenger/Folkman 2014 vorgelegt [vgl. Oberhardt 2019]. Das Forscherteam hat in mehreren Zyklen über 50.000 Führungskräfte untersucht. Im Mittelpunkt stand dabei die Frage: Was zeichnet eine gute Führungskraft aus? Das Ergebnis war ein gewaltiger Datensatz mit über 500.000 Einschätzungen. Die Analyse brachte 16 Eigenschaften hervor, die fünf Clustern zugeordnet werden (siehe Abbildung 2-01):

- Ergebnisorientierung
- Veränderungen vorantreiben
- Charakter
- Interpersonelle Fähigkeiten
- Individuelle Fähigkeiten.

Ergebnis-orientierung	Veränderungen vorantreiben	Charakter	Interpersonelle Fähigkeiten	Individuelle Fähigkeiten
• Handelt ergebnisorientiert • Setzt herausfordernde Ziele • Ergreift Initiative	• Entwickelt strategische Perspektive • Zeigt Veränderungsinitiative • Verbindet und repräsentiert die Organisation nach Außen	• Zeigt hohe Integrität und Ehrlichkeit	• Kommuniziert kraftvoll und effektiv • Inspiriert und motiviert andere zu Höchstleistungen • Baut Beziehungen auf • Entwickelt und fördert andere • Zusammenarbeit und Teamwork	• Technisch/berufliche Erfahrung • Problemlösung und -analyse • Innovation • Entwickelt sich selber weiter

[Quelle: Oberhardt 2019]

Abb. 2-01: Fünf Cluster mit 16 Eigenschaften von Führungskräften

2.2 Kompetenz, Intuition und Haltung

Man kann sich dem Phänomen *High Potential* aber auch mit dem Begriff *Kompetenz* nähern. Kompetenz ist die Verbindung von Wissen und Können, um Handlungsanforderungen zu bewältigen. Kompetenzen sind also Handlungsfähigkeiten.

Den wohl rund um den Kompetenzbegriff wichtigsten Forschungsansatz liefert die Kompetenzarchitektur von Erpenbeck/Heyse [2007]. Danach wird in einem ersten Schritt der Kompetenzbegriff von ähnlichen Begriffen wie *Fertigkeiten* und *Qualifikationen* abgegrenzt (siehe hierzu ausführlich Abschnitt 10.2).

Kompetenz zielt darauf ab, ob eine Person die Fähigkeit besitzt, selbstorganisiert zu handeln. Kompetenzen bilden den Kern dessen, was man als einen fähigen Mitarbeiter bezeichnet. Kompetenzen sind der zentrale Faktor für die Leistungsfähigkeit des Individuums und damit auch für die Leistungsfähigkeit des Teams, der Abteilung und des Unternehmens als Ganzes. Im Mittelpunkt steht demnach die tatsächliche Handlungsfähigkeit der betreffenden Person. Kompetenzen gehen damit deutlich über Qualifikationen hinaus.

Trotz der Möglichkeit, Kompetenzen (weiter-)entwickeln zu können, scheint ein gewisses Kompetenzniveau unerlässlich. Denn die Harvard-Studie belegt, dass Top-Talente ihre Fähigkeiten intuitiv einsetzen. Sich wie ein High Potential zu verhalten, lässt sich deshalb kaum erlernen. Entscheidend ist zudem, dass High Potentials in der Lage sind, ihre Kompetenzen zu koordinieren und zu kombinieren. So fanden die Studienmacher heraus, dass Nachwuchskräfte mit einem enormen Potenzial negative Stimmungen im Team nicht einfach ignorieren, sondern proaktiv aufgreifen und lösen.

Insgesamt liegt sicherlich ein hoher Deckungsgrad zwischen den Ergebnissen der Harvard-Untersuchung und dem Kompetenzarchitektur von Erpenbeck/Heyse vor.

High Potentials werden von einem starken Erfolgswillen getrieben und kennen keine Versagensängste. Doch Spitzenleistungen allein, die sich bei High Potentials häufig bereits in der Ausbildung oder im Studium zeigen, reichen längst nicht aus. Die Forscher attestieren den Top-Talenten zum Beispiel einen deutlich ausgeprägteren Unternehmergeist, als anderen Mitarbeitern. Das ist beispielsweise daran erkennbar, dass sie selbst Ideen entwickeln und alles daransetzen, dass diese auch erfolgreich umgesetzt werden [vgl. Competencehouse 2017].

In diesem Zusammenhang soll nicht unerwähnt bleiben, dass es auch eine Reihe von Kompetenzen oder besser Eigenschaften gibt, die weder im Kompetenzatlas noch in der Harvard-Studie aufgeführt sind. Zur Illustration solcher im allgemeinen als negativ behandelten Eigenschaften soll hier ein Kommentar zu einem Blog-Beitrag mit der Überschrift „Was sind eigentlich High Potentials?" zitiert werden [vgl. Lippold 2020]:

„Anmerkung: Die zehn Kriterien der Harvard Business School für die Charakterisie-
rung von High Potentials reflektieren wohl nur die eine Seite der Medaille – die positive Seite. Würde man nur darauf abstellen, wäre die Welt in Ordnung und es gebe
nur „Beste Menschen" in allen Chefetagen, Führungszirkeln und politischen Macht-
ebenen. Ist dem aber so? Sind da nicht auch überproportional Psychopathen, Sozio-
pathen, Narzissten und sonstige Derivate psychischer Störungen/Auffälligkeiten vertreten? Gibt es vielleicht auch negative Eigenschaften, die für eine erfolgreiche Karriere hilfreich sind? Warum kommen nicht nur die schlauesten, fleißigsten und em-
phatischsten Menschen nach oben? Wir müssen auf beide Seiten der Medaille
schauen."

Neben *Kompetenz* und *Intuition* kommt noch ein weiterer Aspekt hinzu, der „wahre"
High Potentials auszeichnet. Die Rede ist von **Haltung**. Wie erfolgreich Unternehmen
heutzutage agieren, hängt zunehmend davon ab, über welche Haltung Führungskräfte
und vor allem Führungsnachwuchskräfte verfügen. Um den Wandel, der durch Digitalisierung, Gender Shift und die demografische Entwicklung eingeleitet wurde, zukunftsfähig zu gestalten, ist unsere Haltung entscheidend [siehe ausführlich Permantier 2019].

2.3 High Potentials und Talente

„Getting the right people with the right skills into the right jobs" [Capelli 2008, S.1] ist
die Maxime des Personalmanagements in Verbindung mit der Zielgruppe der High Potentials. Doch wer sind die "right people"? Was unterscheidet High Potentials von „normalen" Talenten?

Der Begriff *Talent*, der sich in seiner ursprünglichen Bedeutung allgemein auf Elemente
wie Ausgleich und Begabung bezog, ist mehrheitlich stark positiv besetzt und geht heute
einher mit Bezeichnungen wie Hochleistungsträger, Top-Performer, A-Player oder
Hochbegabter [vgl. Ritz/Sinelli 2018, S. 9].

Insofern kann man bei erster Betrachtungsweise beide Begriffe – also Talent und High
Potentials synonym behandeln. In den beiden folgenden Abschnitten wird gezeigt, dass
man zudem Talente einmal als Obermenge und einmal als Vorstufe von High Potentials
begreifen kann.

2.3.1 Mengentheoretische Abgrenzung

Zur konkreten **mengentheoretischen Abgrenzung** der Begriffe *High Potentials* und
Talente werden zwei Faktoren herangezogen: **Leistung** und **Potenzial**. Betrachtet man
diese als unabhängige Dimensionen und führt sie zusammen, so spannen sie eine zweidimensionale Matrix auf, die in dieser oder in ähnlicher Form in vielen Unternehmen
angewendet wird und dabei helfen soll, High Potentials von anderen Mitarbeitergruppen
zu unterscheiden.

Die **Leistungsbeurteilung** basiert auf dem „Können" in der Vergangenheit oder Gegenwart. Leistung basiert auf vorhandenen Kompetenzen und berücksichtigt den „Output" des Mitarbeiters. Das Leistungsergebnis ist daher messbar. Doch selbst wenn Mitarbeiter ein hohes Leistungsniveau zeigen, so müssen diese noch lange nicht High Potentials sein. Der Grund: Die vorhandenen Kompetenzen und deren Ausprägungen entsprechen lediglich den Anforderungen an die *derzeitige* Position. High Potentials sollen aber in Zukunft weiterführende, erfolgskritischere Positionen bekleiden. Daher lehnen manche Autoren die Berücksichtigung von Leistung zur Bestimmung von High Potentials ab. Stattdessen betonen sie stärker den Potenzialaspekt [vgl. Enaux/Henrich 2011, S. 23].

Die **Potenzialbeurteilung** ist dagegen eher zukunftsbezogen und geht vor allem von dem erwarteten zukünftigen Beitrag der Führungskräfte bzw. Mitarbeiter zur Erreichung der Unternehmensziele aus. Damit wird der zukunftsbezogene Aspekt des Potenzials deutlich. Allerdings muss die Existenz von Potenzial nicht zwangsläufig dazu führen, dass die jeweilige Person die erforderlichen Kompetenzen (und damit die erhoffte Leistung) auch tatsächlich entwickelt. Entscheidend dafür ist die Motivation (also das „Wollen"). Nur dann, wenn die Person die Lernfähigkeit und Lernbereitschaft aufweist, sich den notwendigen zukünftigen Anforderungen anzupassen, erscheint der High Potential-Status gerechtfertigt. In der Praxis ist es überdies kaum vorstellbar, dass einem Mitarbeiter ein hohes Potenzial und damit der Status eines High Potentials zugeschrieben wird, wenn dieser nicht über einen längeren Zeitraum durch sehr gute Leistungen (also durch „Können") aufgefallen ist [vgl. Weinert 2018, S. 8 ff. unter Bezugnahme auf Sarges 2000].

Neben dem „Können" und dem „Wollen" kommt noch der Aspekt des „Dürfens" hinzu. Damit ist gemeint, das entsprechende organisatorische Rahmenbedingungen (wie z.B. die Übertragung oder Nicht-Übertragung von Führungsverantwortung) die Entfaltung des Potenzials beflügeln oder im Keim ersticken kann. Fügt man noch hinzu, dass High Potentials auch in jederlei Hinsicht eine Vorbildfunktion ausüben sollten, so kommt Weinert zu folgender Definition [2008, S. 11]:

> „High Potentials sind Mitarbeiter, die bislang durch eine hohe Leistungsausprägung positiv aufgefallen sind, das Potenzial zeigen, zukünftig erfolgskritische Positionen bekleiden zu können und zu wollen sowie die Werte des Unternehmens als Rollenvorbilder sichtbar und glaubhaft vorleben."

Zurück zur mengentheoretischen Betrachtung der beiden Begriffe *Talente* und *High Potentials.* Abbildung 2-02 zeigt High Potentials als Teilmenge der Talente, die wiederum die gesamte Gruppe der Menschen mit einem hohen Potenzial umfasst. High Potentials verfügen darüber hinaus über das Merkmal eines hohen Leistungsniveaus.

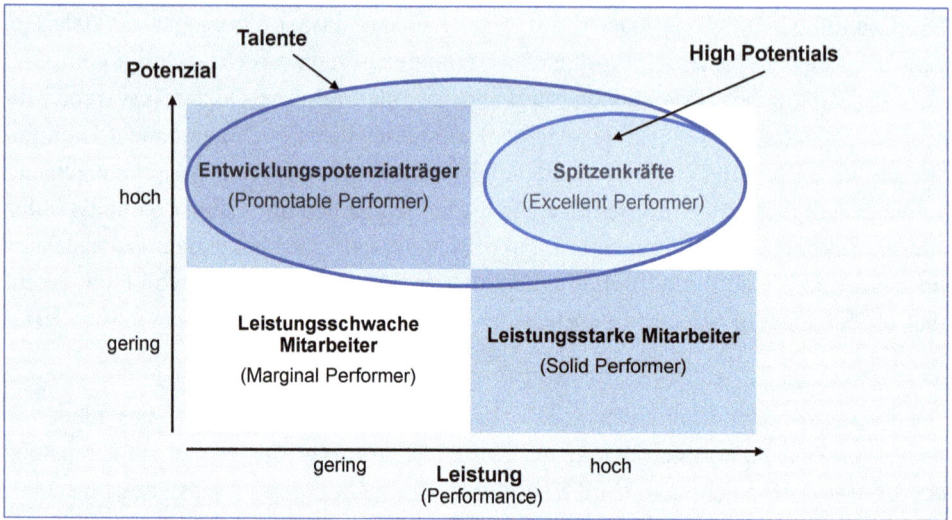

Abb. 2-02: Leistungs-Potenzial-Matrix

2.3.2 Personalportfolio von Thom/Friedli

Eine Darstellung, die etwas weiter ausdifferenziert ist, zeigt das „Personalportfolio" von Thom/Friedli [2008] in Abbildung 2-03. Danach werden als Talente jene Mitarbeiter angesehen, die über ein hohes Potenzial zur Wahrnehmung komplexer Aufgaben verfügen und sich auf dem Entwicklungsweg zu einem High Potential befinden. Gleichzeitig werden aber noch weitere Mitarbeitergruppen (z. B. Fragezeichen, Problemfälle) aufgeführt, die in dieser zweidimensionalen Matrix verortet sind.

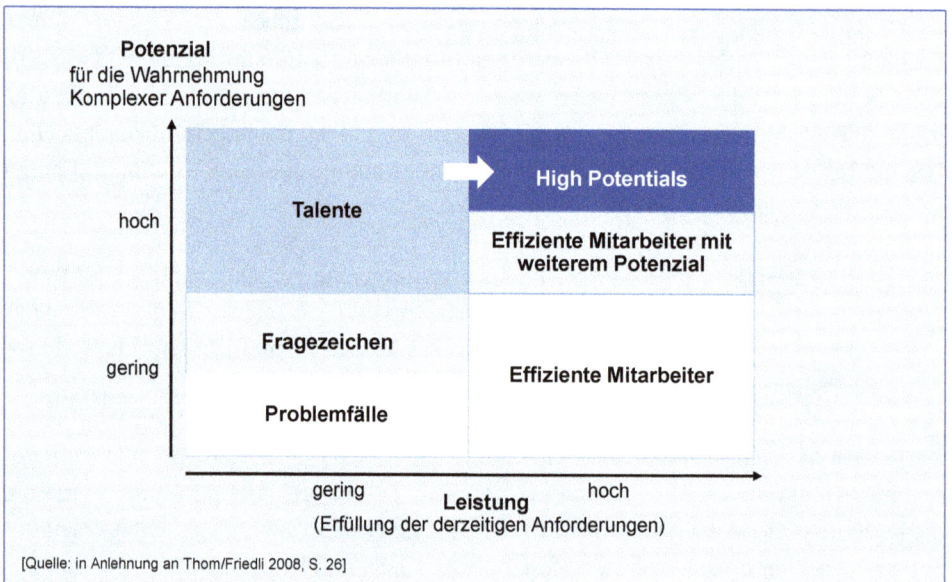

[Quelle: in Anlehnung an Thom/Friedli 2008, S. 26]

Abb. 2-03: Personalportfolio

Beide Abbildungen machen deutlich, dass die Grenze zwischen Talenten und High Potentials fließend ist.

Hinzu kommt noch eine weitere Überlegung, die aus einem Vergleich der beiden **personalwirtschaftlichen Wertschöpfungsketten** folgt. So kann es in der Wertkette *Personalbeschaffung* definitionsgemäß noch gar keine High Potentials geben, da diese ja noch keinen Leistungsnachweis (zumindest in diesem Unternehmen) erbringen konnten. Insofern zielen die Personalbeschaffungsaktivitäten (also im Wesentlichen die Personalakquisition) auf die Gewinnung von Talenten und die Personalbetreuungsaktivitäten auf die Bindung von Talenten *und* High Potentials ab. Daher werden im Folgenden beide Begriffe synonym verwendet, sofern nicht explizit auf eine Unterscheidung hingewiesen wird.

2.4 High Potentials und Digitalisierung

Sind unsere heutigen Unternehmensführer mit der digitalen Transformation überfordert? Es scheint so, denn fragt man die deutschen Unternehmenslenker selbst, wie ihre Unternehmen beim Thema „Digitalisierung" aufgestellt sind, so werden die Erfolge bei der digitalen Transformation skeptisch beurteilt (siehe dazu Abbildung 2-04).

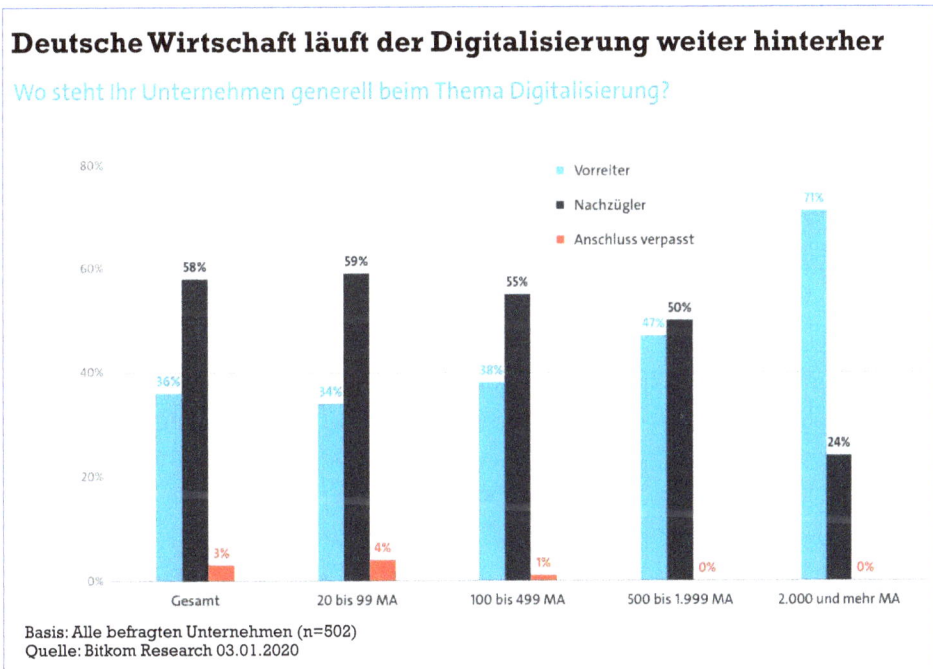

Abb. 2-04: „Deutsche Wirtschaft läuft der Digitalisierung weiter hinterher"

Nur sehr wenige deutsche Unternehmen sind in daten- und netzwerkbasierten Geschäftsbereichen erfolgreich. Tech-Giganten wie Amazon, Google oder Facebook, die ihren Sitz durchweg in den USA haben, sucht man hierzulande vergeblich. So stufen 58

Prozent der Geschäftsführer und Vorstände quer durch alle Branchen ihre Firma auf dem Gebiet der digitalen Transformation als Nachzügler ein. Laut der Umfrage von Bitkom, für die rund 500 Unternehmen ab 20 Mitarbeitern befragt wurden, meinen sogar drei Prozent, bereits den Anschluss verpasst zu haben. Nur etwa jedes dritte Unternehmen (36 Prozent) zählt sich zu den Vorreitern der Digitalisierung [vgl. Amerland 2020].

2.4.1 Plattform-Ökonomie

Die „Digitalisierung" ist demnach ein Thema, dass dem jungen medienaffinen Führungsnachwuchs voll entgegenkommen sollte. Hier haben die High Potentials einen riesengroßen Wettbewerbsvorteil gegenüber der derzeitigen Führungsriege. Ganz besonders deutlich wird der Unterschied am Beispiel der **Plattform-Ökonomie**, die ja einen wesentlichen Teil der Digitalisierung ausmacht. Auf diesem Gebiet sind Experten in deutschen Chefetagen weiterhin Exoten. Drei Viertel der Entscheider können mit der Plattform-Ökonomie wenig bis gar nichts anfangen. In jedem vierten Unternehmen in Deutschland kümmert sich niemand auf operativer Ebene um Plattformen. Dabei zeigt sich Bitkom-Präsident Achim Berg überzeugt:

> „Digitale Plattformen haben das Potenzial, praktisch jede Branche umzukrempeln. Wer heute Verantwortung trägt, darf Plattform-Ökonomie nicht nur vom Hörensagen kennen, sondern muss fundierte Entscheidungen treffen. Ein Unternehmen, in dem niemand digitale Plattformen im Blick hat, hat an entscheidenden Stellen Blindflecke." [Quelle: Bitkom-Pressemitteilung vom 08.01.2020]

Digitalisierung verspricht Unternehmen Effizienz, Weiterentwicklung und Wettbewerbsvorteile in angestammten und in neuen Märkten. Dazu muss in den Betrieben die gesamte Wertschöpfungskette überarbeitet werden. Das beginnt bei der Beobachtung des Marktes und der Ermittlung der Kundenbedürfnisse.

Die Digitalisierung verändert uns. Sie wird die Entwicklung und den Fortbestand unserer Unternehmen maßgeblich bestimmen. Doch geht es nicht auch umgekehrt? Unsere Unternehmen sollten die digitale Transformation nutzen und möglichst nach ihrem Willen formen. Dazu ist das Wissen über entsprechende Werkzeuge erforderlich. Und dazu sind Unternehmenslenker erforderlich, die diese Werkzeuge zwar nicht verstehen müssen, aber in ihrer Wirkung beurteilen können. Gesucht werden Manager, die den digitalen Wandel in diesem, in ihrem Sinne steuern und die Mitarbeiter mit auf den chancenreichen Weg der digitalen Transformation nehmen.

In jedem Unternehmen sind die Auswirkungen dieser Veränderungen anders, teils abhängig von der Größe, teils abhängig von der Marktstellung. Doch welchen Einfluss nimmt die Digitalisierung auf die Führung im Unternehmen? Gibt es Veränderungen in der Art, wie Unternehmen geführt, wie Entscheidungen getroffen werden? Bereits heute wird auf der Führungsetage von Unternehmen, die in der digitalen Welt gegründet wurden, anders agiert als bei traditionellen Unternehmen. Manager mit digitalem Knowhow nutzen digitale Technologien in der Entscheidungsfindung. Ihnen steht eine neue Qualität an Informationen zur Verfügung. Hier greift die Digitalisierung bereits auf kultureller Ebene in den Arbeitsalltag ein. Daher kann das alte Führungsmuster „Führung durch wenige Führungskräfte – Ausführung durch viele Mitarbeiter" nicht mehr funktionieren. Mitarbeiter sollten früh in die Planungs- und Entscheidungsprozesse eingebunden werden und Handlungsspielraum bekommen. Die Orientierung an datenbasierten Entscheidungen führt aber auch zu einer Beschneidung der Entscheidungsfreiheit in der Unternehmensführung. Nicht mehr alleine die Meinung des „Chefs" ist maßgebend, sondern durch die breite Integration von Daten auch die Fachkompetenz der einzelnen Mitarbeiter. Am Ende gilt auch aus Sicht der sich wandelnden Führungsmechanismen in digitalisierten Unternehmen, dass Erfolg direkt mit der Fachkompetenz der eigenen Mitarbeiter zusammenhängt. Nur wer wettbewerbsfähige Mitarbeiter hat, ist auch als Unternehmen wettbewerbsfähig. Die Digitalisierung beeinflusst somit die Art und Weise zukünftiger Führung. Mit anderen Worten: **Die richtige Führung funktioniert in modernen Unternehmen nicht ohne digitale Transformation** [vgl. Lippold 2017, S. 4 f.].

Das Erfassen von Kundendaten bildet die Grundlage für ein personalisiertes Marketing. Die Kommunikation mit potenziellen Käufern muss sehr früh beginnen. Eine Webseite mit der Darstellung des Unternehmens ist heute nicht mehr ausreichend. Digitale Informationen müssen gesammelt, verarbeitet und in marktfähige Angebote übertragen werden. Hier ist eine Unternehmensführung gefragt, die diesen Prozess versteht und ihn anstoßen, steuern und überwachen muss. Mit anderen Worten: **Digitale Transformation wird ohne die richtige Unternehmensführung nicht funktionieren.** Manager mit digitalem Know-how sind heiß begehrt und stehen ganz oben auf den Gehaltslisten. Das hat mit dem Bedarf, aber auch mit den besonderen digitalen Führungskompetenzen zu tun. Ganz offensichtlich hat man erkannt, dass der künftige Unternehmenserfolg besonders abhängig ist von der Einstellung der Unternehmensführung, weil diese einen großen Einfluss auf den Digitalisierungsgrad hat.

Damit ist das agile Führen angesprochen. Es meint, dass Führungskräfte die Mitarbeiter zu kreativer und selbstorganisierter Arbeit befähigen müssen, damit sich Unternehmen schneller und flexibler an Veränderungen anpassen können. Dafür müssen Mitarbeiter Verantwortung übernehmen und selbst entscheiden. Das erfordert Bürokratieabbau und flache Hierarchien. Digitalisierung und Globalisierung brauchen kreativere Teams, die schnell handeln. Denn Innovation darf kein langwieriger Prozess mehr sein, der nur von einer Person gemanagt wird. Führung muss das Team in den Mittelpunkt stellen, ohne dabei den einzelnen Mitarbeiter aus dem Fokus zu verlieren.

Neben den Fähigkeiten Mitarbeiter zu binden und zu entwickeln sowie den Fähigkeiten Talente zu entdecken und zu führen, kommt es für Führungskräfte darauf an, den digitalen Wandel im Unternehmen anzustoßen, zu steuern und die Mitarbeiter mit auf den chancenreichen Weg der digitalen Transformation zu nehmen.

Doch wie tief müssen diese digitalen Kenntnisse sein? Aber ist das eigentlich die entscheidende Frage? Ist angesichts des zunehmend digitalen Umfelds nicht vielmehr die Antwort auf die Frage wichtig, welche **Voraussetzungen** eine Führungskraft heute mitbringen sollte?

2.4.2 Unterschiedliche Führungsauffassungen

Beide Fragen stehen für zwei unterschiedliche Auffassungen darüber, was ein erfolgreicher Führungstyp mitbringen sollte. Beide Auffassungen sollen hier – der Einfachheit halber und holzschnittartig – als „deutsche Führungsauffassung" und als „US-amerikanische Führungsauffassung" bezeichnet werden [vgl. dazu im Folgenden Lippold 2019a].

Das **deutsche Führungsmodell** geht von der grundsätzlichen Überlegung aus, dass Führungskräfte, die strategische Entscheidungen im digitalen Umfeld treffen müssen, auch über ein sehr tiefgreifendes Wissen in der Digitalisierung verfügen sollten. Wenn man im digitalen Zeitalter – so die These – seinen Mitarbeitern Orientierung geben und in Konfliktsituationen erfolgreich eingreifen will, dann muss man entsprechende Kompetenzen in der Informatik mitbringen oder sich erarbeiten. Ansonsten kann die digitale Transformation mit seinen Herausforderungen überhaupt nicht angemessen verstanden werden und damit können auch keine zukunftsfähigen Entscheidungen getroffen werden. Soweit die „deutsche" Auffassung, bei der also die Frage nach den **Voraussetzungen** überwiegt. Allerdings habe ich meine Zweifel, ob angesichts der Halbwertszeit digitaler Technik und digitalen Wissens Führungskräfte überhaupt in der Lage sein können, den immer kürzeren Technik- und Wissenszyklen zu folgen.

Im **amerikanischen Führungsmodell** sind es dagegen mehr die **Eigenschaften** wie Befähigung, Leistung, Status oder Charisma, die entscheidend für die Führungszuschreibung sind. Hier ist es relativ unwichtig, in welcher Branche oder in welchem Funktionsbereich die Führungslaufbahn gestartet wurde. Entscheidend ist einzig und allein die zugeschriebene Führungsstärke. Ein Beispiel dafür ist die amerikanische Managerin Meg Whitman, die an vorderster Stelle in so unterschiedlichen Unternehmen wie Procter & Gamble, Disney oder Hewlett Packard ihre Führungs- und Durchsetzungsstärke bewiesen hat. Dieses Führungsmodell ist sicherlich auch ein wenig vergleichbar mit der Besetzung von Ministerposten in den verschiedenen deutschen Ministerien. Generell mag der amerikanische Ansatz in Einzelfällen funktionieren, aber ein grundlegendes Erfolgsmuster für Leadership ist er nicht.

Wahrscheinlich ist also weder das eine, noch das andere Führungsmodell zukunftswei-
send – zumindest nicht in Reinkultur. Gefragt ist vielmehr die **hybride Führungskraft**,
die sowohl im digitalen wie auch im analogen Arbeitskontext Präsenz zeigt. Was heißt
das? Mitarbeiter müssen ihre Führungskraft sowohl in der analogen als auch in der virtuellen Welt als menschliches Wesen wahrnehmen, mit dem sie bestimmte Werte teilen
können. Letztlich sind es immer Persönlichkeiten, die Präsenz zeigen und eine Identität
sichtbar machen. Präsenz muss dabei in dreierlei Hinsicht gezeigt werden: Als **soziale
Präsenz** (also Fühlen bzw. Mitfühlen), als **kognitive Präsenz** (Verstehen können) und
als **Führungspräsenz**, welche die soziale und die kognitive Präsenz zusammenbindet
und damit den Geführten Orientierung sowohl im Analogen als auch im Virtuellen gibt
(siehe hierzu ausführlich Abschnitt 8.4).

2.5 High Potentials und Generationenwechsel

Ohne Frage stellt die digitale Transformation für alle Organisationen, die sie zu bewältigen haben, auch eine große **personelle Herausforderung** dar. In vielen Büros treffen
häufig mehr als zwei Generationen aufeinander, die sich zwar grundsätzlich positiv ge-
genüberstehen, sich jedoch in ihren Wertvorstellungen und Arbeitsverhalten deutlich
voneinander unterscheiden. Eine junge, medienaffine Generation, die soziale Vernet-
zung praktiziert und vehement Wissenstransparenz fordert wie eben die High Potentials,
prallt auf ältere Generationen, die im Modus der Wettbewerbsorientierung ausgebildet
und unter starkem Wettbewerbsdruck sozialisiert wurden [vgl. Gebhardt et al. 2015;
Werle 2015].

Um welche Generationen handelt es sich dabei? Was unterscheidet sie voneinander?
Gibt es Wertekonflikte zwischen den Generationen?

Zur besseren Illustration sind in der Abbildung 2-05 die unterschiedlichen positiven und
negativen wertebezogenen Ausprägungen verschiedener Generationen hinsichtlich ihres
Verhaltens am Arbeitsplatz aufgeführt. Die hier dargestellte Generationeneinteilung
stammt zwar aus den USA, sie lässt sich aber durchaus auf den europäischen Kulturkreis
übertragen [vgl. Bartscher et al. 2012, S. 31 f.].

	Traditionalisten Geburtsjahrgänge bis 1945	Baby Boomer Geburtsjahrgänge von 1945 bis 1965	Generation X Geburtsjahrgänge von 1965 bis 1980	Generation Y / Millennials Geburtsjahrgänge von 1980 bis 1995	Generation Z Geburtsjahrgänge ab 1995
Verhalten am Arbeitsplatz	+ verlässlich + gründlich + loyal + fleißig + beständig + hierarchietreu - konfliktscheu - systemkonform - wenig veränderungs-bereit	+ kundenorientiert + leistungsbereit + ehrgeizig + motiviert + beziehungsfähig + kooperativ - egozentrisch - eher prozess- als ergebnisorientiert - kritikempfindlich - vorurteilsbeladen	+ flexibel + technik-affin + unabhängig + selbstbewusst + kreativ - ungeduldig - wenig sozial - zynisch - wenig durch-setzungsfähig	+ teamorientiert + optimistisch + hartnäckig + kühn + multitaskingfähig + technologisch fit - unerfahren - anleitungs-bedürftig - strukturbedürftig - antriebsschwach - illoyal	+ Hohe Akzeptanz/ Toleranz von Diversitäten + selbstüberzeugt + technologisch fit + selbstorganisa-tionsfähig - Verantwortung wird abgegeben (z.B. an die Helicopter-Eltern) - geringere Sorgfalt - rudimentäres Google-Gedächtnis
Einstellung zur Arbeit	Pflicht und Wert	Herausforderung und Selbstfindung	Job und Spaß	Sinn und Team	Arbeit ist Spaß, Arbeit ist unsicher und Arbeit ist unklar
Einstellung zur Autorität	Gehorsam	Hassliebe	Unbeeindrucktheit	Höflichkeit	Indifferent
Lebens-philosopie		„Leben, um zu arbeiten"	„Arbeiten, um zu leben"	„Erst leben, dann arbeiten"	„Leben und arbei-ten als fließender Prozess"

[Quelle: in Anlehnung an Oertel 2007, S. 28 f. und Ciesielski/Schutz 2016, S. 41 ff.]

Abb. 2-05: Arbeitsverhalten verschiedener Generationen

Während die **Traditionalisten** längst aus dem Arbeitsleben ausgeschieden sind, gibt es heute im Schwerpunkt zwei Gruppen, die im Rahmen der digitalen Transformation auf-einandertreffen.

2.5.1 Digital Immigrants

Das sind auf der einen Seite die **Baby Boomer** und die **Generation X**. Beide Generati-onen sind vor 1980 geboren und haben meist eine Organisation aufgebaut und den Er-folg der Vergangenheit erarbeitet. Dabei haben sie häufig ihr Lebenskonzept den orga-nisationalen Anforderungen untergeordnet und zumeist verantwortungsvolle Positionen in den Unternehmen eingenommen. Als Belohnungskonzept dienen beiden Generatio-nen Machtbefugnisse, Privilegien sowie materielle Anreize. Entscheidungen, die von hierarchisch übergeordneten Ebenen getroffen werden, stellen diese Generationen nicht infrage. Der Einfachheit halber werden Baby Boomer und die Generation X zusammen auch als **Digital Immigrants** bezeichnet, denn sie begegneten den Digitaltechnologien erst im Erwachsenenalter.

Die allermeisten Manager und Führungskräfte, die heute in den Unternehmen am Ruder sind, gehören der Generation der Baby Boomer oder der Generation X an.

Die Baby-Boomer sind mit einem klar definierten Katalog an Unternehmensbräuchen und **Managementmethoden** groß geworden. Dies gilt besonders für die Einstellung zur

Entlohnung, zur Hierarchie und zu den Erwartungen an die Arbeit. Vor allem Führungskräfte, die in den 1950er Jahren geboren sind, kennen es seit ihrer Jugend nicht anders,
als mit ihren Gleichaltrigen um alles zu konkurrieren. Es bedeutet ihnen sehr viel, ständig zu gewinnen. Sie sind durchsetzungsstark und engagiert. Arbeit ist für sie Herausforderung [vgl. Erickson 2010].

Die Mitglieder der Generation X (zwischen 1961 und 1981 geboren) haben andere Wertvorstellungen. Sie sind anpassungsfähig, pragmatisch und unabhängig. Sie sind schnell
bereit, etablierte Definitionen von Erfolg abzulehnen und ihren eigenen Weg zu suchen.
Arbeit ist für sie ein Vertrag. Sie sind durch eine Zeit wirtschaftlicher Unsicherheit und
sozialen Wandels geprägt. Sie haben die Aufkündigung der Sozialpartnerschaft zwischen Arbeitnehmern und Arbeitgebern miterlebt. Sie schätzen **Wahlmöglichkeiten**
und setzen nicht alles auf eine Karte [vgl. Ciesielski/Schutz 2016, S. 49].

Die *Digital Immigrants* (also Baby Boomer und Generation X) müssen nun Impulse
setzen und Entscheidungen für die digitale Transformation treffen, die eine andere Zusammenarbeit voraussetzt, als sie es selbst gewohnt sind. Dazu müssen sie Macht weiterreichen, loslassen, stimulieren und schlicht auf die Selbstverantwortung der Mitarbeiter vertrauen. Für traditionelle Führungskräfte und Unternehmen sind die *Digital Natives* somit eine immer größere Herausforderung. Die Bindung bei ihnen besteht nicht
mehr zum Unternehmen, sondern zu interessanten Projekten und zu mitreißenden Führungspersönlichkeiten. Digitale Transformation beschränkt sich nicht auf Technologien,
sie umfasst auch kulturelle Gestaltungs- und hybride Arbeitsräume, Kulturen und Werte.
Klassische Anreizsysteme, wie etwa Firmenwagen, Einzelbüros und sonstige Statussymbole, verlieren an Wert.

2.5.2 Digital Natives

Auf der anderen Seite sind es Angehörige der **Generationen Y oder Z** (auch Gen Y
und Gen Z genannt). Sie sind nach 1980 geboren, sehr technikaffin und mit Internet und
mobiler Kommunikation aufgewachsen. Beide Generationen werden daher auch als **Digital Natives** bezeichnet. Diese Gruppe, zu der eben auch die High Potentials gehören,
fühlt sich vergleichsweise freier und unabhängiger. Sie verehrt und bewundert macht-
beflissene Vorgesetzte in geringerem Ausmaß und strebt vor allem nach Selbstwirksam-
keit und Partizipation auf Augenhöhe. Ein Arbeitsethos, der auf Fleiß, Disziplin und
Gehorsam basiert, wird tendenziell abgelehnt. Ziele und Aufgaben werden mehr nach
Sinnhaftigkeit und persönlichem Lerninteresse beurteilt. Für Digital Natives ist es mo-
tivierend, berufliches Schaffen mit individuellem Lebenssinn zu verknüpfen [vgl. Keese
2014].

Sie denken anders als vorhergehende Generationen, agieren anders, nicht nur im Umgang mit digitalen Medien. Viele Angehörige dieser neuen Generation verfolgen auch

andere persönliche Ziele in ihrer Lebensplanung. Deren Motivation lässt sich entsprechend tendenziell immer weniger mit herkömmlichen materiellen und immateriellen Anreizen wecken.

Ebenso wie die Gruppe der Baby Boomer und die Generation X zu *Digital Immigrants* zusammengefasst werden, so entsprechen die *Digital Natives* in etwa den Generationen Y und Z.

Veränderte gesellschaftliche Rahmenbedingungen oder Wertekonflikte zwischen unterschiedlichen Generationen wirken sich im Rahmen der Digitalisierung besonders stark aus [vgl. Gebhardt et al. 2015] und müssen genauer betrachtet werden. Dazu ist es erforderlich, im nächsten Schritt die *Digital Natives*, also die Generationen Y und Z mit ihren Einstellungen und Wertvorstellungen näher zu beleuchten.

Die Generationen Y und Z bevorzugen flexible und flache Strukturen. Sie lassen sich in starren Hierarchien und mit Disziplin und Gehorsam kaum motivieren. Sie wollen in Projektteams mit anderen auf Augenhöhe arbeiten, inhaltlich Aufgaben ganzheitlich bis zum Erfolg führen und sich mit einer höheren Sache identifizieren. Unternehmenskultur und Arbeitsatmosphäre erscheinen somit als Schlüssel zur Motivation der Generationen Y und Z. Beide Generationen bevorzugen das Denken und den unkomplizierten Austausch in starken Netzwerken. Für sie ist der schnelle Zugang zu Wissen ebenso wichtig wie eine direkte Kommunikation auf Augenhöhe. Die durchgehende Nutzung digitaler Medien und sozialer Netzwerke ist für sie selbstverständlich. Dazu benötigt man ausreichend Freiräume zur Selbstentwicklung sowie ein von Raum und Zeit entkoppelter Arbeitsplatz für Wissensarbeit [vgl. Creusen et al. 2017, S. 122 ff.].

Vor allem dieser Freiraum erscheint ein wichtiges Kriterium für einen attraktiven Arbeitgeber zu sein. Kein Vertreter der Generation Y und Z will Zeit im Büro absitzen, wenn gerade keine Aufgaben anstehen, nur weil dies der aktuellen Einsatzplanung entspricht. Andererseits empfinden es Mitarbeiter oftmals als belastend, wenn sie sich im Büro voll auf eine Aufgabe konzentrieren sollen. Auch die permanente Erreichbarkeit und eine eventuell fehlende Abgrenzung von beruflichem zu privatem Leben ist für viele Angehörige der *Digital Natives* nicht zumutbar. Ebenso entspricht die Zunahme an Stress, der durch digitale Wissensarbeit ausgelöst werden kann, häufig nicht den idealistischen Vorstellungen von Arbeitsatmosphäre und Work-Life-Balance dieser Generation. Digitale Führungsmaßnahmen müssen genau hier ansetzen und dies berücksichtigen [vgl. Creusen et al. 2017, S. 124].

Die Generation Z unterscheidet sich von der Generation Y vorwiegend dadurch, dass die Zler mit digitalen Medien wie dem Internet oder dem Smartphone aufgewachsen sind. Sie empfindet dementsprechend keine Angst oder Scheu im Umgang mit digitalen Medien und ist nicht erst wie die Generation Y im frühen Jugendalter digital sozialisiert worden [vgl. Schütz 2015].

Die Generation Y stellt vielfältige Anforderungen an ihre beruflichen Aufgaben. Sie wünscht sich Freiraum und ein hohes Maß an Unabhängigkeit sowie ein regelmäßiges Feedback, kollegiale Arbeitsatmosphäre und die Möglichkeit zu einer Work-Life-Balance. Wichtige Werte und Ziele der Generation Y sind ausreichend Freizeit, Gesundheit, Zeit für Familie und Freunde, Reisen und Einblicke in fremde Kulturen, Entwicklung und die Möglichkeit zur Selbstverwirklichung. Aufgaben sollten möglichst mit Prestige verbunden sein, einen Zusammenhang mit der persönlichen Entwicklung beinhalten und mit Anerkennung durch den Vorgesetzten oder andere verbunden sein. Erfolg und Karriere werden an individuellen Entwicklungsmöglichkeiten, guter Bezahlung und der Möglichkeit zur Übernahme von Verantwortung festgemacht [vgl. Frohne 2015].

Vielen Unternehmen und Organisationen, die einschneidende Digitalisierungs-Herausforderungen zu bewältigen haben, steht eine deutliche Verjüngung ihrer Akteure bevor. Der spürbare Generationswechsel geht mit neuen Kommunikationsweisen und einem veränderten Arbeitsverhalten einher. Die jungen Talente der Generationen Y oder Z sind frisch ausgebildet und haben neue Ideen. Sie werden für die Lösung digitaler Wissensarbeit gebraucht. Kurzum: Die Digital Natives werden immer begehrter und damit der *War for Talents* immer größer.

Nicht nur neue Generationen und digitale Transformation, sondern auch Globalisierung, Genderthematik, Frauen in Führungspositionen, moderne Lebensentwürfe und Patchwork-Konstellationen haben die Einstellung zur Arbeit gründlich verändert. „Digital First" beschreibt ein neues Denken über die Zukunft von Unternehmen und die Rolle von Menschen in Unternehmen.

2.6 Es müssen nicht immer High Potentials sein

Es ist sicherlich legitim, dass jedes Unternehmen nur die Besten, also die High Potentials einstellen möchte. Es gibt wohl kaum ein Unternehmen, das sich freiwillig mit dem zweitbesten Bewerber zufriedengibt. Doch wer sind die Besten? Und vor allem: Wer sind die Besten für das jeweilige Unternehmen? Wer sind die Besten für das jeweilige Assignment? Und schließlich: Wozu braucht man unbedingt High Potentials?

Eine distanzierte und durchaus kritische Einstellung gegenüber den High Potentials zeigt Wottawa (siehe Abbildung 2-06). Er vergleicht diese Zielgruppe mit den Condottieri, den italienischen Söldnerführern des späten Mittelalters. Zu den bekanntesten Condottieri zählen Francesco Sforza, Andrea Doria, Cesare Borgia und Giovanni de Medici. Sie wechselten durchaus die Seiten für bessere Bezahlung und dies nicht nur vor, sondern sogar mitten in der Schlacht. Sie waren aber dennoch enorm begehrt und in den Augen der jeweiligen Fürsten unverzichtbar. Aufgrund ihres Einflusses, ihrer

Macht und sicherlich auch aufgrund ihres Könnens begannen sie, ihren Arbeitgebern die Bedingungen zu diktieren.

Soweit soll hier nicht gegangen werden, aber es ist kein Geheimnis, dass manche High Potentials Akzeptanzprobleme bei schwächeren Kollegen und eine "spezielle" Persönlichkeit haben. Sie kommen sehr häufig arrogant und überheblich rüber. Das ist allermeist auch der Grund dafür, dass es ihnen nicht gelingt, die notwendige Glaub- und Vertrauenswürdigkeit bei Mitarbeitern und Führungskräften zu schaffen. Dafür benötigen sie eine besondere Führung, um voll motiviert zu sein. Vor allem wechseln sie aber schnell zum Konkurrenten, wenn dieser ihnen ein besseres finanzielles Angebot macht.

Es gibt also noch eine andere Seite, die bei High Potentials zu beachten ist. Daher stellt sich vielerorts die Frage: Was ist besser für das Unternehmen? Ein loyaler, begeisterter Mitarbeiter mit gutem Sachverstand oder ein High Potential, der ob seiner geringen emotionalen Bindung ständig mit den Hufen scharrt und dem das nächste attraktive Angebot eines Headhunters herzlich willkommen ist.

Vielleicht ist für die eine oder andere Stelle (besser: *Assignment*) ein Kandidat besser geeignet, der keine „Eins vor dem Komma" hat. Natürlich sind (Abschluss-)Noten nicht unwichtig, sie aber als erstes und häufig auch als einziges Zulassungskriterium zum persönlichen Vorstellungsgespräch zu missbrauchen, ist kurzsichtig und wenig dienlich, um die richtigen Kandidaten für den ausgeschriebenen Job zu bekommen. Sportliche Bestleistungen, Masterabschlüsse in verschiedenen Bereichen, ein selbstfinanziertes Studium vielleicht sogar über den zweiten Bildungsweg oder berufsbegleitend, ein Engagement als Schul- oder Studierendensprecher, Praktika oder Auslandsaufenthalte, die allesamt vielleicht zu einer etwas schlechteren Durchschnittsnote, aber auch zur Entwicklung der individuellen Persönlichkeit beigetragen haben, sollten den Unternehmen doch mindestens genau so viel Wert sein, wie die Noten mit der „Eins vor dem Komma". Persönlichkeit kann man nur bedingt lernen, Sprachen oder Mathematik sehr wohl.

High Potentials – Die Condottieri unserer Zeit

von *Hermann Wottawa*

Condottieri sind Söldnerführer, die von den italienischen Stadtstaaten im späten Mittelalter beschäftigt wurden. Sie waren berüchtigt für ihre Launen, wechselten oft die Seiten für bessere Bezahlung und dies nicht nur vor, sondern auch mitten in der Schlacht. Aufgrund ihres Einflusses und ihrer Macht begannen sie, ihren Arbeitgebern die Bedingungen zu diktieren – waren aber dennoch enorm begehrt und unverzichtbar. Sind High Potentials die »Condottieri« unserer Zeit?

Am Anfang steht die Überlegung, wofür wir High Potentials brauchen. Als spätere Führungskraft? In der F&E-Abteilung? Als Top-Vertriebler? Und braucht man tatsächlich einen High Potential, der absolute Spitze ist oder »nur« einen guten Leistungsträger? High Potentials dienen häufig der Selbst-aufwertung („Je mehr High Potentials ich habe, desto besser und angesehener bin ich selber"), sie dienen dem Image („Bei uns arbeiten nur die Besten") oder sie dienen der Risikominimierung („Wenn ich nur die Besten einstelle, kann mir nichts passieren"). Ob das aber wirklich so ist, muss doch zumindest in Frage gestellt werden. High Potentials können zwar enorm fit sein bei der Erreichung bestimmter Ziele (auch in schwierigen Fällen), aber sie wirken häufig souveräner und stabiler als sie wirklich sind. Viele hatten in ihrem ganzen Leben bezüglich Ausbildung und Beruf nie Misserfolge, waren immer ganz selbstverständlich die Besten und haben in diesem Kontext selten Grenzen erlebt, die ihnen andere gesetzt haben. Es ist nicht leicht, auf dieser Basis eine reife, gefestigte Persönlichkeit zu werden. Das kann dazu führen, dass es bei einer echten Krise zu Überreaktionen kommt.

Cesare Borgia

Einer der erfolgreichsten Condottieri, Cesare Borgia, ist beim Tod seines Vaters, der auch sein »Arbeitgeber« war, psychisch zusammengebrochen und hatte in kürzester Zeit keine Erfolge mehr. Manche High Potentials haben auch Akzeptanzprobleme bei schwächeren Kollegen. Sie werden von diesen oft geachtet und vielleicht auch gefürchtet, aber seltener geliebt. Sie haben eine sehr spezielle Persönlichkeit und brauchen dafür eine sensible Führung, um voll motiviert zu sein. High Potentials sind zuweilen geschickte Manipulatoren und wenig mitarbeiterorientiert. Sie haben kaum Mitleid mit schwächeren Vorgesetzten und sind – besonders auch aus finanziellen Gründen – durchaus bereit, schnell zum Konkurrenten des Arbeitgebers zu wechseln. Ein besonderes Problem ist aber, dass die Investitionen in die Beziehung zum Unternehmen bei High Potentials für eine dauerhafte Bindung häufig fehlen. Oft beginnt das schon bei der Bewerbung: Nicht der High Potential investiert um die Stelle zu bekommen, sondern das Unternehmen, um den High Potential zu rekrutieren.

Das steigert zwar die spätere Loyalität des Unternehmens zu diesem Mitarbeiter, aber nicht umgekehrt. Und das setzt sich fort: Immer wieder investiert das Unternehmen, weniger der High Potential. Bei so wenig emotionaler Bindung ist das nächste attraktive Angebot eines Headhunters herzlich willkommen. Schon die Condottieri waren gerade dann besonders geachtet und angesehen, wenn sie oft den »Arbeitgeber« wechselten, auch dann, wenn dieser sie gerade dringend gebraucht hätte. Wir erleben ähnliche Vorgänge nicht selten in der Wirtschaft. High Potentials sind etwas Wunderschönes und können viel für das Unternehmen leisten, aber ihre Pflege und Führung ist oft schwieriger, als man denkt. Kurzum: High Potentials sind sehr nützlich, aber ihr Beitrag zum Output des Unternehmens wird häufig überschätzt. Daher sollte man das große Potenzial der vielen „guten, normalen" Mitarbeiter nicht vernachlässigen und dort die Instrumente der Potenzialerkennung und Förderung ansetzen.
[Quelle: Wottawa 2008 – gekürzte Fassung]

Abb. 2-06:   High Potentials – die Condottieri unserer Zeit

3. Internationale Personalarbeit und High Potentials

„Die Rekrutierung und Auswahl von Mitarbeitern im internationalen Kontext stellt eine Aufgabe von strategischer Bedeutung dar." [Marion Festing]

Die wirtschaftliche Zusammenarbeit mit anderen Ländern hat sich nicht nur im Zuge der Globalisierung, sondern auch mit der Intensivierung des europäischen Binnenmarktes verstärkt. So hat sich der „Binnenmarkt" als wichtigster Wirtschaftsmotor der EU entwickelt.

Die Erzielung von Wettbewerbsvorteilen, die Reduktion von Kosten, der Zugang zu Ressourcen unterschiedlicher Art und nicht zuletzt die Minimierung der Steuerbelastung sind wichtige Gründe für die Internationalisierung von Unternehmen. Für das Exportland Deutschland spielen internationale Geschäftsbeziehungen und Zusammenarbeit eine ganz besonders wichtige Rolle. Doch trotz des vermeintlich rein ökonomischen Kontextes sind Produktion und Handel auf allen Ebenen von einer funktionierenden interpersonalen Kommunikation abhängig. Entsprechend gewinnt der interkulturelle Kommunikationsaspekt weiter an Gewicht und Aktualität. Im Spannungsfeld zwischen weltweiter Standardisierung von Unternehmensprozessen und lokaler Differenzierung muss der internationale Personalmanager eine hohe interkulturelle Kompetenz aufweisen und wissen, durch welche personalwirtschaftlichen Aktivitäten die Unternehmensziele im In- und Ausland erreicht werden können. Weiterhin muss das internationale Personalmanagement in der Lage sein, Konflikte hinsichtlich ihrer kulturellen bzw. persönlichen Bedingtheit zu analysieren und teilweise virtuelle Arbeitsteams zusammenstellen.

3.1 Internationalisierung als Auswahlkriterium für High Potentials

Es ist keine Frage, dass der Internationalitätsgrad eines Unternehmens bei der Stellenauswahl von High Potentials besonders hoch gewichtet wird. So zeigt eine Umfrage unter den beiden Bewerbergruppen „High Potentials" und „Sonstige Studierende", dass High Potentials das Merkmal „Internationale Ausrichtung" deutlich höher priorisieren als die Sonstigen Studierenden. Aus Abbildung 3-01 wird auch weiterhin sichtbar, dass High Potentials ihre jeweilige Karriereplanung wesentlich wichtiger nehmen.

Auf der anderen Seite müssen aber auch die besonderen Risiken und die möglichen Konsequenzen von Fehlschlägen bei einem Auslandseinsatz gesehen werden. Insbesondere wenn High Potentials den Auslandseinsatz z. B. aufgrund von Anpassungsproblemen vorzeitig abbrechen, müssen sie oftmals erst lernen, mit solchen Fehlschlägen umzugehen. Sowohl im privaten als auch im beruflichen Umfeld stehen sie unter einem erheblichen Rechtfertigungsdruck. Teilweise verändern sich durch ein solches Ereignis auch die Karriereperspektiven im Stammhaus zum Nachteil des Mitarbeiters [vgl. Festing et al. 2011, S. 25].

Rangfolge High Potentials		Rangfolge Sonstige Studierende	
1.	Gutes Betriebsklima	1.	Gutes Betriebsklima
2.	Weiterbildungsmöglichkeiten	2.	Freiräume für selbstständiges Arbeiten
3.	Freiräume für selbstständiges Arbeiten	3.	Weiterbildungsmöglichkeiten
4.	Kooperativer Führungsstil	4.	Kooperativer Führungsstil
5.	Freiräume, um Ziele zu verwirklichen	5.	Freiräume, um Ziele zu verwirklichen
6.	**Karriereplanung**	6.	Unternehmenskultur
7.	Übernahme von Verantwortung	7.	Zukunftsorientierung
8.	**Internationale Ausrichtung**	8.	Übernahme von Verantwortung
9.	Auslandseinsatz	9.	Attraktive Vergütung
10.	Unternehmenskultur	10.	Teamarbeit
11.	Attraktive Vergütung	11.	Auslandseinsatz
12.	Teamarbeit	12.	Flexible Arbeitszeitgestaltung
13.	Flexible Arbeitszeitgestaltung	13.	Sicherheit des Arbeitsplatzes
14.	Zukunftsorientierung	**14.**	**Internationale Ausrichtung**
15.	Attraktiver Standort	**15.**	**Karriereplanung**

[Quelle: Schamberger 2006, S. 70]

Abb. 3-01:   Merkmalsrangfolge bei der Wahl des Arbeitsplatzes

Internationales Personalmanagement zeichnet sich durch erhöhte Komplexität und Unsicherheit gegenüber dem nationalen Personalmanagement aus. Dies resultiert insbesondere aus

– verschiedenen gesetzlichen Regelungen zwischen Stamm- und Gastland,

– kulturellen Unterschieden, die mitbestimmend für Wahrnehmungs-, Denk- und Verhaltensmuster sind (z. B. Wertehaltung, Arbeitseinstellung),

– sprachlichen Unterschieden, die das Kommunikations- und Kooperationsverhalten beeinflusst und die Verständigung beeinträchtigt sowie

– wirtschaftlichen, politischen und sozialen Unterschieden zwischen Stamm- und Gastland, die ein einheitliches Vorgehen (nicht nur) in der Personalarbeit verhindern.

Internationalisierungsaktivitäten haben in Abhängigkeit vom Umfang, den Zielländern sowie der Internationalisierungsstrategie Auswirkungen auf die Aktionsfelder des Personalmanagements. Besonders stark von Internationalisierungsaktivitäten sind die Personalbeschaffung, die Personalentwicklung, die Personalbeurteilung und die Personalvergütung betroffen. In Abbildung 3-02 sind die Besonderheiten internationaler Personalarbeit zusammengefasst.

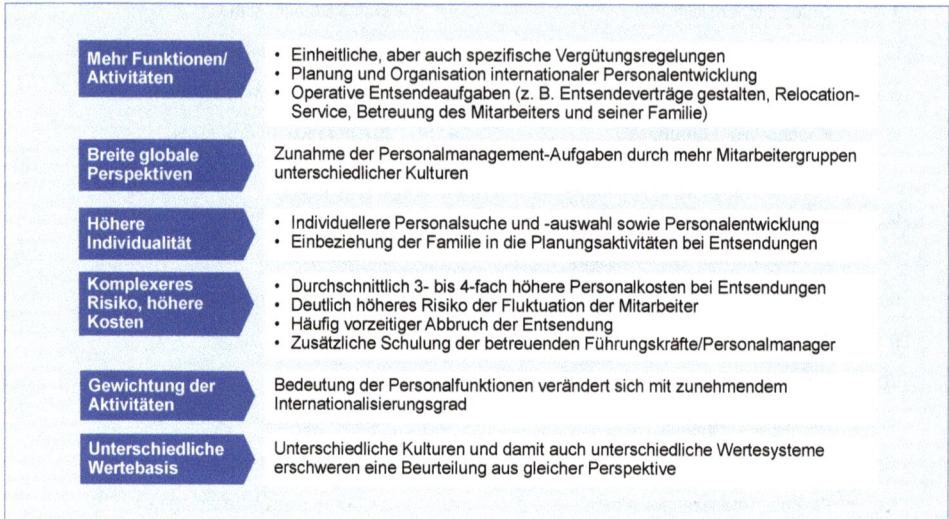

Mehr Funktionen/ Aktivitäten	• Einheitliche, aber auch spezifische Vergütungsregelungen • Planung und Organisation internationaler Personalentwicklung • Operative Entsendeaufgaben (z. B. Entsendeverträge gestalten, Relocation-Service, Betreuung des Mitarbeiters und seiner Familie)
Breite globale Perspektiven	Zunahme der Personalmanagement-Aufgaben durch mehr Mitarbeitergruppen unterschiedlicher Kulturen
Höhere Individualität	• Individuellere Personalsuche und -auswahl sowie Personalentwicklung • Einbeziehung der Familie in die Planungsaktivitäten bei Entsendungen
Komplexeres Risiko, höhere Kosten	• Durchschnittlich 3- bis 4-fach höhere Personalkosten bei Entsendungen • Deutlich höheres Risiko der Fluktuation der Mitarbeiter • Häufig vorzeitiger Abbruch der Entsendung • Zusätzliche Schulung der betreuenden Führungskräfte/Personalmanager
Gewichtung der Aktivitäten	Bedeutung der Personalfunktionen verändert sich mit zunehmendem Internationalisierungsgrad
Unterschiedliche Wertebasis	Unterschiedliche Kulturen und damit auch unterschiedliche Wertesysteme erschweren eine Beurteilung aus gleicher Perspektive

Abb. 3-02: Besonderheiten internationaler Personalarbeit

3.2 Ausprägungen der internationalen Unternehmenstätigkeit

Umfang und Intensität der internationalen Personalarbeit hängen ursächlich vom **Internationalisierungsgrad** des Unternehmens ab. Hat sich das Unternehmen entschieden, sein Produkt- und Leistungsprogramm über die Landesgrenzen hinaus zu vermarkten, so stehen ihm verschiedene Optionen zur Verfügung (siehe Abbildung 3-03).

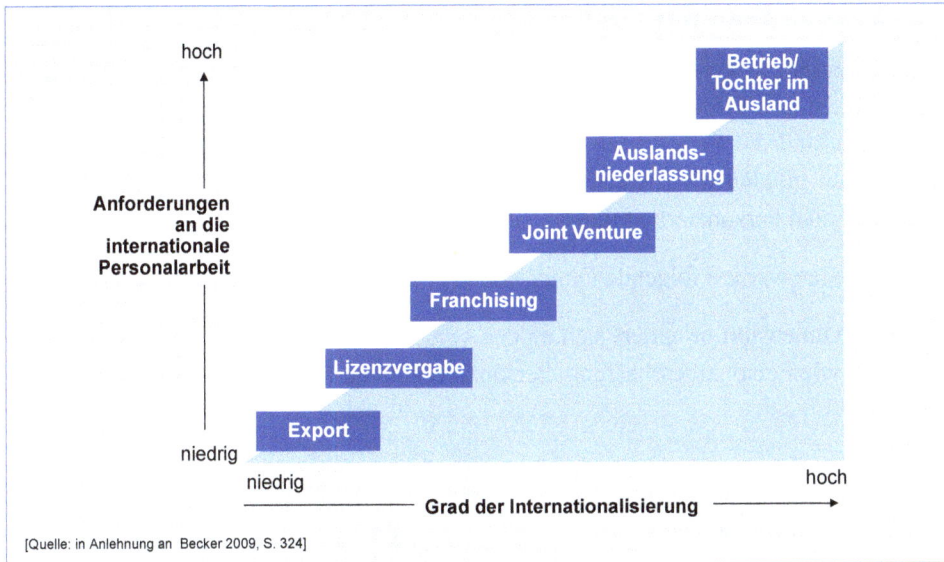

Abb. 3-03: Realisierungsstufen internationaler Unternehmenstätigkeit

Als „strategische Urzelle" der internationalen Ausprägung eines Unternehmens ist prinzipiell der **Export** anzusehen. Hierbei werden die Kapital- und Managementleistungen vollständig im In- oder Stammland erbracht.

Als zweite Stufe ist die Vergabe von **Lizenzen** anzusehen. Dabei werden befristete Patente oder eingetragene Warenzeichen ausländischen Unternehmen entgeltlich zur Nutzung überlassen, ohne allerdings großen Einfluss auf das Vermarktungskonzept zu haben.

Beim **Franchising** nutzt der ausländische Franchise-Nehmer ein klar umrissenes, vertraglich festgelegtes Marketing- und Vertriebskonzept. Diese Stufe eignet sich besonders gut, um international weitgehend standardisierte Konzepte durchzusetzen.

Das **Joint Venture** ist ein Gemeinschaftsunternehmen zwischen dem Stammhaus und einem oder mehreren ausländischen Partnern. Die Gründung eines solchen Gemeinschaftsunternehmens, dessen Standort im Land des jeweiligen Partners liegt, wird vor allem dann vorgenommen, wenn das eigene Know-how für den Aufbau eigener Tochtergesellschaften bzw. Produktionsbetriebe fehlt.

Beim stärkeren Ausbau des Auslandsgeschäfts werden eigene **Auslandsniederlassungen** eingerichtet, die zumeist als Vertriebsniederlassungen konzipiert sind. Solchen Niederlassungen folgt häufig der Aufbau eigener **Produktionsbetriebe und Tochtergesellschaften**, die eine systematische Bearbeitung der Auslandsmärkte ermöglichen [vgl. Becker 2009, S. 324 ff.].

3.3 Bezugsrahmen für das internationale Personalmanagement

Um die zentralen Wesensmerkmale des internationalen Personalmanagements zu be-schreiben, ist es erforderlich, die verschiedenen Dimensionen zu betrachten. Unter Dimensionen sind die Sichtweisen auf den Untersuchungsgegenstand zu verstehen. Sie sollen einen möglichst strukturierten Einblick in die verschiedenen Dimensionen der internationalen Personalarbeit liefern (siehe Abbildung 3-04).

Unterschieden werden folgende Dimensionen [vgl. Festing/Weber 2000, S. 432]:

Die *erste* Dimension orientiert sich an den verschiedenen Aktionsfeldern der Personalarbeit wie Personalbeschaffung, Personalvergütung, Personalführung etc.

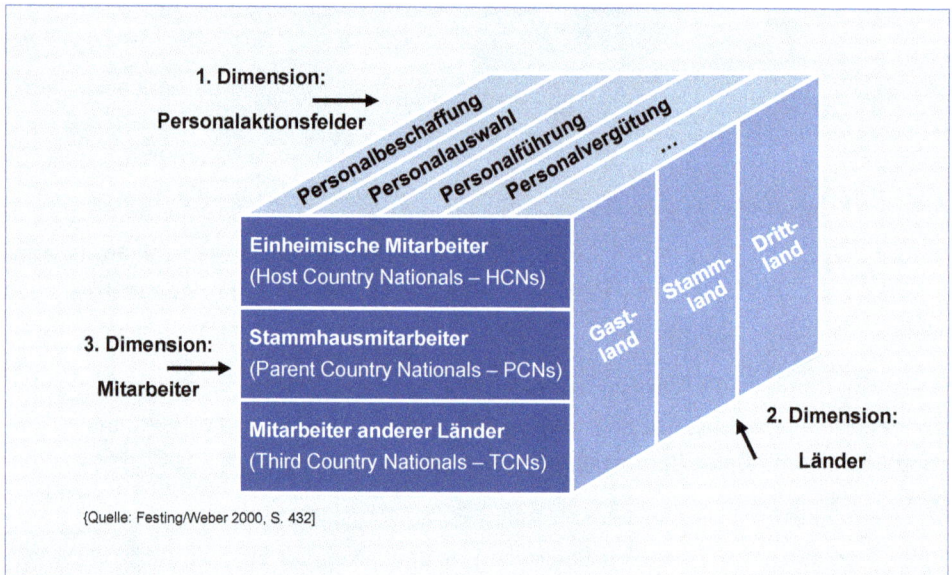

{Quelle: Festing/Weber 2000, S. 432]

Abb. 3-04: Bezugsrahmen für das Internationale Personalmanagement

Die *zweite* Dimension unterscheidet drei Länderkategorien, die in der internationalen Personalarbeit eine Rolle spielen:

- Stammland bzw. Heimatland, in dem das Unternehmen seinen Hauptsitz hat
- Gastland, in dem sich die Tochtergesellschaft befindet
- Drittland bzw. andere Länder, mit denen das Unternehmen Verbindungen unterhält.

Die *dritte* Dimension beschreibt drei verschiedene Mitarbeitergruppen:

- Mitarbeiter, die die Staatsangehörigkeit des Gastlandes besitzen, in dem das Unternehmen seine Tochtergesellschaft hat. Es handelt sich dabei um HCNs = Host Country Nationals.

- Mitarbeiter mit der Nationalität des Landes, in dem die Muttergesellschaft beheimatet ist. Sie werden als PCNs = Parent Country Nationals bezeichnet.

- Mitarbeiter, die die Nationalität eines Drittlandes besitzen, sind **TCNs = Third Country Nationals**.

Um diese etwas sperrige Begriffswelt zu verdeutlichen, wird ein deutsches Unternehmen betrachtet, das brasilianische Staatsangehörige in seinem brasilianischen Tochterunternehmen beschäftigt. Diese Mitarbeiter werden als HCNs bezeichnet. Werden deutsche Mitarbeiter nach Brasilien entsandt, so handelt es sich um PCNs. Bei der Beschäftigung von brasilianischen Mitarbeitern in Mexiko werden diese zu TCNs.

3.4 Interkulturelles Personalmarketing

Im Hinblick auf das interkulturelle Personalmarketing ist die Auseinandersetzung mit zwei Fragen bzw. Aspekten wichtig [vgl. Stock-Homburg 2013, S. 325 ff.]:

- Inwieweit beeinflusst die Unternehmenskultur der Unternehmenszentrale die **internationale Ausrichtung**?
- Inwieweit sind die jeweiligen **Länderkulturen** maßgebend für die Ausrichtung der internationalen Personalarbeit?

Internationale Personalmanagementkonzepte sind nicht vollständig universell anwendbar, sondern enthalten zwangsläufig auch kulturspezifische, nicht in andere Kulturen übertragbare Elemente.

3.4.1 Internationalisierungsansätze

Den wohl bekanntesten Ansatz zur internationalen Ausrichtung von Unternehmen unter Berücksichtigung kultureller Einflüsse hat Perlmutter [1969, S. 12] vorgelegt. Er geht davon aus, dass Werte, Einstellungen, Erfahrungen, Gewohnheiten und Vorurteile der Individuen die Art der Internationalisierung beeinflussen. Der Ansatz identifiziert vier alternative **Internationalisierungsansätze**:

- Ethnozentrischer Internationalisierungsansatz
- Polyzentrischer Internationalisierungsansatz
- Regiozentrischer Internationalisierungsansatz
- Geozentrischer Internationalisierungsansatz.

Beim **ethnozentrischen Ansatz** werden die Personalpolitik sowie alle anderen Stammhauskonzepte einheitlich auf alle ausländischen Niederlassungen übertragen. Entscheidungen werden prinzipiell im Headquarter getroffen. Schlüsselpositionen in Tochtergesellschaften werden durch Manager aus dem Stammland besetzt. Dieses **zentrale Internationalisierungsmodell** wird häufig am Anfang der unternehmerischen Internationalisierung bzw. in Krisenzeiten gewählt.

In Unternehmen mit einem **polyzentrischen Ansatz** steht die Eigenständigkeit der Personalpolitik ausländischer Niederlassungen im Vordergrund. Das heißt, die Tochtergesellschaften sind weitgehend autonom und werden als unabhängige Einheiten behandelt. Das Management der Tochtergesellschaften wird mit lokalen Mitarbeitern besetzt, weil man ihnen die Kompetenz zuschreibt, am besten im lokalen Markt agieren zu können. Man spricht daher auch von einem **dezentralen Internationalisierungsmodell**. Dieser föderalistische Ansatz wird von Firmen vertreten, bei denen der Kontakt der Führungsebene zu öffentlichen Verwaltungen oder der Regierung sehr wichtig ist.

Der **regiozentrische Ansatz**, der erst später zu den anderen drei Konzepten hinzukam, ist im Prinzip nichts anderes, als eine Weiterentwicklung des polyzentrischen Führungsansatzes. Damit reagiert Perlmutter auf die zunehmende Regionalisierung der Wirtschaft, wie sie sich beispielsweise in Europa zeigt. Es werden jeweils mehrere Gastländer zu einer Region zusammengefasst. In den verschiedenen Regionen sind jeweils regionale Zentralen etabliert, denen wiederum die Niederlassungen in den Ländern dieser Regionen zugeordnet sind. Die Unternehmenszentrale im Stammland verfügt nur über eine begrenzte Autorität gegenüber den regionalen Zentralen.

Der **geozentrische Ansatz** geht davon aus, dass Muttergesellschaft und Tochtergesellschaften eine weltweite Einheit bilden. Er versucht, eine Verbindung zwischen den kulturspezifischen Gemeinsamkeiten der Länder einerseits und die nationalen Unterschiede andererseits zu berücksichtigen. Für diesen Ansatz ist der Kommunikationsfluss der Niederlassungen untereinander und mit der Zentrale von entscheidender Bedeutung. Es entsteht eine stark vernetzte Organisationsstruktur, die systemvereinheitlichende Elemente und auch regionale und operativ nationale Interessen beinhaltet. Bei diesem **integrativ-situativen Internationalisierungsmodell** werden Entscheidungen in Abstimmung zwischen Stammhaus und Auslandsgesellschaften getroffen.

Die vier Orientierungen, die in Abbildung 3-05 synoptisch zusammengestellt sind, zeigen an, auf welche Art und Weise in Unternehmen entschieden, kommuniziert, kontrolliert, sanktioniert und geführt wird. Gleichwohl handelt es sich bei diesem Ansatz um ein **idealtypisches** Konzept. Es existiert aber kaum ein Unternehmen, das man als rein ethno-, poly-, regio- und geozentrisch bezeichnen könnte [vgl. Kutschker/Schmid 2006, S. 279 ff.].

	Internationale Ausrichtung des Unternehmens			
	ethnozentrisch	**polyzentrisch**	**regiozentrisch**	**geozentrisch**
Richtlinien der Personalpolitik	Einheitlich vom Stammland vorgegeben	Hohe Eigenständigkeit der Tochtergesellschaften	Hohe Eigenständigkeit der regionalen Zentralen	Gemeinsam abgestimmte Vorgehensweise
Besetzung der Schlüsselpositionen	Durch Manager aus dem Stammland	Durch lokale Manager	Durch regionale Manager	Durch „beste" Manager, unabhängig von der Herkunft
Organisations-komplexität	Hohe Komplexität im Stammland, einfach bei den Tochtergesellschaften	Unterschiedlich und voneinander unabhängig	Hohe gegenseitige Abhängigkeit auf regionaler Ebene	Zunehmende Komplexität und weltweit hohe gegenseitige Abhängigkeit
Autorität, Treffen von Entscheidungen	Stark auf die Muttergesellschaft fokussiert	Geringer Einfluss von der Muttergesellschaft	Große regionale Headquarters und/oder Zusammenarbeit	Weltweite Zusammen-arbeit zwischen Mutter- und Tochtergesellschaften
Auswertung und Kontrolle	Standards des Stammlandes gelten für alle Gesellschaften	Lokale Bestimmungen sind maßgebend	Regionale Bestimmungen sind maßgebend	Kombination von universalen und lokalen Standards
Anreizsystem und Sanktionen	Hoch bei der Mutter-gesellschaft, gering bei den Tochtergesellschaften	Tochtergesellschaften erhalten unterschiedliche Belohnungen	Belohnung für das Erreichen regionaler Zielvorgaben	Belohnung der Führungs-kräfte für das Erreichen lokaler und internationaler Zielvorgaben
Kommunikations- und Informationsfluss	Hohe Anzahl von Aufträgen, Weisungen und Ratschlägen an die Tochtergesellschaften	Geringer Kommunika-tionsfluss zwischen Mutter- und Tochter-gesellschaften	Hoch mit den regionalen Headquarters und hoch zwischen den einzelnen Ländern	Intensiver Kommunika-tionsaustausch in beide Richtungen
Fortlaufende Managementaufgaben	Stammlandmitarbeiter werden für weltweite Schlüsselpositionen ausgebildet	Gastlandmitarbeiter werden für Schlüssel-positionen im eigenen Land ausgebildet	Regionale Mitarbeiter werden für Schlüssel-positionen in der ganzen Region ausgebildet	Die besten Mitarbeiter weltweit werden für Schlüsselpositionen ausgebildet

[Quelle: CLERMONT/SCHMEISSER 1997, in Anlehnung an PERLITZ 1995]

Abb. 3-05: Typologie international tätiger Unternehmungen nach Perlmutter

3.4.2 Internationalisierungsstrategien

Aufbauend auf dem Ansatz von Perlmutter zur internationalen Ausrichtung von Unternehmen lassen sich unter Berücksichtigung kultureller Einflüsse nach dem Kräfteverhältnis folgende vier grundsätzlichen **Internationalisierungsstrategien** ableiten (siehe Abbildung 3-06):

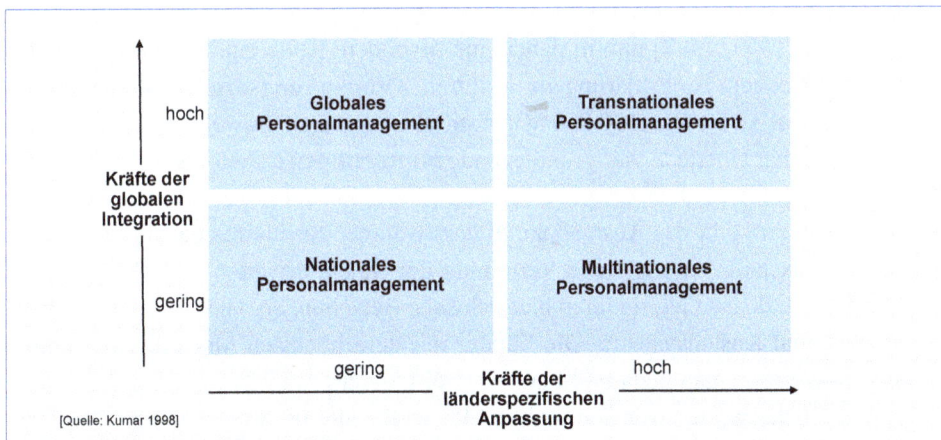

Abb. 3-06: Internationalisierungsstrategien nach den Kräfteverhältnissen

- **Nationales Personalmanagement**
  - ethnozentrisch orientierte Besetzungspolitik
  - Personalpolitik des Stammhauses wird auf alle ausländischen Niederlassungen übertragen
  - Schlüsselpositionen werden durch Manager aus dem Stammland besetzt
  - geeignet wenn internationale Aktivitäten relativ unbedeutend sind

- **Multinationales Personalmanagement**
  - polyzentrisch orientierte Besetzungspolitik
  - personalpolitische Instrumente werden an die jeweiligen nationalen Gegebenheiten angepasst
  - Anforderungen an Führungskräfte und Entgeltgestaltung sind gastlandorientiert
  - geeignet bei weitgehend autonomen Tochtergesellschaften

- **Globales Personalmanagement**
  - Geozentrisch orientierte Besetzungspolitik
  - Weltweite Standardisierung personalpolitischer Instrumente und Grundsätze
  - Hoher Zentralisierungsgrad bei Entscheidungen über wichtige Führungspositionen

- **Transnationales Personalmanagement**
  - Länderübergreifende Karrierepfade
  - Einrichtung internationaler Entscheidungsgremien
  - International ausgerichtete Personalentwicklung
  - Gesamtunternehmerische Entgeltpolitik

3.4.3 Kulturdimensionen

Der zweite Aspekt der kulturellen Verankerung eines international operierenden Unternehmens bilden die **Länderkulturen** der Beschäftigten. Die kulturvergleichende Studie von Hofstede [1993, 1997] nimmt dabei eine besondere Rolle ein. Sie hat sich als ein bedeutendes Konzept zur Erklärung von kultureller Varianz im (sozialen) Verhalten entwickelt. Auf Basis von über 100.000 Mitarbeiterbefragungen im weltweit operierenden IBM-Konzern hat Hofstede vier grundlegende **Kulturdimensionen** identifiziert:

- **Machtdistanz** gibt das Ausmaß an, in dem weniger einflussreiche Mitglieder einer Gesellschaft die ungleiche Verteilung der Macht erwarten und akzeptieren. Hohe Machtdistanz legitimieren hierarchische Beziehungen. Hier finden sich eher Stände- und Kastensysteme. Die Länder mit dem höchsten Machtdistanz-Index sind Malaysia, Guatemala und Panama. Bei Ländern mit niedriger Machtdistanz stehen Chancengleichheit und gleiches Recht für alle im Vordergrund. Über die niedrigste Machtdistanz verfügen Österreich, Israel und Dänemark.

- **Individualismus** beschreibt das Ausmaß, in dem Kulturen das Individuum, seine Eigenverantwortlichkeit und Autonomie gegenüber Gruppenzwängen wertschätzen. Die Rangliste der individualistisch geprägten Länder führen die USA, Australien und Großbritannien an. Kollektivistische Kulturen mit hoher Gemeinschaftsorientierung und Loyalität werden von Guatemala, Ecuador und Panama angeführt.

- **Unsicherheitsvermeidung** beschreibt, inwieweit sich Mitglieder einer Gesellschaft durch ungewisse oder unbekannte Situationen bedroht fühlen. Hohe Unsicherheitsvermeidung zeigt sich in einer Neigung zu Vorurteilen, Rigidität, Intoleranz, Zukunftsangst und stark ritualisiertem Verhalten. Anhaltspunkte niedriger Unsicherheitsvermeidung sind Toleranz, Gelassenheit, Mobilität, höhere Fluktuation und wenig ritualisiertem Verhalten. Die untersuchten Länder mit der höchsten Unsicherheitsvermeidung sind Griechenland, Portugal und Guatemala; mit der niedrigsten Unsicherheitsvermeidung sind es Singapur, Jamaika und Dänemark.

- **Maskulinität** bezeichnet das Ausmaß, in dem die gesellschaftlichen Geschlechterrollen klar auf die klassische Rollenverteilung (Männer: hart, durchsetzungsfähig, materieller Erfolg; Frauen: bescheiden, sensibel, fürsorglich, empathisch) festgelegt sind. Länder mit der höchsten Maskulinität in diesem Sinne sind Japan, Österreich und Venezuela. Die entsprechend niedrigste Maskulinität wurde in Schweden, Norwegen und den Niederlanden festgestellt.

Die Überlegungen von Hofstede können als weitreichender und ambitionierter Versuch der Bewertung von Kulturunterschieden angesehen werden. Insbesondere die Kultursensibilisierung (statt Kulturignoranz) wird gelobt. Ein wesentlicher Nachteil ist allerdings die Aktualität der Daten, da diese bereits im Zeitraum zwischen 1967 und 1973 erhoben wurden.

Daher kann das zweite große kulturvergleichende Projekt, das sogenannte **GLOBE-Projekt**, das von House im Jahre 1991 an der University of Pennsylvania zur kulturvergleichenden Führungsforschung ins Leben gerufen wurde, auch als eine Weiterentwicklung des Modells von Hofstede angesehen werden. An diesem Führungsforschungsprogramm (Global Leadership and Organizational Behavior Effectiveness Program) beteiligten sich nach wenigen Jahren ca. 170 Forscher aus 62 Ländern. Sie befragten ca. 17.000 Manager bezüglich kultureller Werte, kultureller Praktiken und Führungserwartungen [vgl. House et al. 2004].

Außerdem wurde der Einfluss der verschiedenen Dimensionen der Gesellschaftskultur und der Organisationskultur auf die Ausprägung der Führungserwartungen untersucht [vgl. Lang/Baldauf 2017, S. 63].

Als wesentliches Ergebnis des Projektes beschreiben die GLOBE-Forscher verschiedene Länderkulturen anhand von **neun Dimensionen**, in denen auch die beiden bereits von Hofstede eingeführten Merkmale Machtdistanz und Unsicherheitsvermeidung Eingang gefunden haben (siehe Abbildung 3-07).

Kulturdimensionen nach GLOBE

Leistungsorientierung	Das Ausmaß, in dem Einsatz, persönliche Weiterentwicklung und hervorragende Leistungen gefördert und belohnt werden (Praktiken) bzw. gefördert und belohnt werden sollten (Werte)
Zukunftsorientierung	Das Ausmaß, in dem Verhaltensweisen wie z.B. vorausschauendes Planen, Investieren und Verzicht im Interesse des Wachstums gefördert werden (Praktiken) bzw. eingesetzt werden sollten (Werte)
Bestimmtheit	Das Ausmaß, in dem Nachhaltigkeit, Aggression oder Direktheit bei der Interaktion mit anderen gezeigt wird (Praktiken) bzw. gezeigt werden sollte (Werte)
Gleichberechtigung	Das Ausmaß, in dem Gleichartigkeit von Erwartungen an Männer und Frauen praktiziert wird (Praktiken) bzw. praktiziert werden sollte (Werte)
Gruppenbasierter Kollektivismus	Das Ausmaß, in dem einzelne Personen weniger für sich selbst einstehen (Praktiken) bzw. einstehen sollten (Werte) als für Gruppen
Institutioneller Kollektivismus	Das Ausmaß, in dem die kollektive Verteilung von Gütern und Leistungen durch institutionelle Regeln und Praktiken festgelegt wird (Praktiken) bzw. festgelegt werden sollte (Werte)
Machtdistanz	Das Ausmaß, in dem ungleichmäßige Machtverteilung in der Gesellschaft/ Organisation besteht (Praktiken) bzw. bestehen sollte (Werte)
Humanorientierung	Das Ausmaß, in dem Fairness, Altruismus, Großzügigkeit, Fürsorge und Höflichkeit gefördert und belohnt werden (Praktiken) bzw. gefördert und belohnt werden sollten (Werte)
Unsicherheitsvermeidung	Das Ausmaß, in dem traditionelle Verhaltensweisen (wie z.B. Ordnung, Beständigkeit) und soziale Kontrolle (wie z.B. durch detaillierte Vorgaben) auf Kosten von Variation, Innovation und Experimentieren eingesetzt werden (Praktiken) bzw. eingesetzt werden sollten (Werte), um Ambiguitäten, die mit der Unvorhersehbarkeit zukünftiger Ereignisse verbunden sind, abzuschwächen

Die GLOBE-Kulturdimensionen orientieren sich in erster Linie an den Kulturdimensionen von Hofstede. So gehen die GLOBE-Dimensionen Unsicherheitsvermeidung, Machtdistanz, institutioneller Kollektivismus, gruppenbasierter Kollektivismus, Gleichberechtigung, Bestimmtheit auf die von Hofstede ermittelten Kulturdimensionen Individualismus-Kollektivismus, Maskulinität-Femininität, Machtdistanz, Unsicherheitsvermeidung sowie Langzeitorientierung zurück. Auch Hofstedes Dimension Maskulinität-Femininität wurde anhand der Pilotstudien weiterentwickelt und im Rahmen von GLOBE in die beiden Dimensionen Gleichberechtigung und Bestimmtheit empirisch differenziert. Die GLOBE- Dimension Zukunftsorientierung basiert auf Arbeiten von Kluckhohn und Strodtbeck zur zeitlichen Orientierung von Mitgliedern einer Gesellschaft und ähnelt nur in geringem Ausmaß Hofstedes Dimension der Langzeitorientierung. Auf Kluckhohn und Strodtbeck lässt sich auch die GLOBE-Dimension Humanorientierung zurückführen, während die Dimension Leistungsorientierung auf der Motivationstheorie von McClelland basiert, sich von dieser jedoch durch die Art der Messung (explizit anhand von Fragebogenitems und nicht implizit anhand eines Assoziationstests) unterscheidet.
[Quelle: Brodbeck 2016, S. 71 f.]

Abb. 3-07:   GLOBE-Kulturdimensionen

Ein zweites wesentliches Ergebnis der GLOBE-Gruppe ist die Ausarbeitung von **10 Länderclustern mit ähnlicher kultureller Prägung** (siehe Abbildung 3-08), die in Abhängigkeit der Ausprägung der neun Kulturdimensionen unterschieden werden. Die Zuordnung zu einem bestimmten Cluster erfolgt anhand des Kulturprofils eines Landes. Als Grundlage für ein solches Länderprofil dienen die einzelnen, strukturiert abgefragten Kulturdimensionen [vgl. Stock-Homburg 2013, S. 331].

Kulturelle Cluster der GLOBE-Gruppe

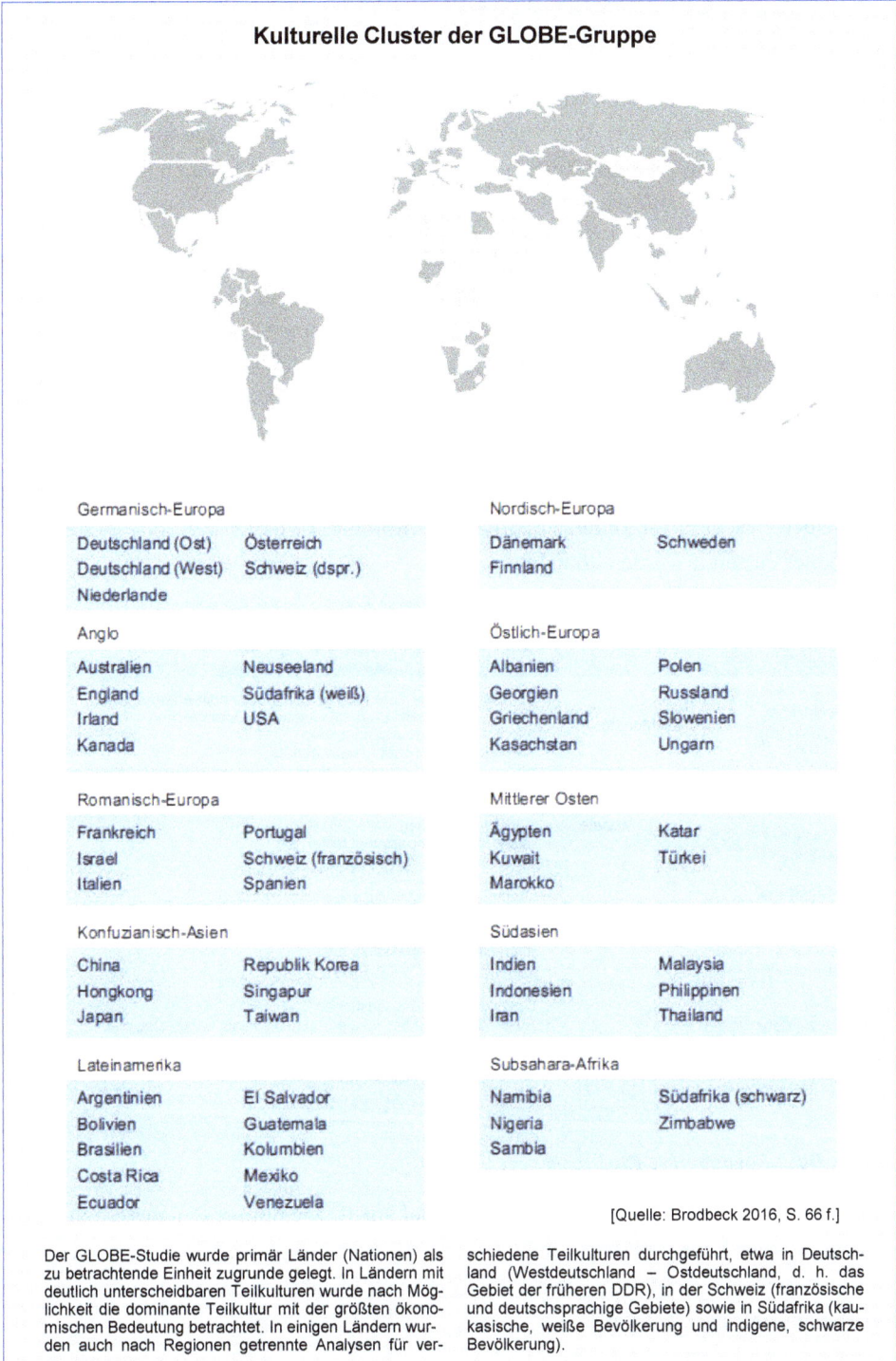

Germanisch-Europa

Deutschland (Ost)	Österreich
Deutschland (West)	Schweiz (dspr.)
Niederlande	

Anglo

Australien	Neuseeland
England	Südafrika (weiß)
Irland	USA
Kanada	

Romanisch-Europa

Frankreich	Portugal
Israel	Schweiz (französisch)
Italien	Spanien

Konfuzianisch-Asien

China	Republik Korea
Hongkong	Singapur
Japan	Taiwan

Lateinamerika

Argentinien	El Salvador
Bolivien	Guatemala
Brasilien	Kolumbien
Costa Rica	Mexiko
Ecuador	Venezuela

Nordisch-Europa

Dänemark	Schweden
Finnland	

Östlich-Europa

Albanien	Polen
Georgien	Russland
Griechenland	Slowenien
Kasachstan	Ungarn

Mittlerer Osten

Ägypten	Katar
Kuwait	Türkei
Marokko	

Südasien

Indien	Malaysia
Indonesien	Philippinen
Iran	Thailand

Subsahara-Afrika

Namibia	Südafrika (schwarz)
Nigeria	Zimbabwe
Sambia	

[Quelle: Brodbeck 2016, S. 66 f.]

Der GLOBE-Studie wurde primär Länder (Nationen) als zu betrachtende Einheit zugrunde gelegt. In Ländern mit deutlich unterscheidbaren Teilkulturen wurde nach Möglichkeit die dominante Teilkultur mit der größten ökonomischen Bedeutung betrachtet. In einigen Ländern wurden auch nach Regionen getrennte Analysen für verschiedene Teilkulturen durchgeführt, etwa in Deutschland (Westdeutschland – Ostdeutschland, d. h. das Gebiet der früheren DDR), in der Schweiz (französische und deutschsprachige Gebiete) sowie in Südafrika (kaukasische, weiße Bevölkerung und indigene, schwarze Bevölkerung).

Abb. 3-08: Die zehn kulturellen Ländercluster der GLOBE-Gruppe

3.5 Entsendung von Expatriates

Die Entsendung, Begleitung und Wiedereingliederung von Expatriates zählen zu den wichtigsten und vielfältigsten Aufgaben des internationalen Personalmanagements. **Expatriates** sind Personen aus dem Stammland des Unternehmens, die im Rahmen ihrer beruflichen Tätigkeit für einen Zeitraum von ein bis fünf Jahren in einen für sie fremden Kulturkreis entsandt werden.

Angesichts der enormen Vielfalt kultureller Dimensionen (Zeitverständnis, Einstellung zu Hierarchien, Grad des Individualismus/Kollektivismus etc.) ist die Auslandsvorbereitung dieser Expatriates entscheidend für den Erfolg seiner Entsendung. Dies ist deshalb so wichtig, weil ein Großteil aller Joint Venture-Projekte nicht etwa aufgrund finanzieller, juristischer oder organisatorischer Probleme, sondern rein aus Gründen fehlgeschlagener interkultureller Kommunikation gescheitert sind.

Die Dauer des Auslandseinsatzes von Expatriates kann schwanken. Abbildung 3-09 gibt einen Überblick über die unterschiedlichen Zeiträume, in denen Führungskräfte bzw. Mitarbeiter entsandt werden können.

Bezeichnung	Dauer	Beschreibung der Einsatzsituation international tätiger Mitarbeiter
Dienstreise Business Trip	< 3 Monate	• Vorübergehender Aufenthalt in ausländischen Niederlassungen • Vertrag und Gehalt durch entsendendes Unternehmen • Interkulturelle Anpassung: gering • Vorbereitungsaufwand: relativ gering
Abordnung (Secondment) Short Term Assignment	3 – 12 Monate	• Meist projektbezogener Auslandsaufenthalt • Vertrag und Gehalt durch entsendendes Unternehmen; zusätzlich Abordnungsvertrag • Interkulturelle Anpassung: mittel • Vorbereitungsaufwand: mittel
Entsendung/ Versetzung/ Delegation Long Term Assignment	12 Monate – 5 Jahre	• Durchführung langfristig angelegter Verträge • Vertrag und Gehalt durch aufnehmendes Unternehmen; normales Arbeitsverhältnis ruht; Ruhevertrag regelt Rückkehrbedingungen • Interkulturelle Anpassung: hoch • Vorbereitungsaufwand: hoch
Übertritt (dauerhaft)	> 5 Jahre	• Übersiedlung in das Gastland • Auslandstätigkeit mit lokalem Vertrag; meist unbefristet, alter Arbeitsvertrag erlischt • Interkulturelle Anpassung: sehr hoch • Vorbereitungsaufwand: gering bis mittel

Abb. 3-09: Formen des Einsatzes von Expatriates

Es soll nicht unerwähnt bleiben, dass es parallel zur Bezeichnung *Expatriates* auch sogenannte **Inpatriates** gibt. Dies sind Personen aus dem Gastland des Unternehmens, die im Rahmen ihrer beruflichen Tätigkeit für ein bis fünf Jahre in das Stammland des Unternehmens entsandt werden.

3.6 Personalvergütung im internationalen Bereich

3.6.1 Ziele internationaler Entgeltpolitik

Ein ganz besonderer Aspekt für die Entscheidung eines High Potentials eine internationale Tätigkeit anzunehmen, ist die damit verbundene Vergütung. Aus Sicht des Unternehmens sollte eine effiziente Entgeltpolitik im internationalen Bereich folgende Ziele verfolgen [vgl. Festing et al. 2011, S. 382 f.]:

- **Förderung der internationalen Mobilität.** Die Entgeltpolitik sollte einen Anreiz schaffen, um Mitarbeiter, die für die Übernahme ausländischer Aufgaben qualifiziert sind, hierfür zu motivieren und zum Verbleib in dieser Position anzuhalten.

- **Transparenz und Gerechtigkeit.** Um den Personaltransfer zu fördern, sollte gewährleistet sein, dass Stammhausmitarbeiter und Mitarbeiter dritter Länder, die in demselben Entsendungsland tätig sind, ein vergleichbares Paket von Vergütungsleistungen erhalten. Gleiches gilt auch für die Entsendung von Inpatriates.

- **Kosten-Nutzen-Relation.** Jeder Auslandseinsatz muss für sich betrachtet werden, denn der Lebensstandard eines Mitarbeiters richtet sich nach seinen individuellen Rahmenbedingungen. Ob ein Mitarbeiter alleine oder mit seiner Familie ins Ausland übersiedelt, hat wesentlichen Einfluss auf die Höhe seines Entgelts, weil die Art und Höhe der Zulagen variieren.

Die in der Praxis zu beobachtenden Entlohnungssysteme für ins Ausland entsandte Mitarbeiter sollten ein Basisgehalt, eine Auslandszulage, einen Zuschuss zu den Lebenshaltungskosten sowie zusätzliche Sozialleistungen beinhalten. Abbildung 3-10 zeigt den Inhalt dieser Entgeltkomponenten.

Entgeltkomponenten für den internationalen Einsatz			
Basisgehalt	**Auslandszulage**	**Zuschuss zu den Lebenshaltungskosten**	**Zusätzliche Sozialleistungen**
• Bildet die Kalkulationsgrundlage für die verschiedenen zusätzlichen Sonderleistungen • Stellt ein Äquivalent zur Entlohnung im Stammland dar, auf dessen Grundlage auch das Gehalt nach einer Rückkehr aus dem Ausland ermittelt wird	• Dient primär dazu, die Attraktivität der ausländischen Arbeitsstelle zu erhöhen • Entschädigt für zusätzliche Anstrengungen oder Gefahren im Ausland	• Beinhaltet allgemeine Lebenshaltungskosten, Erziehungs- und Wohnbeihilfen sowie einen Ausgleich für Steuerunterschiede • Mitarbeiter, die ins Ausland entsendet werden, sollen damit den gleichen Lebensstandard wie im Inland halten können	• Dienen beispielsweise der Finanzierung von Heimatbesuchen

[Quelle: Festing et al. 2011, S. 24]

Abb. 3-10: Entgeltkomponenten für den internationalen Einsatz

3.6.2 Gehaltsfindung für Expatriates

Die Gestaltung internationaler Kompensationspakete ist komplex und vielfältig. Das Gehalt für alle Tätigkeiten sowohl im nationalen Bereich als auch auf internationaler Ebene wird in aller Regel durch drei Komponenten bestimmt (siehe hierzu auch die Abschnitte 7.4, 7.5 und 7.6):

- **Wert einer Stelle**, der durch eine Stellenbewertung ermittelt werden kann (→ anforderungsabhängige Komponente)
- **Marktwert**, der aus einem Gehaltsvergleich resultiert (→ marktabhängige Komponente)
- **Mitarbeiterleistung**, die im Rahmen der Leistungsbeurteilung erfasst wird (→ leistungsabhängige Komponente).

Bei internationalen Tätigkeiten kommen jedoch noch weitere Faktoren hinzu:

- **Auslandszulage**, die je nach der zu erwartenden Lebensqualität im Einsatzland erfolgt
- **Kaufkraftausgleich**, der Unterschiede im Niveau der Lebenshaltungskosten berücksichtigt.

Dieser Prozess ist Gegenstand der **Nettovergleichsrechnung** (engl. *Balance Sheet Approach),* in der das bisherige Vergleichsgehalt dem zukünftigen Gehalt in steuerneutralisierter Form gegenübergestellt wird. Die Bestimmungsfaktoren der Gehaltsfindung von Expatriates ist in Abbildung 3-11 dargestellt.

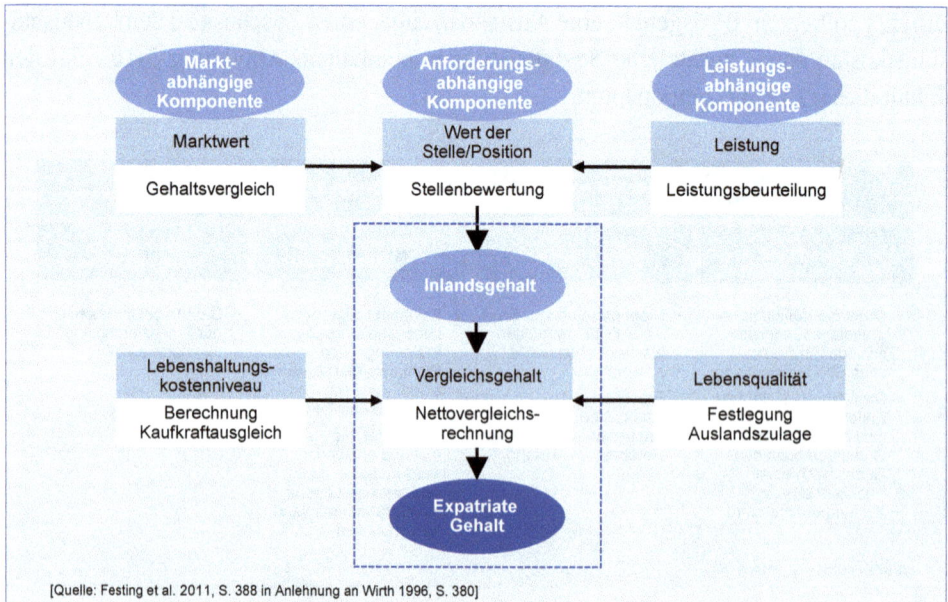

[Quelle: Festing et al. 2011, S. 388 in Anlehnung an Wirth 1996, S. 380]

Abb. 3-11: Bestimmungsfaktoren der Gehaltsfindung für Expatriates

Für international tätige Mitarbeiter müssen die materiellen und immateriellen Mehrbelastungen durch den Auslandseinsatz ausgeglichen werden. Mehrkosten wie erhöhte Lebenshaltungskosten oder Schulkosten für die Kinder sollten vom Arbeitgeber getragen werden. Auch für extreme klimatische Belastungen oder besonders schwierige soziale Situationen ist ein Ausgleich zu zahlen. Die Zusammensetzung solcher zusätzlichen Zahlungen sollte dem Mitarbeiter gegenüber transparent gemacht werden. Viele Unternehmen ermitteln das Gehalt ihrer Expatriates mit Hilfe der Nettovergleichsrechnung. Sie verfolgen die Zielsetzung, dass entsandte Mitarbeiter keine finanziellen Verluste erleiden sollen. Es wird daher ein Gleichgewicht zwischen dem bisherigen Gehalt und den Bezügen hergestellt, die der Mitarbeiter während seines Auslandseinsatzes erhält. Die Basis bildet ein **Kaufkraftvergleich** zwischen In- und Ausland, der gewährleisten soll, dass Mitarbeiter in vergleichbaren Positionen gleichgestellt sind. Dazu wird das bisherige Bruttoinlandsgehalt in verschiedene Bestandteile wie Steuern und Sozialabgaben, Kosten für Unterkunft, für den Erwerb von Gütern und Dienstleistungen und ein restliches Einkommen für evtl. Ausgleichszahlungen aufgegliedert [vgl. Festing et al. 2011, S. 388 ff.].

3.6.3 Grundmodelle internationaler Entgeltpolitik

In der Literatur werden – entsprechend der Typologie von Perlmutter – vier Grundmodelle internationaler Vergütungspolitik unterschieden: die ethnozentrische, die polyzentrische, die regiozentrische und die geozentrische Vergütungsstrategie. Bei genauerer Betrachtung sind es aber letztlich zwei Ansätze oder Grundmuster, die in der Praxis häufig angewandt werden [vgl. DGFP 2010, S. 89 ff.]:

- **Heimatland-Ansatz** (engl. *Home based approach*)
- **Einsatzland-Ansatz** (engl. *Host based approach*)

In der Regel wird bei *Short Term Assignments*, also bei Auslandsentsendungen von drei bis zwölf Monaten, der **Heimatland-Ansatz** angewendet. Dieser Ansatz ist durch eine *ethnozentrische* Grundhaltung gekennzeichnet. Das heißt, die Entgeltpolitik ist durch Vergütungsmodalitäten bestimmt, die in der Unternehmenszentrale entwickelt worden sind. Das bisherige Einkommen wird demnach fortgeführt und es gibt einsatzlandspezifische Ausgleichszahlungen. Die Auszahlung des Einkommens erfolgt weiterhin im Heimatland. Der besondere Vorteil des Heimatland-Ansatzes liegt im Gerechtigkeitsaspekt: Alle Expatriates aus dem Heimatland werden unabhängig vom Einsatzland ähnlich behandelt. Ein weiterer Vorteil ist, dass die Erfüllung der im Heimatland weiterlaufenden Verpflichtungen (Versicherungen, Kredite, …) sichergestellt ist. Zudem ist eine Wiedereingliederung bei der Rückkehr sehr einfach möglich, da dann lediglich die Zulagen auf das im Einsatzland gezahlte Grundentgelt wegfallen. Hauptnachteil des Heimatland-Ansatzes sind die teilweise hohen Gehaltsunterschiede zu den Gastlandmitarbeitern: Delegierte aus verschiedenen Ländern und lokale Mitarbeiter erzielen bei gleicher Funktion und gleicher Leistung im gleichen Tätigkeitsland unterschiedliche Gehälter [vgl. Oechsler/Paul 2019, S. 431].

Bei *Long Term Assignments*, also bei Auslandsentsendungen von einem bis zu fünf Jahren, kommt häufiger der **Einsatzland-Ansatz** zur Anwendung. Hier wird der Expatriate ins Einkommenssystem des Gastlandes integriert und erhält ein dort übliches Funktionseinkommen. Sollte damit der bisherige Lebensstandard nicht abgesichert werden können – zum Beispiel von Hoch- in Niedriglohnländer –, wird zusätzlich eine *Expatriate Allowance* gewährt. Bei diesem Ansatz erfolgt im Wesentlichen eine Ausrichtung der Entgeltpolitik an den Vergütungsmodalitäten des Einsatzlandes, während das im Heimatland verwendete Entgeltsystem keine oder nur geringe Beachtung findet. Dies sind typische Kennzeichen einer *polyzentrischen* Orientierung: Landesspezifische Besonderheiten prägen die Gestaltung der Entgeltpolitik. Vorteile dieses Ansatzes liegen in der Gleichbehandlung der Expatriates mit den lokalen Kollegen, so dass Konflikte und Neid vermieden werden können, sowie in der hohen Flexibilität und Anpassungsfähigkeit bei Veränderungen vor Ort. Zudem ist der Verwaltungsaufwand geringer. Diesen Vorzügen steht der Nachteil gegenüber, dass sich lokale Gehaltsstrukturen von denen des Heimatlandes des Expatriates unterscheidet. Daher sind Mitarbeiter häufig sehr schwer zu motivieren, an Einsatzorten mit einem niedrigen Gehaltsniveau zu arbeiten. Hinzu kommen ggf. Konvertierungs- und Transferrisiken bei Geldüberweisungen ins Heimatland [vgl. Oechsler/Paul 2019, S. 432].

3.6.4 Besteuerung während der Auslandsentsendung

Steuern machen einen nicht unerheblichen Anteil an den Kosten einer Auslandsentsendung aus. Dabei ist grundsätzlich zu klären, ob das Einkommen in Deutschland, im Ausland oder in beiden Ländern besteuert werden muss. Maßgebend sind die Ansässigkeit der entsandten Mitarbeiter und die Dauer der Entsendung. Um eine doppelte Versteuerung für ein und denselben Steuergegenstand zu vermeiden, hat die Bundesrepublik Deutschland mit über 80 Ländern ein **Doppelbesteuerungsabkommen** geschlossen.

Es gibt zwei Methoden der Vermeidung bzw. Minderung der Doppelbesteuerung: die Freistellungsmethode und die Anrechnungsmethode [vgl. Festing et al. 2011, S. 399 ff.].

Bei der **Freistellungsmethode** regelt das Doppelbesteuerungsabkommen, dass die Einkommensteuer in dem Land abgeführt wird, in dem der Mitarbeiter tätig ist (Einsatzland), während das Heimatland auf eine Besteuerung verzichtet. Damit ist die Doppelbesteuerung vermieden.

Bei der **Anrechnungsmethode** besteuern beide beteiligten Länder die entsprechenden Einkünfte. Das Heimatland verpflichtet sich jedoch, die im Einsatzland gezahlte Steuer auf seine Steuern anzurechnen, so dass auf diese Weise die doppelte Besteuerung vermieden wird. Im Ergebnis werden die entsprechenden Einkünfte immer mit dem höheren der in beiden Ländern geltenden Steuersätze besteuert [vgl. DGFP 2010, S. 43].

Die meisten Doppelbesteuerungsabkommen sehen die Freistellungsmethode vor.

Sofern es sich um den Heimatland-Ansatz handelt, ist im Vorfeld zu entscheiden, wie und in welcher Höhe der Expatriat an der Besteuerung seines Entgelts und seiner sonstigen vertraglichen Leistungen beteiligt wird. Die in der Praxis gängigsten **Steuerausgleichsmethoden** sind der Steuerausgleich (engl. *Tax Equalization*) und der Steuerschutz (engl. Tax Protection).

Bei der **Tax Equalization** werden von dem Mitarbeiter die gleichen Steuern gezahlt, die er getragen hätte, wäre er im Heimatland geblieben (hypothetische Steuer). Der Arbeitgeber übernimmt die tatsächliche Steuer im Gastland. Die Hauptvorteile dieses Ansatzes liegen in der Transparenz und Vergleichbarkeit für alle entsandten Mitarbeiter an sämtlichen Standorten des Unternehmens. Allerdings ist dadurch auch der administrative Aufwand entsprechend höher und die Umsetzung im Prinzip komplexer als beim Modell der Tax Protection.

Bei der Steuerausgleichsmethode der **Tax Protection** wird der Mitarbeiter vor zusätzlicher Steuerbelastung geschützt. Der Arbeitnehmer bezahlt die Summe, die er im Heimatland zahlen würde, wenn das Gesamteinkommen dort versteuert würde. Sollten die tatsächlich bezahlten Steuern höher sein als die im Heimatland hypothetisch berechnete Steuer, wird die Mehrbelastung gegen Nachweis vom Unternehmen übernommen. Ist die Steuer jedoch niedriger als im Heimatland, so verbleiben die Steuervorteile aufgrund niedrigerer Steuersätze im Ausland beim Arbeitnehmer. Dieser Ansatz ist für diejenigen Expatriates von Vorteil, die in Länder mit niedrigen Steuersätzen entsandt werden. Allerdings ist zum Zeitpunkt der Auszahlung der Vergangenheit das Nettogehalt des Mitarbeiters nicht bekannt.

Abbildung 3-12 beschreibt Vor- und Nachteile der beiden Steuerausgleichsmethoden.

	Tax Equalization	Tax Protection
Pro ➕	• Gleiche und faire Behandlung aller Mitarbeiter • Keine steuerliche Anreizsetzung für bestimmte Länder • Weltweite Group Policy • Senkung der externen Mobilitätskosten auf Null	• Mitarbeiter kann den Steuervorteil behalten • Umsetzung im Prinzip einfacher • Administrativer Aufwand geringer
Contra ➖	• Schwer durchsetzbar für Entsendungen in Niedrigsteuerländer • Behandlung des persönlichen und des Ehegatten-Einkommens u.U. schwierig	• Falsche Anreizsetzung • Hohe Kosten für Arbeitgeber • Ungleichbehandlung der Mitarbeiter • Evtl. falsche Angaben des Mitarbeiters, für die das Unternehmen haftet

Abb. 3-12: Pro und Contra Tax Policies

3.7 Interkulturelle Personalführung, -beurteilung und -entwicklung

3.7.1 Internationale Führung

Im Rahmen der weltweiten GLOBE-Studie konnte auch festgestellt werden, welche Eigenschaften und Verhaltensweisen Führungskräfte kennzeichnen, die als besonders erfolgreich eingestuft werden. Die Studie hat **sechs globale Führungsdimensionen** (siehe Abbildung 3-13) identifiziert, die die Abbildung von landeskulturellen Unterschieden und Gemeinsamkeiten erlauben: charismatisch, teamorientiert, partizipativ, humanorientiert, autonomieorientiert sowie defensiv [vgl. Festing et al. 2011, S. 106]:

Internationale Führungsdimensionen

Globale Dimension	Definition	Primäre Dimensionen
Charismatisch	Das Ausmaß, in dem Mitarbeiter auf Basis positiver Werte und mit hohen Leistungserwartungen inspiriert und motiviert werden	Leistungsorientiert Visionär Inspirierend Integer Selbstaufopfernd Bestimmt
Teamorientiert	Das Ausmaß, in dem gemeinsame Ziele implementiert und Arbeitseinheiten (Teams) entwickelt werden	Teamintegrierend Kollaborativ Administrativ kompetent Diplomatisch Böswillig (recodiert)
Partizipativ	Das Ausmaß, in dem andere bei Entscheidungen beteiligt werden	Autokratisch (recodiert) Non-partizipativ (recodiert)
Humanorientiert	Das Ausmaß, in dem zwischenmenschlich unterstützend, fair, höflich und umsichtig agiert wird	Humanorientiert Bescheiden
Autonomieorientiert	Das Ausmaß, in dem unabhängig von anderen und in individueller Art und Weise agiert wird	Autonomieorientiert
Defensiv	Das Ausmaß, in dem selbstschützend und statusbewahrend agiert wird	Selbstbezogen Statusorientiert Konfliktorientiert Gesicht wahrend Bürokratisch

Die Abbildung gibt einen Überblick über die sechs globalen Führungsdimensionen mit den primären Dimensionen, die diesen jeweils zugeordnet sind. Die Dimension autonomieorientiert ist dabei ein Sonderfall, da die primäre Führungsdimension hier der globalen entspricht. Die 21 primären Führungsdimensionen wie auch die sechs globalen Führungsdimensionen unterscheiden sich darin, wie hinderlich oder förderlich diese für herausragende Führung betrachtet werden. Gleichzeitig eignen sie sich dafür, zwischen den Ländern wie auch zwischen den beteiligten Kulturclustern der GLOBE-Studie zu differenzieren. [Quelle: Brodbeck 2016, S. 136 ff.]

Abb. 3-13: Internationale Führungsdimensionen

Die sechs Führungsdimensionen unterscheiden sich länderspezifisch und zeigen, dass – ebenso wie es keinen einheitlichen Führungsstil gibt – auch kein einheitliches internationales Führungsverständnis existiert. Im Fall der Führung von Mitarbeitern unterschiedlicher Nationalitäten liegt die Schwierigkeit eher im Umgang mit den individuell unterschiedlichen Sozialisationen, Rollenerwartungen, Werten, Einstellungen, Bedürfnissen und Verhaltensweisen. Anzustreben als Führungskraft ist daher das Leitbild der Individualisierung. Auf eine Schematisierung des Führungsverhaltens sowie auf einen standardisierten Einsatz von Führungsinstrumenten ist dagegen zu verzichten.

In einem nächsten Schritt werden nunmehr die sechs identifizierten Führungsdimensionen den zehn Länderclustern der GLOBE-Studie zugeordnet. Bei charismatischem Führungsverhalten hat das Cluster des angelsächsischen Raums die höchsten Werte, gefolgt von Lateinamerika, Südasien, dem germanischen und dem nordischen Europa. Bei teamorientierter Führung steht das lateinamerikanische Cluster an der Spitze. Der parti-

zipative Führungsstil hat im germanischen Europa seine höchste Bedeutung. Humanorientiert ist man im Führungsverhalten vor allem in südasiatischen Ländern, autonome
Führung ist hingegen am stärksten im osteuropäischen Cluster verbreitet, defensive Führung eher in Südasien.

In Abbildung 3-14 sind die auf Clusterebene aggregierten Ergebnisse dargestellt. Dabei
wird jeweils angegeben, welche Bedeutung der jeweiligen Führungsdimension für das
einzelne Ländercluster beigemessen wird (hohe, mittlere oder wenig Bedeutung).

	Hohe Bedeutung ++	Mittlere Bedeutung +/-	Wenig Bedeutung - -
Charismatic Leadership	Anglo Latin America Southern Asia Germanic Europe Nodic Europe	Sub Sahara Latin Europe Eastern Europe Confucian Asia	Middle East
Team-oriented Leadership	Latin America	Europe Southern Asia Anglo Sub-Sahara Confucian Asia	Middle East
Participative Leadership	Germanic Europe Nordic Europe Anglo	Latin America Latin Europe Sub Sahara	Eastern Europe Southern Asia Confucian Asia Middle East
Human-oriented Leadership	Southern Asia Sub Sahara Anglo	Confucian Asia Latin America Middle East Eastern Europe Germanic Europe	Eastern Europe Southern Asia Confucian Asia Middle East
Autonomous Leadership	Eastern Europe Germanic Europe	Nordic Europe Anglo Southern Asia Confucian Asia	Latin America Latin Europe Middle East Sub Sahara
Self-protective Leadership	Southern Asia Middle East Confucian Asia Eastern Europe	Latin America Sub Sahara Latin Europe	Anglo Germanic Europe Nordic Europe

[Quelle: HOUSE et al. 2004, S. 684]

Abb. 3-14: Zuordnung von Länderclustern zu Führungsdimensionen

Auf der Grundlage der Zuordnung von Führungsdimensionen und Ländercluster hat
GLOBE fünf kulturuniversell **förderliche** und drei kulturuniversell **hinderliche** Merkmale und Verhaltensweisen der Führung ermittelt. In Abbildung 3-15 sind die weltweiten akzeptablen den inakzeptablen Führungsattributen gegenübergestellt.

Weltweit akzeptable und effektive Führungsattribute	Weltweit inakzeptable und ineffektive Führungsattribute
Integrität, die sich in vertrauenswürdigem, gerechtem, ehrlichem und zuverlässigem Verhalten äußert	Reizbarkeit und Rücksichtslosigkeit
Visionäres Verhalten, das durch Voraussichtigkeit und planendes Handeln gekennzeichnet ist	Diktatorisches, egozentrisches, ungeselliges, einzelgängerisches Verhalten
Inspirierendes Verhalten, das ermutigt, motiviert, anspornt sowie eine positive, dynamische Haltung und Vertrauen schafft	Zweideutiges und unkooperatives Verhalten
Teambildendes Verhalten, das mit Informiertheit sowie koordinativer und administrativer Kompetenz einhergeht	[Quelle: Brodbeck 2016, S. 183]
Hoher Grad an diplomatischem Geschick, Bestimmtheit, Entscheidungsfreude und einer starken Orientierung an exzellenter Leistung	

Abb. 3-15: Weltweit förderliche und hinderliche Führungsattribute

Vor dem Hintergrund der weltweit empfehlenswerten bzw. zu vermeidenden Führungsattributen lassen sich drei alternative **Strategien zur interkulturellen Mitarbeiterführung** identifizieren [vgl. Stock-Homburg 2013, S. 660]:

- **Standardisierungsstrategie.** Hier erfolgt eine einheitliche Ausrichtung der Führung über alle Ländergrenzen hinaus. Diese Strategie folgt der *Universalitätsthese*, das heißt der vorgegebene Führungsrahmen ist in unterschiedlichen Kulturkreisen gleichermaßen erfolgreich.

- **Differenzierungsstrategie.** Diese strategische Ausrichtung folgt der *Kulturabhängigkeitsthese*, das heißt die individuelle Mitarbeiterführung wird der jeweiligen Kultur angepasst. Bei diesem Ansatz kann in den Tochtergesellschaften eine andere Mitarbeiterführung praktiziert werden als in der Muttergesellschaft.

- **Hybride Strategie.** Die hybride strategische Ausrichtung beschreibt den Mittelweg. Das bedeutet konkret, dass bestimmte Führungsaktivitäten interkulturell übertragen werden, andere sind dagegen weniger oder gar nicht übertragbar.

3.7.2 Leistungs- und Potenzialbeurteilung international tätiger Mitarbeiter

Die grundlegenden Beurteilungskriterien (zeitlicher Horizont, Bezugsgröße, Grad der Quantifizierung) weichen bei internationalen Beurteilungen nicht groß von den nationalen Bewertungsmaßstäben ab.

Im Zusammenhang mit dem **zeitlichen Horizont** ist anzunehmen, dass langfristig orientierte Kulturen (wie beispielsweise China oder Japan) eher potenzialbezogene Beurteilungskriterien bevorzugen. Dagegen konzentrieren sich kurzfristig orientierte Kulturen (wie beispielsweise USA oder Großbritannien) tendenziell auf die Gegenwart bzw.
die nahe Zukunft. Hier dürften also eher die aktuelle Performance und weniger langfristige Potenzialbeurteilungen im Fokus stehen [vgl. Stock-Homburg 2013, S. 437].

Hinsichtlich des **Quantifizierungsgrades** kann zwischen quantitativen und qualitativen
Kriterien unterschieden werden. In internationalen Beurteilungssituationen werden als
quantitative Beurteilungskriterien insbesondere Kennzahlen wie länderspezifische Um-
satz- oder Marktanteilsdaten herangezogen. Zu den qualitativen Beurteilungskriterien
zählen vornehmlich Merkmale bzw. Verhaltensweisen der Beurteilten.

Inwieweit quantitative Kriterien für die Beurteilung im internationalen Bereich herangezogen werden können, hängt in erster Linie von der **Internationalisierungsausrichtung** des Unternehmens ab [vgl. Stock-Homburg 2013, S. 437 f.]:

- Bei der **ethnozentrischen Internationalisierungsausrichtung** orientiert sich die
  Auswahl der Beurteilungskriterien an den kulturellen Besonderheiten des Heimatlandes. Hier dominieren in erster Linie quantitative Kriterien, um Lösungen über
  verschiedene Kulturen hinweg leichter vergleichbar zu machen.

- Die Auswahl der Beurteilungskriterien bei der **polyzentrischen Ausrichtung** orientiert sich an den lokalen Besonderheiten verschiedener Länderniederlassungen
  eines Unternehmens. Die Gewichtung quantitativer und qualitativer Kriterien
  hängt von der Landeskultur der jeweiligen Niederlassung ab.

- Bei der **geozentrischen Ausrichtung** liegt ein unternehmensweites, international
  standardisiertes Verständnis der Beurteilungskriterien vor, d.h. die Beurteilung
  orientiert sich an der „kulturellen Schnittmenge". Es werden vorwiegend quantitative Kriterien herangezogen.

- Bei der **regiozentrischen Orientierung**, die eine Weiterentwicklung der polyzentrischen Orientierung darstellt, werden nicht die Unterschiede einzelner Länder
  berücksichtigt, sondern einzelner Ländergruppen, die in sich relativ homogen sind.
  Die Beurteilungskriterien variieren in diesem Fall von Region zu Region.

Ein weiterer Aspekt für die effektive Durchführung der Beurteilung ist der **Kommunikationsstil** des Beurteilers. Durch kulturbedingte Unterschiede im Sprachstil zwischen
Beurteilern und Beurteilten können Irritationen auf beiden Seiten auftreten. Im Grundsatz kann zwischen folgenden fünf Merkmalen im Sprachstil unterschieden werden: Di-
rektheit, Präzision, Beziehungsorientierung, Standardisierung und Selbstorientierung
des Sprachstils [vgl. Stock-Homburg 2013, S. 440].

Abbildung 3-16 zeigt die zum Teil sehr deutlichen Unterschiede im Kommunikationsstil bei Personalbeurteilungen im internationalen Bereich.

Merkmale im Sprachstil	Germanisches Cluster	Anglo-cluster weltweit	Konfuzian. asiatisches Cluster	Süd-asiatisches Cluster	Beschreibung der Ausprägung des Sprachstils bei Beurteilungen
Beispielhafte Länder	Deutschland Österreich Schweiz	USA, UK Kanada Australien	Cina Hong Kong Japan	Indien Thailand	
Direktheit	hoch	hoch	gering	mittel	Offene und eindeutige Kommunikation auch in kritischen Situationen
Präzision	hoch	mittel	gering	mittel	Explizite und eindeutige Ansprache zwischenmenschlicher und sachlicher Aspekte
Standardisierung	gering	mittel	hoch	hoch	Häufige Verwendung von Formulierungen mit kulturell vordefinierter Bedeutung
Beziehungsorientierung	gering	gering	mittel	hoch	Argumente werden nicht logisch, sondern primär zwischenmenschlich begründet
Selbstorientierung	hoch	mittel	gering	mittel	Beurteiler wenden zur Beurteilung primär die eigene Perspektive an

[Quelle: Stock-Homburg 2013, S. 441]

Abb. 3-16: Kulturelle Unterschiede im Kommunikationsstil

3.7.3 Interkulturelle Personalentwicklung

Eine besondere Bedeutung im Rahmen der Personalentwicklung – und hier insbesondere der Führungskräfteentwicklung – kommt dem **Auslandseinsatz** zu. Er wird häufig gewählt, wenn eine Karriere durch den Aufbau internationaler beruflicher Erfahrung angestrebt wird. Im Vordergrund stehen der Erwerb und die Vertiefung von Sprachkenntnissen und das Kennenlernen ausländischer Geschäftspraktiken und Verhaltensweisen. Je nach Zielsetzung kann der Auslandseinsatz zwischen wenigen Wochen und mehreren Jahren dauern.

Die interkulturelle Personalentwicklung ist damit eine zentrale Aufgabe im Rahmen eines interkulturellen Personalmanagements. Sie umfasst alle planerischen und gestalterischen Aktivitäten, die auf die Entwicklung der interkulturellen Kompetenz von Führungskräften und Mitarbeiter eines Unternehmens gerichtet sind.

Diese Aktivitäten schließen sowohl interkulturelles Training als auch interkulturelle Karriereplanung und das Sammeln von interkulturellen Erfahrungen durch kürzere und längere Auslandsaufenthalte ein. Danach lassen sich vier verschiedene Entsendungstypen unterscheiden [vgl. Festing et al. 2011, S. 298 f.]:

- Fachliche Entsendung (zum kurzzeitigen Wissenstransfer)
- Entwicklungsentsendung (zur Entwicklung eines lokalen/regionalen Verständnisses des Expatriates)
- Strategische Entsendung (höchst anspruchsvolle Aktivitäten zur Entwicklung einer globalen Perspektive seitens des Expatriates)
- Funktionale Entsendung (länger andauernde Entsendung zum Transfer von Prozessen und Praktiken, ohne besondere Berücksichtigung von Entwicklungszielen).

Neben einer allgemeinen Entwicklung interkultureller Kompetenzen gehören auch Trainings für konkrete Auslandseinsätze zur interkulturellen Personalentwicklung. Die bedarfsgerechte Auswahl und Kombination von Trainingsinstrumenten kann sich dabei nach folgenden Kriterien richten [vgl. Lang/Baldauf 2016, S. 140]:

- Neuheit der internationalen Aufgabenstellung
- Fremdartigkeit der Landeskultur der Interaktionspartner
- Häufigkeit und Intensität von erwarteten Kontakten mit fremdkulturellen Partnern.

Wesentliche Einflussfaktoren auf die Leistungen des Expatriates sind [vgl. Festing et al. 2011, S. 298 f.]:

- Kultureller Anpassungsprozess (des Entsandten und seiner Familie)
- Arbeitsumwelt im Gastland
- Unterstützung der entsendenden Organisationseinheit
- Ausgestaltung der Aufgabe
- Gesamtvergütung.

Die fünf beschriebenen Einflussfaktoren wirken alle auf die Leistung der entsandten Mitarbeiter und müssen bei der Planung und Anwendung jedes Performance Management Systems berücksichtigt werden.

4. Arbeitsmarktsegmentierung und High Potentials

> *„Die Segmentierung macht mir die Teilnehmer*
> *des Marktes bekannt, auf dem ich tätig bin oder*
> *tätig sein will." [o.V.]*

Die Akquisition von geeigneten Mitarbeitern kann nur dann erfolgreich sein, wenn das Unternehmen die Bedürfnisse und Anforderungen dieser Zielgruppe kennt, diesen mit seinem Auftritt gerecht wird und dies auch glaubhaft nach außen kommuniziert. Eine gezielte Ansprache wird dann erleichtert, wenn es gelingt, Kriterien aufzustellen, mit deren Hilfe die geeigneten Mitarbeiter identifiziert und von den sonstigen Bewerbern abgegrenzt werden können. Im Rahmen des Personalbeschaffungsprozesses ist daher die **Arbeitsmarktsegmentierung** das erste wichtige Aktionsfeld für das Personalmarketing (siehe Abbildung 4-01).

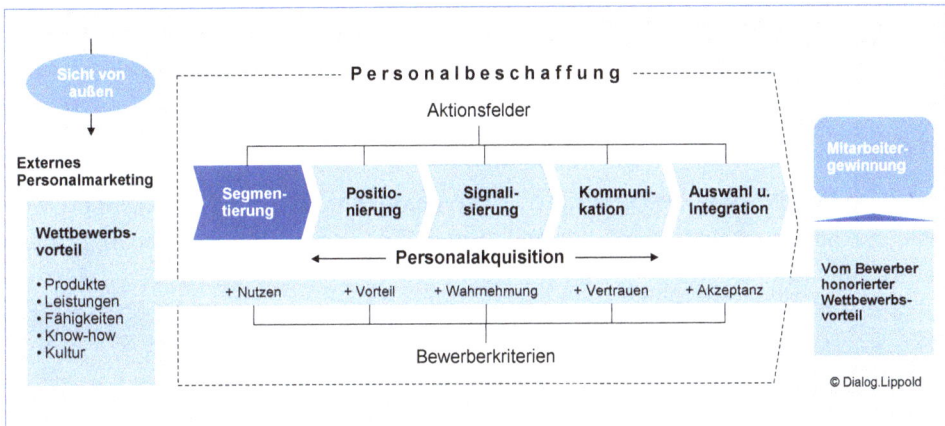

Abb. 4-01: Das Aktionsfeld Arbeitsmarktsegmentierung

Von besonderer Bedeutung ist dabei das Verständnis für eine *bewerberorientierte* Durchführung der Segmentierung, denn der Beschaffungsprozess sollte grundsätzlich aus Sicht des Bewerbers beginnen. Die Segmentierung hat demnach die Optimierung des *Bewerbernutzens* zum Ziel:

Bewerbernutzen = f (Segmentierung) → optimieren!

Der Arbeitsmarkt ist keine homogene Einheit. Aufgrund der unterschiedlichsten Bewerberanforderungen und -qualifikationen besteht er aus einer Vielzahl von Segmenten. Die Anforderungen, die ein Bewerber an seinen zukünftigen Arbeitgeber stellt, und die Fähigkeiten der Unternehmen, diese Anforderungen zu erfüllen, sind maßgebend für die Bewerberentscheidung und damit für den Erfolg oder Misserfolg eines Unternehmens bei seinen Rekrutierungsbemühungen [vgl. Simon et al. 1995, S. 64].

Damit wird deutlich, welche Bedeutung die Segmentierung des Arbeitsmarktes für das verantwortliche Personalmanagement hat. Im Vordergrund steht die Analyse der Ziele, Probleme und Nutzenvorstellungen der Bewerber – also der Top-Talente bzw. High Potentials. Es muss Klarheit darüber bestehen, was das Gemeinsame und was das Spezifische dieser Bewerbergruppe im Vergleich zu anderen ist. Die hiermit angesprochene Rasterung des Bewerbermarktes erhöht die Transparenz und damit die Rekrutierungschancen.

4.1 Personalbedarfsplanung und Fluktuation

Ausgangspunkt und Grundlage der Segmentierung des Arbeitsmarktes ist die **Personalbedarfsplanung**, die in quantitativer, qualitativer, räumlicher und zeitlicher Hinsicht vorgenommen werden kann. Die Personalbedarfsplanung zielt darauf ab, personelle Über- bzw. Unterkapazitäten mittel- und langfristig zu vermeiden. Sie ist vielleicht der wichtigste Teil der **Personaleinsatzplanung** (engl. *Workforce Planning*), die bei Unternehmensberatungen in hohem Maße von den erwarteten Projektaufträgen abhängt und damit mit weitaus höheren Risiken behaftet ist als bspw. im kontinuierlichen B2C-Geschäft.

Im ersten Schritt sollte die **quantitative Personalbedarfsplanung** durchgeführt werden. In Abbildung 4-02 sind die quantitativen Elemente der Personalbedarfsplanung dargestellt.

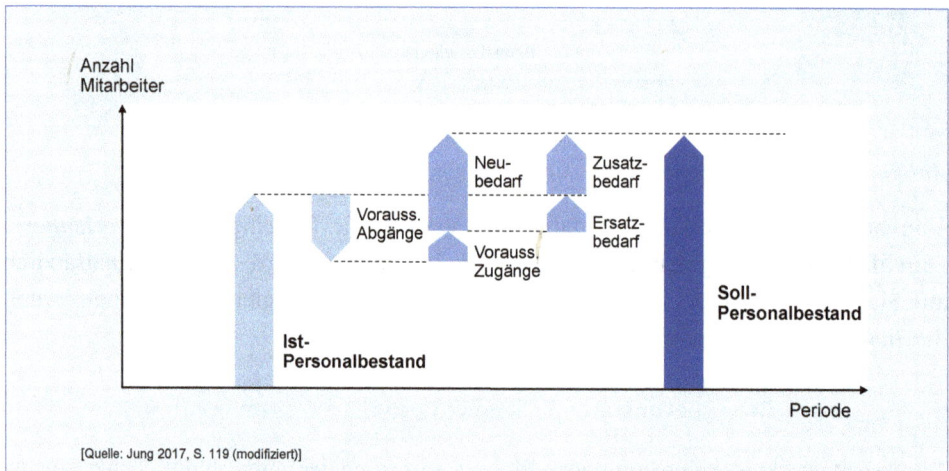

[Quelle: Jung 2017, S. 119 (modifiziert)]

Abb. 4-02: Arten des Personalbedarfs

Zunächst ist für jeden Bereich bzw. jede Abteilung zu klären, welcher **Soll-Personalbestand** im Planungszeitraum erreicht werden soll. Die Höhe des Soll-Personalbestands hängt in erster Linie von den Zielen des Unternehmens bzw. der Unternehmenseinheit ab (Wachstum, Konsolidierung, Restrukturierung). Die Differenz zum **Ist-Personalbe-stand** zu Beginn der Planungsperiode ist aber nicht zwangsläufig der Neubedarf an Mitarbeitern, da in der Planungsperiode zusätzliche Abgänge (Pensionierungen, Kündigungen, Elternzeit etc.), aber auch Zugänge (Neueinstellungen, Beendigung der Elternzeit etc.) zu berücksichtigen sind. Die Differenz zwischen den voraussichtlichen Abgängen und Zugängen wird als **Ersatzbedarf** bezeichnet. Der Ersatzbedarf gibt damit die Anzahl der Mitarbeiter an, die bis zum Ende der Planungsperiode eingestellt werden müssen, um den (Ist-) Personalbestand zu Beginn des Planungszeitraums zu erreichen. Ist dieser Personalbestand niedriger als der Soll-Personalbestand, so entsteht ein **Zusatz-bedarf**, dessen Höhe in erster Linie von den Wachstumsambitionen des Unternehmens abhängt. Ist der Saldo zwischen voraussichtlichem Personalbestand und dem Soll-Personalbestand allerdings negativ, so ergibt sich ein **Freistellungsbedarf**. Zusatzbedarf und Ersatzbedarf ergeben den **Neubedarf**, d.h. die Anzahl aller im Planungszeitraum einzustellenden Mitarbeiter. Damit errechnet sich der Soll-Personalbestand wie folgt:

Soll-Personalbestand =

Ist-Bestand + Zugänge – Abgänge + Ersatzbedarf + Zusatzbedarf

Die **qualitative Personalbedarfsplanung** legt fest, über welche Fähigkeiten, Kenntnisse und Verhaltensweisen der Soll-Personalbestand (einer Mitarbeitergruppe) bis zum Planungshorizont verfügen sollte und zu welchen Stellen diese Qualifikationen gebündelt werden können. Ausgangspunkt der qualitativen Personalbedarfsplanung bildet die **Personalstrukturanalyse**, die die Zusammensetzung der Belegschaft nach bestimmten Merkmalen untersucht. Die Ergebnisse der Personalstrukturanalyse münden ein in die Stellenbeschreibung und in das Anforderungsprofil.

Je nachdem, welcher Planungshorizont der Personalbedarfsermittlung zugrunde liegt, kann zwischen *kurz-, mittel-* und *langfristiger* **Personalbedarfsplanung** unterschieden werden. Für das sehr schnelllebige Beratungsgeschäft ist die kurz- bis mittelfristige Personalbedarfsplanung (ein bis zwei Jahre) relevant. Auf der Grundlage der Eintrittswahrscheinlichkeit unterschiedlicher Auftragserwartungen (*„Best Case", „Realistic Case"* oder *„Worst Case"*) lassen sich dann verschiedene Personalplanungsalternativen entwickeln.

Die **räumliche Personalbedarfsplanung** legt den (Einsatz-) Ort fest, an dem der bzw. die neue(n) Mitarbeiter benötigt wird (werden). Besonders bei stark dezentral organisierten Unternehmen mit entsprechend vielen Niederlassungen oder Geschäftsstellen ist die räumliche Dimension der Personalbedarfsplanung von Bedeutung.

4.2 Stellenbeschreibung und Anforderungsprofil

4.2.1 Stellenbeschreibung

Die **Stellenbeschreibung** (engl. *Job Description*) liefert Informationen über die Einordnung der Stelle in der Organisationsstruktur, über die Ziele und Aufgaben der Stelle sowie über die Rechte und Pflichten des Stelleninhabers. Die Stellenbeschreibung ist neben der Personalgewinnung auch für die Personalentwicklung und -vergütung von Bedeutung. Gleichzeitig bietet das Stellenprofil ein wichtiges Element für das stellenbezogene Anforderungsprofil. Allerdings hat die Bedeutung der Stellenausschreibung für solche Unternehmen tendenziell abgenommen, die in innovativen Märkten agieren. Angesichts dieser besonderen wirtschaftlichen Dynamik bleibt mittel- und langfristig kaum eine Stelle unverändert, so dass viele Unternehmen ohnehin nicht nachkommen, ihre Stellenbeschreibungen ständig auf dem neuesten Stand zu halten. Auch ist es manchmal zweckmäßig, dass eine ausschließlich sachbezogene Stellenbeschreibung einer mehr auf konkrete Personen bezogene Stellenbildung weicht. Dies kann immer dann sinnvoll sein, wenn vorhandene Stellen weiterentwickelt werden oder spezielle Stellen erst geschaffen werden sollen, nachdem man einen bestimmten potenziellen Stelleninhaber kennengelernt hat. Auf diese Weise lässt sich auch ein Talentpool mit einer speziellen Wissens- und Fähigkeitsausrichtung schaffen, um damit besser auf bestimmte Innovationen vorbereitet zu sein [vgl. Bröckermann 2007, S. 54 f.; Weuster 2004, S. 38].

4.2.2 Anforderungsprofil

Die Stellenbeschreibung selbst gibt aber noch keine Auskunft über die benötigten Qualifikationen des potentiellen Stelleninhabers. Die Qualifikationen, d. h. die Anforderungen in Verbindung mit einem Arbeitsplatz, werden erst im Rahmen eines **Anforderungsprofils** (engl. *Job Specification*) festgelegt. Das Anforderungsprofil beschreibt die Kriterien, die Bewerber erfüllen müssen und sollen. Ein aus einer offenen Stelle oder anderen Überlegungen abgeleitetes Sollprofil ist die entscheidende Grundlage für einen fundierten, zielorientierten Personalbeschaffungsprozess. Allerdings muss berücksichtigt werden, dass gerade die Prozessbeteiligten mit der vermutlich größten methodischen Kompetenz, nämlich Personalleiter, Personalreferenten oder auch externe Personalberater, die zu besetzende Position zumeist nicht aus eigener täglicher Praxis, sondern nur von Beschreibungen her kennen. Im Gegensatz zu den Fachvorgesetzten, die die zu besetzende Stelle oft sehr gut kennen, haben mitentscheidende Personalfachleute häufig nur eine unklare Kenntnis der konkreten Stellenanforderungen. Damit besteht die Gefahr, dass Auswahl- und Einstellentscheidungen nicht selten intuitiv auf der Basis von Sympathie und Antipathie gefällt werden [vgl. Weuster 2004, S. 32].

Besonders im Hinblick auf die Auswahl von High Potentials lässt sich das Anforderungsprofil in folgende Profilarten unterteilen [vgl. Weuster 2004, S. 38 ff.]:

* Mindestprofil
* Höchstprofil
* Idealprofil
* Negativprofil und
* Irrelevanzprofil.

Das **Mindestprofil** beschreibt durch Musskriterien („Knock-out-Kriterien") die Grenze zu unterqualifizierten Bewerbern. Soweit es sich dabei um Fachwissen handelt, sind es Kenntnisse, die der Bewerber schon am ersten Arbeitstag besitzen muss. Wird das Mindestprofil zu niedrig angesetzt, steigt die Gefahr, dass sich ungeeignete Personen bewerben und eingestellt werden. Wird es zu hoch angesetzt, werden geeignete Bewerber von einer Bewerbung abgehalten oder abgelehnt. Bei der Festlegung des Mindestprofils stellt sich die grundlegende Entscheidung, welche Wissensinhalte, Fähigkeiten, Fertigkeiten und Eigenschaften schon beim Eintritt vorhanden sein müssen und welche noch vermittelt werden können. Das Mindestprofil dient folglich dazu, konfliktträchtige Fehlbesetzungen zu vermeiden.

Das **Höchstprofil** legt die Grenze zu überqualifizierten Bewerbern fest, ohne dabei objektiv geeignete Bewerber auszuschließen. Überqualifizierung kann bei Arbeitnehmern Unzufriedenheit wegen der Unterforderung, der geringen Verantwortung, der zu gering empfundenen Bezahlung und Entwicklungsmöglichkeiten erzeugen. Außerdem zeigt sich gelegentlich das paradoxe Phänomen, dass überqualifizierte Stelleninhaber die Aufgaben ihrer Stelle weniger gut erledigen, als passend qualifizierte Stelleninhaber.

Das **Idealprofil** hingegen beschreibt den Wunschkandidaten und beinhaltet oft auch Wunschkriterien, von denen abgewichen werden kann, ohne dass dadurch sofort eine Fehlbesetzung gegeben wäre. Sind die Chancen gering, den idealen Bewerber zu finden, kann es durchaus sinnvoll sein, mit einem modifizierten Idealprofil auch oft übersehene Bewerbergruppen ins Auge zu fassen.

Das **Negativprofil** (auch *Tabuprofil*) nennt Merkmale, die Bewerber grundsätzlich nicht aufweisen sollten. Beispiele können Vorstrafen bei Bankangestellten oder bestimmte Krankheiten bei Arbeitnehmern in der Lebensmittelproduktion sein.

Das **Irrelevanzprofil** schließlich beschreibt Merkmale, die für die Besetzung der Stelle nicht von Bedeutung sind. Dazu zählen bspw. das Geschlecht, bestimmte Sprachkenntnisse, schriftliches Ausdrucksvermögen – Merkmale also, die als Anforderungs- oder Auswahlkriterien für eine bestimmte Stelle keine Rolle spielen sollen.

Eine weitere Unterteilungsmöglichkeit von Anforderungsprofilen bezieht sich auf den Ausbildungs- und Erfahrungshintergrund eines Bewerbers. Danach kann untergliedert werden in [vgl. Weuster 2004, S. 40 ff.]:

- Bildungsprofil
- Berufserfahrungsprofil
- Ergänzende Profilkomponenten.

Mit dem **Bildungsprofil** sind schwerpunktmäßig die schulische und universitäre Ausbildung sowie die Berufsausbildung angesprochen. In das Bildungsprofil fließen Komponenten wie Schulausbildung, Berufsausbildung, Hochschulart, Hochschulort, Studienfach und Studienschwerpunkt sowie bestimmte Spezialkenntnisse (z. B. Sprachen) ein.

Das **Berufserfahrungsprofil** bildet jene Erfahrungen, Fähigkeiten und Kompetenzen ab, die während der Berufsausübung erworben wurden. Zum Berufserfahrungsprofil zählen Funktionserfahrung, Branchenerfahrung, Positionserfahrung, Hierarchieerfahrung und Aufgabenerfahrung (Entscheidungsaufgaben, Erfüllungsaufgaben) sowie methodische Erfahrung.

Ergänzende **Profilkomponenten** kommen mehr aus dem persönlichen Bereich (*„Soft Skills"*) und können für die Besetzung bestimmter Positionen von erheblicher Bedeutung sein. Beispiele solcher Profilkomponenten sind die Verfügbarkeit externer Kontakte, zeitliche Verfügbarkeit, Mobilität (Reisebereitschaft und Reisefähigkeit).

Abbildung 4-03 zeigt die Komponenten des Anforderungsprofils im Überblick.

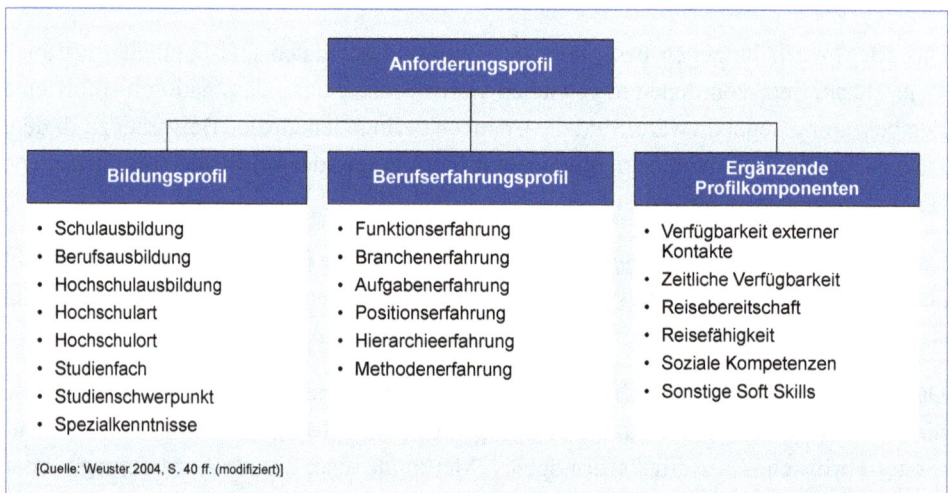

Anforderungsprofil

Bildungsprofil	Berufserfahrungsprofil	Ergänzende Profilkomponenten
• Schulausbildung • Berufsausbildung • Hochschulausbildung • Hochschulart • Hochschulort • Studienfach • Studienschwerpunkt • Spezialkenntnisse	• Funktionserfahrung • Branchenerfahrung • Aufgabenerfahrung • Positionserfahrung • Hierarchieerfahrung • Methodenerfahrung	• Verfügbarkeit externer Kontakte • Zeitliche Verfügbarkeit • Reisebereitschaft • Reisefähigkeit • Soziale Kompetenzen • Sonstige Soft Skills

[Quelle: Weuster 2004, S. 40 ff. (modifiziert)]

Abb. 4-03: Komponenten des Anforderungsprofils

4.3 Personalbeschaffungswege

Grundsätzlich stehen jedem Unternehmen zwei Beschaffungswege zur Personalbedarfsdeckung zur Verfügung: die *interne* und die *externe* Personalbeschaffung. Abbildung 4-04 gibt einen Überblick über die vielfältigen Möglichkeiten der internen und externen Personalbeschaffung.

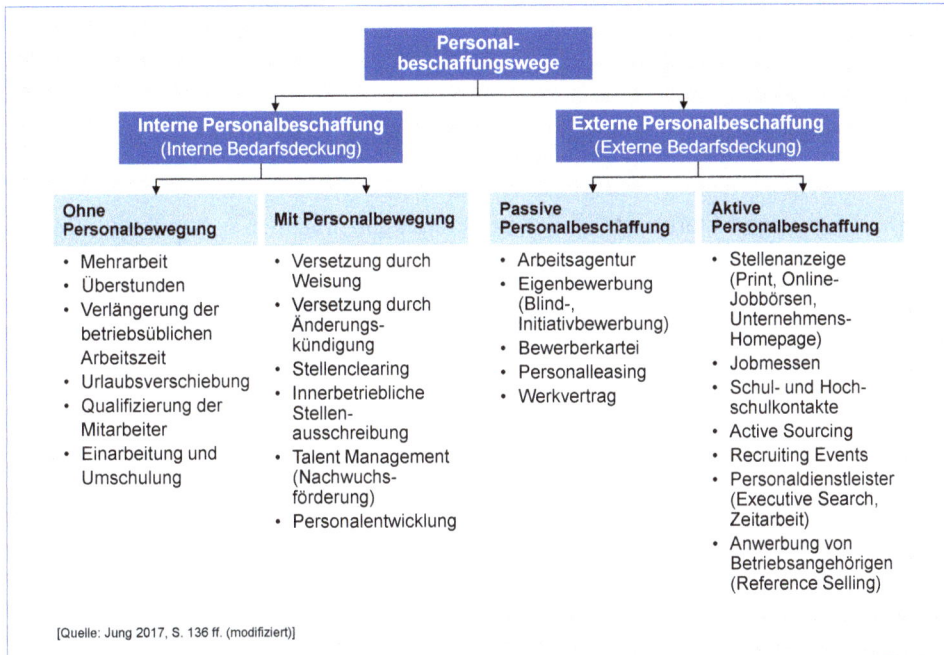

Personal-beschaffungswege			
Interne Personalbeschaffung (Interne Bedarfsdeckung)		**Externe Personalbeschaffung** (Externe Bedarfsdeckung)	
Ohne Personalbewegung	**Mit Personalbewegung**	**Passive Personalbeschaffung**	**Aktive Personalbeschaffung**
• Mehrarbeit • Überstunden • Verlängerung der betriebsüblichen Arbeitszeit • Urlaubsverschiebung • Qualifizierung der Mitarbeiter • Einarbeitung und Umschulung	• Versetzung durch Weisung • Versetzung durch Änderungskündigung • Stellenclearing • Innerbetriebliche Stellenausschreibung • Talent Management (Nachwuchsförderung) • Personalentwicklung	• Arbeitsagentur • Eigenbewerbung (Blind-, Initiativbewerbung) • Bewerberkartei • Personalleasing • Werkvertrag	• Stellenanzeige (Print, Online-Jobbörsen, Unternehmens-Homepage) • Jobmessen • Schul- und Hochschulkontakte • Active Sourcing • Recruiting Events • Personaldienstleister (Executive Search, Zeitarbeit) • Anwerbung von Betriebsangehörigen (Reference Selling)

[Quelle: Jung 2017, S. 136 ff. (modifiziert)]

Abb. 4-04: Interne und externe Personalbeschaffungswege

4.3.1 Interne Personalbeschaffung

Die **interne Personalbeschaffung** umfasst alle Aktivitäten, die sich auf die Besetzung von Stellen durch bereits im Unternehmen beschäftigte Führungskräfte und Mitarbeiter beziehen. Die innerbetriebliche Bedarfsdeckung kann mit oder ohne Personalbewegung erfolgen, wobei die *Bedarfsdeckung ohne Personalbewegung* nur dann in Anspruch genommen wird, wenn es sich um einen vorübergehenden Personal(mehr)bedarf handelt. Für das Personalmarketing ist jedoch die *Bedarfsdeckung mit Personalbewegung* bedeutsamer.

Allgemein gilt der Grundsatz, dass vor einer Stellenbesetzung zunächst geprüft werden sollte, ob und inwieweit *vorhandene* Mitarbeiterpotenziale genutzt werden können, denn die **Vorteile der internen Personalbeschaffung** sind offenkundig:

- Da das Unternehmen die Stärken und Schwächen des eigenen Personals kennt, reduziert sich das Risiko einer Fehlbesetzung.

- Für Mitarbeiter und Führungskräfte, die durch gezielte strategische Personalentwicklung im Hinblick auf ihre Laufbahnplanung zur Bewältigung künftiger Aufgaben geschult werden, bedeutet die interne Stellenbesetzung einen besonderen Anreiz, der zu einer höheren Arbeitszufriedenheit führt.

- Im Gegensatz zur externen Personalbeschaffung ist die interne erheblich weniger zeit- und kostenintensiv.

- Die interne Personalbeschaffung führt nicht zu einer Verschiebung der Gehaltsstruktur des Unternehmens.

- Da die eigenen Mitarbeiter mit den Strukturen und Abläufen vertraut sind, werden die Einarbeitungskosten minimiert.

- Ein Abbau von Personal in anderen Bereichen kann vermieden werden.

Diesen Vorteilen stehen aber auch einige **Nachteile der internen Personalbeschaffung** gegenüber:

- Es besteht die Gefahr, dass die interne Stellenbesetzung die *„Betriebsblindheit"* fördern kann, d. h. Mitarbeiter entwickeln unternehmensspezifische Denk- und Verhaltensweisen, die eine Entwicklung innovativer Ideen bremsen oder behindern können.

- Ebenso besteht die Gefahr der *Veralterung des Wissens* aufgrund fehlender Impulse von außen.

- Bei Mitarbeitern, die nicht für die ausgeschriebene Stelle berücksichtigt wurden, können Unzufriedenheit und Enttäuschung zum Verlust von Arbeitsmotivation *(„innere Kündigung")* und Illoyalität führen.

Angesichts dieser Gegenüberstellung von Vor- und Nachteilen der internen Personalbeschaffung, bei der augenscheinlich die Vorteile überwiegen, sollte der personalpolitische Grundsatz, auf eine Beschaffungspriorität von innen zu setzen, allerdings nicht überzogen werden.

Da die interne Bedarfsdeckung auf anderen Voraussetzungen beruht (u. a. das Vorhandensein gezielter Personalentwicklungsmaßnahmen und großzügiger Fortbildungsangebote) als die Bedarfsdeckung über den externen Personalbeschaffungsmarkt, muss im Einzelfall entsprechend der jeweiligen Situation darüber entschieden werden, welcher Personalbeschaffungsweg den größeren Erfolg verspricht [vgl. Jung 2017, S. 136 f.].

4.3.2 Externe Personalbeschaffung

Bei der **externen Personalbeschaffung** werden Führungskräfte bzw. Mitarbeiter außerhalb des Unternehmens gesucht. Externe Personalbeschaffung ist vor allem dann von Bedeutung, wenn

– der quantitative Bedarf nicht ausreichend durch intern verfügbare Führungskräfte und Mitarbeiter gedeckt werden kann bzw.

– Fähigkeitspotenziale benötigt werden, die im Unternehmen nicht vorhanden sind und nicht selbst entwickelt werden können.

Ein Großteil der externen Personalbeschaffung befasst sich mit der Anwerbung von *Berufsanfängern*, um langfristig und gezielt Qualifikationen für das Unternehmen aufzubauen. Die externe Personalbeschaffung ist zwar aufwendiger als die interne, aber durch sie steht letztlich ein größeres Bewerberpotenzial zur Verfügung. Vor allem erfahrene Mitarbeiter, die von außen in das Unternehmen kommen, können aufgrund ihres Erfahrungshintergrundes neue Ideen in das Unternehmen hineintragen. Die mangelnde Vertrautheit mit innerbetrieblichen Abläufen birgt allerdings auch den Nachteil, dass sich der neue Mitarbeiter zunächst einarbeiten muss und während dieser Zeit nicht die volle Leistung erbringen kann. Da das Unternehmen und der Bewerber sich gegenseitig nicht kennen, fällt zudem die zuverlässige wechselseitige Beurteilung schwer. Unproblematischer ist dagegen die *Ablehnung* externer Bewerber, da diese keine direkten innerbetrieblichen Folgen nach sich zieht.

Im Folgenden soll der Betrachtungsschwerpunkt bei der Personalgewinnung ausschließlich auf die *externe Personalbeschaffung* und damit auf den *externen Personalbeschaffungsmarkt* gelegt werden, denn letztlich erfordern interne Personalbewegungen auch immer Außenrekrutierungen, damit freiwerdende Arbeitsplätze besetzt werden können [vgl. RKW 1990, S. 139].

4.4 Analyse des Arbeitsmarktes

Ist die Entscheidung über eine *externe* Besetzung der Stelle gefallen, geht es im nächsten Schritt darum, den **Arbeitsmarkt** im Hinblick auf die relevanten Zielgruppen zu analysieren.

Der Arbeitsmarkt ist der Ort, auf dem Arbeitskraft nachgefragt, angeboten und getauscht wird. Solche Austauschbeziehungen kommen dann zustande, wenn die Austauschpartner – also Bewerber und Unternehmen – jeweils einen individuellen Nutzenzuwachs wahrnehmen. Laut *Anreiz-Beitrags-Theorie* ist dies immer dann der Fall, wenn von beiden Seiten jeweils eine gewisse Gleichwertigkeit von *Anreizen* und *Beiträgen* verspürt wird [vgl. Himmelreich 1989, S. 25 ff.].

Für den Bewerber/Kandidaten bedeutet das konkret, dass die angebotenen Anreize, die mit dem (neuen) Arbeitsplatz verbunden sind, die erwarteten zukünftigen Belastungen mindestens kompensieren oder übersteigen. Seitens des Unternehmens ist der Beitrag des Bewerbers/Kandidaten in Form der erwarteten Aufgabenerfüllung mindestens gleich oder höher einzuschätzen als die dafür notwendigerweise zu zahlende Vergütung. Nur wenn gleichzeitig auf Unternehmens- und Kandidatenseite die so beschriebenen Gleichgewichtszustände vorherrschen, kommt ein Arbeitsverhältnis zustande. Andernfalls besteht von der einen und/oder anderen Seite kein Interesse [vgl. Ringlstetter/Kaiser 2008, S. 250 f.].

In Abbildung 4-05 sind die verschiedenen Varianten beim Zustandekommen von Arbeitsverhältnissen dargestellt.

Betrachtung des Kandidaten durch das Unternehmen	Betrachtung des Unternehmens durch den Kandidaten	Konsequenzen	Handlungsoptionen für Unternehmen und/oder Kandidaten
Beiträge (des Kandidaten) >= Leistungen (des Unternehmens)	Anreize < Belastungen	**Ungleichgewicht:** Kein Interesse des Kandidaten und daher Suche nach Alternativunternehmen	Erhöhung der Wettbewerbsfähigkeit des Unternehmens auf dem Arbeitsmarkt durch Anreizerhöhung und/oder Belastungssenkung
	Anreize (des Unternehmens) >= Belastungen (des Kandidaten)	**Gleichgewicht:** Beidseitiges Interesse; Arbeitsverhältnis kommt zustande	
Beiträge < Leistungen		**Ungleichgewicht:** Kein Interesse des Unternehmens und daher Suche nach Alternativkandidaten	Erhöhung der Wettbewerbsfähigkeit des Kandidaten auf dem Arbeitsmarkt durch Beitragserhöhung und/oder Leistungssenkung
Beiträge < Leistungen	Anreize < Belastungen	**Beidseitiges Ungleichgewicht:** Beidseitig kein Interesse und jeweils Suche nach Alternativen	Erhöhung der Wettbewerbsfähigkeit auf beiden Seiten (eventuell)

[Quelle: Ringlstetter/Kaiser 2008, S. 252]

Abb. 4-05: Zustandekommen von Arbeitsverhältnissen

Der Wettbewerb um besonders qualifizierte Bewerber ist umso härter, je knapper und bedeutsamer die Arbeitskraft dieser Bewerber ist und je größer für diese die Auswahl zwischen den Angeboten mehrerer Unternehmen ist. In einer derartigen Wettbewerbssituation sind es u. a. folgende Eckpunkte, die den Arbeitsmarkt aus Sicht des Unternehmens charakterisieren [vgl. Ringlstetter/Kaiser 2008, S. 252 unter Bezugnahme auf Lampert 1994, S. 348]:

- Der Bewerber/Kandidat ist ein potentieller *Kunde* des Unternehmens. Der angebotene Arbeitsplatz ist also das *Produkt*, das es dem potentiellen Mitarbeiter zu „*verkaufen*" gilt.

- Andere Unternehmen, die sich ebenfalls um die Arbeitskraft des Kandidaten bemühen, sind als *Wettbewerber* anzusehen.

- Wird der angebotene Arbeitsplatz gegen eine Arbeitskraft eingetauscht, dann lässt sich deren Qualität nur sehr begrenzt abschätzen.

- Bei einem *Arbeitsplatzwechsel* tritt für den Bewerber eine gewisse *Risikoaversion* auf, d. h. die neue Position muss vom Bewerber signifikant besser eingeschätzt werden als die bisherige.

4.5 Auswahl und Relevanz der Marktsegmente

Die **Methode der Marktsegmentierung** hat ihren Ursprung im klassischen Marketing. Im Bereich der Personalbeschaffung ist die arbeitsmarktbezogene Segmentierung bislang noch wenig verbreitet [vgl. Stock-Homburg 2013, S. 150].

Abbildung 4-06 gibt einen Überblick über die verschiedenen Stufen und Abhängigkeiten der Segmentierung im Personalbereich. Ausgehend von der Personalbedarfsplanung muss zunächst entschieden werden, ob die gesuchte Stelle/Position mit eigenen Mitarbeitern (intern) oder mit neuen Mitarbeitern (extern) besetzt werden soll. Die externe Besetzung setzt im nächsten Schritt eine Arbeitsmarktsegmentierung voraus. Dieser als Makrosegmentierung bezeichneten Phase, die alle in Frage kommenden Bewerberzielgruppen ins Auge fasst und analysiert, folgt die *zielpersonenorientierte* Mikrosegmentierung. Das Ergebnis der Mikrosegmentierung ist ein konkretes **Anforderungsprofil** der gesuchten Stelle. Das Anforderungsprofil ist wiederum Grundlage für die Maßnahmen in den anschließenden Aktionsfeldern *Positionierung*, *Signalisierung* und *Kommunikation*. Letztlich wird dann das Anforderungsprofil der Position mit dem **Fähigkeits- und Erwartungsprofil** des Bewerbers abgeglichen.

Für das einzelne Unternehmen sind immer nur bestimmte Ausschnitte des Arbeitsmarktes von Bedeutung. Daher ist es notwendig, zunächst diese Ausschnitte (Segmente) zu bestimmen, in denen das Unternehmen tatsächlich aktiv ist bzw. aktiv werden sollte. Zur Differenzierung der unterschiedlichen Zielgruppen und Zielpersonen bietet sich – analog zum Absatzmarketing – eine Segmentierung des Arbeitsmarktes in zwei **Segmentierungsstufen** an: die **Makrosegmentierung** zur Auswahl und Ansteuerung der relevanten *Segmentierungsdimensionen* und die **Mikrosegmentierung** zur Festlegung der relevanten *Segmentierungskriterien*.

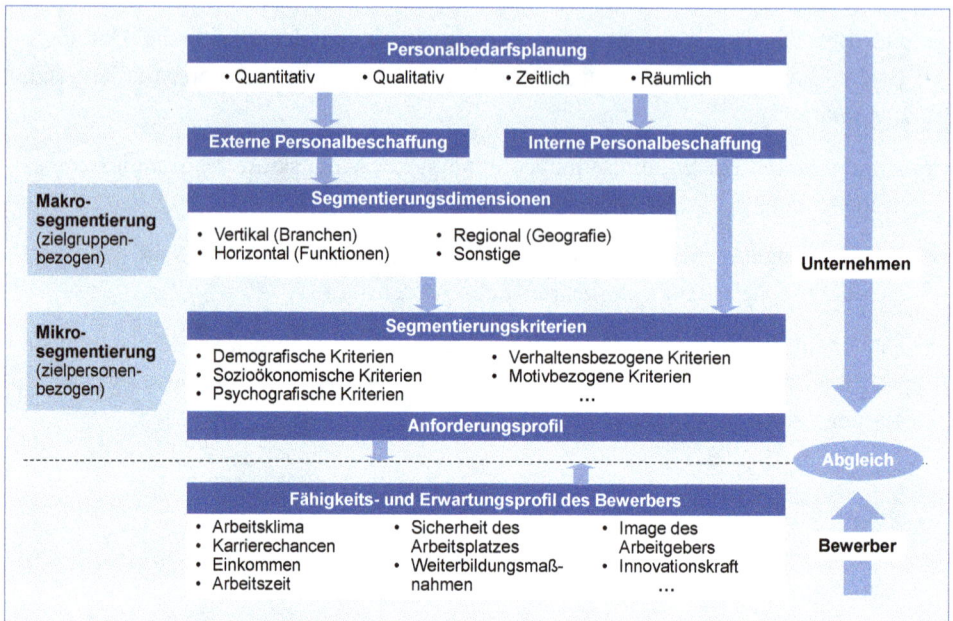

Abb. 4-06: Stufen und Abhängigkeiten in der Arbeitsmarktsegmentierung

4.5.1 Makrosegmentierung

In der Stufe der **Makrosegmentierung**, die den strategischen Aspekt der Arbeitsmarkt-segmentierung beinhaltet, wird der Arbeitsmarkt in seinen verschiedenen Dimensionen betrachtet und in möglichst homogene Segmente aufgeteilt. Die wichtigsten Dimensionen sind:

- **Vertikale Märkte** (Branchen wie die Automobilindustrie (engl. *Automotive*), Chemie, Pharmazeutische Industrie, Banken, Versicherungen, Konsumgüter etc.)

- **Horizontale Märkte** (betriebliche Funktionsbereiche wie Marketing/Vertrieb, Produktion, Logistik, Forschung und Entwicklung etc.)

- **Regionale Märkte** (national, international, global)

- **Sonstige Märkte** (Markt für Hochschulabsolventen, Berufseinsteiger, Projektlei-ter, Führungskräfte etc.).

Wichtig bei der Durchführung der Makrosegmentierung ist, dass sich das suchende Un-ternehmen nicht nur in ein oder zwei Dimensionen festlegt. Erst eine **mehrdimensio-nale Arbeitsmarktausrichtung**, die sich beispielsweise auf eine Branche, auf einen oder zwei betriebliche Funktionsbereiche, auf ein oder zwei regionale Märkte sowie auf Führungskräfte konzentriert, kann der Gefahr einer möglichen Verzettelung der knap-pen Personalmarketing-Ressourcen vorbeugen.

4.5.2 Mikrosegmentierung

Die darauffolgende (taktisch ausgelegte) Stufe der Mikrosegmentierung befasst sich mit den Zielpersonen innerhalb der in der Makrosegmentierung ausgewählten Zielgruppen. Die Mikrosegmentierung basiert auf den Ausprägungen ausgewählter *Segmentierungskriterien* [vgl. Homburg/Krohmer 2006, S. 487]:

- Demografische Kriterien wie Alter, Geschlecht, Familienstand

- Sozioökonomische Kriterien wie aktuelles Einkommen, Ausbildungsniveau, Branchenerfahrung, aktuelle Position, Berufsgruppe, Stellung im beruflichen Lebenszyklus

- Psychografische Kriterien wie Lebensstil, Einstellungen, Interessen oder auch bedürfnisbezogene Motive

- Verhaltensbezogene Kriterien wie durchschnittliche Betriebszugehörigkeit, Häufigkeit des Arbeitgeberwechsels

- Motivbezogene Kriterien wie monetäre Motive, imagebezogene Motive, arbeitsinhaltliche Motive, karrierebezogene Motive bei der Stellensuche.

Die Segmentierung kann sich auf *eine* Kategorie von Segmentierungskriterien (z. B. verhaltensbezogene Kriterien) beziehen; es können aber auch verschiedene Gruppen von Segmentierungskriterien miteinander kombiniert werden. Die Segmente können sich dann aus scharf abgrenzbaren Zielgruppen oder aus Typen von Bedürfnisträgern zusammensetzen. Eine Typenbildung ist immer dann sinnvoll, wenn eine bedürfnisindividuelle Ansprache einzelner, potenzieller Kandidaten aus ökonomischen Gründen nicht durchführbar scheint [vgl. Ringlstetter/Kaiser 2008, S. 257].

Abbildung 4-07 stellt beispielhafte Segmente als Typen von Bedürfnisträgern für die o. g. Segmentierungskriterien gegenüber.

4.5.3 Segmentierungsanforderungen

Unabhängig vom inhaltlichen Fokus der Segmentierung sind die einzelnen Ausprägungen der Segmentierungskriterien und -dimensionen dahingehend zu prüfen, ob sie folgenden *Segmentierungsanforderungen* genügen [vgl. Schamberger 2008, S. 50 ff.]:

- Relevanz, d. h. die Kriterien müssen zur Bildung und Abgrenzung von Segmenten relevant sein,

- Operationalität, d. h. die Segmente müssen messbar, definierbar und identifizierbar sein,

- Erreichbarkeit, d. h. die Segmente müssen für Signalisierungsinstrumente zugänglich sein,

- **Zeitliche Stabilität**, d. h. die Kriterien müssen über einen längeren Zeitraum hinweg aussagefähig sein,
- **Wirtschaftlichkeit**, d. h. die Kriterien sollen helfen, Segmente abzugrenzen, deren Bearbeitung sich lohnt.

Segmentierungs-kategorie	Beispielhafte Segmentierungs-kriterien	Beispielhafte Segmente			
		1	2	3	4
Demografische Segmentierung	• Alter • Geschlecht • Familienstand	Junge Internationale	Reife Erfahrene		
Sozioökonomische Segmentierung	• Berufsgruppe • Beruflicher Lebens-zyklus • Einkommen • Position • Vermögen • Bildungsniveau	Technische Fachrichtung Schul-abgänger Oberes Management	Kaufm. Fachrichtung Hochschul-absolventen Mittleres Management	Berufs-erfahrene Unteres Management	
Psychografische Segmentierung	• Bedürfnisbezogene Motive • Kognitive Orientierung • Einstellung zur Arbeit • Aufstiegsstreben	„Auf das richtige Pferd setzen"-Typ Optimistisch Extrovertierte	„Viel verdienen, viel riskieren"-Typ Stille Hoffer	„Die Welt retten"-Typ Pessimisten	„Arbeiten, um zu leben"-Typ
Verhaltensbezogene Segmentierung	• Informationsverhalten • Arbeitsverhalten • Verhalten bei der Stellensuche	Informierte Job Hopper	Traditionelle Loyale	Interessierte Loyale	
Motivbezogene Segmentierung	• Monetäre Motive • Imagebezogene Motive • Karrierebezogene Motive • Arbeitsinhalts-bezogene Motive	Image-orientierte	Karriere-orientierte	Gehalts-orientierte	Selbst-beweisende

[Quelle: Stock-Homburg 2013, S. 152 f.]

Abb. 4-07: Beispielhafte Segmentierungskriterien und Segmente

Die kurze Vorstellung der verschiedenen Segmentierungskriterien macht das *„Dilemma der Segmentierung"* für den Arbeitsmarkt deutlich: Während die Segmentbildung und -abgrenzung mit demografischen und sozioökonomischen Kriterien relativ leicht durchführbar sind, kann hier die Relevanz problematisch sein. Psychografische, verhaltens- und motivbezogene Segmentierungen dagegen weisen eine hohe Relevanz auf, die identifizierten Marktsegmente sind jedoch wesentlich schwerer zugänglich und messbar [zur vergleichbaren Problematik im (klassischen) Absatzmarketing vgl. Homburg/Krohmer 2009, S. 468].

Abbildung 4-08 verdeutlicht diesen Sachverhalt.

Kriterien \ Anforderungen	Relevanz	Operationalität (insb. Messbarkeit)	Erreichbarkeit
Demografische Segmentierung	nicht so hoch	hoch	hoch
Sozioökonomische Segmentierung	nicht so hoch	hoch	hoch
Psychografische Segmentierung	hoch	niedrig	niedrig
Verhaltensbezogene Segmentierung	hoch	niedrig	niedrig
Motivbezogene Segmentierung	hoch	niedrig	niedrig

[Quelle: Lippold 2012, S. 66 unter Bezugnahme auf Freter 1995, Sp. 1809 f.]

Abb. 4-08: Beurteilung der Segmentierungskriterien

4.6 Segmentbewertung

Sind die relevanten Marktsegmente identifiziert und die Bedürfnisse, Ziele und Erwartungen der anzusprechenden Zielgruppe (Bewerber/Kandidat) transparent, stehen Überlegungen des Unternehmens an, welche besonderen Herausforderungen in den jeweiligen Marktsegmenten vorherrschen. Wichtig sind in diesem Zusammenhang folgende Bewertungsdimensionen [vgl. Ringlstetter/Kaiser 2008, S. 258 ff.]:

– Relatives Marktsegmentvolumen
– Qualifikationssituation
– Wettbewerbsintensität und Vergütungsniveau.

Das relative Marktsegmentvolumen gibt die Anzahl der arbeitsplatzsuchenden Arbeitnehmer (Arbeitsnachfrage) im Verhältnis zur Anzahl aller angebotenen Arbeitsplätze (Arbeitsangebot) eines Marktsegments an. Dabei kann das quantitative Angebot an Arbeitsplätzen größer, kleiner oder gleich der entsprechenden Nachfrage sein. Wichtig ist in diesem Zusammenhang aber nicht die *statische* Sichtweise, sondern vielmehr die künftige *Entwicklung* des relativen Marktsegmentvolumens. Einflussfaktoren können das Wachstum der Branche, Rationalisierungsmöglichkeiten, Innovationen, demografische Veränderungen, Auswirkungen der Bildungspolitik und vieles andere mehr sein. Bringt man die statische und die dynamische Sichtweise zusammen, so sind drei unterscheidbare Szenarien denkbar [vgl. Ringlstetter/Kaiser 2008, S. 259]:

• **Konvergenz**: Arbeitsangebot und -nachfrage konvergieren, d. h. eine vorher große Differenz zwischen beiden Größen wird abgebaut.

• **Kontinuität**: Die bestehende Relation zwischen beiden Größen bleibt unverändert.

- **Eskalation:** Die Diskrepanz zwischen Arbeitsangebot und -nachfrage wächst und eskaliert.

Das Niveau und die Verteilung der spezifischen Qualifikationen eines Marktsegments stellen ebenfalls besondere Anforderungen an personalsuchende Unternehmen. Zur Verdeutlichung soll hier das Marktsegment „Diplomkaufleute als Hochschulabsolventen" herangezogen werden. Grundsätzlich können dabei Überlegungen angestellt werden, ob es mehr oder weniger Diplomkaufleute als Arbeitsplätze gibt und ob das Niveau und sowie die Verteilung der Qualifikationen den nachgefragten Bedarf decken kann.

In Abbildung 4-09 sind einige dieser Möglichkeiten grafisch dargestellt. Danach besteht einerseits die Gefahr, den Mengenbedarf nicht decken zu können (Fall A) und das unternehmerische Qualifikationsniveau zu senken (Fall C). Andererseits besteht aber auch die Chance, eine allgemeine Qualifikationssteigerung zu erreichen (Fall B und D).

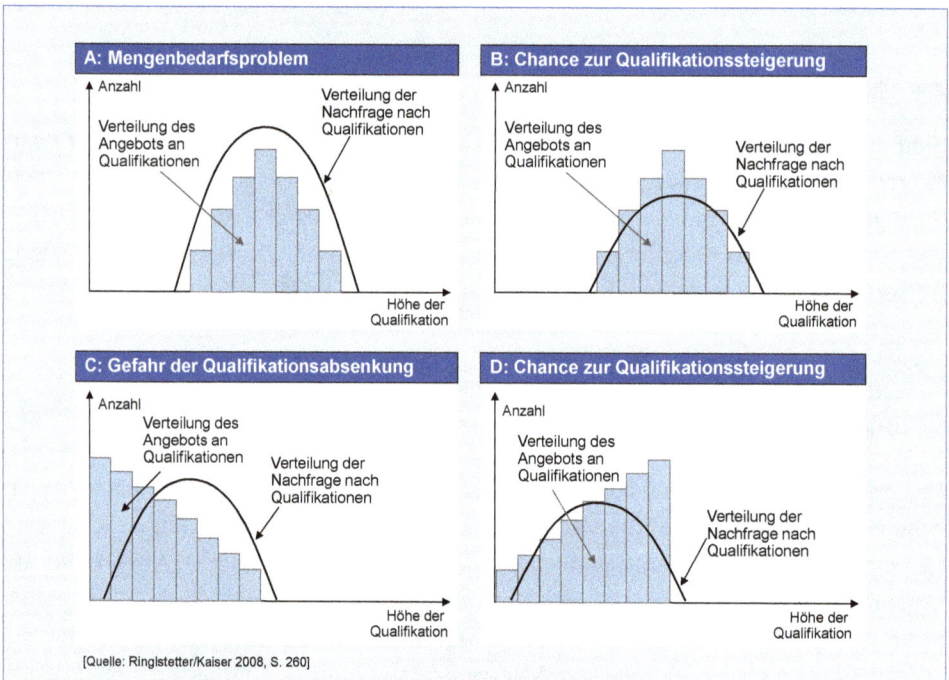

[Quelle: Ringlstetter/Kaiser 2008, S. 260]

Abb. 4-09: Menge, Niveau und Verteilung von Qualifikationen

Ein weiterer wichtiger Punkt der Segmentbewertung ist die Intensität des Wettbewerbs in einem Arbeitsmarktsegment. Kennzeichen einer besonderen Rivalität sind Positionskämpfe in Form der Zahlung von Spitzengehältern, Zusatzleistungen oder der Verbesserung von Weiterbildungsmaßnahmen oder Karrierechancen. In der Regel initiieren solche Maßnahmen entsprechende Gegenmaßnahmen bei den Wettbewerbern, so dass letztlich eine Veränderung der Rentabilität aller Wettbewerber die Folge ist [vgl. Ringlstetter/Kaiser 2008, S. 261].

In der Beratungsbranche hat diese besondere Rivalität dazu geführt, dass sich die Gehälter nahezu aller Karrierestufen in der Höhe zum Teil deutlich von den entsprechenden Gehältern anderer Branchen entfernt haben. Schließlich ist weiterhin zu berücksichtigen, dass insbesondere Führungs- und Führungsnachwuchskräfte nur dann zu einem Arbeitsplatzwechsel zu bewegen sind, wenn das neue Gehalt (und/oder Zusatzleistungen) deutlich über den bisherigen Konditionen liegt. Häufig gilt hierbei das ungeschriebene Gesetz, dass ein Wechsel aus einer gesicherten Position nur dann vorgenommen werden sollte, wenn das neue Gehalt mindestens 20 Prozent über dem bisherigen liegt. Dies hängt nicht zuletzt auch mit der berechtigten Risikoaversion zusammen, da der wechselbereite Kandidat letztlich erst die Probezeit bei seinem neuen Arbeitgeber „überstehen" muss.

5. Personalakquisition und High Potentials

> *„Die Terminologie des „Bewerbers" täuscht nur allzu leicht darüber hinweg, dass sich die Rekrutierung hoch qualifizierter und motivierter Nachwuchskräfte längst zu einem strategischen Erfolgsfaktor innovativer Unternehmen entwickelt hat."* [o. V.]

Unter dem Begriff *Personalakquisition* sollen hier die Prozessschritte *Positionierung*, *Signalisierung* und *Kommunikation* im Bewerbermarkt zusammengefasst werden (siehe Abbildung 5-01).

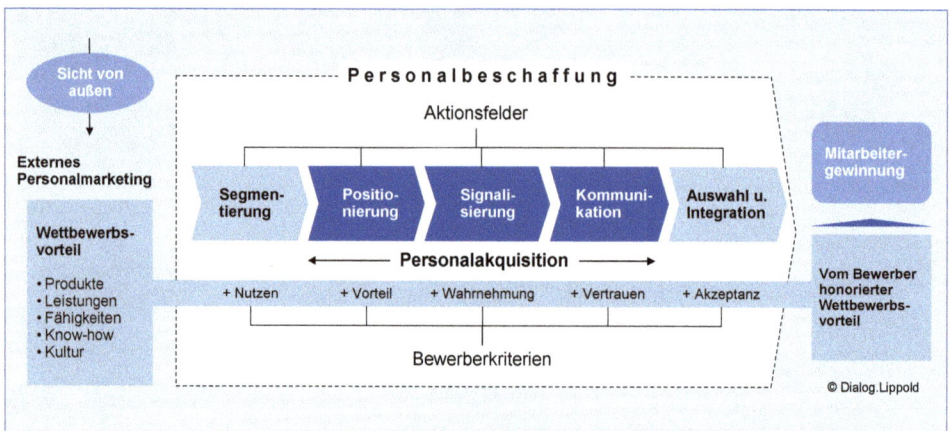

Abb. 5-01: Die Aktionsfelder der Personalakquisition

Im Aktionsfeld *Arbeitsmarktpositionierung* ist innerhalb der definierten Bewerbersegmente eine klare Differenzierung gegenüber dem Stellenangebot des Wettbewerbs vorzunehmen. Arbeitgeberimage, Arbeitgebermarke und Arbeitgeberattraktivität stehen hierbei im Vordergrund.

Das Aktionsfeld *Signalisierung im Arbeitsmarkt* befasst sich mit der Umsetzung der Positionierungsinhalte in nachhaltige und wahrnehmbare Signalisierungsmaßnahmen.

Im Aktionsfeld *Kommunikation mit dem Bewerber* wird eine Vielzahl von Kommunikationsmöglichkeiten aufgezeigt, deren Ziel es ist, das Vertrauen zu leistungsfähigen Bewerbern aufzubauen und zu rechtfertigen.

5.1 Aufgaben und Ziele der Personalakquisition

Diese Prozessschritte sind zugleich auch die entscheidenden Aktionsfelder für das Personalmanagement in einem als *absurd* zu bezeichnenden Arbeitsplatzmarkt für akademische Nachwuchskräfte. Absurd deshalb, weil er einerseits die Grundzüge eines Verkäufermarktes und andererseits die Charakteristika eines Käufermarktes trägt. Einerseits können sich Unternehmen fast uneingeschränkt bedienen, wenn es um die Rekrutierung von durchschnittlich begabten Hochschulabsolventen geht. Andererseits handelt es sich aus Sicht des Arbeitsplatzanbieters um einen klassischen Käufermarkt, wenn es darum geht, leistungsbereite Nachwuchskräfte mit hohem Potenzial – eben High Potentials – zu gewinnen. Da solch besonders qualifizierte Bewerber zumeist die Wahl zwischen den Angeboten mehrerer Unternehmen haben, können sie auch besonders selbstbewusst bei ihrer Arbeitsplatzwahl auftreten. Somit stehen sich auf dem Arbeitsmarkt für High Potentials zwei Partner „auf Augenhöhe" gegenüber.

Der Wettbewerb um hochqualifizierte und leistungsbereite Mitarbeiter kann allerdings auch dadurch gelöst werden, dass bei Bedarf entsprechendes Personal vom Wettbewerb abgeworben wird. Aus einer beruflichen Tätigkeit heraus können High Potentials oft nur mittels eines Headhunters direkt von der Konkurrenz abgeworben werden. Auch für diesen Fall ist es gut zu wissen, was einen Arbeitgeber für besonders gefragte Leistungsträger attraktiv macht.

Zielführender ist zumeist aber eine sorgfältige Personalauswahl auf dem Bewerbermarkt, verbunden mit einer späteren nachhaltigen Personal- und Karriereentwicklung. Denn die Wahrscheinlichkeit des Scheiterns abgeworbener Führungskräfte ist oftmals höher als für einen Mitarbeiter aus den eigenen Reihen, der im Rahmen einer systematischen Karriereentwicklung gefordert und gefördert wurde.

Um in diesem Wettbewerb um die Besten erfolgreich zu bestehen, müssen geeignete Bewerber quasi als Kunden genauso umworben werden wie potenzielle Käufer von Produkten und Dienstleistungen. Daher ist auch die Übertragung von Begriffen wie *Positionierung*, *Segmentierung*, *Kommunikation* oder auch *Branding*, die allesamt ihren Ursprung und ihre konzeptionellen Wurzeln im klassischen Marketing haben, auf das Personalmarketing eine wichtige Grundlage für den „War for Talents".

Mitarbeiter werden heute von Unternehmen umworben und umkämpft, teilweise noch bevor sie die Hochschulausbildung abgeschlossen haben. Somit kann auch eine Zusammenarbeit mit den Kandidaten zum Beispiel während eines Praktikums oder im Rahmen einer Masterarbeit frühzeitig Top-Talente an das Unternehmen binden.

Weil Top-Talente über weite und stabile Netzwerke verfügen, sind sie über konventionelle Recruiting-Kanäle wie Stellenanzeigen kaum zu erreichen. Die Wahrscheinlichkeit ist höher, High Potentials zu gewinnen, wenn ein Erstkontakt über persönliche Kontakte durch Alumni, ein Alumni-Netzwerk, bei Tagungen, Vorträgen bei Absolventen- oder Karrieremessen oder organisierten Recruiting-Events hergestellt wird.

Unternehmen sind dann gut aufgestellt, wenn sie auf solche – früher durchaus als unkonventionell bezeichnete – Herausforderungen eine Antwort haben. In den folgenden Ausführungen werden diese und ähnliche Vorgehensweisen im Recruiting vorgestellt und diskutiert.

5.2 Positionierung und Candidate Journey

Jedes Unternehmen, das hochqualifiziertes Personal sucht, tritt in seinen Segmenten in aller Regel gegen einen oder mehrere Wettbewerber an, da – wie bereits erwähnt – besonders qualifizierte Bewerber mit hohem Potenzial i. d. R. zwischen den Angeboten mehrerer potenzieller Arbeitgeber auswählen können. In einer solchen Situation kommt der Positionierung des Unternehmens als Arbeitgeber eine zentrale Rolle zu.

Die Positionierung ist das zweite wichtige Aktionsfeld im Personalbeschaffungsprozess und beinhaltet die Optimierung des *Bewerbervorteils*:

Bewerbervorteil = f (Positionierung) → optimieren!

Die Positionierung verfolgt die Aufgabe, innerhalb der definierten Bewerbersegmente eine klare Differenzierung gegenüber dem Stellenangebot des Wettbewerbs vorzunehmen. Die Einbeziehung des Wettbewerbs mit seinen Stärken und Schwächen ist demnach ein ganz entscheidendes Merkmal der Positionierung.

In dieser (Wettbewerbs-) Situation reicht es für das Unternehmen nicht aus, *ausschließlich* nutzenorientiert zu argumentieren. Neben den reinen **Bewerber**nutzen muss vielmehr der **Bewerber**vorteil* treten. Das ist der Vorteil, den der Bewerber bei der Annahme des Stellenangebots gegenüber dem (alternativen) Stellenangebot des Wettbewerbers hat.

Wer überlegenen Nutzen *(= Bewerbervorteil)* bieten will, muss die Bedürfnisse, Probleme, Ziele und Nutzenvorstellungen des Bewerbers sowie die Vor- und Nachteile bzw. Stärken und Schwächen seines Angebotes gegenüber denen des Wettbewerbs kennen. Die wesentlichen Fragen in diesem Zusammenhang sind:

- Wie differenziert sich das eigene Stellenangebot von dem des Wettbewerbs?
- Welches sind die wichtigsten Alleinstellungsmerkmale (engl. *Unique Selling Proposition*) aus Bewerbersicht?

Bei der Beantwortung geht es allerdings nicht so sehr um die Herausarbeitung von Wettbewerbsvorteilen an sich. Entscheidend sind vielmehr jene Vorteile, die für den Bewerber interessant sind. Vorteile, die diesen Punkt nicht treffen, sind von untergeordneter

Bedeutung. Unternehmen, die es verstehen, sich im Sinne der Bewerberanforderungen positiv vom Wettbewerb abzuheben, haben letztendlich die größeren Chancen bei der Rekrutierung von geeigneten Bewerbern [vgl. Lippold 2010, S. 10].

5.2.1 Kriterien bei der Arbeitgeberwahl

Abbildung 5-02 gibt einen Überblick über die wichtigsten Kriterien, die bei der Arbeitgeberwahl – zumindest für 2.000 Studierende, die im Rahmen der EY Studentenstudie 2018 befragt wurden – eine Rolle spielen. Danach sind den Hochschulabsolventen die Vereinbarkeit von Beruf und Familie (Work-Life-Balance) und Karriere nahezu gleich wichtig – noch wichtiger sind aber Sicherheit, Gehalt und Kollegialität. Merkmale wie Markterfolg, Innovationskraft und Reputation des Arbeitsgebers sowie Benefits wie Dienstwagen sind für Absolventen weniger wichtig bei der Entscheidung für einen Arbeitgeber.

Der Kriterienkatalog gibt dem potenziellen Arbeitgeber erste deutliche Hinweise zur Positionierung im Arbeitsmarkt.

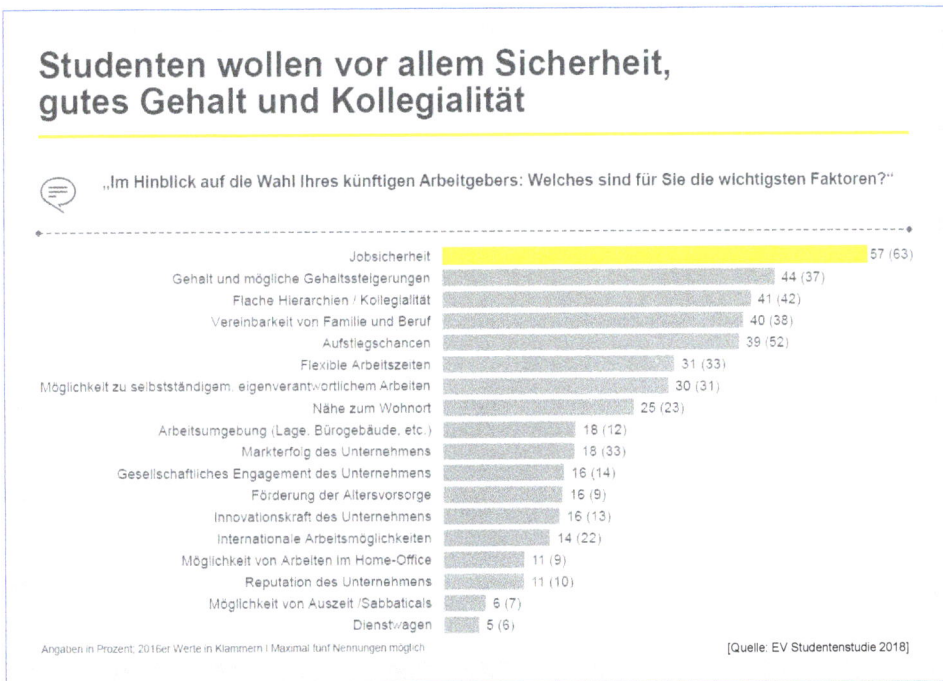

Studenten wollen vor allem Sicherheit, gutes Gehalt und Kollegialität

„Im Hinblick auf die Wahl Ihres künftigen Arbeitgebers: Welches sind für Sie die wichtigsten Faktoren?"

Kriterium	Wert
Jobsicherheit	57 (63)
Gehalt und mögliche Gehaltssteigerungen	44 (37)
Flache Hierarchien / Kollegialität	41 (42)
Vereinbarkeit von Familie und Beruf	40 (38)
Aufstiegschancen	39 (52)
Flexible Arbeitszeiten	31 (33)
Möglichkeit zu selbstständigem, eigenverantwortlichem Arbeiten	30 (31)
Nähe zum Wohnort	25 (23)
Arbeitsumgebung (Lage, Bürogebäude, etc.)	18 (12)
Markterfolg des Unternehmens	18 (33)
Gesellschaftliches Engagement des Unternehmens	16 (14)
Förderung der Altersvorsorge	16 (9)
Innovationskraft des Unternehmens	16 (13)
Internationale Arbeitsmöglichkeiten	14 (22)
Möglichkeit von Arbeiten im Home-Office	11 (9)
Reputation des Unternehmens	11 (10)
Möglichkeit von Auszeit /Sabbaticals	6 (7)
Dienstwagen	5 (6)

Angaben in Prozent; 2016er Werte in Klammern | Maximal fünf Nennungen möglich [Quelle: EY Studentenstudie 2018]

Abb. 5-02: Entscheidungskriterien für die Wahl des Arbeitgebers

Die Positionierung schafft eine klare Differenzierung aus Sicht des Bewerbers. Inhaltlich hat die Positionierung die Aufgabe, die wichtigsten Ausprägungen des Bewerbervorteils herauszuarbeiten. Die Durchführung einer *Stärken-/Schwächenanalyse* sowie einer *Imageanalyse* sind hierbei wesentliche Aktivitäten. Die Kenntnis über das *Personal- oder Arbeitgeberimage*, das die Anziehungskraft eines Unternehmens auf potenzielle Mitarbeiter bestimmt, ist dabei von besonderer Bedeutung. Das Personal- oder Arbeitgeberimage ist ein Vorstellungsbild, das sich Menschen über Unternehmen als (mögliche) Arbeitgeber bilden. Es ist durch die *Interaktion mit dem Unternehmens- und Branchenimage* im höchsten Maße subjektiv und emotional fundiert und setzt sich aus mehreren Merkmalen zusammen [vgl. Ashforth/Mael 1989, S. 24 und Trommsdorff 1987, S. 121].

5.2.2 Positionierungselemente

In Abbildung 5-03 ist beispielhaft eine Reihe von Positionierungselementen aufgeführt, die für die Auswahlentscheidung von Hochschulabsolventen und damit für das Personalimage eines Unternehmens relevant sind. Dieser Merkmalskatalog ist unterteilt in

- Merkmale des Branchenimages,
- Merkmale des Unternehmensimages,
- Merkmale des Images der Arbeitsplatzgestaltung und
- Vergütungsmerkmale.

Versucht man eine **Gewichtung** der Positionierungsmerkmale nach den Entscheidungskriterien der Bewerber durchzuführen, so rangieren die Merkmale der **Arbeitsplatzgestaltung** deutlich vor denen des Branchen- und des Unternehmensimages. Lediglich die Vergütungskomponenten können mit einigen Positionierungsmerkmalen der Arbeitsplatzgestaltung mithalten.

Das Positionierungselement **Branchenimage** kann wie ein Filter auf die Wahrnehmung des Personalimages einer Organisation wirken. So kann bei weniger bekannten Beratungsunternehmen das Branchenimage durchaus einen positiven Einfluss auf das Personalimage und die individuelle Stellenwahl haben. Schließlich ist das positive Image einer Branche bei den Bewerbern vor allem durch die Wachstumsaussichten, durch die Ertragslage, durch die erwarteten Karrierechancen sowie durch das überdurchschnittliche Gehaltsniveau gekennzeichnet. Untersucht man die Vielzahl der jährlichen Arbeitgeberrankings, die alle für sich die „richtige" Reihenfolge der besten Arbeitgeber reklamieren, so wird der besondere Stellenwert des Branchenimages deutlich. So wurden noch bis vor kurzem die meistens Rankings typischerweise von den Premiumherstellern der Automobilbranche (Mercedes, Porsche, BMW, Audi) angeführt.

Das Positionierungselement **Unternehmensimage** ermöglicht dem Unternehmen, das positive Branchenimage noch weiter zu verstärken. Hauptkriterien zur Beurteilung des Unternehmensimages sind die Bekanntheit des Unternehmens, seine Wirtschaftskraft sowie die vorherrschende Unternehmenskultur. Die Bekanntheit eines Unternehmens steht in enger Beziehung zum Image und der Bekanntheit seiner Produkte und Leistungen. Deshalb stehen Unternehmen mit attraktiven Produkten und Dienstleistungen sowie prestigeträchtigen Marken häufig an der Spitze der beliebtesten Arbeitgeber und sind somit auch die härtesten Wettbewerber beim „Kampf um die Besten".

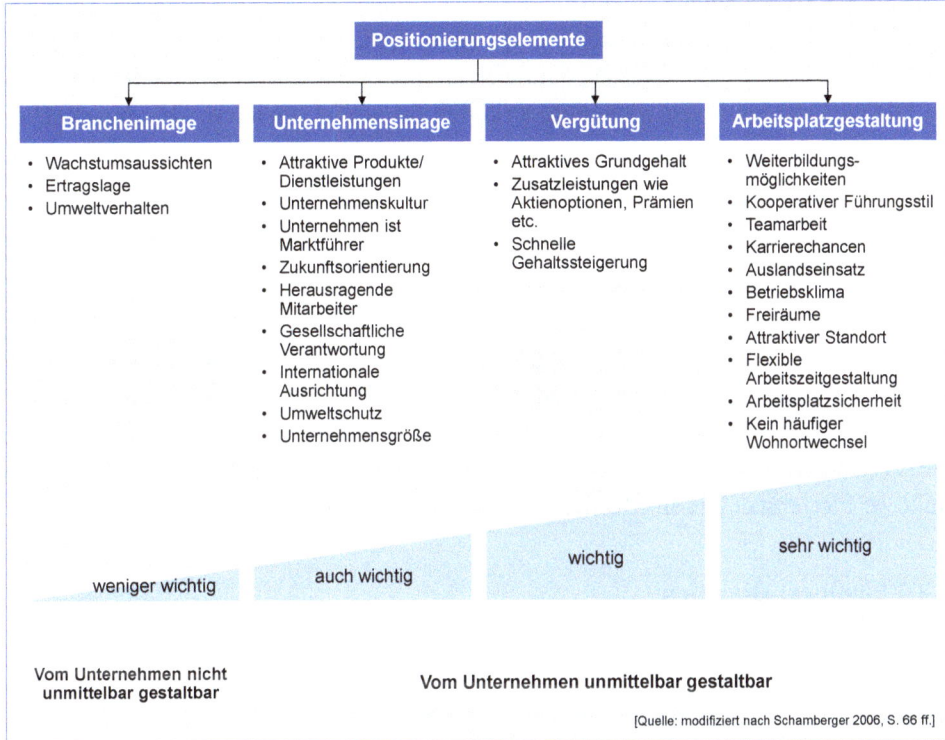

Abb. 5-03: Positionierungselemente im Hochschulmarketing

Als drittes Positionierungselement wird die **Vergütung** angeführt. Die Vergütung ist der Preis des Arbeitsplatzes und könnte daher auch als Komponente der Arbeitsplatzgestaltung aufgefasst werden. Die Gesamtvergütung, die häufig mit attraktiven Zusatzleistungen wie Aktienoptionen, Prämien oder ähnliches angereichert wird, ist aus der Sicht des potenziellen Kandidaten ein hoher Anreiz, der den einzugehenden Belastungen bei einem Arbeitsplatzwechsel gegenübergestellt wird. Die Höhe des Gehalts spielt zwar weiterhin eine Rolle, die Digital Natives – also die Generationen Y und Z – lassen sich jedoch für Geld nicht kaufen, wenn sie für sich keinen Sinn in einer Arbeit sieht. Aus dem Einstellungsinterview muss klar hervorgehen, welchen Beitrag die angebotene Tätigkeit für die wirtschaftliche und gesellschaftliche Entwicklung leistet. Die Zielgruppe lebt nach dem Prinzip **YOLO** *(You only live once)*. Für sie ist Arbeitszeit gleich Lebenszeit und sie möchte, dass der Arbeitgeber verantwortungsvoll damit umgeht. Dies bedeutet, dass diese Mitarbeiter in der Regel nicht bereit sind, jahrelang Überstunden zu machen, wenn sie sich mit dem Ziel nicht identifizieren. Und sie erwarten, auf Augenhöhe angesprochen zu werden. Wenn sie Verantwortung übernehmen, brauchen sie einen Sparringspartner, der sie anleitet. Regelmäßiges, auch informelles und schnelles Feedback sowie (digitale) Weiterbildungsmöglichkeiten und die Einbindung in den Entscheidungsprozess gehören ebenso zu den Erwartungen an den Arbeitgeber. *„Sabbatical is the new company car"* beschreibt die Haltung dieser Generation. Selbstbestimmtheit bei Arbeitsort und Arbeitszeit, Mitarbeit an spannenden Projekten und State-of-the-art-Digitalgeräte sind weit wichtigere Kriterien für diese Generation als ein nach Hierarchiestufen ausgestattetes Büro oder feste Arbeitszeiten [vgl. Creusen et al. 2017, S. 92].

Häufig bewerten die Stellensuchenden die **Bedingungen des Arbeitsplatzes**, also die konkrete Ausgestaltung der zukünftigen Tätigkeit, höher als das Branchen- oder Unternehmensimage und sogar höher als die Vergütung. Im Rahmen der Arbeitsplatzgestaltung sind Kriterien wie Weiterbildungs- und Karrieremöglichkeiten, Führungsstil und Fragen der Vergütung (Kompensation) oder Zusatzleistungen (z.B. Firmenwagen) von Bedeutung für die Wahl des Arbeitgebers. Schließlich spielen „weiche" Faktoren wie die Vereinbarkeit von Privat- und Berufsleben (engl. *Work-Life-Balance*) oder ein attraktiver Firmenstandort eine Rolle.

5.2.3 Employer Branding

Als unternehmensstrategische Maßnahme mündet die Positionierung ein in die Schaffung einer attraktiven **Arbeitgebermarke** (engl. *Employer Branding*), bei dem Konzepte aus dem Absatzmarketing (besonders der Markenbildung) angewandt werden, um ein Unternehmen als attraktiven Arbeitgeber darzustellen und von anderen Wettbewerbern im Arbeitsmarkt positiv abzuheben (zu positionieren).

Employer Branding verfolgt das Ziel, eine glaubwürdige und positiv aufgeladene Arbeitgebermarke aufzubauen. Diese soll den Arbeitgeber gleichsam profilieren und von anderen Arbeitgebern differenzieren. Dabei sollen Unternehmen ihre „Employer Value Proposition" nicht nur für das Recruiting neuer Talente nutzen, sondern zunehmend auch um die Mitarbeiterbindung und -identifikation einsetzen [vgl. Kunerth/Mosley 2011, S. 19 ff.].

Employer Branding soll den Aufbau der Corporate Brand, also der Unternehmensmarke, unterstützen. **Corporate Branding** ist jedoch durch die Ansprache aller Stakeholder-Gruppen des Unternehmens weiter gefasst und beinhaltet – nach Ansicht des Verfassers – zwangsläufig das Employer Branding vollumfänglich mit. In Abbildung 5-04 wird diese Argumentation im Rahmen einer kritischen Auseinandersetzung mit dem neuen „Zauberwort im Personalmarketing" als Blog-Beitrag aufgenommen.

Warum das Employer Branding so überbewertet ist

Employer Branding ist eines der Zauberworte im modernen Personalmarketing. Mit einer starken Arbeitgebermarke soll ein Unternehmen insgesamt als attraktiver Arbeitgeber dargestellt werden, um sich von anderen Wettbewerbern im Arbeitsmarkt positiv abzuheben.

Doch was hat eigentlich eine Arbeitgebermarke (Employer Branding), was die Unternehmensmarke (Corporate Branding) insgesamt nicht hat? Mit anderen Worten: Ein leistungsfähiges Corporate Branding, also eine gut geführte Unternehmensmarke sollte doch alle Merkmale einer starken Arbeitgebermarke mit beinhalten. Sicherlich, das Employer Branding ist die Markenbildung aus Sicht des Personalmanagements, das zwei Ziele verfolgen sollte:

- Erstens, durch eine entsprechende Attraktivitätswirkung auf dem externen Arbeitsmarkt bedarfsgerechte Mitarbeiter gewinnen. Zielrichtung ist hier also der Bewerber.
- Zweitens, durch eine mitarbeitergerechte und effiziente Gestaltung der Arbeitsbedingungen wertvolle Ressourcen an das Unternehmen binden. Der Fokus liegt hier auf dem Mitarbeiter, der bereits an Bord ist.

Doch ist dazu wirklich die Bildung einer eigenständigen Arbeitgebermarke erforderlich, die sich im Zweifel von der Unternehmensmarke unterscheidet, ja sogar unterscheiden muss?

Wenn die Antwort hierauf ein „Nein" ist, dann stellt sich zwangsläufig die Frage, warum das Employer Branding eine derartige Hochkonjunktur hat.

Aus meiner Sicht sind es zwei Treiber, die diesen Hype entfacht haben:

Zum einen sind es die Werbeagenturen, die gemerkt haben, dass ihr ureigenstes Thema, nämlich das Corporate Branding, längst ausgelutscht ist. Hier war kein „frisches" Geld mehr zu verdienen. Also stieg man von einem Gaul ab, der sich nicht länger reiten ließ. Stattdessen sattelte man ein neues Pferd in der Hoffnung, hiermit zu neuen Ufern zu kommen. Doch in Wirklichkeit war es derselbe Gaul.

Alter Wein in neuen Schläuchen oder umgekehrt?

Zum anderen sind es viele Personalberatungen, die neben dem puren Hiring ein Thema gefunden haben, das ein bisschen nach „Beratung" roch und damit zusätzliche Honorare versprach, ja vielleicht sogar ein neues Geschäftsmodell in Aussicht stellte. Ein solch thematischer Ausflug ist ja auch mal ganz nett – aber eben (für den Kunden) nicht zielführend (weil doppelt gemoppelt!).

Fazit: Ein gutes Unternehmensbranding braucht kein Employer Branding, das ihm an die Seite gestellt wird und sich im Zweifel von ihm unterscheidet. Ein gutes Unternehmensbranding beinhaltet vielmehr das Employer Branding von vornherein. So gesehen ist Employer Branding also nichts anderes als alter Wein in neuen Schläuchen oder neuer Wein in alten Schläuchen – ganz wie Sie wollen.

[Quelle: Lippold 2019c]

Abb. 5-04:   „Warum das Employer Branding so überbewertet ist"

Eine gute Positionierung ermöglicht es, Mitarbeiter und Führungskräfte auf die strategischen Ziele des Unternehmens auszurichten und gleichzeitig ihr Bekenntnis (engl. *Commitment*) zum Unternehmen sowie ihre Identifikation mit diesem zu stärken. Das Ergebnis ist ein höheres Mitarbeiterengagement. In der Summe aller Effekte steigert eine fundierte Positionierung die Attraktivität und Wettbewerbsfähigkeit eines Arbeitgebers, seine Reputation bei allen Stakeholder-Gruppen und letztlich seinen Unternehmenserfolg insgesamt. Das Ergebnis ist ein wettbewerbsfähiges Corporate Branding, dessen Bedeutung insbesondere auch von hochqualifizierten Bewerbern sehr hoch eingeschätzt wird.

Ziel der Positionierung ist also ein konsistenter Arbeitgeberauftritt, der die Gesamtheit aller medialen Signale (Anzeigen, Homepage, Broschüren, Messestand, Raumdesign u.v.m.) umfasst. Die Gestaltung des Arbeitgeberauftritts sichert einen einheitlichen Gesamteindruck über alle Medien hinweg und sollte mit dem Corporate Branding des Unternehmens übereinstimmen.

5.2.4 Candidate Journey

Gleichzeitig soll die Positionierung auf der „Kandidatenseite" sicherstellen, dass alle **Kontaktpunkte** (engl. *Touch Points*) des Bewerbers mit dem Unternehmen ein einheitliches, positives Bild vom potenziellen Arbeitgeber erzeugen. Die Folge dieser Kontaktpunkte und die Erfahrungen, die der Kandidat bei der Berührung mit dem Unternehmen sammelt, wird auch als **Candidate Journey** bezeichnet. Die Candidate Journey lässt sich idealtypisch in sechs Phasen unterteilen (siehe Abbildung 5-05).

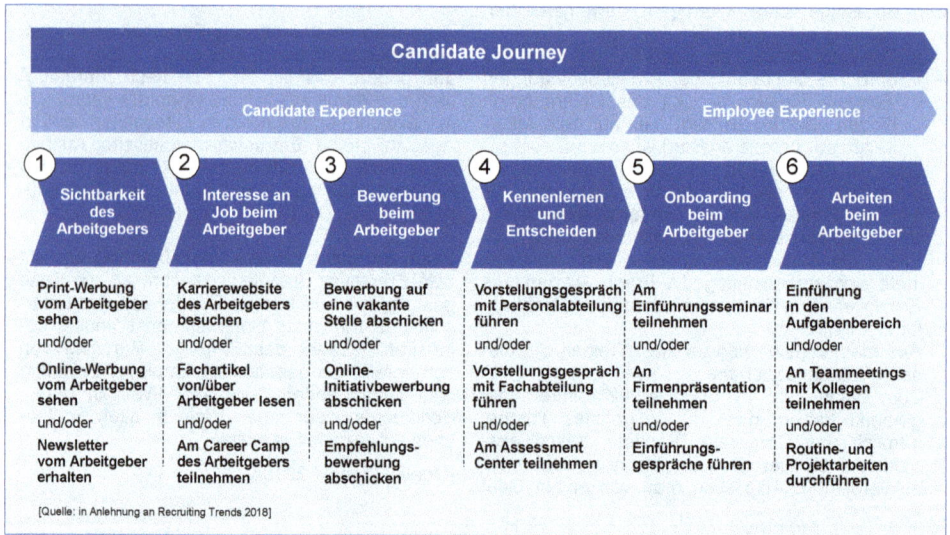

Abb. 5-05: Die Candidate Journey

Die ersten vier Phasen der Candidate Journey beziehen sich auf die Touch Points, die der Bewerber als Stellensuchender erlebt. Diese Phasen werden auch als **Candidate Experience** bezeichnet. Hierzu zählen alle Wahrnehmungen und Erfahrungen, die ein Bewerber während der Bewerbungsphase mit einem Unternehmen sammelt. Bei jedem dieser Touch Points besteht die Gefahr, dass der Kandidat den Bewerbungsprozess vorzeitig abbricht, weil seine Erwartungen nicht erfüllt wurden. Daher muss sich das Personalmanagement immer wieder fragen, welche Kontaktpunkte es überhaupt gibt, was für die Bewerber wichtig ist und wo möglicherweise Probleme auftreten können.

Die beiden letzten Phasen dagegen sind die Kontaktpunkte, die für Personen gelten, die bereits „an Bord" und damit Mitarbeiter sind. Daher werden diese beiden Phasen auch

Employee Experience genannt. Hierbei geht es also um diejenigen Kandidaten, die sich für das Unternehmen als Arbeitgeber entschieden haben. Employee Experience umschreibt die Summe von Momenten, Interaktionen und Eindrücken, die einen Mitarbeiter innerhalb eines bestimmten Zeitraumes im Unternehmen beeinflussen, von Onboarding-Prozess, über tägliche Routinen bis hin zu Mitarbeiter-Gesprächen und jährlichen Reviews.

Die Candidate Journey wirkt also sowohl nach außen, d.h. für Bewerber, als auch nach innen, d.h. für Mitarbeiter. Die wichtigste Phase der Candidate Journey ist ganz offensichtlich die vierte Phase, d.h. das gegenseitige Kennenlernen und die sich anschließende Entscheidung von Kandidaten und Unternehmen, ob man zusammenkommt oder nicht. Damit ist die zweigeteilte Candidate Journey quasi ein Spiegelbild der zweigeteilten Personalmarketing-Gleichung. Während bei der Candidate Journey der Blick eines Kandidaten auf den Personalbeschaffungs- und betreuungsprozess im Vordergrund steht, ist bei der Personalmarketing-Gleichung der Standpunkt des Unternehmens maßgebend. Somit sind Candidate Journey und Personalmarketing-Gleichung zwei Seiten derselben Medaille (siehe Abbildung 5-06).

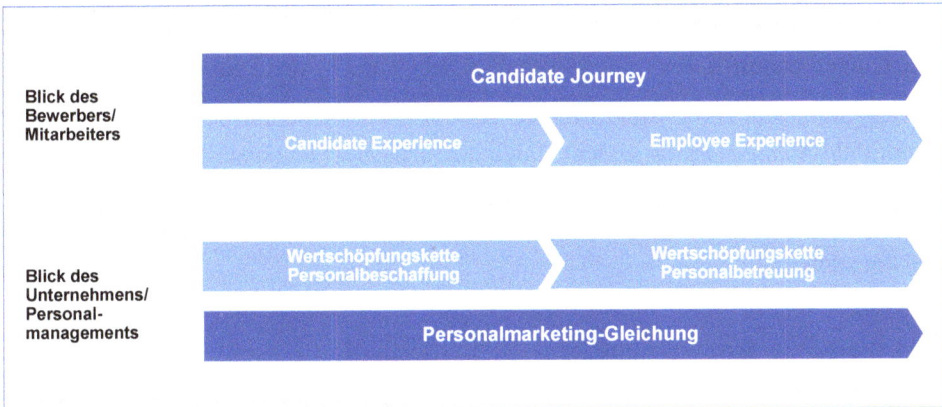

Abb. 5-06: Candidate Journey und Personalmarketing-Gleichung

Eine weitere Möglichkeit zur Positionierung bieten die **netzwerkorientierten Internetplattformen** (engl. *Social Networks*) wie Xing, Facebook, Twitter und LinkedIn. Positiv wirkt sich eine starke Corporate Brand auch auf den Verbleib der Mitarbeiter im Unternehmen aus. Eine geringere Mitarbeiterfluktuation wiederum sichert eine höhere Rendite der Personalentwicklungsmaßnahmen (engl. *Return on Development*). Ein starkes Corporate Branding beugt vor allem auch der Abwanderung von Potenzial- und Leistungsträgern vor. Dieses Phänomen tritt verstärkt auf, sobald die Chancen zum Wechseln zunehmen. Also meistens dann, wenn die konjunkturellen Daten stimmen.

5.3 Signalisierung im Arbeitsmarkt

Unter Signalisierung soll im Personalmarketing die Gestaltung des *äußeren* Kommunikationsprozesses eines Unternehmens verstanden werden. Sie besteht in der systematischen Bewusstmachung des Bewerbervorteils und schließt damit unmittelbar an die Ergebnisse der Positionierung an.

Die Positionierung gibt der Signalisierung vor, *was* im Markt zu kommunizieren ist.

Die Signalisierung wiederum sorgt für die Umsetzung, d.h. *wie* das „Was" zu kommunizieren ist. Die Signalisierung ist damit das dritte wesentliche Aktionsfeld im Rahmen des Personalbeschaffungsprozesses eines Unternehmens und hat die Optimierung der *Bewerberwahrnehmung* zum Ziel:

Bewerberwahrnehmung = f (Signalisierung) → optimieren!

Signale haben im klassischen (Absatz-)Marketing die Aufgabe, einen Ruf aufzubauen und innovative Produkt- und Leistungsvorteile glaubhaft zu machen. Das gilt in gleicher Weise für das Personalmarketing im Arbeitsmarkt. Unverzichtbare Elemente sind dabei Seriosität, Glaubwürdigkeit und Kompetenz in den Aussagen und Darstellungen. Dazu ist es erforderlich, dass die Signale mehrere Quellen (z. B. Unternehmens-, Stellenanzeigen, Internetauftritt, Recruitingprospekte) haben und in sich konsistent sind.

Im Gegensatz zum Aktionsfeld *Kommunikation* (siehe Abschnitt 5.4) befasst sich das Aktionsfeld *Signalisierung* ausschließlich mit den *unpersönlichen* (anonymen) Kommunikationskanälen. Bei der Signalisierung muss es also – im Gegensatz zur Kommunikation – nicht notwendigerweise zu einer Interaktion (zwischen Sender und Empfänger) kommen.

5.3.1 Signalisierungsinstrumente

Zu den **Signalisierungsinstrumenten**, die auf eine generelle Positionierung im Arbeitsmarkt abzielen, zählen in erster Linie die Imagewerbung im Print- und Online-Bereich, die Platzierung von Unternehmens- und Recruitingsbroschüren sowie Veröffentlichungen von Fachbeiträgen. Damit übernimmt das *Personalmarketing* im Wesentlichen auch die Signalisierungselemente, die im *Absatzmarketing* verwendet werden: **Unternehmenswebsite, Geschäftsberichte, Imageanzeigen, Fachbeiträge** und **Unternehmensbroschüren**. Speziell für die Positionierung im Arbeitsmarkt kommen **Personalberichte, Unternehmens- und Business-TV, Mitarbeiterzeitschriften** sowie **Personalimagebroschüren** hinzu. Diese Instrumente dienen mehr oder weniger dem „Grundrauschen" im Arbeitsmarkt, sie sorgen i. d. R. aber nicht für die zeitnahe Besetzung von vakanten Stellen.

Anders sieht es bei **Stellenanzeigen** aus, die sich an den Bewerbermarkt wenden, um unmittelbar für die Besetzung von vakanten Stellen im Unternehmen zu werben. Im

Folgenden sollen mit *Arbeitgeber-Imageanzeigen*, *Stellenanzeigen* und dem *E-Re-cruiting* die wichtigsten Instrumente im Bewerbermarkt vorgestellt werden.

Im Bereich der **Arbeitgeber-Imageanzeigen** greifen hinsichtlich *Werbegestaltung* und *Werbebotschaft* prinzipiell die gleichen Mechanismen wie bei einer Unternehmens- oder Produktanzeige aus dem klassischen Absatzmarketing [siehe hierzu insbesondere Lippold 2015, S. 238].

Bei der **Werbegestaltung** ist zwischen Gestaltungsart, Gestaltungsform und Gestaltungsmittel zu unterscheiden. Die *Gestaltungsart* kennzeichnet die *Handschrift* der Werbung und betrifft die Art und Weise der grundsätzlichen Werbeansprache. Die Werbegestaltung kann auf eine mehr *rationale*, d. h. sachargumentierende Positionierung oder auf eine mehr *emotionale*, d. h. erlebnisorientierte Positionierung als Arbeitgeber hinzielen (siehe hierzu Abbildung 5-07).

Die *Gestaltungsform* beschreibt die inhaltliche Übersetzungs- bzw. Inszenierungsform der Werbebotschaft. Darüber hinaus spielen auch die formalen *Gestaltungsmittel* eine wichtige Rolle für den unverwechselbaren Unternehmensauftritt. Dazu zählen insbesondere die konstanten Werbemittel (Werbekonstanten) wie Unternehmenslogo, Symbole, (Schlüssel-)Bilder, Slogans und Layouts, die häufig aus den Anzeigen des klassischen Absatzmarketings übernommen werden, um einen hohen Wiedererkennungswert des Unternehmens sicherzustellen [vgl. Lippold 2015, S. 239 ff.].

Zu den wichtigsten (und kreativsten) Aufgaben der Werbegestaltung zählt die Formulierung der **Werbebotschaft**. Von den textlichen Gestaltungselementen verfügt die Überschrift (engl. *Headline*) der Anzeige über die höchste physische Reizqualität. Bei der Vermittlung emotionaler Werbebotschaften steht häufig die *Verwendung von Bildern* im Vordergrund, denn Bilder werden besser erinnert als Wörter. Auch fällt in einer Bild-Text-Anzeige der Blick des Lesers fast immer zuerst auf das Bild. Besonders die *Testimonial-Werbung* ist eine effektive Methode, um eine Botschaft bildlich zu übermitteln. Als Testimonials einer Arbeitgeber-Imageanzeige eignen sich besonders gut glaubwürdige und kompetente Mitarbeiter des Unternehmens. Auf diese Weise sollen bei der Zielgruppe (also bei den Bewerbern) Prozesse ausgelöst werden, die eine Identifikation mit der werbenden Person ermöglichen [vgl. Lippold 2015, S. 246 ff.].

Im Gegensatz zur Arbeitgeber-Imageanzeige wird mit einer **Stellenanzeige** unmittelbar für die Besetzung von freien Stellen geworben. In den allermeisten Fällen handelt es sich bei Stellenanzeigen um reine typografische Anzeigen, d. h. es werden i. d. R. keine Bilder verwendet. Im Mittelpunkt steht die Beschreibung der angebotenen Stelle bzw. Position sowie eine Darstellung des gesuchten Personalprofils. Bei der *typografischen Gestaltung* einer Stellenanzeige geht es insbesondere um die räumliche Aufteilung, die Gliederung von Texten sowie um die Wahl geeigneter Schrifttypen.

Das Signalisierungsinstrument der Stellenanzeige hat durch den Einsatz des Internets zu einem *Paradigmenwechsel* im Personalmarketing geführt. Mittlerweile dominiert das Internet bei der Bewerberansprache die klassischen Instrumente wie Stellenanzeigen in Zeitungen und Zeitschriften deutlich.

Die Arbeitgeber-Imageanzeige von MCKINSEY zeichnet sich durch eine emotionale Gestaltungsart in Verbindung mit einem erzählungsorientierten Werbemuster aus. Mit wenig gestalterischen Mitteln wird eine vielschichtige Geschichte erzählt. Diese Anzeige wirbt nicht konkret für eine vakante Stelle, sondern für das Unternehmen als Arbeitgeber insgesamt.

Abb. 5-07: Erzählungsorientiertes Werbemuster eine Arbeitgeber-Imageanzeige

Im Mittelpunkt der Signalisierungsanstrengungen im Arbeitsmarkt steht naturgemäß das Recruiting.

Recruiting beschreibt alle Maßnahmen, um potenzielle Jobinteressierte darüber zu informieren, dass sie als zukünftige Mitarbeiter gesucht werden und sich bei dem Unternehmen bewerben sollen. Dies geschieht hauptsachlich durch Stellenanzeigen über verschiedene Recruiting-Kanäle wie z. B. Internet-Stellenbörsen oder Social Media.

In Abbildung 5-08 sind die verschiedenen **Recruiting-Kanäle** nach ihrem Nutzungsgrad aufgeführt.

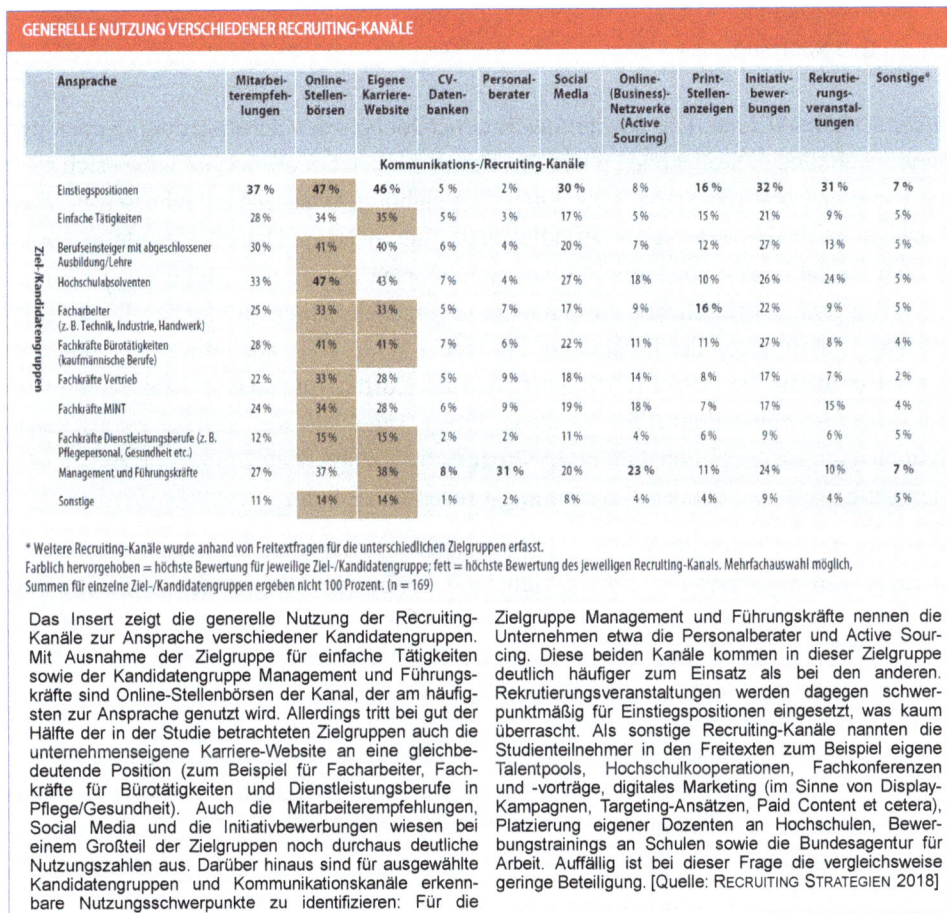

GENERELLE NUTZUNG VERSCHIEDENER RECRUITING-KANÄLE

Ansprache	Mitarbei- terempfeh- lungen	Online- Stellen- börsen	Eigene Karriere- Website	CV- Daten- banken	Personal- berater	Social Media	Online- (Business)- Netzwerke (Active Sourcing)	Print- Stellen- anzeigen	Initiativ- bewer- bungen	Rekrutie- rungs- veranstal- tungen	Sonstige*
			Kommunikations-/Recruiting-Kanäle								
Einstiegspositionen	37 %	47 %	46 %	5 %	2 %	30 %	8 %	16 %	32 %	31 %	7 %
Einfache Tätigkeiten	28 %	34 %	35 %	5 %	3 %	17 %	5 %	15 %	21 %	9 %	5 %
Berufseinsteiger mit abgeschlossener Ausbildung/Lehre	30 %	41 %	40 %	6 %	4 %	20 %	7 %	12 %	27 %	13 %	5 %
Hochschulabsolventen	33 %	47 %	43 %	7 %	4 %	27 %	18 %	10 %	26 %	24 %	5 %
Facharbeiter (z. B. Technik, Industrie, Handwerk)	25 %	33 %	33 %	5 %	7 %	17 %	9 %	16 %	22 %	9 %	5 %
Fachkräfte Bürotätigkeiten (kaufmännische Berufe)	28 %	41 %	41 %	7 %	6 %	22 %	11 %	11 %	27 %	8 %	4 %
Fachkräfte Vertrieb	22 %	33 %	28 %	5 %	9 %	18 %	14 %	8 %	17 %	7 %	2 %
Fachkräfte MINT	24 %	34 %	28 %	6 %	9 %	19 %	18 %	7 %	17 %	15 %	4 %
Fachkräfte Dienstleistungsberufe (z. B. Pflegepersonal, Gesundheit etc.)	12 %	15 %	15 %	2 %	2 %	11 %	4 %	6 %	9 %	6 %	5 %
Management und Führungskräfte	27 %	37 %	38 %	8 %	31 %	20 %	23 %	11 %	24 %	10 %	7 %
Sonstige	11 %	14 %	14 %	1 %	2 %	8 %	4 %	4 %	9 %	4 %	5 %

Ziel-/Kandidatengruppen (Zeilenbeschriftung links)

* Weitere Recruiting-Kanäle wurde anhand von Freitextfragen für die unterschiedlichen Zielgruppen erfasst.
Farblich hervorgehoben = höchste Bewertung für jeweilige Ziel-/Kandidatengruppe; fett = höchste Bewertung des jeweiligen Recruiting-Kanals. Mehrfachauswahl möglich,
Summen für einzelne Ziel-/Kandidatengruppen ergeben nicht 100 Prozent. (n = 169)

Das Insert zeigt die generelle Nutzung der Recruiting-Kanäle zur Ansprache verschiedener Kandidatengruppen. Mit Ausnahme der Zielgruppe für einfache Tätigkeiten sowie der Kandidatengruppe Management und Führungskräfte sind Online-Stellenbörsen der Kanal, der am häufigsten zur Ansprache genutzt wird. Allerdings tritt bei gut der Hälfte der in der Studie betrachteten Zielgruppen auch die unternehmenseigene Karriere-Website an eine gleichbedeutende Position (zum Beispiel für Facharbeiter, Fachkräfte für Bürotätigkeiten und Dienstleistungsberufe in Pflege/Gesundheit). Auch die Mitarbeiterempfehlungen, Social Media und die Initiativbewerbungen weisen bei einem Großteil der Zielgruppen noch durchaus deutliche Nutzungszahlen aus. Darüber hinaus sind für ausgewählte Kandidatengruppen und Kommunikationskanäle erkennbare Nutzungsschwerpunkte zu identifizieren: Für die Zielgruppe Management und Führungskräfte nennen die Unternehmen etwa die Personalberater und Active Sourcing. Diese beiden Kanäle kommen in dieser Zielgruppe deutlich häufiger zum Einsatz als bei den anderen. Rekrutierungsveranstaltungen werden dagegen schwerpunktmäßig für Einstiegspositionen eingesetzt, was kaum überrascht. Als sonstige Recruiting-Kanäle nannten die Studienteilnehmer in den Freitexten zum Beispiel eigene Talentpools, Hochschulkooperationen, Fachkonferenzen und -vorträge, digitales Marketing (im Sinne von Display-Kampagnen, Targeting-Ansätzen, Paid Content et cetera), Platzierung eigener Dozenten an Hochschulen, Bewerbungstrainings an Schulen sowie die Bundesagentur für Arbeit. Auffällig ist bei dieser Frage die vergleichsweise geringe Beteiligung. [Quelle: RECRUITING STRATEGIEN 2018]

Abb. 5-08: Generelle Nutzung verschiedener Recruiting-Kanäle

5.3.2 E-Recruiting

Das E-Recruiting (auch als *E-Cruiting* bezeichnet) als internet- und intranetbasierte Personalbeschaffung und -auswahl hat sich als ein entscheidendes Signalisierungsinstrument im Arbeitsmarkt etabliert. Der Wirkungskreis des E-Recruiting reicht von der Personalakquisition in Stellenbörsen bis zur Abwicklung des kompletten Bewerbungsprozesses im Inter-/ oder Intranet.

Fünf verschiedene **Recruiting-Kanäle** prägen den Online Stellenmarkt:

- Online Stellenbörsen (Jobbörsen)
- Eigene Karrierewebsite
- CV-Datenbanken
- Soziale Medien
- Active Sourcing.

Online Stellenbörsen. Die Anzahl der Internet-Jobbörsen wächst ständig. Neben den bundesweit tätigen Stellenbörsen wie StepStone, Monster oder Jobpilot haben sich auch regionale und branchenspezifische Jobbörsen etabliert. Internet-Stellenbörsen machen Anzeigen mit Hilfe technischer Grundlagen des Internets und Datenbanksystemen einer breiten Öffentlichkeit zugänglich. Internet-Jobbörsen akquirieren Stellenangebote und Bewerber und veröffentlichen diese über einen eigenen Server im Internet. Die Dienstleistung betrifft neben der Einstellung ins World Wide Web, auch die Pflege und teilweise Gestaltung der Daten. Jobbörsen haben aus Kostengründen und Effektivität in der Informationsbereitstellung (24 Stunden, sieben Tage, globale Verfügbarkeit) sowie Schnelligkeit und Funktionalität in der Prozessabwicklung nachhaltige Vorteile im Medienwettbewerb und bei den E-Recruiting-Prozessen erreicht.

Mittlerweile existieren mehr als 500 Jobbörsen im deutschen Arbeitsmarkt. Relativ niedrige Einstiegsbarrieren für spezialisierte Jobbörsen sorgen für zahlreiche Nischenanbieter. Aufgrund von Unterschieden hinsichtlich der Zahl und Qualität der Angebote oder auch der Kosten für das Einstellen von Anzeigen oder Angeboten, empfiehlt sich für den Nutzer ein Vergleich der Online-Stellenmärkte.

Die absolut dominierende Stellung der Online Stellenbörsen unter allen gängigen Recruiting-Kanälen wird eindrucksvoll durch Abbildung 5-09 belegt. (Anmerkung: Abbildung 5-09 ist keine Wiederholung von Abbildung 5-08, die lediglich den Nutzungsgrad der verschiedenen Recruiting-Kanäle zeigt. Abbildung 5-09 gibt dagegen an, welche Recruiting-Kanäle nach Ansicht der Befragten am einstellungsstärksten sind.)

Ansprache	Mitarbei-terempfeh-lungen	Online-Stellen-börsen	Eigene Karriere-Website	CV-Daten-banken	Personal-berater	Social Media	Online-(Business)-Netzwerke (Active Sourcing)	Print-Stellen-anzeigen	Initiativ-bewer-bungen	Rekrutie-rungs-veranstal-tungen	Sonstige*
				Kommunikations-/Recruiting-Kanäle							
Einstiegspositionen (n = 68)	9 %	51 %	18 %	0 %	0 %	3 %	1 %	9 %	0 %	9 %	0 %
Einfache Tätigkeiten (n = 60)	15 %	48 %	22 %	0 %	2 %	2 %	0 %	8 %	3 %	0 %	0 %
Berufseinsteiger mit abgeschlossener Ausbildung/Lehre (n = 61)	11 %	59 %	21 %	0 %	2 %	0 %	0 %	5 %	2 %	0 %	0 %
Hochschulabsolventen (n = 66)	8 %	61 %	12 %	0 %	2 %	5 %	3 %	2 %	0 %	9 %	0 %
Facharbeiter (z. B. Technik, Industrie, Handwerk) (n = 49)	12 %	41 %	24 %	0 %	4 %	0 %	6 %	12 %	0 %	0 %	0 %
Fachkräfte Bürotätigkeiten (kaufmännische Berufe) (n = 59)	8 %	53 %	25 %	0 %	5 %	0 %	2 %	7 %	0 %	0 %	0 %
Fachkräfte Vertrieb (n = 44)	0 %	52 %	23 %	0 %	11 %	0 %	9 %	0 %	0 %	5 %	0 %
Fachkräfte MINT (n = 45)	9 %	53 %	22 %	0 %	7 %	2 %	4 %	2 %	0 %	0 %	0 %
Fachkräfte Dienstleistungsberufe (z. B. Pflegepersonal, Gesundheit etc.) (n = 22)	0 %	59 %	32 %	0 %	5 %	0 %	0 %	5 %	0 %	0 %	0 %
Management und Führungskräfte (n = 61)	8 %	25 %	20 %	2 %	30 %	2 %	8 %	3 %	3 %	0 %	0 %
Sonstige (n = 17)	6 %	53 %	18 %	0 %	12 %	0 %	6 %	6 %	0 %	0 %	0 %

(Ziel-/Kandidatengruppen)

* Weitere Recruiting-Kanäle wurde anhand von Freitextfragen für die unterschiedlichen Zielgruppen erfasst.
Farblich hervorgehoben = höchste Bewertung für jeweilige Ziel-/Kandidatengruppe; fett = höchste Bewertung des jeweiligen Recruiting-Kanals.

Das Insert zeigt, dass Online-Stellenbörsen über alle Kandidatengruppen hinweg, mit Ausnahme der Gruppe Management und Führungskräfte, von einem Großteil der Studienteilnehmer als der einstellungsstärkste Kanal gewertet werden. Je nach Kandidatenzielgruppe geben zwischen 25 und 61 Prozent der Teilnehmer an, über diesen Kanal die meisten Einstellungen vorzunehmen. Daneben etablieren sich unternehmenseigene Karriere-Websites, die von 12 bis 32 Prozent der Unternehmen als Kanal mit der höchsten Einstellungsrelevanz genannt werden. Darüber hinaus lassen sich noch ausgewählte relevante Kanal-Kandidatengruppen-Kombinationen identifizieren. So werden die Mitarbeiterempfehlungen beispielsweise noch von 15 Prozent der Teilnehmer als einstellungsstärkster Kanal für einfacher Tätigkeiten genannt, bei 30 Prozent der Unternehmen werden die meisten Einstellungen für Management und Führungskräfte über Personalberater generiert und für immerhin noch 12 Prozent der Teilnehmer stellen die Print-Stellenanzeigen den bewerbungsstärksten Kanal für die Facharbeiter dar.[Quelle: RECRUITING STRATEGIEN 2018]

Abb. 5-09: Verteilung der einstellungsstärksten Recruiting-Kanäle

Karrierewebsite. Während Unternehmen das Internet zunächst ausschließlich im Absatzmarketing zur Selbstdarstellung bzw. zur Präsentation ihres Produkt- oder Dienstleistungsprogramms nutzten, stellen sie mittlerweile ihren internen Stellenbedarf sowie die eigene Personalarbeit im Internet mit einer eigenen Karrierewebsite vor. Heutzutage investieren nahezu alle Firmen in den Aufbau einer „karrieregetriebenen" Website genauso viel wie in die Präsentation der Produkte und Dienstleistungen. Insert 2-09 belegt darüber hinaus, dass die deutschen 1.000 Top-Unternehmen im Jahr 2013 mehr als neun von zehn offenen Stellen über die eigene Unternehmenswebseite kommunizierten. (Hinweis: Bei den 1.000 Top-Unternehmen handelt es sich im Firmen, die mehr als 50 Mio. Euro Umsatz generieren und mehr als 250 Mitarbeiter beschäftigen.)

In diesem Zusammenhang kommen dem Aufbau und der Gestaltung einer funktionierenden HR-Website eine besonders wichtige Bedeutung zu. Für die Beurteilung von (Personal-) Websites bietet die **CUBE-Formel** hilfreiche Anhaltspunkte. Diese Formel steht – ähnlich dem AIDA-Modell für die generelle Werbewirkung – für die Analyse folgender Aspekte:

- • Content (d. h. ein informatorischer und ständig aktualisierter Inhalt der Website),
- • Usability (d. h. die Handhabbarkeit bzw. intuitive Erschließung der Stellenangebote),
- • Branding (d. h. der Aufbau einer klaren Identität des Arbeitgeberunternehmens) und
- • Emotion (d. h. der Besuch einer Website muss Spaß machen).

CV-Datenbanken. Die Funktionalität der webbasierten Vermittlung wird durch Profile, konzentriertes Matching, Kandidaten-Datenbanken und Bewerber-Management-Systeme sukzessiv verbessert. Die erweiterten Funktionalitäten wie die Suche in Lebensläufen, Logoschaltungen, Banner-Verlinkungen und ein fundiertes Bewerbermanagement bieten den personalsuchenden Unternehmen eine Reihe neuer Möglichkeiten. Eigene Suchaufträge in Lebenslaufdatenbanken haben sich aber noch nicht vollständig durchgesetzt. Das Gleiche gilt für die Bewerbervorauswahl über Onlinefragebögen.

Soziale Medien. Immer mehr Unternehmen nutzen Social Media nicht nur um Employer Branding zu betreiben, sondern auch um Stellenanzeigen zu veröffentlichen. Kandidaten verwenden Social Media, um nach Stellenanzeigen zu suchen und Informationen über Unternehmen einzuholen. Im Sourcing suchen Unternehmen in sozialen Netzwerkplattformen oder Karrierenetzwerken aktiv nach Profilen geeigneter Kandidaten oder nutzen Social Media, um sich mit Kandidaten zu vernetzen.

Im Recruiting nutzen die Unternehmen verschiedene Social-Media-Kanale, um Stellenanzeigen zu veröffentlichen und Image-Werbung (Employer-Branding-Kampagnen) zu platzieren. Von den Unternehmen wird am häufigsten XING genutzt, gefolgt von LinkedIn und Facebook. In der IT-Branche werden die Social-Media-Kanäle deutlich häufiger verwendet als in anderen Industrien [vgl. RECRUITING TRENDS 2018 – Social Recruiting und Active Sourcing].

Active Sourcing. Mit Active Sourcing wird ein Recruiting Kanal bezeichnet, bei dem Unternehmen aktiv in Talent-Pools, Lebenslaufdatenbanken oder Karrierenetzwerken nach geeigneten Kandidaten suchen. Active Sourcing wird beim Recruiting immer wichtiger, denn der traditionelle Prozess, in dem eine Firma eine Stellenanzeige aufgibt und aus den Bewerbern auswählt, ist häufig wirkungslos, wenn es darum geht, die wahren Motive der Kandidaten bei der Stellensuche zu erkennen. Durch soziale Medien wie Xing und LinkedIn, auf denen die Profile von potenziellen Kandidaten einsehbar sind, wird Active Sourcing zudem immer einfacher [vgl. Creusen et al. 2017, S. 91 f.].

Nach den Umfrageergebnissen der Recruiting Trends 2018 spricht ein Top-1.000-Unternehmen durchschnittlich pro Tag vier Kandidaten aktiv an und beschäftigt im Durchschnitt einen HR-Mitarbeiter, der sich intensiv mit der Direktansprache von Kandidaten befasst. In der IT-Branche spielt das Active Sourcing eine noch wichtigere Rolle. Durchschnittlich werden hier 13 Kandidaten pro Tag aktiv angesprochen und die IT-Unternehmen beschäftigen durchschnittlich zwei HR-Mitarbeiter, die sich intensiv mit der Direktansprache von Kandidaten befassen. Aus Kandidatensicht zeigt sich, dass diese es immer mehr bevorzugen, von einem Unternehmen angesprochen zu werden, als sich selbst initial zu bewerben.

Ein professionelles Active Sourcing erfordert von den Unternehmen die Durchführung bestimmter Maßnahmen. Hierzu zählen [vgl. Recruiting Trends 2018]:

- Schulung der Mitarbeiter hinsichtlich der Direktansprache von Kandidaten,
- Definition von Zielgruppen, die vermehrt angesprochen werden sollen,
- Konkrete Ansprachen dieser verschiedenen Zielgruppen,
- Nachfassen bei bereits aktiv angesprochenen Kandidaten,
- Umgang mit negativen und positiven Rückmeldungen festlegen.

Darüber hinaus ist eine festgesetzte Kontaktaufnahme für ein erstes Gespräch und die eventuelle Aufnahme in den Talent-Pool relevant.

5.3.3 Signalisierungsmedien

In den letzten Jahren übertrafen die Insertionskosten für die Personalsuche teilweise deutlich die Kosten für die Schaltung von (klassischer) Unternehmenswerbung. Daher sollen hier – und nicht im Kapitel *Marketing/Vertrieb* – die Fragen zur Auswahl geeigneter Werbeträger behandelt werden. Für das Personalmarketing kommen in erster Linie Printmedien und Online-Medien als Werbeträger in Betracht. Weitere Medien wie Fernsehen, Radio, Kino (also die klassischen elektronischen Medien) oder Außenwerbung werden nahezu ausschließlich im Absatzmarketing eingesetzt und sind für das Personalmarketing weniger relevant.

Unter den Printmedien sind Zeitungen und Zeitschriften sowie Verzeichnis-Medien (Kompendien und Fachbücher) für das Personalmarketing im Beratungsbereich von Bedeutung. Zeitungen werden vorwiegend nach der Erscheinungshäufigkeit (täglich/wöchentlich) und nach dem Verbreitungsgebiet (regional/überregional) differenziert. In Deutschland existieren rund 380 Zeitungen, darunter 32 Wochen- bzw. Sonntagszeitungen, sowie etwa 2.000 Zeitschriftentitel, die in Publikums- und in Fachzeitschriften unterteilt werden.

Der Online-Werbemarkt verzeichnet – im Gegensatz zu den klassischen Werbeformen – seit Jahren kontinuierlich hohe Zuwachsraten. Ein unmittelbarer Vergleich der Marktanteile von Print- und Online-Medien zeigt, dass sich bei annähernd gleichem Marktvolumen die Marktanteile der Online-Medien sukzessive zu Lasten der Print-Medien verschieben.

Da der Siegeszug der Online-Medien schon seit längerer Zeit absehbar ist, sind die Anbieter von Tageszeitungen und Publikumszeitschriften dazu übergegangen, neben ihrem Printmedium auch ein aktuelles Online-Angebot vorzuhalten. In diesem Zusammenhang wird auch von einem **Kannibalisierungseffekt** gesprochen, der die Substitutions-beziehung zwischen verschiedenen Angeboten eines Unternehmens der Medienbranche charakterisiert. Hauptvorteile der Internet-Werbung sind die guten Individualisierungs-möglichkeiten und die exakte Erfolgskontrolle in Form von Klickraten. Hinzu kommt, dass der Internet-Nutzer die Möglichkeit zur direkten Interaktion mit dem stellensuchen-den Unternehmen wahrnehmen kann [vgl. LIPPOLD 2015a, S. 279 f.].

5.3.4 Effektivität und Effizienz von Recruiting-Kanälen

Eine gute Zusammenfassung der vorangegangenen Abschnitte bietet die Analyse von Effektivität und Effizienz der wichtigsten Recruiting-Kanäle. Auch hier bieten die Er-gebnisse der „Recruiting Trends" gute Anhaltspunkte (siehe Abbildung 5-10). Die Rubrik **Effektivität** wird dabei durch den Zufriedenheitsgrad mit den über verschiedene Recruiting-Kanäle eingestellten Kandidaten dargestellt, die **Effizienz** anhand des Kos-ten-/Nutzenverhältnisses analysiert.

Zu einem wichtigen Instrument zur Verbesserung von Effektivität und Effizienz der Re-cruiting-Kanäle werden sich **digitale Empfehlungssysteme** entwickeln. Damit sind ins-besondere Talent-Recommender-Systeme und Job-Recommender-Systeme angespro-chen.

Durch **Talent-Recommender-Systeme**, die auf Basis des Vergleichs zwischen Kandi-datenprofil und Stellenanforderung passende Kandidaten für die jeweilige Vakanz vor-schlagen, kann die aktive Suche der Unternehmen nach geeigneten Kandidaten (teil-)automatisiert werden. Ebenso wird sich die aktive Suche nach Stellenanzeigen seitens der Kandidaten verändern, da die Suche nach geeigneten Jobs durch **Job-Recommen-der-Systeme** automatisiert werden kann. Aufgrund des Profils eines Kandidaten und der Stellenanzeige kann dem Kandidaten automatisiert ein Jobangebot vorgeschlagen werden (z. B. durch einen Suchagenten einer Internet-Stellenbörse, der wöchentlich Job-Empfehlungen per E-Mail versendet) [vgl. Recruiting Trends 2018].

Recruiting-Kanal	Effektivität „Zufriedenheit"	Effizienz „Kosten-Nutzen"
Unternehmenswebsite	sehr hoch	sehr hoch
Internet-Stellenbörsen	sehr hoch	hoch
Persönliches Netzwerk	sehr hoch	hoch
Headhunter	sehr hoch	mittel
Mitarbeiterempfehlungen	sehr hoch	hoch
Personalberatungen	hoch	mittel
Printmedien	hoch	niedrig
Karrierenetzwerke	mittel	hoch
Zeitarbeitsfirmen	mittel	mittel
Soziale Netzwerke	niedrig	hoch
Arbeitsagentur	niedrig	mittel

Hinsichtlich der **Effektivität** einzelner Recruiting-Kanäle wurden die Teilnehmer der Untersuchung nach dem Zufriedenheitsgrad mit den über verschiedene Recruiting-Kanäle eingestellten Kandidaten befragt. Am zufriedensten zeigten sich die Firmen mit jenen Kandidaten, die sie über die eigene Unternehmenswebsite eingestellt haben, dicht gefolgt von den Internet-Stellenbörsen. Es folgen das persönliche Netzwerk der Recruiter und Headhunter („Executive Search"). Ebenfalls sehr zufrieden zeigen sich die Befragten mit Kandidaten, die über Mitarbeiterempfehlungen ins Unternehmen kamen. Mit etwas Abstand folgen Personalberatungen und Printmedien. Durchschnittliche Zufriedenheitsgrade weisen Karrierenetzwerke (z.B. Xing, LinkedIn) und Zeitarbeitsfirmen auf. Weniger zufrieden ist man mit Rekrutierungen über soziale Netzwerke oder über die Arbeitsagentur.

Der andere wichtige Aspekt neben der Effektivität ist die **Effizienz** der Rekrutierungskanäle. Sie wurde im Rahmen der Untersuchung anhand des Kosten-/Nutzen-Verhältnisses analysiert. Demnach ist die eigene Unternehmenswebseite aus Sicht der Studienteilnehmer der effizienteste Kanal, gefolgt vom persönlichen Netzwerk der Recruiter, den Mitarbeiterempfehlungen, den Internet-Stellenbörsen, den Karrierenetzwerken wie Xing oder LinkedIn und den soziale Netzwerkplattformen wie Facebook oder Twitter. Ein eher mittelmäßiges Kosten-/Nutzen-Verhältnis sehen die Befragten bei Zeitarbeitsfirmen, bei der Bundesagentur und den Personalberatungen. Die beiden letzten Plätze belegen die Vermittlung über Headhunter sowie die Printmedien.

[Quelle: Recruiting Trends 2012, S. 14 f.]

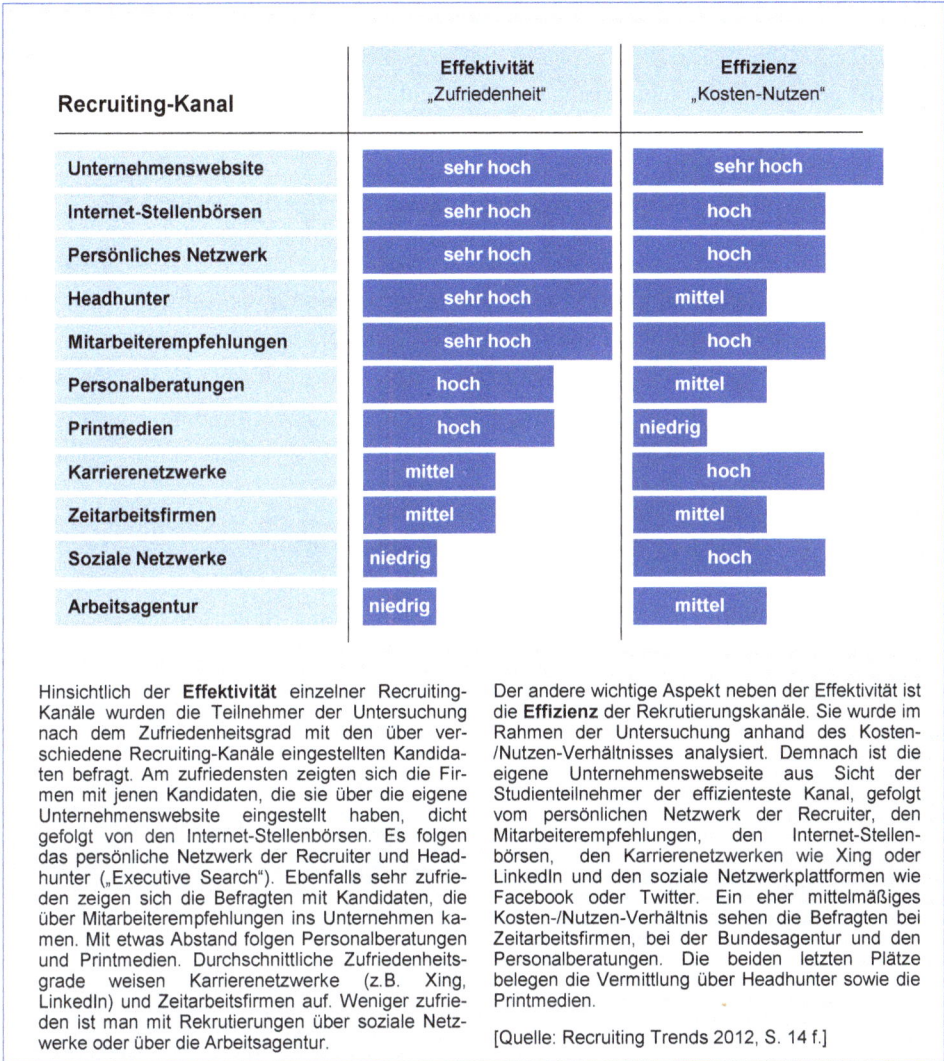

Abb. 5-10: Effektivität und Effizienz von Recruiting-Kanälen

5.4 Kommunikation mit dem Bewerber

Das Aktionsfeld *Kommunikation* dient als Weichenstellung für den Entscheidungsprozess des Bewerbers und ist das vierte Aktionsfeld im Rahmen des Personalbeschaffungsprozesses. Ziel der Kommunikation ist der Einstellungswunsch des Bewerbers und der Aufbau eines Vertrauensverhältnisses. Bei der Kommunikation geht es somit um die Optimierung des *Bewerbervertrauens:*

Bewerbervertrauen = f (Kommunikation)→ optimieren!

Während die *Signalisierungs*instrumente nur in eine Richtung wirken, betonen die *Kommunikations*instrumente den **Dialog**. Es geht im Aktionsfeld *Kommunikation* also um den **persönlichen Kontakt** des Unternehmens mit dem Bewerber. Häufig wird die Signalisierung auch als *unpersönliche* Kommunikation bezeichnet [vgl. auch Simon et al. 1995, S. 175 ff.].

Für die (persönliche) Kommunikation gibt es – ebenso wie für die (unpersönliche) Signalisierung – ein ganzes Bündel von Maßnahmen. Es reicht über das Angebot von Praktika und Werkstudententätigkeiten über Seminare und Vorträge an Hochschulen bis zur Durchführung von Sommerakademien und Career Camps. Insgesamt werden diese Kommunikationsmaßnahmen dem **Hochschulmarketing**, das für die Gewinnung von Top-Talenten eine zentrale Rolle spielt, zugerechnet.

Eine Bestandsaufnahme des Hochschulmarketings macht deutlich, dass bei der Auswahl und Entwicklung von Kommunikationsmaßnahmen der Kreativität keine Grenzen gesetzt sind. Oft reichen im Wettbewerb um den geeigneten Bewerber die klassischen Wege der Bewerberansprache nicht mehr aus. Entscheidend aber ist in jedem Fall, dass ein glaubwürdiger Dialog im Vordergrund jeglicher Kommunikation steht. Nur über Glaubwürdigkeit lässt sich das notwendige Vertrauen beim Bewerber aufbauen.

Nach der **Form der Kommunikation** mit den Bewerbern sind folgende Maßnahmengruppen zu unterscheiden [vgl. Lippold 2010, S. 14]:

* Maßnahmen der *direkten, individuellen* Kommunikation,
* Maßnahmen der *direkten, kollektiven* Kommunikation,
* Maßnahmen der *indirekten* Kommunikation und
* Maßnahmen der *Internet*-Kommunikation.

In Abbildung 5-11 ist eine Zuordnung der wichtigsten Kommunikationsmaßnahmen im Personalmarketing zu diesen Kommunikationsformen vorgenommen worden. Beachtenswert bei diesem Maßnahmenbündel ist, dass es fast ausschließlich für die Zielgruppe der Hochschulabsolventen bzw. Berufseinsteiger und weniger für erfahrene Berufswechsler oder Führungskräfte geeignet ist. Weiterhin ist zu berücksichtigen, dass die Maßnahmengruppen von den Inhalten her miteinander verwoben sind. Beispielsweise ist mit der Durchführung von Firmenworkshops oder Messeauftritten auch immer eine Präsentation des Arbeitgebers verbunden. Insofern ist eine trennscharfe Zuordnung der Einzelmaßnahmen zu den Maßnahmengruppen nahezu unmöglich.

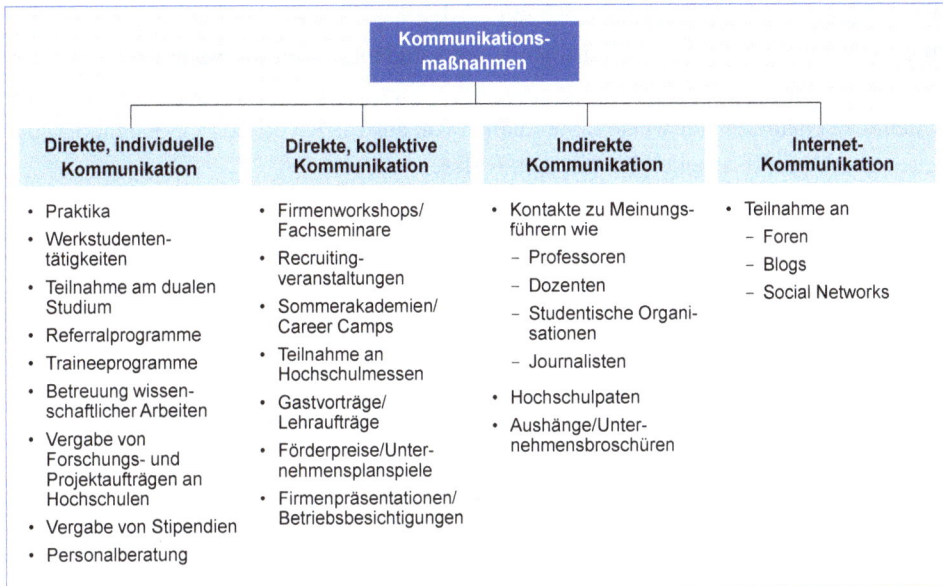

Abb. 5-11: Kommunikationsmaßnahmen

5.4.1 Maßnahmen der direkten, individuellen Kommunikation

Praktikum. Zu den häufigsten Maßnahmen der direkten, individuellen Kommunikation zählt die Vergabe von Praktikumsplätzen. Das Praktikum ermöglicht eine frühzeitige Kontaktaufnahme mit interessierten Studierenden und dient dazu, Informationen bezüglich ihres Arbeitseinsatzes, -ergebnisses und -verhaltens zu gewinnen. Durch die zusätzlich gewonnenen Informationen kann der Auswahlprozess teilweise verkürzt oder ganz entfallen, besonders dann, wenn das Praktikum gegen Ende des Studiums absolviert wird. Im Gegenzug ermöglicht es den Studierenden, erste Einblicke in ein Unternehmen und seine Kultur zu erhalten. Diese Einblicke können entscheidend für die Wahl der ersten Arbeitsstelle sein. Zu unterscheiden ist zwischen *vorgeschriebenen* und *freiwilligen Praktika*. Durch die Studienreform (Bologna-Prozess) ist das Praktikum für Bachelor-Studierende obligatorisch geworden, so dass erst die Absolvierung eines weiteren Praktikums als freiwillig einzustufen ist. Um besonders gute Studierende frühzeitig zu binden, bieten (größere) Unternehmen vermehrt strukturierte *Praktikantenförderprogramme* an. Teilnehmer solcher Programme werden oftmals besser bezahlt und sind sehr stark in den normalen betrieblichen Ablauf eingebunden. Die „Generation Praktikum" hat bisweilen aber auch ihre Schattenseiten. So erhalten viele Praktikanten von ihrem Arbeitgeberunternehmen gar keine Vergütung (Praktikantenausbeutung). Ein Praktikum ohne angemessene Vergütung ist keine Eintrittskarte in die Arbeitswelt und für Unternehmen nur eine preiswerte Alternative zur normalen Beschäftigung. In der Politik wird daher teilweise schon ein Mindestlohn für Praktikanten diskutiert.

Werkstudententätigkeit. Eine frühzeitige Bindung an das Unternehmen kann auch über die Werkstudententätigkeit erfolgen. Werkstudenten sind im Normalfall eine über eine längere Zeit angestellte Arbeitskraft. Die übertragenen Aufgaben können unterschiedliche Qualitäten aufweisen. Sie reichen von anspruchsvollen, interessanten Tätigkeiten über Aushilfsarbeiten bis hin zum Kaffeekochen.

Duales Studium. Eine sehr gute Möglichkeit, interessierte und leistungsstarke Studierende frühzeitig an das Unternehmen zu binden, bietet die Teilnahme am dualen Studium. Duale Studiengänge haben in den letzten Jahren einen großen Zulauf erfahren. Immer mehr Schulabgänger und Studieninteressenten entscheiden sich für die Kombination aus Praxisphasen im Unternehmen und theoretischen Vorlesungszeiten in einer Uni, Fachhochschule, dualen Hochschule oder Berufsakademie. Ebenso haben auch viele Unternehmen die Vorteile der dualen Studiengänge, die nach einer Grundsatzentscheidung des Bundessozialgerichts generell als sozialversicherungspflichtige Beschäftigungsverhältnisse einzuordnen sind, erkannt und sich für die Einrichtung entsprechender Ausbildungsplätze entschieden.

Referral Programme. Mitarbeiterempfehlungen zählen zu den leistungsfähigsten Recruiting-Maßnahmen. Unternehmen sehen in Mitarbeiterempfehlungen die Chance, ihre Mitarbeiter als Botschafter des Unternehmens einzusetzen und Kontakt zu potenziellen Kandidaten aufzubauen, die häufig ähnliche Ausbildungswege, Berufserfahrungen oder Profile haben. Bei vielen Unternehmen ist diese Personalbeschaffungsmaßnahme derart beliebt, dass sie sogenannte *Employee-Referral-Programme* aufsetzen. Im Rahmen der Referral-Programme werden die Mitarbeiter des eigenen Unternehmens gebeten, interessante Kandidaten (z. B. aus ihrem Bekannten- oder Freundeskreis) für bestimmte Positionen vorzuschlagen. Nach erfolgreichem Ablauf der Probezeit des Kandidaten erhält der Mitarbeiter, der den Kandidaten vorgeschlagen hat, eine entsprechende Prämie. Die Rekrutierung über Mitarbeiterempfehlungen hat sich immer dann bewährt, wenn ein Mangel an qualifizierten Mitarbeitern vorherrscht. Referral-Programme werden besonders häufig bei der Rekrutierung von Hochschulabsolventen sowie grundsätzlich für die Besetzung von Einstiegspositionen herangezogen. Die Rekrutierung über Mitarbeiterempfehlungen hat seinen Ursprung in den Zeiten der Vollbeschäftigung mit dem damit einhergehenden Arbeitskräftemangel. Allerdings besteht bei übermäßiger Anwendung die Gefahr, dass das Unternehmen nicht mehr die gesamte Bandbreite des Arbeitsmarktes ausschöpft und damit nicht die Vielfalt der Mitarbeiter nutzt. Grundsätzlich zählen Mitarbeiterempfehlungen neben Online-Stellenbörsen und der eigenen Karrierewebsite zu den drei Maßnahmen, die am stärksten für das Recruiting genutzt werden.

Trainee-Programme. Auch Trainee-Programme sind für Hochschulabsolventen eine konkrete Einstiegsmöglichkeit, die zudem eine Grundlage für eine erfolgreiche Führungskarriere im betreffenden Unternehmen sein kann. Trainees sind firmenspezifische Nachwuchsförderungen, die heutzutage in vielen Großunternehmen zum festen Bestandteil betrieblicher Personalentwicklung gehören. Die Hochschulabgänger erhalten die Gelegenheit, durch unternehmensspezifische Praxiseinführung verschiedene Einsatzgebiete kennenzulernen.

Betreuung wissenschaftlicher Arbeiten. Die Betreuung wissenschaftlicher Arbeiten bietet Unternehmen die Möglichkeit zur gezielten Rekrutierung besonders leistungsfähiger Nachwuchskräfte. Darüber hinaus steht der Wissenstransfer zwischen Hochschule und Praxis im Mittelpunkt einer solchen Maßnahme. Zu den wissenschaftlichen Arbeiten zählen Seminar-, Bachelor-, Master- und Diplomarbeiten. Durch Vergabe eines vom Unternehmen definierten Themas können sich die Studierenden weitgehend selbstständig mit der Problemstellung auseinandersetzen und Gestaltungsempfehlungen abgeben. Der Grad der Unterstützung kann dabei sehr stark variieren.

Vergabe von Forschungs- und Projektaufträgen. Auch die Zusammenarbeit mit Hochschulen im Bereich *Forschung und Entwicklung* kann gezielt für das Personalmarketing verwendet werden. Bei Vergabe von Forschungs- und Projektaufträgen können Qualitäten der Projektteilnehmer beobachtet werden. Ähnlich wie bei der Betreuung wissenschaftlicher Arbeiten steht vor allem der Wissenstransfer von der Hochschule in das Unternehmen im Vordergrund.

Vergabe von Stipendien. Auch durch die Vergabe von Stipendien kann frühzeitig Kontakt zu qualifizierten Studierenden aufgenommen werden. Die Förderung von Wissenschaft und Forschung trägt zum einen zur positiven Imagebildung und zum anderen zur Rekrutierung von geeigneten Absolventen bei. Die Unterstützung kann entweder direkt durch finanzielle Förderung oder indirekt durch Sachleistungen wie Fachbücher erfolgen.

Einschaltung einer Personalberatung. Kernaufgabe einer Personalberatung ist die Suche und Auswahl von Fach- und Führungskräften. Die Personalbeschaffung erfolgt dabei durch einen Berater, der außerhalb des suchenden Unternehmens steht. Im angelsächsischen Raum wird diese Personalfunktion als *Executive Search* bezeichnet. Sie umfasst sowohl die Rekrutierung (print/online) als auch die Suche und Auswahl von qualifiziertem Personal über das Instrument der *Direktansprache* [zu den Aufgaben der Personalberatung siehe Lippold 2018b, S. 109 ff.].

5.4.2 Maßnahmen der direkten, kollektiven Kommunikation

Firmenworkshops/Fachseminare. Bei den Maßnahmen der direkten, aber kollektiven Kommunikation steht die Direktansprache von *Personengruppen* und nicht von einzelnen Personen im Vordergrund. Im Rahmen von Firmenworkshops oder Fachseminaren können Fallbeispiele (engl. *Cases*), Diskussionsrunden oder Präsentationen bei einer vorselektierten Gruppe durchgeführt werden. Dadurch wird ein aktiver Austausch zwischen Unternehmen und Studierenden sichergestellt. Zudem kann eine solche Maßnahme ähnlich wie bei einem *Assessment Center* für eine erste betriebliche Qualifizierung genutzt werden. Die Dauer der Workshops kann dabei von mehreren Stunden bis

hin zu einer Woche variieren. Internationale Unternehmensberatungen bieten beispielsweise *Wochenendworkshops, Sommerakademien* oder *Career Camps* für High Potentials zum Thema Consulting an (siehe Abbildung 5-12).

Das Career Camp

Brechen Sie aus dem Berufsalltag aus und erleben Sie ein Wochenende mit
spannenden Fallstudien. Für zwei Tage übernehmen Sie die Rolle eines Capgemini
Consulting Beraters.

Im Team mit anderen herausragenden Young Professionals, die wie Sie über mindestens ein bis zu
fünf Jahre Beratungs- und/oder Industrieerfahrung verfügen, bearbeiten Sie konkrete Aufgaben aus
der Beratungsumfeld-Praxis: Unterstützen Sie Kunden, komplexe Herausforderungen im CFO-Umfeld
zu meistern.

Erarbeiten Sie in diesem Zusammenhang Ihre Strategieempfehlung und präsentieren Sie diese
gemeinsam mit Ihrem Team einer Jury.

Zur Rekrutierung leistungsfähiger Young Pro-
fessionals, die bereits über eine gewisse prakti-
sche Erfahrung verfügen, haben sich in der
Consultingbranche **Sommerakademien** und
Career Camps etabliert. Die Teilnehmer
bearbeiten im Team Problemstellungen aus der
Praxis und werden dabei von erfahrenen
Mitarbeitern des Unternehmens betreut und
bewertet. Auf diese Weise verschaffen sich die
Teilnehmer erste Einblicke in ein für sie neues
Unternehmensumfeld.

Abb. 5-12: Einladung zum Career Camp der Capgemini

Hochschulmessen. Eine viel genutzte Möglichkeit der ersten Kontaktaufnahme mit potentiellen Hochschulabsolventen stellen Hochschulmessen dar. Aufgrund der Präsenz
vor Ort kann sich das Unternehmen als zukünftiger Arbeitgeber präsentieren und so eine
effiziente zielgruppengerechte Ansprache ermöglichen. Der Messeauftritt hat demzu-
folge sowohl eine Image- als auch eine Rekrutierungsfunktion. Zu den typischen Formen der Hochschulmessen zählen eintägige Firmenkontaktveranstaltungen, die von Stu-
dentenorganisationen (z. B. AIESEC) auf dem Campus selbst organisiert werden. Darüber hinaus haben sich verschiedene Arten von Hochschulmessen etabliert, die sich vor
allem durch den Durchführungsort, den Einsatz von Auswahlverfahren, die Anzahl und
Qualifikation der Besucher sowie die Anzahl der teilnehmenden Unternehmen unterscheiden. Anhand bestimmter Kriterien wie Besucherzahl, Besucherqualität, anwesende

Konkurrenzunternehmen und der Möglichkeit zur Selbstdarstellung obliegt es dem Unternehmen, die geeigneten Messen auszuwählen. In diese Kategorie fallen beispielsweise die Initiativen der Agentur für Arbeit, Lehrstühle und Forschungsinstitute an Universitäten und Fachhochschulen, die mit ihren *Bewerber-Börsen* den Bewerbungsprozess von Absolventen unterstützen. Die Bundesagentur für Arbeit dominiert mit ihrem neu entwickelten „virtuellen" Arbeitsmarkt in Bezug auf Stellenanzeigen und Stellengesuche mengenmäßig den Markt, jedoch hat die geforderte Einbeziehung aller Arbeitsmarktpartner augenscheinlich noch keinen großen Erfolg gezeigt. Neben den hochschuleigenen Messen haben sich *kommerzielle Messen* mit teilweise über 100 Ausstellern durchgesetzt. Hierbei treffen Unternehmen mit eigenen Recruiting-Ständen auf sehr viele Interessenten. Durch die hohe Präsenz der Zielgruppe erhoffen sich jene Arbeitgeber bessere Erfolgschancen, die jährlich größere Kontingente von Hochschulabsolventen einstellen. Mit knapp 12.000 Besuchern und über 500 ausstellenden Unternehmen aller Branchen hat sich die Kölner Messe „Zukunft Personal" als bedeutendste Jobmesse Deutschlands etabliert. Die Besucherzahlen allein sagen jedoch wenig über die Qualität einer Messe aus. Um den Nutzen einer Messebeteiligung zu prüfen, wird unterschieden zwischen dem *Marketingwert* einer Messe, der die Anzahl der Kontakte erfasst, und dem *Selektionswert*, der die Qualität der Kontakte kennzeichnet [vgl. Teetz 2008, S. 144].

Gastvorträge/Lehraufträge. Eine weitere Möglichkeit zur direkten, kollektiven Kontaktaufnahme mit potentiellen Bewerbern sind themenbezogene *Gastvorträge*, zu denen Unternehmensvertreter während der Vorlesungszeiten gerne eingeladen werden. Die Verbindung von Praxis und Lehre sowie die Möglichkeit, das Unternehmen mit seiner Leistungsfähigkeit zu präsentieren, kommen beiden Seiten zugute. Eine besonders effektive Möglichkeit, Theorie und Praxis zu „verlinken" und damit lebensnahe Wissenschaft zu ermöglichen, ist die Übernahme von *Lehraufträgen* durch Firmenvertreter. Besonders leistungsstarke Studierende können im Rahmen der Vorlesung/Übung frühzeitig identifiziert und angesprochen werden. Bei dieser Kommunikationsmaßnahme steht neben dem Wissenstransfer und der allgemeinen Imagefunktion besonders die Recruiting-Funktion im Vordergrund.

Förderpreise/Unternehmensplanspiele. Die Ausschreibung von *Förderpreisen* zielt ebenfalls darauf ab, leistungsfähige Studierende zu identifizieren. Die Auszeichnungen erfolgen zumeist durch eine finanzielle Prämierung oder durch die Vergabe von attraktiven Praktikumsplätzen. Eine Möglichkeit zur praxisbezogenen Themenbearbeitung stellen *Unternehmensplanspiele* dar. Anhand einer konkreten Fragestellung wird versucht, innerhalb eines bestimmten Zeitraumes eine Lösung auszuarbeiten. Planspiele können entweder in der Hochschule, im Unternehmen oder via Internet durchgeführt werden.

Firmenpräsentationen/Betriebsbesichtigungen. *Firmenpräsentationen* werden im Umfeld von Messeveranstaltungen, bei themenspezifischen Veranstaltungen, in Vorlesungen oder im Rahmen von Betriebsbesichtigungen durchgeführt. *Betriebsbesichtigungen* haben zum Ziel, Besucher mit dem Unternehmen bekannt zu machen. Durch die Kombination von Fachvorträgen, Diskussionen und Betriebsbegehungen wird versucht, ein positives Arbeitgeberimage zu verankern. Firmenpräsentationen und Betriebsbesichtigungen sind naturgemäß immer nur ein erster Einstieg und werden angesichts der Zielgruppe der *Top-Talente* hohe Streuverluste haben.

5.4.3 Maßnahmen der indirekten Kommunikation

Kontakte zu Meinungsführern. Maßnahmen der indirekten Kommunikation haben zumeist die direkte Kommunikation zum Ziel, d. h. sie bereiten die direkte Kontaktaufnahme mit dem Arbeitgeber vor. Eine wichtige Gruppe umfasst dabei *Kontakte zu Meinungsführern* wie z. B. studentische Organisationen, Professoren, Dozenten, Journalisten oder Berufsberatern. Diese wirken als Multiplikatoren und üben einen nicht zu unterschätzenden Einfluss auf potentielle Bewerber aus. Es wird sogar behauptet, dass diese Kommunikationsform zu den wirkungsvollsten Einflussfaktoren bei der Arbeitgeberwahl zählen [vgl. Schamberger 2006, S. 71]. Gleichzeitig sind Kontakte zu Meinungsführern besonders wertvoll für das Personalmanagement auf der Suche nach High Potentials bzw. Top-Talenten.

Hochschulpaten. Um zielführende Kontakte mit Professoren und Dozenten zu vertiefen, haben Unternehmen mit größeren Einstellungskontingenten *Hochschulpaten* etabliert. Solche Paten, die entweder aus Absolventen der betreffenden Hochschule oder aus Personalreferenten gebildet werden, übernehmen für einen längeren Zeitraum die Betreuung der Ziel-Hochschule.

Aushänge/Broschüren. Zur indirekten Kommunikationsform zählen schließlich die generellen Unternehmensinformationen, die häufig nach Gastvorträgen bzw. nach Unternehmenspräsentationen in Form von *Broschüren* abgegeben werden. Diese werden zum Teil auch in den öffentlichen Auslagen der Hochschulen bereitgestellt. Die Pflege, d. h. die regelmäßige Überprüfung und ggf. der Austausch der Bestände mit aktuellen Dokumentationen wird häufig ebenfalls von Hochschulpaten wahrgenommen. Informationen bezüglich Praktika, Projektarbeiten oder Stellenangeboten werden oft als *Aushänge* am „Schwarzen Brett" publiziert.

5.4.4 Internet-Kommunikation

Die Nutzung des Internets in der Personalbeschaffung beschränkt sich nicht nur auf den Bewerbungseingang und die Bewerbungsabwicklung sowie auf die Veröffentlichung von Stellenanzeigen auf der unternehmenseigenen Homepage oder in Jobbörsen. Seitdem Foren, Blogs und Social Networks bestehen, haben sich sowohl für Unternehmen, als auch für Bewerber neue Potenziale eröffnet, wenn es um die Suche nach Informationen über die jeweils andere Seite geht. Die Kommunikation verlagert sich also zunehmend vom privaten in den öffentlichen Raum. Im Mittelpunkt stehen die Beziehungsnetzwerke, die aufgrund ihrer besonderen Bedeutung für das Personalmarketing im Folgenden näher beleuchtet werden sollen.

Die ständig wachsende Bedeutung von sozialen Netzwerken lässt sich an folgenden Fakten festmachen [Quelle: Statista 2019]:

- Die Nutzerzahl von Facebook, dem weltweit größten Netzwerk, beträgt 2,2 Mrd. In Deutschland sind es 32,4 Mio. Nutzer.
- LinkedIn, das weltweit größte berufliche Netzwerk, hat 12 Mio. eingetragene Nutzer in Deutschland, Österreich und Schweiz. Xing, das größte deutsche berufliche Netzwerk hat 16,4 Mio. Nutzer.
- Die Anzahl der mobilen Nutzer von sozialen Netzwerken in Deutschland beträgt 30 Mio.
- Die durchschnittliche tägliche Verweildauer in Netzwerken beträgt in Deutschland 64 Minuten.
- Der Anteil der Nutzer von sozialen Netzwerken in Deutschland mit hohem Bildungsstand beträgt 53 Prozent.

Um die Auswirkungen dieses Phänomens für das Personalmarketing einordnen zu können, ist es erforderlich, die Nutzung von Social Media durch die Bewerber einerseits und durch die Unternehmen als Arbeitgeber andererseits zu analysieren. Neben Bewerber und Unternehmen kommt aber noch eine dritte Zielgruppe für das Personalmarketing hinzu: die eigenen Mitarbeiter.

Social Media – Nutzung durch Bewerber. *Professionelle Netzwerke* wie Xing oder LinkedIn dienen gezielt dem Austausch zwischen Geschäftspartnern, Mitarbeitern sowie – inzwischen deutlich vermehrt – zwischen Bewerbern und Unternehmen. Sie bieten die Vorzüge und Kommunikationsmöglichkeiten eines Social Networks, setzen dabei jedoch im Gegensatz zu Facebook auf Seriosität der Inhalte. So überraschen auch die Ergebnisse einer Befragung unter 3.300 Bewerbern nicht: Rund 43 Prozent der Befragten präferieren Xing, 29 Prozent LinkedIn und lediglich 13 Prozent Facebook (siehe Abbildung 5-13).

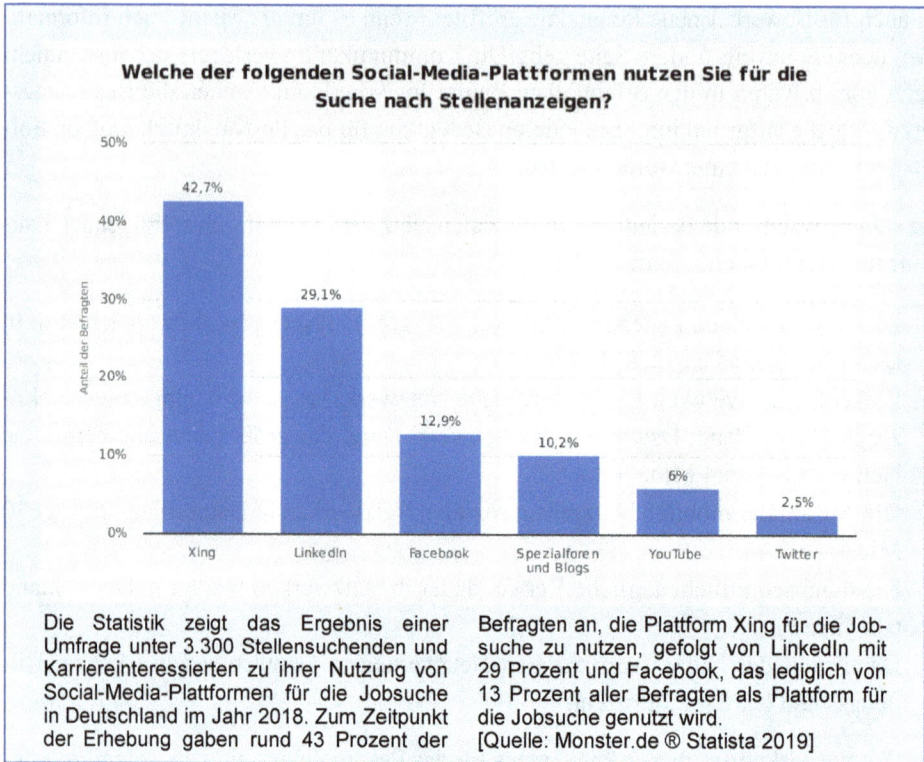

Die Statistik zeigt das Ergebnis einer Umfrage unter 3.300 Stellensuchenden und Karriereinteressierten zu ihrer Nutzung von Social-Media-Plattformen für die Jobsuche in Deutschland im Jahr 2018. Zum Zeitpunkt der Erhebung gaben rund 43 Prozent der Befragten an, die Plattform Xing für die Jobsuche zu nutzen, gefolgt von LinkedIn mit 29 Prozent und Facebook, das lediglich von 13 Prozent aller Befragten als Plattform für die Jobsuche genutzt wird.
[Quelle: Monster.de ® Statista 2019]

Abb. 5-13: Beliebteste Social-Media-Plattformen bei Bewerbern

Im deutschsprachigen Raum zählt Xing ca. 16 Millionen Nutzer. Ein Teil der Nutzer pflegt den aktiven Kontakt zu anderen Mitgliedern, der andere Teil benutzt das Netzwerk eher als digitales Adressbuch. Xing dient vornehmlich dem **Ausbau des beruflichen Netzwerkes**, der Jobsuche und Kontaktverwaltung. International ist LinkedIn mit seinen weltweit über 320 Millionen registrierten Nutzer wesentlich bedeutungsvoller. Aber auch im deutschsprachigen Raum haben die rund 12 Millionen LinkedIn-Nutzer – wenn man die Anzahl der Visits zugrunde legt – Xing bereits überholt und im B2B-Bereich hat sich LinkedIn weltweit als das beliebteste Netzwerk etabliert – sogar vor Facebook.

LinkedIn ist in **drei Säulen** gegliedert [vgl. Lippold 2017, S. 214]:

- den Bereich *Network*, der dem Auf- und Ausbau des eigenen Netzwerkes dient,
- den Bereich *Opportunity*, der Unterstützung bei der Weiterbildung und beruflichen Neuorientierung bieten soll, sowie
- den Bereich *Knowledge*, der den internen Nachrichtendienst und die Wissensvermittlung durch andere Mitglieder umfasst.

Social Media-Nutzung durch Unternehmen. Die Attraktivität von sozialen Netzwerken liegt für Unternehmen in der Möglichkeit, eine Vielzahl von Menschen dort zu erreichen, wo sie einen Großteil ihrer Internet-Zeit verbringen: Denn Internetnutzer in Deutschland verbringen derzeit fast ein Viertel (23 Prozent) ihrer gesamten Online-Zeit in sozialen Netzwerken. Internet-User sind also durchaus eine attraktive Zielgruppe, um nicht nur den Bekanntheitsgrad von Unternehmen zu steigern und um neue Kunden zu akquirieren bzw. Kundenbeziehungen herzustellen und zu festigen, sondern auch um *neue Mitarbeiter* zu gewinnen.

Wie haben sich Unternehmen auf den Social Media-Boom eingestellt? Zunächst lässt sich feststellen, dass viele Unternehmen auf ihrer Homepage bereits einen Hinweis auf Facebook (und teilweise auch auf andere soziale Netzwerke) haben, d. h. diese Unternehmen pflegen jeweils ihre eigene Facebook-Seite. Allerdings ist Social Media kein Event mit einem klar definierten Ende wie bspw. eine Messe, sondern ein kontinuierlicher Kommunikationsprozess zwischen den Beteiligten. Daher ist es auch so schwierig, hier eine nachhaltige Kommunikationsstrategie mit entsprechenden Kommunikationsverantwortlichen aufzubauen [vgl. Petry/Schreckenbach 2010].

Zwischenzeitlich wird auch die „zweite Generation" an Social-Media-Plattformen immer populärer, die – häufig auch über eine Mobile App – Trends wie geolokale Dienste oder die zunehmende Visualisierung von Beiträgen aufgreifen und immer spezialisiertere Social-Media-Maßnahmen möglich machen. Die zielgerichtete Optimierung einer Internetpräsenz auf möglichst weite Verbreitung in Social-Media-Netzwerken bezeichnet man als *Social Media Optimization (SMO)*.

Abbildung 5-14 macht deutlich, dass die zweite Generation an Social-Media-Plattformen auch im Aktionsbereich *Personalbeschaffung* angekommen ist und eingesetzt wird.

Besonders hoch ist der Anteil der beruflichen Netzwerke beim Active Sourcing. Dabei steht die Informationssuche über Bewerber im Vordergrund. Mit anderen Worten, wer sich auf eine Stelle bewirbt, muss damit rechnen, dass neben seinen Bewerbungsunterlagen auch seine Profile in sozialen Netzwerken gründlich geprüft werden. In fast jedem zweiten Unternehmen werden die entsprechenden Seiten im Netz unter die Lupe genommen. Dabei werden Einträge in beruflichen Netzwerken wie Xing oder LinkedIn häufiger ausgewertet als die eher privat ausgerichteten wie Facebook, Twitter oder Instagram.

Social Media – Nutzung durch Mitarbeiter. Die Nutzung von sozialen Netzwerken und Suchmaschinen haben aber nicht nur die Möglichkeiten der Kommunikation durch das Internet für Unternehmen und Bewerber, sondern auch für die eigenen *Mitarbeiter* des Unternehmens erheblich erweitert. Diese können ihre Meinungen nun auch fernab von Presse- und Unternehmensmedien oder Kommunikationsabteilungen veröffentlichen. Auch das Personalmanagement hat ganz offensichtlich erkannt, wie wichtig die

Nutzung neuer Medien ist, um die interne Zusammenarbeit und die Verbindung der Mitarbeiter mit ihrer eigenen Organisation (engl. *Connectivity*) zu verbessern. Zukünftig werden also immer mehr Mitarbeiter freiwillig oder unfreiwillig zu Botschaftern ihres Unternehmens bzw. der Unternehmensmarke. Auf diese (weitgehend unkontrollierbaren) Kommunikationswege müssen sich Arbeitgeber einstellen und vorbereiten.

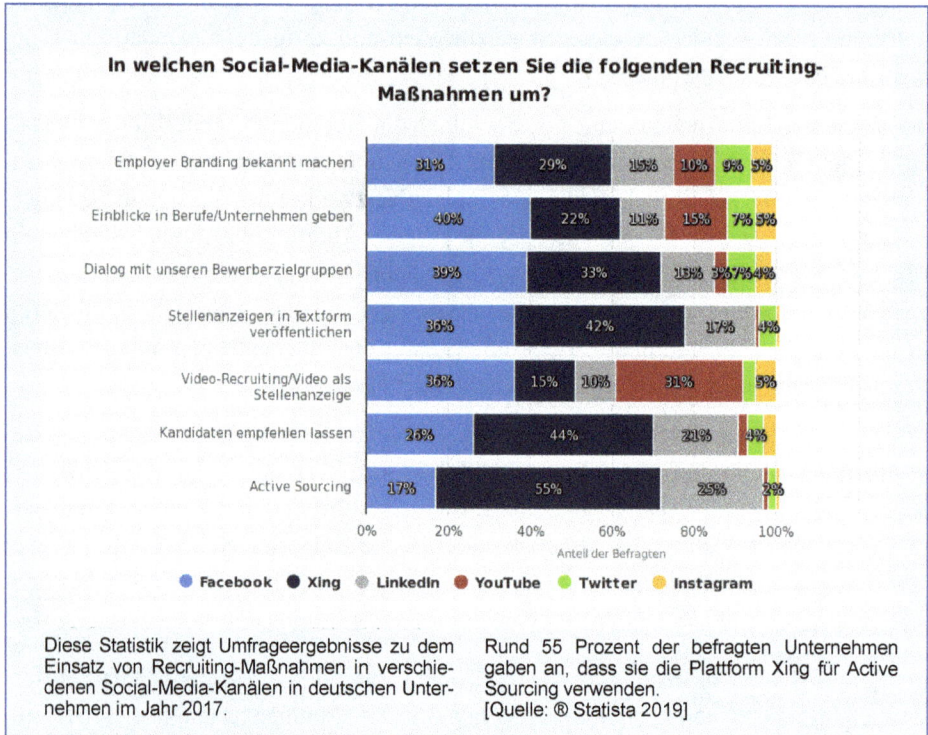

In welchen Social-Media-Kanälen setzen Sie die folgenden Recruiting-Maßnahmen um?

Diese Statistik zeigt Umfrageergebnisse zu dem Einsatz von Recruiting-Maßnahmen in verschiedenen Social-Media-Kanälen in deutschen Unternehmen im Jahr 2017.

Rund 55 Prozent der befragten Unternehmen gaben an, dass sie die Plattform Xing für Active Sourcing verwenden.
[Quelle: ® Statista 2019]

Abb. 5-14: Einsatz von Social-Media-Kanälen nach Recruiting-Maßnahmen

Es ist also zu kurz gesprungen, wenn sich Unternehmen ausschließlich bei der Zielgruppe der potenziellen Bewerber positionieren. Auch andere Zielgruppen wie Mitarbeiter, Analysten, Kunden, Journalisten, Lieferanten, Alumni und sonstige Interessierte (also die *Stakeholder* eines Unternehmens) sind daran interessiert, wie sich das Unternehmen als Arbeitgeber präsentiert oder sich sozial engagiert. Hier müssen also PR-Arbeit und HR-Arbeit Hand in Hand gehen, auch (oder gerade!) wenn ein Arbeitgeber schon längst keine vollständige Kontrolle mehr darüber hat, was über ihn veröffentlicht wird [vgl. Jäger 2008, S. 64 f.].

6. Personalauswahl/-integration und High Potentials

> *„Behandle die Menschen so, als wären sie, was sie sein sollten, und du hilfst ihnen zu werden, was sie sein können."* [Johann Wolfgang von Goethe]

Das fünfte und letzte Aktionsfeld im Rahmen der personalbeschaffungsorientierten Prozesskette ist die *Auswahl und Einstellung* des Bewerbers. Bei diesem Aktionsfeld geht es um die Optimierung der Bewerberakzeptanz:

Bewerberakzeptanz = f (Auswahl und Integration) → optimieren!

Ziel der Personal*auswahl* ist es, den geeignetsten Kandidaten für die entsprechende Stellenbesetzung zu finden. Ziel der Personal*integration* ist es, dem neuen Mitarbeiter die Einarbeitung in die Anforderungen des Unternehmens zu erleichtern. Während die Personalauswahl noch eindeutig der Personalbeschaffungskette zuzuordnen ist, bildet die Personalintegration die Nahtstelle zwischen der Personalbeschaffungskette und der Personalbetreuungskette (siehe Abbildung 6-01).

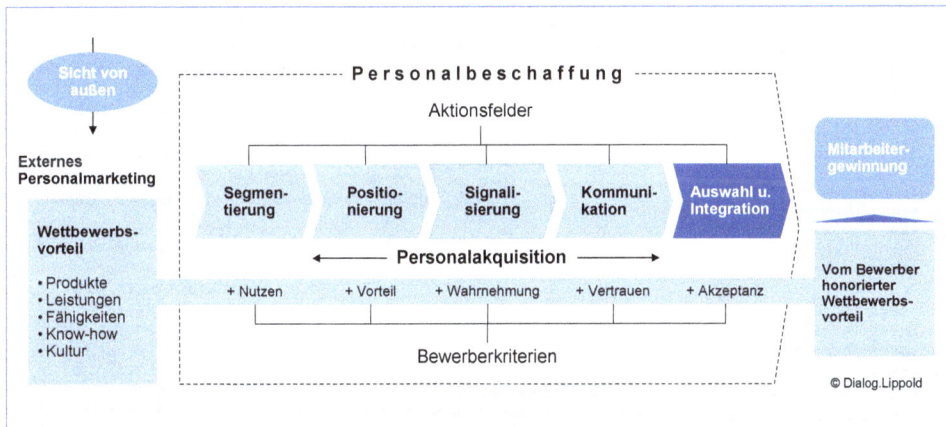

Abb. 6-01: Das Aktionsfeld Personalauswahl und -integration

Einige sehr radikale, aber durchaus ernst zu nehmende Empfehlungen für den Personalauswahlprozess speziell von Führungs- und Führungsnachwuchskräften sind in Abbildung 6-02 (etwas verkürzt) wiedergegeben. Der Autor dieser Empfehlungen war Partner und Geschäftsführer eines internationalen Beratungsunternehmens.

Da diese Empfehlungen einen grundlegenden und nach unserer Ansicht auch beispielgebenden Charakter haben, ist der Katalog dem Kapitel vorangestellt.

Radikalkur in der Personalauswahl

von *Torsten Schumacher*

Ein Schlagwort hat Geschichte gemacht: „War for talents" ist ein Begriff, der zugleich Entschlossenheit, martialische Nachdrücklichkeit und Siegeswillen ausstrahlt. Doch ein realistischer Blick in den Alltag des Personalgeschäfts lässt einen häufig erschaudern. Die Personalauswahl befindet sich – so die Auffassung des Autors – in zu vielen Unternehmen in einem schlechten Zustand. Die folgenden sieben Empfehlungen stellen die Praxis der Personalauswahl auf den Kopf. Wer sie beherzigt, wird nach Meinung des Autors eine weitgehend unentdeckte Quelle für Leistungs- und Wettbewerbsfähigkeit in der Personalbeschaffung erschließen.

1. Empfehlung: Glaubwürdigkeit statt Übertreibung

Fragt man die Personalrecruiter nach den Eigenschaften, die eine Führungskraft auf sich vereinigen sollte, so hören sich die Antworten regelmäßig wie das „Einmaleins zum Universalgenie" an, zum Beispiel: unternehmerisch denken, teamorientiert, empathisch, sensibel, durchsetzungsstark, entscheidungsfreudig, visionär, kommunikativ, begeisterungsfähig, begeisternd, sozial ausgerichtet, multikulturell. Die in den Personalabteilungen vorherrschende Meinung, dass Top-Leute eine Mischung aus Nobelpreisträger für Mathematik, Oberstleutnant und Show-Master sein müssten, ist allerdings nicht nur auf Führungskräfte beschränkt, sondern auch bei Hochschulabsolventen liegt die Latte für den Wunschkandidaten ziemlich hoch: 25 Jahre, hat in zwei Ländern studiert, diverse Praktika absolviert, spricht natürlich verhandlungssicheres Englisch (99 Prozent der Absolventen haben noch nie eine Verhandlung in englischer Sprache führen können), ist in verschiedenen Institutionen sozial, kulturell oder sonst wie engagiert und hat natürlich eine erste zwei- bis dreijährige berufliche Praxis erfolgreich hinter sich gebracht. Drehen wir mal den Spieß herum. Für mich scheinen diejenigen Unternehmen glaubwürdig, die diese Immer-schneller-höher-weiter-Spirale nicht mitmachen und ambitionierte, aber eben auch realistische Erwartungen formulieren.

2. Empfehlung: Assignments statt Stellen

Die Personalauswahl wird in der Praxis auf Basis einer falschen Fragestellung durchgeführt. Diese lautet: Welcher Kandidat passt am besten zu der offenen Stelle und der dazugehörigen Stellenbeschreibung? Ich habe in meiner Arbeit kaum etwas finden können, das so überflüssig und nichtssagend ist wie Stellenbeschreibungen. Schon der Begriff ist vielsagend: eine Stelle steht, ist unbeweglich, starr und statisch. Entsprechend sind auch die Stellenbeschreibungen statisch und zudem unverständlich. Statt dessen empfehle ich, den Blick auf Assignments zu lenken. Also: welche spezifische Aufgabe stellt sich für den nächsten überschaubaren Zeithorizont und welche Ergebnisse sind zu erwarten?

3. Empfehlung: An Stärken orientieren

Wenn die Mitarbeiter ihre individuellen Stärken nicht zur Geltung bringen können, hat dies vier fatale Folgen: die Stärken werden relativ schwächer, die Motivation geht in den Keller, Zynismus droht um sich zu greifen, und schließlich verlassen die besten Leute das Unternehmen. Die hiermit einhergehenden Kosten sind „verdeckt"; ihre Größenordnung wird in den meisten Fällen unterschätzt oder gar nicht erkannt. Für eine Umkehr der betrieblichen

Praxis lautet die Leitfrage: „Was fällt Ihnen leicht?" Die wesentliche Gestaltungsaufgabe besteht darin, vorhandene Aufgaben mit individuellen Stärken weitgehend zur Deckung zu bringen.

4. Empfehlung: Kanten statt Rundungen

Statt Leute mit ausgeprägten Stärken für Führungsaufgaben einzusetzen, werden die Kandidaten mit den geringsten Schwächen ausgewählt. So sind die Unternehmen voller „abgerundeten Persönlichkeiten" – dermaßen abgerundet, dass keine Idee und kein wirksamer Vorschlag an einer Kante hängenbleiben. Mittelmäßigkeit ist programmiert. Entscheiden Sie sich auch und gerade in der Personalauswahl für Vielfalt statt Konformität.

5. Empfehlung: Performance statt Potenziale

Potenziale, die bei der Besetzung von Führungsaufgaben eifrig aufgespürt werden, sind zunächst nur vage Erwartungen; Hoffnungen auf Leistungen, die der Kandidat später einmal erbringen könnte. Oder auch nicht. Woraus aber wird das abgeleitet? Konzentrieren Sie sich bei der Auswahl für Führungsaufgaben auf die tatsächlichen Leistungen, die der Kandidat bisher erbracht hat, und überlassen Sie die Potenzialeinschätzung Ihren Wettbewerbern. Achten Sie dabei auf die (maximal zwei Prozent) Bewerber, die einen Lebenslauf schreiben, der Ergebnisse und nicht Positionen in den Mittelpunkt stellen. Dies sind die besonders wirksamen Führungskräfte.

6. Empfehlung: Einstellungen statt Sachkenntnisse

Immer noch werden in der Mehrzahl der Auswahlverfahren die falschen Fragen gestellt. Gefragt wird nach den fachlichen Fähigkeiten des Bewerbers. Seine Sachkompetenz, die inhaltliche Überzeugung stehen im Mittelpunkt. Darauf kommt es jedoch primär nicht an. Wichtiger als Sachkenntnisse sind Einstellungen, Sensibilitäten, Verhaltensmuster und Prägungen, Grundannahmen und innere Einstellungen, insbesondere zur Selbstverantwortung. Hierdurch entscheidet sich, ob die Führungskraft einen substantiellen Beitrag zur Weiterentwicklung des Unternehmens liefern wird.

7. Empfehlung: Professionelle Auswahl statt Reparaturzirkus Personalentwicklung

Schichten Sie Geld und Zeit um von der Personalentwicklung hin zur Personalauswahl. Investieren Sie mehr Zeit und Geld in die Auswahl Ihres wichtigsten Assets. Je erfolgreicher eine Organisation bei der Personalauswahl ist, desto weniger Zeit, Energie und Geld ist für spätere, oft mühsame Maßnahmen für Personalentwicklung, Trainings, Anpassungsmaßnahmen, Umorganisationen oder, nicht selten, vorzeitigen Trennungen erforderlich.

[Quelle: FAZ vom 14.08.2006, S. 18]

Abb. 6-02: „Radikalkur in der Personalauswahl"

6.1 Personalauswahlprozess

Der Personalauswahlprozess läuft in mehreren Phasen ab (siehe Abbildung 6-03). Gleich ob es sich um eine Bewerbung, die auf ein Jobangebot gezielt abhebt *(gezielte Bewerbung)*, um eine unaufgeforderte Bewerbung *(Initiativbewerbung)* oder um eine Bewerbung handelt, die sich auf eine Empfehlung bezieht *(Empfehlungsbewerbung)*, in jedem Fall sollte das Unternehmen jede Bewerbung in seine Bewerberdatei (Bewerbungspool) aufnehmen und über den Bewerbungszeitraum hinweg sammeln [vgl. Bröckermann 2007, S. 96].

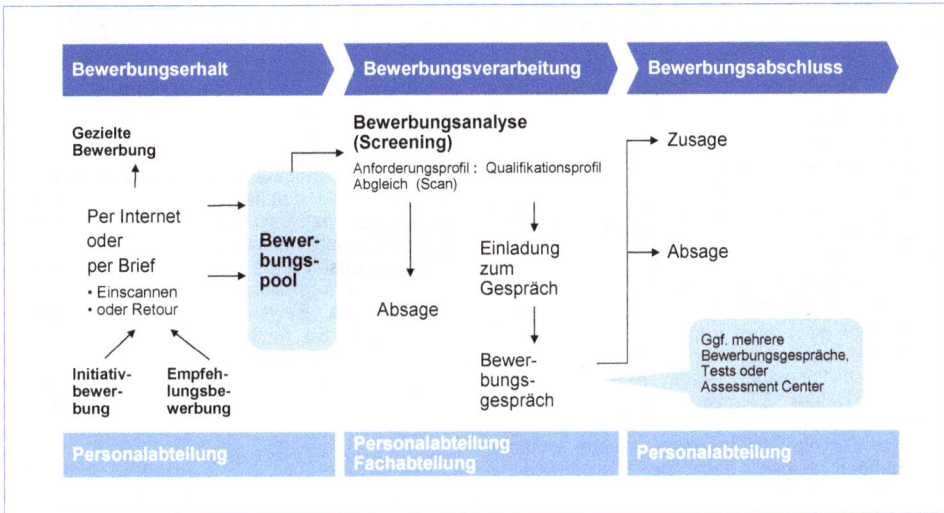

Abb. 6-03: Personalauswahlprozess (Schema)

Der Bewerbungspool ist die Grundlage für die anschließende Bewerbungsanalyse (Bewerberscreening). Das Screening verfolgt das Ziel, den bzw. die besten Kandidaten zu einem Vorstellungsgespräch, das ggf. mit einem Eignungstest oder Assessment Center kombiniert wird, einzuladen. Zielsetzung des Vorstellungsgesprächs ist es, die *Könnens- und Wollenskomponenten* des Bewerbers im Hinblick auf das Jobangebot zu betrachten.

Das Interview dient darüber hinaus der Klärung von Details aus dem Lebenslauf. Letztlich soll im Einstellungsinterview festgestellt werden, ob der Bewerber auch tatsächlich zum Unternehmen passt, wobei emotionale Komponenten, aber auch rein äußerliche Merkmale durchaus eine Rolle spielen. Das Einstellungsinterview soll auch die Bewerber über das Unternehmen selbst, über die Anforderungen des Jobs und die Einsatzgebiete informieren.

Ist die endgültige Personalauswahlentscheidung (nach einem finalen Abgleich des Anforderungsprofils mit dem Eignungsprofil des Bewerbers) getroffen, folgen Zusage und Vertragsunterzeichnung. Darüber hinaus zeigt Abbildung 6-04 beispielhaft konkrete Zahlen beim Bewerbungsprozess einer Unternehmensberatung.

Beispiel für eine Bewerberpipeline

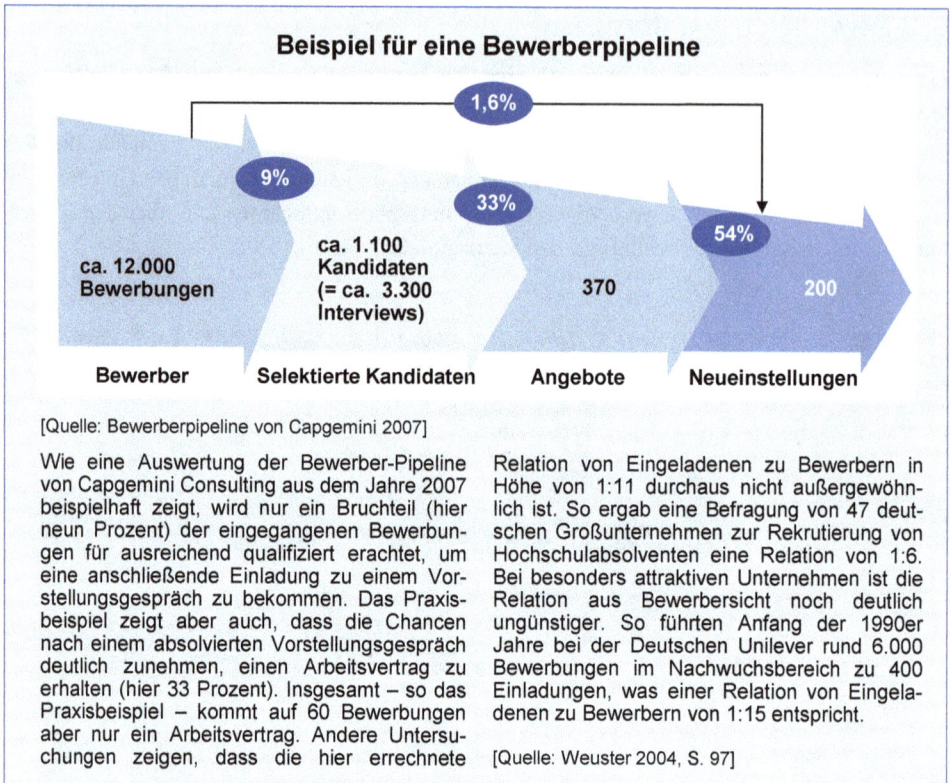

ca. 12.000
Bewerbungen

9%

ca. 1.100
Kandidaten
(= ca. 3.300
Interviews)

33%

1,6%

370

54%

200

Bewerber   Selektierte Kandidaten   Angebote   Neueinstellungen

[Quelle: Bewerberpipeline von Capgemini 2007]

Wie eine Auswertung der Bewerber-Pipeline von Capgemini Consulting aus dem Jahre 2007 beispielhaft zeigt, wird nur ein Bruchteil (hier neun Prozent) der eingegangenen Bewerbungen für ausreichend qualifiziert erachtet, um eine anschließende Einladung zu einem Vorstellungsgespräch zu bekommen. Das Praxisbeispiel zeigt aber auch, dass die Chancen nach einem absolvierten Vorstellungsgespräch deutlich zunehmen, einen Arbeitsvertrag zu erhalten (hier 33 Prozent). Insgesamt – so das Praxisbeispiel – kommt auf 60 Bewerbungen aber nur ein Arbeitsvertrag. Andere Untersuchungen zeigen, dass die hier errechnete Relation von Eingeladenen zu Bewerbern in Höhe von 1:11 durchaus nicht außergewöhnlich ist. So ergab eine Befragung von 47 deutschen Großunternehmen zur Rekrutierung von Hochschulabsolventen eine Relation von 1:6. Bei besonders attraktiven Unternehmen ist die Relation aus Bewerbersicht noch deutlich ungünstiger. So führten Anfang der 1990er Jahre bei der Deutschen Unilever rund 6.000 Bewerbungen im Nachwuchsbereich zu 400 Einladungen, was einer Relation von Eingeladenen zu Bewerbern von 1:15 entspricht.

[Quelle: Weuster 2004, S. 97]

Abb. 6-04: Praxisbeispiel zum Bewerbungsprozess

6.2 Methodik der Personalauswahl

6.2.1 Entscheidungssituationen im Auswahlprozess

Jede Personalauswahl – und dies gilt sowohl für die Vorauswahl als auch für die Endauswahl z. B. im Einstellungsgespräch – stellt ein Unternehmen vor eine Entscheidungssituation, in der grundsätzlich zwei richtige und zwei falsche Entscheidungen möglich sind (siehe Abbildung 6-05). Dabei ist allerdings nur ex post, also nach erfolgter Auswahl überprüfbar, ob sich das Unternehmen in seiner Wahl für geeignete oder ungeeignete Bewerber entschieden hat. Ob bei der Vorauswahl geeignete Bewerber fälschlicherweise aussortiert wurden, ist nicht feststellbar. Die Wahrscheinlichkeit für eine richtige Entscheidung oder für eine Fehlentscheidung ist insbesondere abhängig von [vgl. Weuster 2012, S. 1 ff.]

- der Basisrate,
- der Bedarfsquote,
- der Akzeptanzquote und von
- der eignungsdiagnostischen Leistungsfähigkeit des eingesetzten Verfahrens.

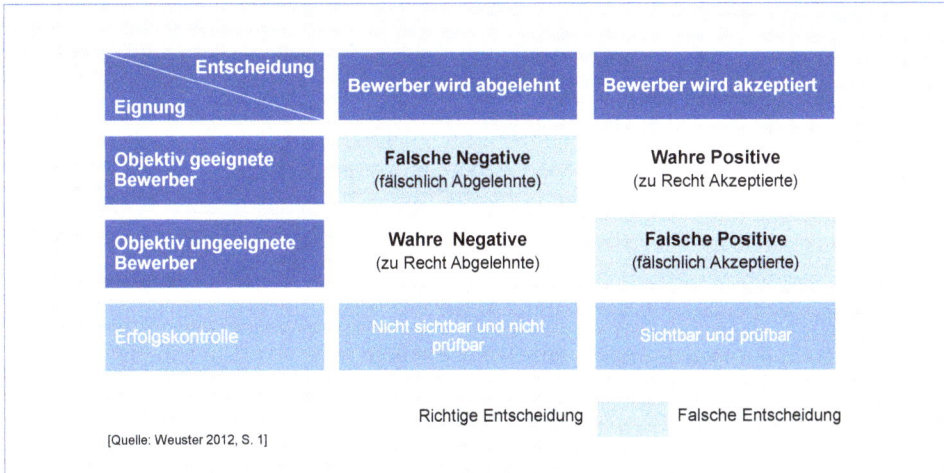

Eignung \ Entscheidung	Bewerber wird abgelehnt	Bewerber wird akzeptiert
Objektiv geeignete Bewerber	Falsche Negative (fälschlich Abgelehnte)	Wahre Positive (zu Recht Akzeptierte)
Objektiv ungeeignete Bewerber	Wahre Negative (zu Recht Abgelehnte)	Falsche Positive (fälschlich Akzeptierte)
Erfolgskontrolle	Nicht sichtbar und nicht prüfbar	Sichtbar und prüfbar

Richtige Entscheidung   Falsche Entscheidung

[Quelle: Weuster 2012, S. 1]

Abb. 6-05: Entscheidungslogik der Personalauswahl

Basisrate. Die Basisrate, die auch als *Grundrate* bezeichnet wird, gibt den Anteil der objektiv geeigneten Bewerber an der Gesamtzahl der Bewerber an. Welche Kriterien wiederum als geeignet gelten, werden vorher vom Personalverantwortlichen im Anforderungsprofil festgelegt. Wenn hohe Anforderungen ungeeignete Bewerber abschrecken, kann davon ausgegangen werden, dass ein anspruchsvolles Anforderungsprofil zu einer niedrigeren Basisquote führt. Dies wird demnach bei der Suche und Auswahl von Top-Talenten regelmäßig der Fall sein. Umgekehrt führt ein niedriges Anforderungsprofil zu einer hohen Basisquote. Das Risiko einer Fehlbesetzung verringert sich also durch eine hohe Basisrate. Ein attraktives Arbeitgeberimage und eine präzise Ansprache der Zielgruppe führen meist zu einer höheren Basisquote und damit auch zu einer gesenkten Wahrscheinlichkeit einer Fehlentscheidung, da die Zahl interessierter Bewerber deutlich höher als im gegenteiligen Fall ist [vgl. Weuster 2012, S. 1 f.].

Die Basisrate ist somit ein *Werttreiber* im Personalauswahlprozess, der sich allerdings in der Praxis kaum ermitteln lässt, da bei einer Vielzahl an Bewerbern diejenigen, die schon in der Vorauswahl abgelehnt werden, im Normalfall nicht auf ihre Eignung geprüft werden. Wird bspw. angenommen, dass die Examensnote ein objektives Kriterium für die Leistungsbeurteilung darstellt und wird diese als ausschließliches Kriterium für eine Vorauswahl festgelegt, so ist nicht überprüfbar, ob Kandidaten unterhalb der geforderten (Examens-) Note nicht ebenso für die besetzende Position geeignet gewesen wären. Die Basisrate bezieht sich folglich nur auf den Teil der Bewerber, der sich nach der Vorauswahl einer Eignungsdiagnostik, denkbar in Form eines Assessment-Centers, einer Arbeitsprobe oder dem Bewerberinterview, unterziehen.

Bedarfsquote. Diese Kennziffer wird auch *Selektionsquote* genannt. Sie gibt das Verhältnis der zu besetzenden Stellen zur Gesamtzahl der Bewerber wieder. Häufig handelt es sich um lediglich *eine* zu besetzende Stelle, insbesondere dann, wenn das Unternehmen nach Fach- oder Führungspersonal sucht. Ist die Bewerberanzahl auf diese Stelle hoch, fällt die Bedarfsquote (eine freie Stelle zu x Bewerbern) entsprechend niedrig aus. Auch wenn häufig eine hohe Bewerberanzahl auf freie Stellen zu beobachten ist, darf nicht grundsätzlich von einer geringen Bedarfsquote ausgegangen werden. So kommt es durchaus vor, dass in Unternehmen der betriebliche Bedarf das Bewerberangebot übertrifft und somit die Bedarfsquote hoch ausfällt. Dies ist bspw. dann der Fall, wenn in einem Unternehmen eine kurzfristige Markteinführung von Produkten bevorsteht. Folge der unmittelbar benötigten Arbeitnehmer und der damit einhergehenden gestiegenen Nachfrage hiernach sind eine hohe Bedarfsquote. Ein Nachfrageüberhang an Bewerbern kann aber auch auf diverse weitere Gründe zurückzuführen sein. Häufig kann es saisonbedingt kurzfristig zu hohen Bedarfsquoten kommen oder aber es herrscht auf regionalen oder fachspezifischen Teilarbeitsmärkten ein längerfristig beobachtbarer Arbeitskräftemangel. Vieles deutet darauf hin, dass sich die für Unternehmen derzeit günstige Bedarfsquote in Deutschland aufgrund der demografischen Entwicklung mit dem Rückgang des Anteils von Personen im erwerbsfähigen Alter verschlechtern wird. Insbesondere im Bereich der Forschung und Entwicklung sowie in der Informationstechnologie ist derzeitig ein Mangel an Kandidaten festzustellen. Unternehmensberatungen, Informatik- und Hightech-Unternehmen haben nicht selten mit einem Experten-Engpass zu kämpfen, der sich in einer hohen Bedarfsquote widerspiegeln lassen müsste. Eine hohe Bedarfsquote liegt typischerweise auch immer bei High Potentials vor [vgl. Weuster 2012, S. 2].

Die Kombination von Basis- und Bedarfsquote beeinflusst im Zusammenspiel die Wahrscheinlichkeit von richtigen Entscheidungen und Fehlentscheidungen in der Personalauswahl. Für Personalverantwortliche erweist es sich als günstig, wenn eine niedrige Bedarfsquote auf eine hohe Basisrate trifft. Der entgegengesetzte Fall, eine hohe Bedarfsquote bei einer geringen Basisquote, sprich die Zahl der zu besetzende Stellen übertrifft die Zahl der geeigneten Bewerber, erweist sich als ungünstig. Hier ist die Wahrscheinlichkeit einer Fehlentscheidung erhöht.

Akzeptanzquote. Die Kennzahl gibt das Verhältnis der aufgrund der Endauswahl als geeignet akzeptierten Bewerber zur Gesamtzahl der Bewerber an. Die Kennzahl beschreibt somit die Relation zwischen den wahren und falschen Positiven zur Gesamtzahl der Bewerber. Wird ein vollkommenes Auswahlverfahren unterstellt, müsste die Basisrate der Akzeptanzquote entsprechen. Aufgrund der Tatsache, dass in einem Auswahlverfahren aus den oben dargelegten Gründen nicht alle geeigneten Bewerber teilnehmen, ist diese Deckung zwischen Akzeptanz- und Basisquote nicht gegeben [vgl. Weuster 2012, S. 4 f.].

Bei einem sukzessiven Auswahlprozess kann die Akzeptanzquote ähnlich der Basisrate für die einzelnen Schritte ermittelt werden. Wird angenommen, dass die Vorauswahl von Unternehmen zunächst nach der Examensnote erfolgt und diese ein objektives Kriterium für die Leistungsfähigkeitsbeurteilung darstellt, kann davon ausgegangen werden, dass niedrige Anforderungen an die Examensnote zur vermehrten Einstellung von falschen Positiven führen (siehe Abbildung 6-06).

	Sehr niedrige Anforderungen	Angemessene Anforderungen	Hohe Anforderungen	Überhöhte Anforderungen
Akzeptanzquote	Hohe Akzeptanzquote	Richtige Akzeptanzquote	Niedrige Akzeptanzquote	Sehr niedrige Akzeptanzquote
Fehlertendenz	Tendenz zur Fehlbesetzung durch fälschlich Akzeptierte	Richtige Besetzung wahrscheinlich	Tendenz zu fälschlich Abgelehnten	Starke Tendenz zu Fehlurteilen durch fälschlich Abgelehnte sowie evtl. durch Einstellung Überqualifizierter

[Quelle: Weuster 2012, S. 3]

Abb. 6-06: Akzeptanzquote und Fehlertendenz bei verschiedenen Anforderungen

Folglich werden Kandidaten eingestellt, die zwar der Anforderung der Examensnoten entsprechen, objektiv jedoch ungeeignet für die Stelle sind. Dem entgegengesetzt führen hohe Anforderungen zu einer erhöhten Wahrscheinlichkeit, Bewerber fälschlicherweise abzulehnen, da sie die geforderte Examensnote zwar nicht aufweisen, aber dennoch geeignet für die Stelle wären. Zu hohe Anforderung führen demnach nicht nur zu fälschlich abgelehnten Kandidaten, sondern ebenso zur Einstellung von Kandidaten, die für die Stelle überqualifiziert sind. Ziel eines Auswahlverfahrens sollte jedoch sein, den optimalen Bewerber aus einer Vielzahl an Bewerbern auszuwählen. In jedem Falle ist zu vermeiden, einen über- oder unterqualifizierten Bewerber auf die zu besetzende Stelle einzustellen.

6.2.2 Gütekriterien des Auswahlverfahrens

Prinzipiell birgt jedes Auswahlverfahren die Gefahr von Fehlentscheidungen. Aufgrund der Unterschiedlichkeit der Bewerber sollte die Bewertung – wie bei jedem Messverfahren – objektiv, reliabel und valide sein. Objektiv heißt, dass die Ergebnisse unabhängig von der Person des Messenden sind. Reliabilität bedeutet Messgenauigkeit und Validität sagt aus, dass auch das gemessen wird, was das Verfahren zu messen vorgibt [siehe hierzu auch die ausführliche Darstellung mit einer Vielzahl von Beispielen bei Weuster 2012, S. 12 ff.].

Objektivität. Objektiv ist ein Verfahren der Personalauswahl, wenn dieses unabhängig von den Beurteilern zu vergleichbaren, aussagekräftigen und fundierten Ergebnissen kommt. Verschiedene Entscheidungsträger bzw. Beurteiler müssten bei gleichen Bewerbern zu den gleichen oder annähernd gleichen Ergebnissen hinsichtlich der Eignung und Eignungsrangfolge kommen. Das Ergebnis sollte stets nachvollziehbar und verständlich bleiben. Gerade im Hinblick auf eine Vielzahl von Bewerbern ist die *Basis-quote* von erhöhter Relevanz, da bei der Endauswahl eines geeigneten Bewerbers objektive Kriterien ein geeignetes Mittel darstellen, um ein sicheres, aber vor allen Dingen nachvollziehbares Ergebnis zu erlangen.

Reliabilität. Unter Reliabilität (oder *Zuverlässigkeit)* wird die Genauigkeit eines Testverfahrens verstanden. Instrumente und Kriterien der Personalauswahl, die in ihrer Aussagekraft über geeignete Kandidaten zu sehr von der Realität abweichen, werden als unzuverlässig und damit unreliabel charakterisiert. Werden Messungen beziehungsweise Tests mit vergleichbaren, aber nicht identischen Instrumenten vorgenommen, ist von beeinflussbaren oder von schwankungsintensiven Testergebnissen auszugehen. Grundsätzlich stellt sich die Frage, inwieweit die Verlässlichkeit eines Tests durch die teilnehmenden Bewerber in seiner Zuverlässigkeit und der damit einhergehenden Aussagekraft beeinflussbar wird. Durch die Teilnahme von Bewerbern, die verstärkt versuchen, auf das Messergebnis durch Eindrucksmanagement (engl. *Impression Management)* zu ihren Gunsten einzuwirken, ist es grundsätzlich möglich, dass Testergebnisse an Reliabilität verlieren.

Validität. Die Validität (oder *Tauglichkeit)* misst bei einem Auswahlverfahren, inwieweit der Zweck, nämlich die Eignung beziehungsweise die geeignete Person, für die zu besetzende Stelle anhand der im Test aufgestellten Kriterien auch tatsächlich zu ermitteln ist. Ist die Objektivität oder die Reliabilität eines Verfahrens gering, so kann auch die Validität nicht hoch sein, andersherum ist es durchaus möglich, dass Verfahren mit hoher Objektivität und hoher Reliabilität wenig oder gar nicht valide sind. Ein solcher Fall liegt zum Beispiel vor, wenn Fertigkeiten, die objektiv und mit Zuverlässigkeit gemessen werden können, in einem Verfahren abgeprüft werden, diese aber bei der späteren Arbeitsstelle gar nicht erfüllt werden müssen. Im Umkehrschluss ist deshalb festzuhalten, dass Objektivität und Reliabilität zwar notwendige, nicht aber hinreichende Bedingungen für die Bestimmung der Effektivität des Auswahlverfahrens sind. Die Bestimmung der Validität eines Auswahlverfahrens wird sowohl durch die Schwäche der Auswahlinstrumente selbst, als auch durch die Schwäche der Bewertungskriterien beeinflusst. Bezüglich der Auswahlkriterien gibt es exakte oder gut messbare Größen. Objektiv feststellbare Größen bei der Personalauswahl sind zum Beispiel Abschlussgrade, Ausbildungen und Arbeitszeugnisse. Hingegen sind Motivation, Qualität und Umfang der Praxiserfahrung, aber auch *Soft Skills* wie die soziale Kompetenz eines Bewerbers bei der üblichen Vorauswahl oder in einem Vorstellungsgespräch nur unzureichend bestimmbar.

6.2.3 Bedeutung der Vorauswahl

Vor einem Auswahlprozess ist die grundlegende Frage zu beantworten, wie man aus der Fülle an eingegangenen Bewerbungen die richtigen Kandidaten für das Auswahlverfahren ermittelt und welche Kriterien hierfür herangezogen werden. Die Vorauswahl ist ein sukzessiver Entscheidungsprozess, bei dem es darum geht, den optimalen Bewerber mit möglichst klar definierten Auswahlinstrumenten, die den oben erläuterten Ansprüchen der Objektivität, Reliabilität und Validität entsprechen, auszuwählen. Die Vorauswahl der eingeladenen Bewerber, die sich in einem Auswahlverfahren behaupten sollen, ist für die Besetzung der ausgeschriebenen Stelle von entscheidender Bedeutung. Ein Unternehmen ist aufgrund der hohen Personalkosten stets bestrebt denjenigen Bewerber auszusuchen, der von seinem Leistungsprofil dem Anforderungsprofil am besten entspricht und folglich den maximalen Mehrwert für das Unternehmen liefert. Jedoch ist gerade bei der Vorauswahl an Bewerbern die Schwierigkeit gegeben, bei Vorsortierung und Mengenreduzierung der sich bewerbenden Personen eine weiterhin überschaubare und sinnvoll prüfbare Anzahl an Bewerbern zu selektieren. Wenn ein Unternehmen von 100 eingehenden Bewerbungen nur zehn Bewerber einlädt, so gehen die 90 nicht eingeladenen Bewerber im Prozess der Personalauswahl dem Unternehmen in der Regel unwiederbringlich verloren. Nur eine sorgfältige Vorauswahl kann das Risiko einer Fehleinschätzung beziehungsweise Fehlbesetzung reduzieren [vgl. Krüger 2002, S. 194].

Die Vorauswahl erfolgt oftmals nach dem bekannten Muster der ABC-Analyse. A Bewerber erscheinen dem Personalmanagement nach Durchsicht der vorliegenden Unterlagen als „gut geeignet", B erscheinen als „mit Abstrichen geeignet" und C als offensichtlich „ungeeignet". Fraglich ist, durch welche Erwägungen die ABC-Analyse zustande kommt und inwiefern im Rahmen der Optimierung die Vorauswahl verbessert werden kann. Zudem wird eine Reduzierung der Bewerber auf eine realistisch prüfbare Anzahl von Bewerbungsunterlagen häufig an Assistenten und Sekretärinnen delegiert, die am weiteren Auswahlverfahren nicht beteiligt und folglich für das Endergebnis auch nicht verantwortlich sind [vgl. Weuster 2004, S. 98].

Dieser Mangel an Verantwortung der Vorauswahlverantwortlichen führt naturgemäß zu einer geringen persönlichen Motivation für eine valide Vorauswahl. So kann es passieren, dass innerhalb von wenigen Sekunden entschieden wird, ob Bewerber weiter beachtet oder abgelehnt werden. Sicherlich gehen den Unternehmen viele geeignete Bewerber verloren, die nur aufgrund formeller Kriterien nicht in die engere Auswahl der Personalentscheider gekommen sind. Inwiefern Bewerberunterlagen bei einem solch geringen Zeitaufwand in der Vorauswahl nach objektiven Kriterien analysiert werden können, ist fraglich [vgl. Schmitt/Werth 1998, S. 16 ff.].

Abbildung 6-07 zeigt sehr deutlich, dass die Zeit, die Bewerber in die Erstellung ihrer Bewerbungsunterlagen stecken, in keinem Verhältnis zu der von den Personalverantwortlichen eingesetzten Zeit für die Durchsicht der Bewerbungsunterlagen steht. So wird für die Hälfte aller Bewerbungen nicht mehr als vier Minuten zur Durchsicht einer Online- oder Papier-basierten Bewerbung aufgewendet. Des Weiteren darf unterstellt werden, dass die Vorauswahl unvermeidlich durch sachfremde Überlegungen oder gar Vorurteile des Verantwortlichen beeinflusst wird, da jede Entscheidung subjektiv durch Erfahrungswerte mitgeprägt ist. Es ist deshalb zu empfehlen, die Verantwortung der Personalvorauswahl in die Hände mehrerer Personen zu legen, welche diese unabhängig voneinander vornehmen. Dabei sollte vorher eine Vereinheitlichung der Vorgehensweise festgelegt werden. In der Praxis ist die Verantwortlichkeit des Personalauswahlprozesses zwischen Personal- und Fachabteilung aufgeteilt. Üblicherweise nimmt die Personalabteilung eine erste grobe Sichtung vor, in der offensichtlich ungeeignete Kandidaten aussortiert werden und leitet diese dann an die entsprechende Fachabteilung weiter. Dabei steigt der Einfluss der Personalabteilung auf die Vorauswahl mit der Unternehmensgröße. Bei der Einladungsentscheidung allerdings dominiert die Fachabteilung das Entscheidungsergebnis [vgl. Weuster 2004, S. 99].

Wie viel Zeit nehmen sich Recruiter für die Durchsicht einer Bewerbung?

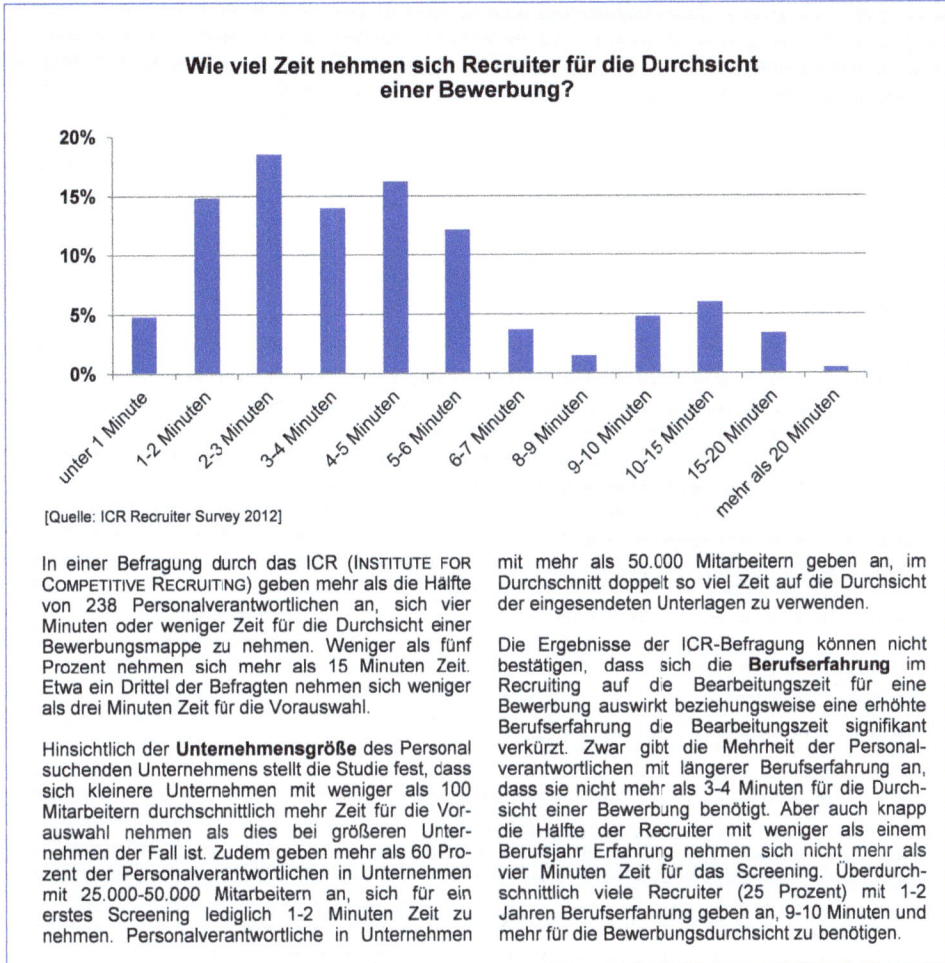

[Quelle: ICR Recruiter Survey 2012]

In einer Befragung durch das ICR (INSTITUTE FOR COMPETITIVE RECRUITING) geben mehr als die Hälfte von 238 Personalverantwortlichen an, sich vier Minuten oder weniger Zeit für die Durchsicht einer Bewerbungsmappe zu nehmen. Weniger als fünf Prozent nehmen sich mehr als 15 Minuten Zeit. Etwa ein Drittel der Befragten nehmen sich weniger als drei Minuten Zeit für die Vorauswahl.

Hinsichtlich der **Unternehmensgröße** des Personal suchenden Unternehmens stellt die Studie fest, dass sich kleinere Unternehmen mit weniger als 100 Mitarbeitern durchschnittlich mehr Zeit für die Vorauswahl nehmen als dies bei größeren Unternehmen der Fall ist. Zudem geben mehr als 60 Prozent der Personalverantwortlichen in Unternehmen mit 25.000-50.000 Mitarbeitern an, sich für ein erstes Screening lediglich 1-2 Minuten Zeit zu nehmen. Personalverantwortliche in Unternehmen mit mehr als 50.000 Mitarbeitern geben an, im Durchschnitt doppelt so viel Zeit auf die Durchsicht der eingesendeten Unterlagen zu verwenden.

Die Ergebnisse der ICR-Befragung können nicht bestätigen, dass sich die **Berufserfahrung** im Recruiting auf die Bearbeitungszeit für eine Bewerbung auswirkt beziehungsweise eine erhöhte Berufserfahrung die Bearbeitungszeit signifikant verkürzt. Zwar gibt die Mehrheit der Personalverantwortlichen mit längerer Berufserfahrung an, dass sie nicht mehr als 3-4 Minuten für die Durchsicht einer Bewerbung benötigt. Aber auch knapp die Hälfte der Recruiter mit weniger als einem Berufsjahr Erfahrung nehmen sich nicht mehr als vier Minuten Zeit für das Screening. Überdurchschnittlich viele Recruiter (25 Prozent) mit 1-2 Jahren Berufserfahrung geben an, 9-10 Minuten und mehr für die Bewerbungsdurchsicht zu benötigen.

Abb. 6-07: Durchschnittliche Zeit für Durchsicht einer Bewerbungsunterlage

6.3 Instrumente der Personalauswahl

Im Wesentlichen sind es drei Ausleseschwerpunkte, die die Grundlage für die Entscheidung bei der Auswahl externer Bewerber bilden [vgl. Jung 2017, S. 153 ff.]:

– die detaillierte Prüfung der *Bewerbungsunterlagen*,
– die Durchführung von *Bewerbungsgesprächen* sowie ggf.
– die Durchführung von *Einstellungstests*.

6.3.1 Bewerbungsunterlagen

Zwar wird kaum ein Unternehmen oder eine Organisation einen Bewerber ausschließlich aufgrund seiner Bewerbungsunterlagen einstellen, dennoch sind Bewerbungsunterlagen – unabhängig davon, ob sie schriftlich oder via Internet eingereicht werden – der **Türöffner** für das Vorstellungsgespräch. Die formalen Bewerbungsunterlagen umfassen üblicherweise folgende Dokumente:

* Bewerbungsanschreiben
* Bewerbungsfoto (nur im deutschsprachigen Raum)
* Lebenslauf (i. d. R. tabellarisch)
* Schul- und Ausbildungszeugnisse
* Arbeitszeugnisse
* Leistungsnachweise (Zertifikate).

Weitere Dokumente wie Personalfragebogen, Referenzen oder Arbeitsproben sind nicht immer erforderlich. Das Bewerbungsschreiben, der Lebenslauf sowie beigefügte Arbeitszeugnisse haben dabei die größte Aussagekraft.

Das **Anschreiben** sollte nicht mehr als eine Seite umfassen und die Motivation bzw. Beweggründe der Bewerbung nachvollziehbar widerspiegeln. Mit der Analyse des **Lebenslaufs** sollen Informationen über die bisherigen Tätigkeitsfelder des Bewerbers und dem damit verbundenen Erfolg eingeholt werden. **Schul- und Ausbildungszeugnisse** sind – neben Auslandspraktika und **Sprachkenntnissen** – ein wichtiges Selektionskriterium. **Arbeitszeugnisse** können Hinweise auf das Arbeitsverhalten des Bewerbers geben und bestimmte Schlüsse auf die Eigenschaften des Bewerbers zulassen.

Das **Screening**, d. h. die strukturierte Analyse der Bewerbungsunterlagen liefert erste Anhaltspunkte über die fachliche und persönliche Eignung des Bewerbers. Dieser Profilabgleich wird heutzutage zumeist anhand von Online-Formularen durchgeführt (Online-Profilabgleich). Einem sorgfältig durchgeführten Screening der Bewerbungsunterlagen kommt auch deshalb eine besondere Bedeutung zu, weil hier regelmäßig das größte Einsparungspotenzial im Zuge des im Allgemeinen sehr zeit- und kostenaufwendigen Personalauswahlprozesses zu finden ist. Daher verwundert es leider kaum, dass besonders die leicht quantifizierbaren Auswahlkriterien wie Schul- und Examensnoten die dominierende Rolle beim Screening spielen und somit immer nur sehr gute Noten als „Eintrittskarte" zum Vorstellungsgespräch dienen. Dies hat allerdings den Nachteil, dass „weiche" Kriterien wie Persönlichkeit, Kommunikationsfähigkeit, Motivation und Kreativität, die (erst) im Rahmen des Vorstellungsgesprächs eine Hauptrolle spielen und letztlich die entscheidenden Kriterien für einen „guten" Kandidaten sind, in der Vorauswahl zwangsläufig unter den Tisch fallen.

6.3.2 Bewerbungsgespräch

Das Bewerbungsgespräch (oder Vorstellungsgespräch oder Einstellungsinterview) ist das verbreitetste Instrument der Personalauswahl. Mit dem Bewerbungsgespräch werden mehrere Ziele verfolgt: Das Unternehmen wird versuchen, die Einstellungen, Zielvorstellungen und Werte des Bewerbers kennenzulernen und ggf. offengebliebenen Fragen aus den Bewerbungsunterlagen nachzugehen. Hier geht es vor allem darum, über die offensichtlichen Eigenschaften des bzw. der Kandidaten wie Ausbildung, Noten, Erfahrung und Wissen hinaus möglichst tief in jene Eigenschaften einzutauchen, die das Unternehmen erst später zu spüren bekommt. Dies sind u.a. so wichtige Eigenschaften wie Interessen, Talente, Werte, Gewissenhaftigkeit, Teamorientierung, Intelligenz, Motivation, Loyalität und Lernfähigkeit. Das Einstellungsgespräch ist mit einem *Eisberg* zu vergleichen: Bestimmte Eigenschaften des Kandidaten sind offensichtlich, die Mehrzahl der Eigenschaften liegt aber unter der Oberfläche (siehe Abbildung 6-08). Die Aussagefähigkeit von Interviews lässt sich durch Steigerung des Strukturierungsgrades sowie durch die Schulung und den Einsatz mehrerer Interviewer erhöhen. Auch ist es durchaus üblich, mehrere Interviews mit unterschiedlichen Gesprächspartnern (auch an verschiedenen Tagen und Orten) durchzuführen. Selbst bei Einstiegspositionen für Hochschulabsolventen sind durchschnittlich drei Bewerbungsgespräche üblich.

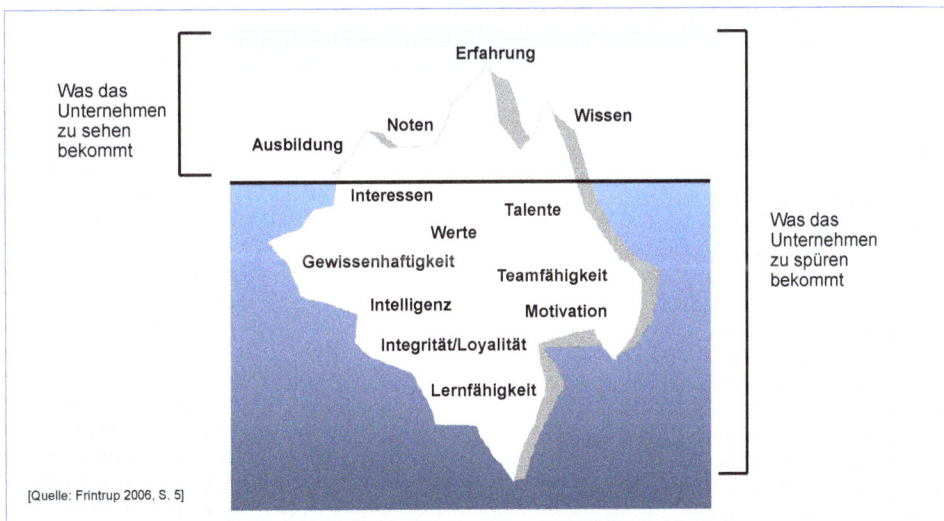

Abb. 6-08: Das Eisberg-Modell des Vorstellungsgesprächs

Die Gesprächsanteile beim Bewerbungsgespräch liegen zu etwa 80 Prozent beim Bewerber und lediglich zu 20 Prozent beim potenziellen Arbeitgeber. Übliche Fragen sind:

- „Wie sind Sie auf unser Unternehmen gestoßen?"
- „Warum haben Sie sich gerade bei unserem Unternehmen beworben?"
- „Was spricht Sie bei dem ausgeschriebenen Job besonders an?"
- „Warum sind gerade Sie für den Job besonders geeignet?"
- „Warum wollen Sie den Arbeitsplatz wechseln?"
- „Wie gehen Sie mit Stresssituationen um?"
- „Welche Stärken (bzw. Schwächen) schreiben Ihnen Freunde zu?"
- „Was war Ihr bislang größter beruflicher Erfolg/Misserfolg?"
- „Welche Gehaltsvorstellungen haben Sie?"
- „Wie hoch ist Ihre Bereitschaft, einen Teil Ihres Einkommens als variablen Teil zu akzeptieren?"
- „Welche Hobbys betreiben Sie?"

Ebenso wird der Bewerber im Vorstellungsgespräch versuchen, sich ein genaues Bild über das Unternehmen, die Arbeitsbedingungen, die Arbeitsplatzgestaltung sowie über die Entwicklungsmöglichkeiten zu machen. Da der besonders qualifizierte Bewerber zumeist die Wahl zwischen Angeboten mehrerer Unternehmen hat, erwartet er konkrete und glaubwürdige Antworten auf seine Fragen.

Während bei der Analyse der Bewerbungsunterlagen also generell mehr „harte" (also quantitative) Auswahlkriterien im Vordergrund stehen, sind es beim Bewerbungsgespräch überwiegend „weiche" (also qualitative) Faktoren. Dies belegt auch eine Umfrage des Research Unternehmens CRF Institute bei den Top-Arbeitgebern Deutschlands (siehe Abbildung 6-09).

Wichtige Einstellungskriterien beim Bewerbungsgespräch

Persönlichkeit	88%
Kommunikationsfähigkeit	73%
Praktische Erfahrungen	51%
Art und Standort der Hochschule	43%
Sprachkenntnisse	27%
Auslandserfahrung/-aufenthalt	16%
Kreativität	14%
Außeruniversitäres Engagement	11%
Schul- und Abschlussnoten	10%
Studiendauer	3%

Mehrfachnennungen

0% 10% 20% 30% 40% 50% 60% 70% 80% 90% 100%

Frage: Welches sind Ihre wichtigsten Einstellungskriterien beim Bewerbungsgespräch?

[Quelle: Pressemitteilung des CRF Institute vom 19.02.2010

Die Darstellung zeigt die wichtigsten Einstellungskriterien, die Personaler beim Bewerbungsgespräch anlegen. Dabei überrascht es kaum, dass der komplexe Begriff der „Persönlichkeit" das wichtigste Einstellungskriterium darstellt. Es überrascht auf dem ersten Blick aber sehr wohl, dass die Schul- und Abschlussnoten eine derart geringe Bedeutung beigemessen wird. Hierbei ist allerdings zu berücksichtigen, dass es sich bei den Kandidaten um Bewerber handelt, die bereits die erste Stufe der Selektion, nämlich das *Screening* erfolgreich bestanden haben. Bei einem solchen Screening werden deutlich mehr „harte" als „weiche" Kriterien für die (Vor-)Auswahl herangezogen, wobei die Schul- und Abschlussnoten nach wie vor die „härtesten" Selektionskriterien darstellen.

Abb. 6-09: Einstellungskriterien bei Hochschulabsolventen und Young Professionals

6.3.4 Assessment Center

Mit der Einstellung von neuen Mitarbeitern sind erhebliche Investitionen verbunden. Da die Ergebnisse des Vorstellungsgesprächs u. U. nicht die notwendige Entscheidungssicherheit beispielsweise über Fragen der Einordnungsfähigkeit in ein Team oder Fragen der Persönlichkeitsentwicklung gewährleisten, führen Unternehmen Testverfahren durch, die eine bessere Bewerberbeurteilung erlauben sollen.

Ein besonders differenziertes Auswahlverfahren, in dem mehrere eignungsdiagnostische Instrumente und Techniken bzw. Aufgaben zusammengestellt werden und das vornehmlich bei Hochschulabsolventen, Nachwuchsführungskräften und Führungspersonal eingesetzt wird, ist das **Assessment Center** (kurz auch als *AC* bezeichnet). Das Assessment Center hat sich (mit unterschiedlicher Intensität) in nahezu allen größeren Unternehmen etabliert, wenn auch teilweise unter alternativen Bezeichnungen wie *Personalauswahlverfahren*, *Recruiting Center*, *Bewerbertag*, *Potenzialanalyse-Tag*, *Development Center* oder *Personal Decision Day*. Teilnehmern an einem Assessment Center traut man die fachliche Bewältigung des neuen Aufgabenbereichs zu. Nun möchte der potenzielle Arbeitgeber erfahren, ob der Teilnehmer sein Wissen auch anwenden kann und die notwendige soziale Kompetenz für den neuen Job mitbringt. Darunter fallen vor allem zwischenmenschliche, analytische und administrative Fähigkeiten sowie das Leistungsverhalten [vgl. Hagmann/Hagmann 2011, S. 9 ff.].

Die Teilnehmer eines Assessment Center müssen zahlreiche Aufgaben und Übungen absolvieren und Prüfungen erfolgreich bestehen, damit auch alle notwendigen Qualifikationen abgefragt werden können. Die Teilnehmer werden dabei von mehreren Beobachtern (Verhältnis 2:1) beurteilt bzw. bewertet (engl. *to assess*). Verhaltensorientierung, Methodenvielfalt, Mehrfachbeurteilung und Anforderungsbezogenheit sind Aspekte, die ein Assessment Center zur aufwendigsten und anspruchsvollsten Form des Gruppengesprächs machen. Eingesetzt wird das Verfahren auch für die (interne) Personalbeurteilung, Laufbahnplanung, Potenzialbeurteilung und Trainingsbedarfsanalyse. Individuelle Arbeitsproben, Gruppendiskussion mit oder ohne Rollenvorgabe, Präsentationen, Rollenspiele, Fallstudien, Schätzaufgaben, Postkorbübungen, Planspiele, Konstruktionsübungen, Selbst- und Fremdeinschätzung, Interviews sowie Fähigkeits- und Leistungstests sind häufig eingesetzte Bausteine im Assessment Center.

Trotz aller Weiterentwicklung und zahlreicher psychologischer Begleitstudien steht das Assessment Center weiterhin in der Kritik. Dabei werden aber nicht das Auswahlverfahren und die eingesetzten Bewertungsbausteine an sich kritisiert. Beanstandet wird vielmehr, dass das Verfahren die in ihm gesetzte Erwartung nicht erfüllt und somit eine Trefferquote und Sicherheit bei der Auswahl suggeriert, die nicht unbedingt zutreffen muss [vgl. Hagmann/Hagmann 2011, S. 9].

6.3.5 Unterstützung durch Bewerbermanagementsysteme

Bewerber erwarten heutzutage nutzerfreundliche Suchmöglichkeiten nach Stellenangeboten auf der Karriereseite der Unternehmen, in den Internet-Jobbörsen oder in den einschlägigen sozialen Medien. Im Vordergrund stehen dabei einfache Bewerbungsmöglichkeiten, eine Eingangsbestätigung sowie eine jederzeitige Auskunftsmöglichkeit, wie es denn um ihre Bewerbung steht. Um diesen externen Anforderungen der Bewerber einerseits und den internen Anforderungen an die Messung der Prozessqualität andererseits gerecht zu werden, setzen viele Unternehmen verstärkt IT-gestützte Systeme für das Bewerbermanagement ein.

Eine Untersuchung zum **Wertbeitrag** von Bewerbermanagementsystemen zeigt, dass durch den Einsatz dieser Systeme primär **Zeitreduktionen** innerhalb einzelner Prozessabschnitte der Personalbeschaffung und eine **Kostenreduktion** für die interne Bearbeitung von Bewerbungen erreicht werden. Eine Verbesserung der Qualität der eingestellten Wunschkandidaten kann hingegen nicht realisiert werden. Auch die Unternehmensgröße hat keinen Einfluss auf den Wertbeitrag der Bewerbermanagementsysteme [vgl. Eckardt et al. 2012, S. 88].

6.4 Rekrutierungsunterschiede

In diesem Abschnitt sollen teilweise noch einmal bzw. verstärkt auf die Rekrutierungs-unterschiede zwischen High Potentials und „normalen" Talenten hingewiesen werden.

Bei der Intensität, mit der die einzelnen Rekrutierungsinstrumente eingesetzt werden, gibt es kaum Unterschiede zwischen der Suche nach Top-Talenten und „normalen" Ta-lenten; die **Rekrutierungsintensität** hängt vielmehr von der Unternehmensgröße ab, d. h. kleinere Firmen nutzen nahezu ausschließlich die Stellenanzeige, während größere Unternehmen das gesamte Spektrum der Signalisierungs- und Kommunikationsinstru-mente (einschließlich Jobmessen, Career Camps, Vergabe von Praktika, Hochschulkon-takte etc.) anwenden. Die Unternehmensgröße beeinflusst auch die **Komplexität des Auswahlverfahrens**, gleichwohl spielt hierbei auch die Branche eine Rolle. So ist die **Akzeptanzquote**, d. h. die Anzahl der in der Vorauswahl bzw. in der Endauswahl als geeignet akzeptierten Bewerber zur Gesamtzahl aller Bewerber, bei der Suche nach High Potentials teilweise deutlich geringer als bei der Suche nach soliden Talenten. Auch ist der **Auswahlprozess** bei den High Potentials zumeist deutlich aufwändiger, wobei die Gründe neben den höheren Anforderungen an Bewerber auch im angestrebten Eliteimage liegen [vgl. Nissen/Kinne 2008, S. 99].

Gute **Prädiktoren** zur Identifizierung von High Potentials sind die Hochschulqualität, Fachrichtung und Fächerkombination, Auslandsaufenthalte, erhaltene Stipendien, Anzahl und Qualität von Praktika, eine zweite Fremdsprache und Aktivitäten außerhalb der Hochschule.

6.4.1 Hochschulqualität

Die besuchte **Hochschule** bzw. die Hochschulart wird insbesondere von größeren Unternehmen und Unternehmensberatungen immer noch gerne als Auswahlkriterium herangezogen, obwohl es zunehmend an Aussagekrft verliert. Das hängt ursächlich mit der Entwicklung und Struktur der Hochschullandschaft zusammen. In Deutschland gibt es derzeit insgesamt 424 Hochschulen, darunter 107 Universitäten und 213 Fachhoch-schulen (siehe Abbildung 6-10).

Unter den Hochschulen gewinnen die privaten Institutionen seit der Bologna-Reform zunehmend an Bedeutung. So haben sich die nichtstaatlichen Universitäten seit 1990 auf 23 Institutionen nahezu verdoppelt und die Anzahl der privaten Fachhochschulen ist von 21 um mehr als das Fünffache auf 113 gestiegen. Angesichts dieser Flut an Univer-sitäten und Fachhochschulen zeigen sich viele Recruiting-Abteilungen überfordert. Daher sind viele Recruiter dazu übergegangen, ihre High Potentials eher an Universitäten und weniger an Fachhochschulen zu suchen.

Und auch unter den Universitäten gibt es bei den personalsuchenden Unternehmen interne Ranglisten. So werden immer wieder die beiden Münchener Universitäten (LMU und TU) und Mannheim speziell für Wirtschaftswissenschaftler genannt. Für Wirtschaftsingenieure und Informatiker kommen die TH Karlsruhe und die RWTH Aachen hinzu. Bei den privaten Universitäten werden am häufigsten die WHU Koblenz, die EBS in Östrich-Winkel und die ESCP in Berlin genannt. Die personalsuchenden Unternehmen ernennen für die genannten Universitäten sogenannte *Universitäts-botschafter,* die zu den jeweiligen Lehrstühlen Kontakt halten und und Wochenend-workshops oder Sommerakademien (jeweils mit entsprechenden Case-Studies) organi-sieren.

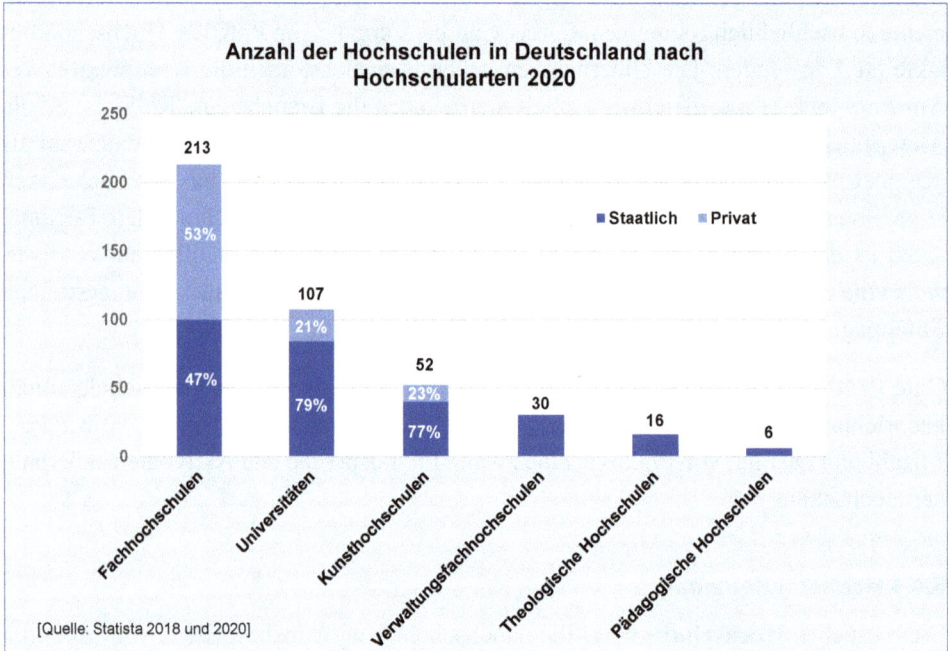

Anzahl der Hochschulen in Deutschland nach Hochschularten 2020

[Quelle: Statista 2018 und 2020]

Abb. 6-10: Anzahl der Hochschulen in Deutschland nach Hochschularten 2020

6.4.2 Bachelor-/Mastersystem

Vor mehr als 20 Jahren wurde die Bologna-Reform verabschiedet. Das zweistufige **Bachelor- und Mastersystem** ist der Kern der Reform.

Abbildung 6-11 zeigt das neue System, das diverse Auswirkungen für die betriebliche Personalbeschaffung und -auswahl aufzeigt. Dabei ist zu berücksichtigen, dass das Bachelor-Master-Konzept für alle Studiengänge – mit Ausnahme der Medizin und der Rechtswissenschaft – gilt. In der Medizin und in der Rechtswissenschaft gilt nach wie vor das System des ersten und zweiten (in Medizin dritten) Staatsexamens [vgl. Wagner/Herlt 2010, S. 305 ff.].

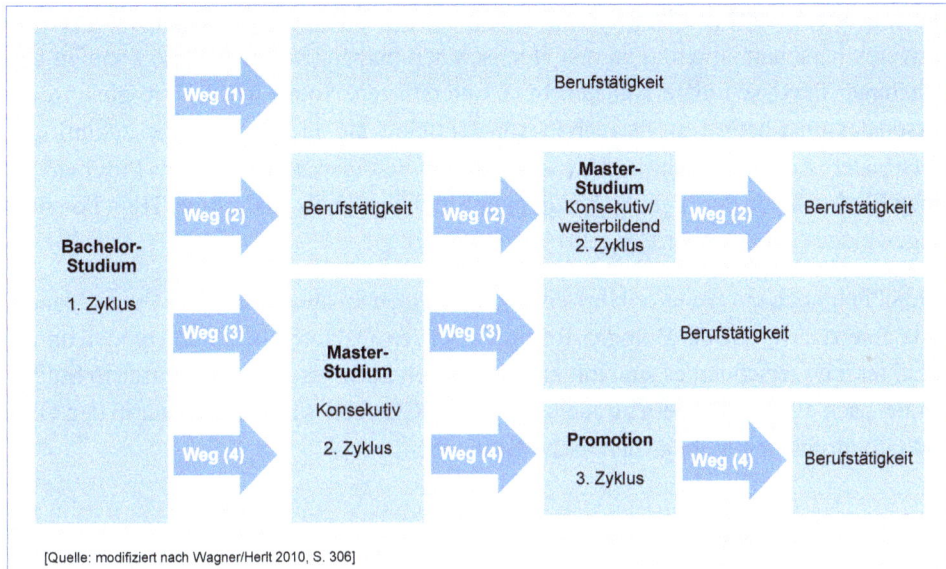

[Quelle: modifiziert nach Wagner/Herlt 2010, S. 306]

Abb. 6-11:   Überblick über das Bachelor-/Mastersystem

Drei Dinge wollte die Bologna-Reform erreichen: Die Studienabschlüsse sollten europaweit vergleichbarer, die Studierenden international mobiler und die Abschlüsse auf den Bedarf der Wirtschaft abgestimmt werden. Besonders mit dem dritten Ziel ging das Bestreben einher, die Studienzeit zu verkürzen und die Berufsfertigkeit zu erhöhen. Schließlich wurde den deutschen Hochschulabsolventen immer wieder vorgeworfen, dass sie im internationalen Vergleich zu alt seien und dass die deutschen Hochschulen sie zu wenig auf die Erfordernisse in der Praxis vorbereiten würden.

Bologna sah daher den Weg (1) für 90 Prozent aller Bachelor vor, d.h. der Bachelor-Abschluss sollte für die überwältigende Mehrheit aller Studierenden ausreichen. Sehr schnell stellte sich aber heraus, dass über 50 Prozent aller fertigen Bachelor die Wege (2), (3) oder (4) einschlugen. Hauptleidtragende sind somit die fertigen Bachelor, die – um wettbewerbsfähig zu sein – zunehmend gezwungen sind, nun auch noch den Master draufzusatteln. Damit wurde das dritte Ziel deutlich verfehlt, denn der Wirtschaft lag ursprünglich sehr daran, die **Studienzeit zu verkürzen** und die Studierenden schneller für den Arbeitsmarkt fit zu bekommen. Auch für das Personalmanagement ist es selbstverständlich, dass man die Top-Talente nur unter den Master-Absolventen finden kann [vgl. Lippold 2019c].

Das in der Regel drei Jahre dauernde Bachelor-Studium ist auf breiter Front verschult und von den Inhalten her sehr verdichtet. Das führt dazu, dass ein Praktikum oder ein Auslandsaufenthalt nur noch schwer durchführbar sind. Ebenso ist das „Jobben", also das Nebenher-Arbeiten immer schwieriger. Einerseits erfolgt hierdurch eine stärkere Konzentration auf das (Fach-)Studium, andererseits ist das Anwenden sozialer Kompetenzen unter Umständen stark eingeschränkt.

Da sinkende Anzahl und Dauer der Praktika sollte das Personalmanagement durch ein aktiveres Personalmarketing an den Hochschulen nutzen. Beispielsweise könnten Unternehmen Praxisseminare anbieten bzw. unterstützen. Somit würden sie gleichzeitig Personalakquise betreiben, als auch Personalentwicklung ihrer potenziellen zukünftigen Mitarbeiter. Zudem besteht in praxisorientierten Seminaren eine bessere Möglichkeit, einen Eindruck von der Eignung bestimmter Studierender als zukünftiger High Potential zu gewinnen [vgl. Wagner/Herlt 2010, S. 309].

Schließlich noch ein weiterer Hinweis für das Personalmanagement: Da Deutschland – nicht zuletzt aufgrund der Bologna-Reform – bei den ausländischen Studierenden immer beliebter wird, erscheint es sinnvoll zu sein, gezielt im Kreise der ausländischen Studierenden nach Top-Performern zu suchen. Laut OECD-Statistik studieren nur in den USA und Großbritannien mehr ausländische Gaststudenten.

6.4.3 Studienrichtung

Unterschiede gibt es auch bei den **Studienrichtungen** der rekrutierten Hochschulabsolventen. Hier wird die Vielfalt an Studiengängen, die kaum mehr zu überblicken ist, noch gravierender. Insgesamt bieten die deutschen Hochschulen über 18.600 Studiengänge an, davon rund 9.000 Bachelorstudiengänge und etwa 8.000 Masterstudiengänge. Allein in der wirtschaftswissenschaftlichen Fächergruppe hat die Bologna-Reform zu einem ausdifferenzierten Angebot von über 2.500 (!) Studiengängen geführt. Da ein solches Angebot bedient werden will, legt es die Vermutung nahe, dass damit ein ernstzunehmender Teil der jungen Menschen den praktischen Berufen entzogen wird, nur um dem akademischen Trend zu folgen [vgl. Lippold 2018d].

High Potentials werden zunehmend bei den Informatikern, Mathematiken, Ingenieuren und Physikern gesucht. Bei den Betriebs- und Volkswirten, der eigentlichen Recruitingsquelle für Führungsnachwuchskräften, sind zumeist nur die Hochschulabsolventen mit der „eins vor dem Komma" im Fokus der Unternehmen. Da solch besonders qualifizierte Bewerber zumeist die Wahl zwischen den Angeboten mehrerer Unternehmen haben, können sie auch besonders selbstbewusst bei ihrer Arbeitsplatzwahl auftreten. Somit stehen sich auf dem Arbeitsmarkt für High Potentials zwei Partner „auf Augenhöhe" gegenüber.

6.4.4 Karriereförderung

Auch bei der **Karriereförderung** lassen sich Unterschiede zwischen High Potentials und „normalen" Talenten ausmachen. Das vorherrschende Karriereprinzip bei McKinsey, Boston Consulting und Co., die ja überwiegend nach High Potentials suchen, ist das *Up-or-Out-Prinzip*. Danach soll die nächsthöhere Karrierestufe (engl. *Grade*) innerhalb eines vorgegebenen Zeitraums erreicht werden, ansonsten muss der Berater das Unternehmen verlassen. Andere Unternehmen hingegen orientieren sich eher am

Prinzip *Grow-or-Die*, d. h. der Mitarbeiter entwickelt sich mit dem Unternehmen weiter und steigt in der Hierarchie nach oben. Andernfalls bleibt der Mitarbeiter auf der erreichten Stufe stehen, ohne dass eine zwangsweise Freisetzung erfolgt [vgl. Nissen/Kinne 2008, S. 100].

In Abildung 6-12 sind wichtige personalpolitische Merkmale zur Auswahl von High Potentials und „normalen" Talenten gegenübergestellt.

Kriterium	High Potentials	„Normale" Talente
Intensität der Rekrutierungsinstrumente	Größenabhängig	Größenabhängig
Akzeptanzquote	Sehr niedrig	Niedrig
Komplexität des Auswahlverfahrens	Komplex, aufwändig	Einfacher gehalten
Studienfächer	Sehr gemischt, aber Noten-abhängig	Überwiegend BWL/VWL
Image-Fokus	Elite	Dienstleister
Karriereprinzip	Up-or-Out	Grow-or-Die

[Quelle: Nissen/Kinne 2008, S. 102]

Abb. 6-12:   Gegenüberstellung personalpolitischer Merkmale

6.5 Personalintegration

Der Übergang zwischen den Phasen der Personalbeschaffungskette und den Phasen der Personalbetreuungskette wird durch die *Personalintegration* gekennzeichnet. Hier treffen Bewerber und Unternehmen nach einem positiv verlaufenen Auswahlprozess aufeinander, um das geschlossene Arbeitsverhältnis in eine für beide Seiten gedeihliche Zusammenarbeit umzusetzen. Die Personalintegration beschreibt die Einarbeitung des Mitarbeiters in die Anforderungen des Unternehmens. Sie ist ein wesentlicher Erfolgsfaktor dafür, dass der Neueinsteiger von Beginn an die an ihn gestellten Erwartungen erfüllt. Gleichzeitig erwartet aber auch der Mitarbeiter, dass seine im oben skizzierten Auswahl- und Entscheidungsprozess aufgebaute Erwartungshaltung gefestigt wird. Die Erfahrungen der Integrationsphase entscheiden sehr häufig über die zukünftige Einstellung (Loyalität) zum Unternehmen und prägen den weiteren Werdegang als Mitarbeiter. Daher sollte dem Neueinsteiger gerade in der ersten Zeit ein hohes Maß an Aufmerksamkeit geschenkt werden [vgl. Lippold 2019c].

Wie Erfahrungen in der Praxis allerdings immer wieder zeigen, lässt sich bei vielen Unternehmen gerade in der Integrationsphase ein großes Verbesserungspotenzial erkennen. Hier geht es vor allem darum, der besonderen Situation des neuen Mitarbeiters an seinem "ersten Tag" gerecht zu werden. Da der neue Mitarbeiter in aller Regel mehrere Optionen bei der Wahl seines Arbeitgebers hatte, wird er Zweifel hegen, ob er die richtige Entscheidung getroffen hat. Dieses in der Sozialpsychologie als *kognitive Dissonanz* bezeichnete Phänomen tritt immer dann verstärkt auf, je wichtiger die Entscheidung, je ähnlicher die Alternativen, je dringlicher der Entschluss und je niedriger der Informationsstand ist. Somit kommt dem Arbeitgeber die Aufgabe zu, alle Anstrengungen zu unternehmen, um die kognitive Dissonanz des Mitarbeiters aufzulösen bzw. zu beseitigen. Unzufriedene und enttäuschte Neueinsteiger neigen dazu, das Unternehmen bereits in der Probezeit zu verlassen und dadurch hohe Fluktuationskosten zu verursachen.

Typische Einführungsmaßnahmen, um den Grundstein für eine zukünftige und nachhaltige **Mitarbeiterbindung** zu legen, sind *Einarbeitungspläne*, *Einführungsseminare* und *Mentorenprogramme*.

Die Vorbereitung und Aushändigung eines **Einarbeitungsplans**, der Termine mit wichtigen Gesprächspartnern, bestehende Arbeitsabläufe, Organigramme, Informationen über Standorte und Abteilungen etc. enthält, sollte für jeden neuen Arbeitgeber obligatorisch sein.

Eine der wirksamsten Maßnahmen ist es, den neuen Mitarbeiter am ersten Tag nicht direkt an seinen neuen Arbeitsplatz „zu setzen", sondern ihn im Rahmen eines **Einführungsseminars** zusammen mit anderen neuen Mitarbeitern willkommen zu heißen und über die besonderen Vorzüge des Unternehmens nachhaltig zu informieren. Das speziell für neue Mitarbeiter ausgerichtete Einführungsseminar wird von international orientierten Unternehmen sehr häufig als **Onboarding** bezeichnet.

In Abbildung 6-13 zeigt die Beschreibung zweier alternativer Situationen, wie sie neue Mitarbeiter an ihrem ersten Arbeitstag in der neuen Firma erleben können.

Mein erster Schultag – Schultüte oder Möhre?

Viele von uns kennen die Situation: Es ist der erste Arbeitstag beim neuen Arbeitgeber und man meldet sich beim Empfang an. „Mein Name ist Müller". Und jetzt gibt es in aller Regel zwei grundsätzliche Antwortmöglichkeiten. Die erste Antwort: „Guten Tag Herr Müller. Sie werden schon erwartet. Das Onboarding für neue Mitarbeiter findet in Raum fünf statt." Die zweite Antwortmöglichkeit: „Hm, Herr Müller, zu wem möchten Sie denn?" Und als man dann merkt, dass man gar nicht erwartet wird und sich stattdessen erstmal mit den Prospekten auf dem Ständer im Foyer beschäftigen soll, spätestens dann kommt so etwas wie „kognitive Dissonanz" in einem auf. Schließlich hatte man im Vorfeld, also bei der Suche nach einem neuen Arbeitgeber, mehrere Optionen gehabt – und sich jetzt ganz offensichtlich für die falsche Option entschieden.

Diese Situationsbeschreibung soll deutlich machen, wie wichtig es ist, neue Mitarbeiter mit der ersten Antwortmöglichkeit zu begrüßen. Ein Unternehmen, das seine Mitarbeiter wertschätzt, wird die neuen Mitarbeiter an deren ersten Arbeitstag in den Mittelpunkt stellen. Der erste Arbeitstag ist der wichtigste Arbeitstag für neue Mitarbeiter – ähnlich dem ersten Schultag bei unseren Kindern. Und warum bekommen diese eine prallgefüllte Schultüte mit viel Leckereien und keine Mohrrübe? Richtig, es soll die Vorfreude geweckt werden. Die Schule soll gleich am ersten Tag gefallen und es dürfen beim ABC-Schützen keinerlei Zweifel aufkommen.

[Quelle: https://lippold.bab-consulting.de/oftmals-von-enormer-wirkung-der-erste-arbeitstag-beim-neuen-arbeitgeber]

Abb. 6-13: „Mein erster Schultag"

Ein Onboarding kann durchaus mehrere Tage umfassen und sollte von der Geschäftsleitung und dem Personalmanagement begleitet werden. Es vermittelt Kontakte über die Grenzen der eigenen Abteilung hinaus und fördert ein besseres Verständnis der Zusammenhänge von Personen und Prozesse im Unternehmen. Die neuen Mitarbeiter erfahren dadurch eine besondere Anerkennung, werden in ihrer Auswahlentscheidung bestärkt und für die weitere Arbeitsphase motiviert.

In Abbildung 6-14 sind die einzelnen Phasen und Vorzüge einer motivierenden Einarbeitung und Einführung neuer Mitarbeiter dargestellt.

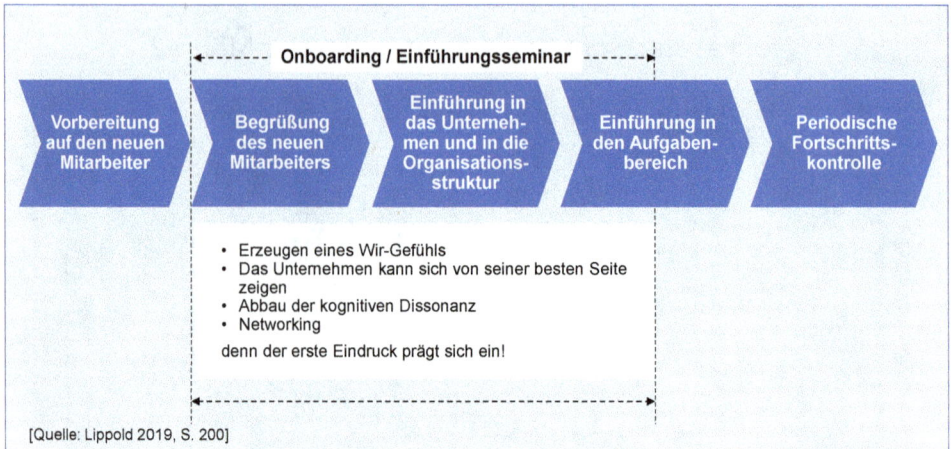

Abb. 6-14:   *Prozess der Einführung und Einarbeitung neuer Mitarbeiter*

Im Anschluss an das Onboarding ist es sinnvoll, dem Neueinsteiger einen Paten (Mentor) an die Seite zu stellen, der die Einarbeitungszeit systematisch begleitet und bei Fragen und Problemen entsprechende Hilfestellung leistet. Ein **Mentorenprogramm** sollte mindestens bis zum Ablauf der Probezeit befristet sein.

Erkennt das Unternehmen oder der neue Mitarbeiter, dass die Erwartungshaltungen nicht erfüllt worden sind bzw. der Mitarbeiter nicht für den Job geeignet ist, so ermöglicht die Probezeit eine sinnvolle Vereinfachung des Trennungsverfahrens.

7. Personalvergütung und High Potentials

> „... wenn der Direktor mit seinen Regisseuren durch
> eine kluge und energische Leistung es dahin bringt,
> dass die Kasse am Ende des Jahres einen Überschuss
> hat, so soll von diesem Überschuss dem Direktor, den
> Regisseuren und den vorzüglichsten Mitgliedern der
> Bühne eine Remuneration zuteil werden. Da solltet Ihr
> einmal sehen, wie es sich regen und wie die Anstalt aus
> dem Halbschlafe, in welchen sie nach und nach gera-
> ten muss, erwachen würde ... Es liegt einmal in der
> menschlichen Natur, dass sie leicht erschlafft, wenn
> persönliche Vorteile und Nachteile sie nicht nötigen.“
> [J. W. von Goethe über das Theater an Eckermann]

Der zweite Teil der zweigeteilten Personalmarketing-Gleichung, der auf die Personalbetreuung abzielt, beginnt mit der Bereitstellung von markt-, anforderungs- und leis-
tungsgerechten **Anreiz- und Vergütungssystemen** (engl. *Compensation & Benefits*).
Die zu zahlende Vergütung als materielle Gegenleistung für die Arbeitsleistung seiner
Mitarbeiter ist für das Unternehmen ein *Kostenfaktor*.

Für den Mitarbeiter ist die ausgezahlte Vergütung *Einkommen*, aber zugleich ein **Leis-
tungsanreiz**.

Leistungsfördernd ist die Vergütung aber nur dann, wenn sie vom Berater als *gerecht*
empfunden wird. Die *Personalvergütung* zielt auf die Optimierung der *Gerechtigkeit*,
die als Grundvoraussetzung für die Akzeptanz eines Anreiz- und Vergütungssystems
bei den Mitarbeitern gilt. Daraus ergibt sich folgende Zielfunktion:

Gerechtigkeit = f (Personalvergütung) → optimieren!

Das Aktionsfeld *Personalvergütung* ist das erste Aktionsfeld der Prozesskette Personalbetreuung (siehe Abbildung 7-01).

Nicht wenige Personalverantwortliche stellen das *Entgelt* – besonders unter dem Aspekt
der Mitarbeiterbindung – als den entscheidenden Baustein des betrieblichen Anreiz- und
Vergütungssystems heraus. Eine solch eindimensionale Betrachtung wird den unterschiedlichen Verhaltensmotiven der Mitarbeiter jedoch nicht gerecht. So zeigt bereits
eine Untersuchung von Towers Perrin aus dem Jahre 2007, dass der entscheidende *Bindungsfaktor* augenscheinlich nicht so sehr die finanziellen (also materiellen) Anreize,
sondern mehr die immateriellen Anreize wie Kommunikation von Karrieremöglichkeiten, Reputation des Arbeitgebers, ausreichende Entscheidungsfreiheit, Trainingsange-
bot, Work-Life-Balance u. ä. sind [vgl. Towers Perrin 2007].

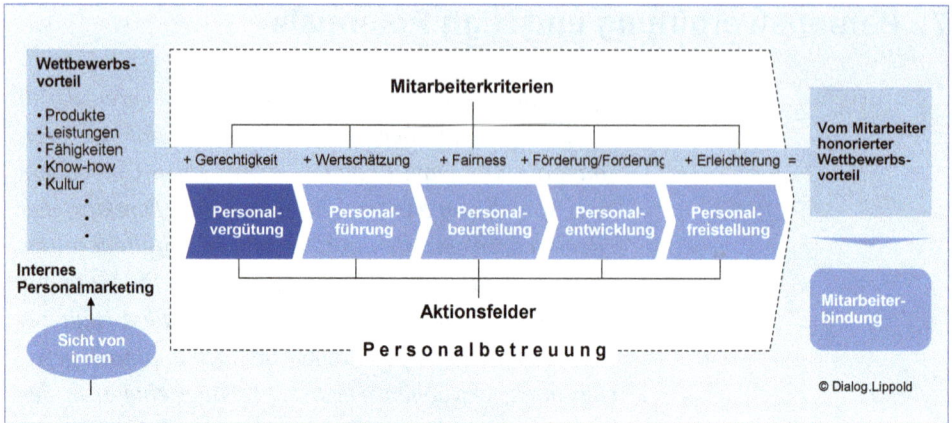

Abb. 7-01: Das Aktionsfeld Personalvergütung

Unternehmen, die hochqualifizierte Menschen gewinnen und an sich binden wollen, müssen Anreize bieten, die über die Bezahlung hinausgehen. Sinn stiftende Tätigkeiten, persönliche Entwicklungsmöglichkeiten, flexible Arbeitsmodelle und eine ansprechende Unternehmenskultur und -ethik sind einige Forderungen, die potentielle Mitarbeiter heute stellen. Ein Unternehmen ist gut beraten, Antworten auf solche Forderungen zu haben und die Personalpolitik des Unternehmens mit einem entsprechenden Anreizsystem strategisch auszurichten.

Ein umfassendes Anreizsystem, das sowohl materielle als auch immaterielle Anreize enthält und auf der extrinsischen und intrinsischen Motivation basiert, ist in Abbildung 7-02 dargestellt [siehe auch Thom/Friedli 2008, S. 26].

Abb. 7-02: Elemente eines Anreiz- und Vergütungssystems

7.1 Funktionen und Komponenten der Personalvergütung

Die Gestaltung des Vergütungssystems zählt zu den zentralen Herausforderungen des Personalmanagements. Ein effektives und effizientes Vergütungssystem sollte folgenden **Funktionen** gerecht werden [vgl. Stock-Homburg 2013, S. 401 f.]:

- **Sicherungsfunktion.** Hauptsächlich das Festgehalt (fixe Basisvergütung) trägt zur Sicherstellung der Grundversorgung des Mitarbeiters bei.

- **Motivationsfunktion.** Besonders den variablen Vergütungsbestandteilen wird ein hohes Motivationspotenzial bei High Potentials beigemessen. Sie hängen unmittelbar von der Leistung bzw. den Ergebnissen der Führungsnachwuchskräfte und Talente ab und sind somit relativ gut durch diese beeinflussbar.

- **Steuerungsfunktion.** Diese Funktion hat die Aufgabe, das Leistungsverhalten der High Potentials auf bestimmte Ziele des Unternehmens (z. B. der verstärkte Umsatz von definierten Produkten und Leistungen) auszurichten. Als Steuerungsfunktion eignen sich die Ziele für die variablen Gehaltsanteile.

- **Leistungssteigerungsfunktion.** Stärkere Anreize in Form einer höheren Vergütung können dazu führen, dass High Potentials, Führungsnachwuchskräfte und Mitarbeiter insgesamt ihre Leistung steigern.

- **Selektionsfunktion.** Bei relativ hohen variablen Gehaltsbestandteilen werden tendenziell leistungsorientiertere und risikofreudigere Talente angesprochen. Oftmals bewirken solche stark leistungs- bzw. erfolgsabhängigen Gehälter eine Selbstselektion (engl. *Self Selection*), die dazu führt, dass bestimmte Jobs nur mit besonders risikofreudigen Mitarbeitern besetzt sind.

- **Bindungsfunktion.** Ein als fair und attraktiv wahrgenommenes Vergütungssystem schafft Anreize für High Potentials und Talente, im Unternehmen zu verbleiben. Allerdings können attraktive Vergütungsmodelle lediglich zeitlich begrenzt das Ausscheiden von leistungsstarken Mitarbeitern verhindern.

- **Kooperationsförderungsfunktion.** Ein Vergütungssystem, das kooperative Verhaltensweisen (wie z. B. Teamarbeit) besonders honoriert, trägt zur Förderung der Zusammenarbeit bei.

Der Wirkungsgrad der hier aufgezeigten Funktionen kann durch eine entsprechende Zusammensetzung und Ausgestaltung der *Komponenten* des Vergütungssystems beeinflusst werden. Die Gesamtvergütung (engl. *Total Compensation*) eines Mitarbeiters setzt sich aus diesen grundlegenden Komponenten zusammen:

- Fixe und variable Vergütung
- Zusatzleistungen.

Für das Personalmanagement ist es nun wichtig zu erkennen, welche dieser Komponenten besondere Differenzierungsmöglichkeiten gegenüber anderen Arbeitgebern bieten. Besonders bei den Zusatzleistungen lassen sich „Goodies" entwickeln, die sich teilweise als „Zünglein an der Waage" für die Gewinnung und Bindung von hochmotivierten und leistungsstarken Mitarbeitern herausstellen können.

7.1.1 Fixe und variable Vergütung

Die **fixe Vergütung** wird als Basisvergütung regelmäßig ausgezahlt und orientiert sich an den Anforderungen des Arbeitsplatzes sowie an der internen Wertigkeit, d. h. an der Bedeutung und am Wertschöpfungsbeitrag des Jobs. Sie stellt eine Mindestvergütung sicher und bildet somit das *Garantieeinkommen* für den Mitarbeiter. In der Regel liegen die Grundgehälter der High Potentials auf nahezu allen Karrierestufen (engl. *Grade* oder *Level*) mehr oder weniger deutlich über den vergleichbaren Grundgehältern der anderen Mitarbeiter.

In Bezug auf das generelle Vergütungsniveau kann zwischen drei alternativen Vergütungsstrategien unterschieden werden:

- **Benchmarkingstrategie**, d.h. das Vergütungsniveau liegt über dem durchschnittlichen Marktniveau. Mit dieser Strategie, die viele Managementberatungen eingeschlagen haben, ist das Unternehmen in der Lage, hoch qualifizierte Führungsnachwuchskräfte und Talente zu gewinnen, zu binden und zu motivieren.

- **Matchingstrategie**, d.h. das Vergütungsniveau entspricht dem durchschnittlichen Marktniveau.

- **Laggingstrategie**, d.h. die durchschnittliche Vergütung des Unternehmens liegt unterhalb des Marktniveaus. Eine solche Strategie wird dann herangezogen, wenn das Unternehmen aufgrund interner oder externer Faktoren keine höheren Vergütungen anbieten kann.

Im Gegensatz zur fixen ist die **variable Vergütung** eine Einkommenskomponente, die von den individuellen Leistungen der Arbeitnehmer bzw. dem Unternehmenserfolg abhängt. Dieser Vergütungsbestandteil wird also nur unter der Voraussetzung ausgezahlt, dass bestimmte *Ergebnisse* erbracht werden.

Immer mehr Unternehmen gehen dazu über, einen Teil des unternehmerischen Risikos auf die Mitarbeiter zu verlagern. Vor allem im Management-Bereich setzt sich die erfolgsabhängige Vergütung zunehmend durch. So zeigen die Ergebnisse einer Online-befragung des Manager Magazins aus dem Jahre 2009, dass die variable Vergütung in nahezu allen Funktionsbereichen und ganz besonders in der Beratungsbranche auf dem Vormarsch ist (siehe Abbildung 7-03).

Anteil der erfolgsabhängigen Vergütung nach betrieblichen Funktionsbereichen bzw. Tätigkeitsfeldern 2009

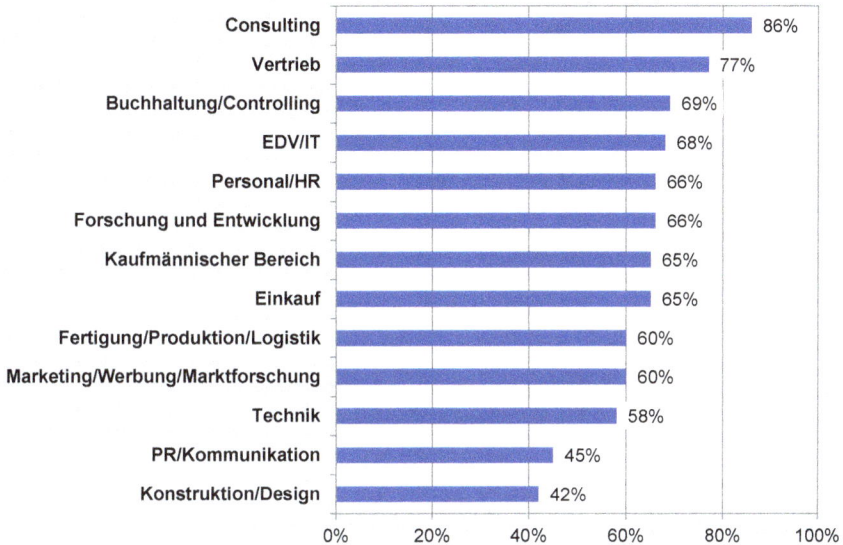

Funktionsbereich	Anteil
Consulting	86%
Vertrieb	77%
Buchhaltung/Controlling	69%
EDV/IT	68%
Personal/HR	66%
Forschung und Entwicklung	66%
Kaufmännischer Bereich	65%
Einkauf	65%
Fertigung/Produktion/Logistik	60%
Marketing/Werbung/Marktforschung	60%
Technik	58%
PR/Kommunikation	45%
Konstruktion/Design	42%

[Quelle: MM-Gehaltsreport, Online-Umfrage im Juli/August 2009]

Die Ergebnisse einer Online-Befragung des Manager Magazins unter 91.000 Führungskräften aus dem Jahre 2009 zeigen, dass in den Tätigkeitsfeldern *Consulting* und *Vertrieb* mehr als Dreiviertel aller Manager (leitende Angestellte) eine vertraglich geregelte, variable Vergütung erhalten. Aber auch in den anderen untersuchten Tätigkeitsbereichen ist die variable Vergütung auf dem Vormarsch. Durchschnittlich mehr als jede zweite Führungskraft erhält eine erfolgsabhängige Vergütung

Abb. 7-03: Variable Gehaltsanteile nach Funktionsbereichen

Die variable Vergütung von Führungskräften und Mitarbeitern zählt aber nach wie vor zu den intensiv diskutierten Bereichen der Personalvergütung. Eine Reduktion der fixen Personalkosten sowie eine erhöhte Attraktivität für leistungsstarke, ziel- und risikoorientierte Mitarbeiter und Führungskräfte sind sicherlich die Vorteile der variablen Vergütung. Demgegenüber stehen ein höheres finanzielles Risiko bei persönlichen Leistungsausfällen oder Verfehlen von Unternehmenszielen sowie die Gefahr eines lethargischen Mitarbeiter- und Führungsverhaltens, wenn frühzeitig erkannt wird, dass die persönlichen oder Unternehmensziele nicht (mehr) erreicht werden können [vgl. Stock-Homburg 2013, S. 408].

In Abbildung 7-04 sind die Chancen und Risiken, die sich aus der variablen Vergütung ergeben, sowohl aus Sicht der High Potentials als auch aus unternehmerischer Perspektive gegenübergestellt.

Chancen der variablen Vergütung ...	Risiken der variablen Vergütung ...
... für High Potentials	• Höhere Arbeitszufriedenheit durch Äquivalenz von Leistung und Verdienstmöglichkeit • Höhere Motivation durch bessere Verdienstmöglichkeiten • Höhere finanzielle Chancen durch erhöhte, leistungsabhängige Verdienstmöglichkeiten	• Höheres finanzielles Risiko (bei persönlichen Leistungsausfällen oder bei Nicht-Zielerreichung auf Unternehmensebene) • Frustration, wenn Bemessungskriterien falsch ausgewählt wurden • Erhöhter Leistungsdruck
... für Unternehmen	• Reduktion der fixen Personalkosten • Erhöhte Attraktivität für leistungs- und risikoorientierte Führungskräfte bzw. Mitarbeiter • Fokussierung der Führungskräfte bzw. Mitarbeiter auf die Unternehmensziele • Zusätzliche Möglichkeit der Motivation	• Gefahr der Fokussierung des Mitarbeiterverhaltens auf kurzfristige Ziele • Gefahr eines lethargischen Mitarbeiterverhaltens bei frühzeitigem Erkennen der Nichterreichung von persönlichen und Unternehmenszielen

[Quelle: modifiziet nach Stock-Homburg 2013, S. 408]

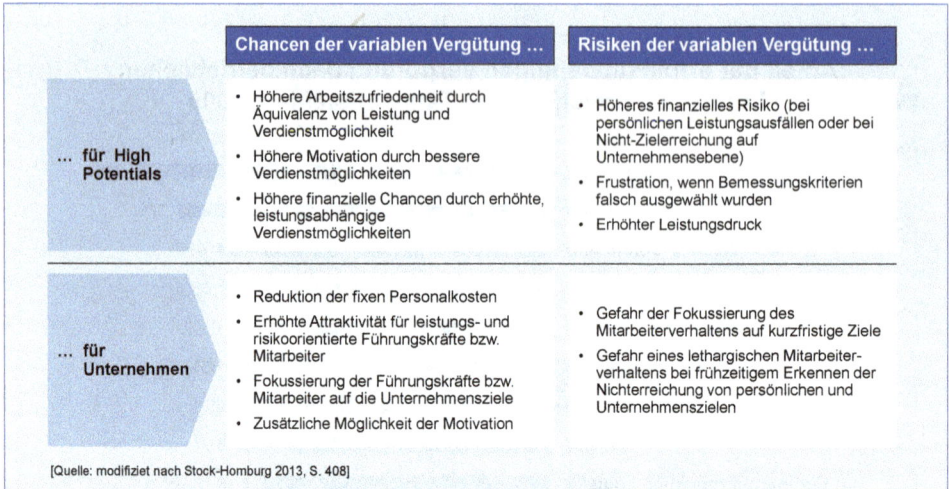

Abb. 7-04: Chancen und Risiken der variablen Vergütung

7.1.2 Zusatzleistungen

Diese dritte Komponente der Personalvergütung lässt sich in Sozialleistungen und sonstige Leistungen unterteilen.

Zu den **gesetzlichen Sozialleistungen**, die vom Gesetzgeber unter dem Sammelbegriff der **Sozialversicherung** zusammengefasst werden, zählen die Unfall-, Kranken-, Pflege-, Arbeitslosen- und Rentenversicherung. Während die Beiträge zur Unfallversicherung allein vom Arbeitgeber getragen werden, wird die Finanzierung der übrigen Sozialversicherungen jeweils zur Hälfte vom Arbeitgeber und Arbeitnehmer übernommen.

Tarifliche Sozialleistungen verpflichten Unternehmen zu bestimmten Zahlungen, die in Tarifverträgen geregelt sind. Darüber hinaus gewähren manche Unternehmen bestimmte *freiwillige Sozialleistungen* (z. B. Zuschüsse für die Altersvorsorge, Ausbildungszuschüsse, Jubiläumsgelder, Umzugsgeld).

Sonstige Zusatzleistungen (wie z. B. Firmenwagen, Sabbaticals, Kinderbetreuung, Firmenhandy, Laptop bzw. Tablet, individuelle Urlaubsregelungen oder Aktien-Optionsprogramme) werden von Unternehmen als freiwillige Gehaltsnebenleistungen (engl. *Fringe Benefits*) nicht nur zur Gewinnung und Bindung von Führungskräften (Partner) sondern auch zur Motivation von leistungsstarken Nachwuchskräften eingesetzt. Im Prinzip liegen in diesem Bereich die größten Möglichkeiten für das Personalmanagement, um sich gegenüber Wettbewerbern beim „War for talents" positiv abzuheben und dadurch High Potentials zu gewinnen und zu binden. Abbildung 7-05 gibt einen Überblick über Zusatzleistungen, die Unternehmen über das Grundgehalt hinaus anbieten.

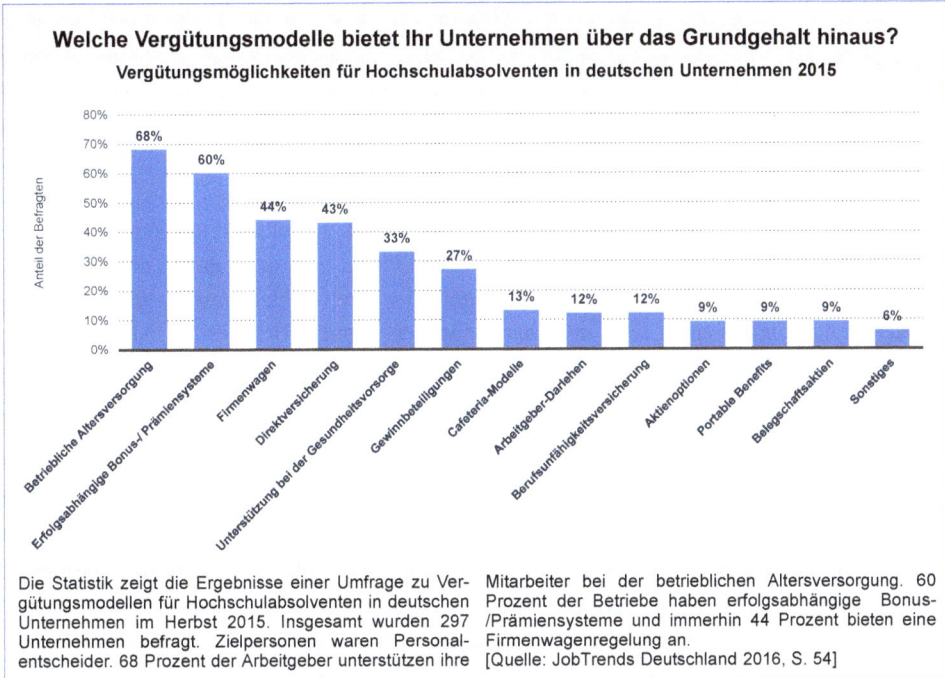

Die Statistik zeigt die Ergebnisse einer Umfrage zu Vergütungsmodellen für Hochschulabsolventen in deutschen Unternehmen im Herbst 2015. Insgesamt wurden 297 Unternehmen befragt. Zielpersonen waren Personalentscheider. 68 Prozent der Arbeitgeber unterstützen ihre Mitarbeiter bei der betrieblichen Altersversorgung. 60 Prozent der Betriebe haben erfolgsabhängige Bonus-/Prämiensysteme und immerhin 44 Prozent bieten eine Firmenwagenregelung an.
[Quelle: JobTrends Deutschland 2016, S. 54]

Abb. 7-05: Vergütungsmodelle über das Grundgehalt hinaus

Unter den sonstigen Zusatzleistungen wird in jüngerer Zeit das **Sabbatical** besonders diskutiert. Hierbei handelt es sich um eine mehrmonatige, teilweise sogar über ein Jahr hinausgehende Unterbrechung der Berufstätigkeit. Da immer mehr Unternehmen ihren Führungskräften (bis hin zu Vorständen) längere Auszeiten anbieten, gewähren zunehmend auch Unternehmensberatungen ihren Leistungsträgern eine berufliche Auszeit. Unter dem speziellen Aspekt der *Work-Life-Balance* kann das Sabbatical somit zu einem strukturellen Bestandteil einer aktiven und vorausschauenden Personalpolitik werden.

7.1.3 Cafeteria-System

Im Zusammenhang mit den freiwilligen Sozialleistungen hat sich mit dem **Cafeteria-System** ein Konzept etabliert, das dem einzelnen Berater innerhalb eines vom Arbeitgeber vorgegebenen Budgets erlaubt, zwischen verschiedenen Zusatzleistungen auszuwählen, ähnlich der Menüauswahl in einer Cafeteria [vgl. Edinger 2002, S. 7].

Das Cafeteria-System besteht aus

- einem **Wahlbudget**, das sich häufig an dem Betrag orientiert, den das Unternehmen bislang für freiwillige Sozialleistungen ausgegeben hat,

- einem **Wahlangebot** mit mehreren Alternativen (z. B. Firmenwagen, Gewinnbeteiligung, Arbeitgeberdarlehen, Kindergartenplatz, Fortbildung, Urlaubstage u. ä.) und aus

- einer periodischen **Wahlmöglichkeit**, da sich die Bedürfnisse des Mitarbeiters im Zeitablauf ändern können [vgl. Jung 2017, S. 908 f.].

Die häufigste Ausprägung des Cafeteria-Modells in deutschen Unternehmen sind sogenannte **Flexible Benefits**. Flexible Benefits-Programme sind Pläne, in deren Rahmen die Mitarbeiter aus einem Angebot verschiedener Zusatzleistungen oder durch Gehaltsumwandlung bestimmte Zusatzleistungskomponenten oder -niveaus auswählen können. Betriebliche Altersvorsorge, Hinterbliebenenrente, Todesfallkapital, Berufsunfähigkeitsleistungen, Firmenwagen oder Extraurlaub sind die häufigsten Zusatzleistungen im Rahmen von Flexible Benefits-Programmen [vgl. Towers Perrin 2007].

7.1.4 Deferred Compensation

Eine besonders attraktive Variante der Zusatzleistungen ist das Modell der **Deferred Compensation**, bei dem der Arbeitnehmer auf einen Teil seiner Gesamtvergütung zugunsten einer Altersvorsorgezusage verzichtet. Die **aufgeschobene Auszahlung** unterliegt damit nicht der sofortigen Versteuerung. Der angesammelte Betrag wird erst bei Eintritt in den Ruhestand besteuert. Als Durchführungsweg bietet sich für den Arbeitgeber die Pensionskasse, der Pensionsfonds oder die Direktversicherung an.

Deferred Compensation bietet sowohl dem Arbeitgeber als auch dem Arbeitnehmer erhebliche Vorteile. Für das Unternehmen eröffnen sich neue Möglichkeiten im Rahmen seines Anreiz- und Vergütungssystems, ohne dass zusätzliche Kosten entstehen. Im Gegenteil, durch die aufgeschobene Auszahlung entsteht ein zusätzlicher *Innenliquiditätseffekt*. Für den Berater senkt sich die heutige Steuerlast, denn der Umwandlungsbetrag reduziert in voller Höhe sein steuerpflichtiges Einkommen. So werden Vergütungsbestandteile aus der Phase des aktiven Berufslebens, die zumeist durch eine höhere Besteuerung gekennzeichnet ist, in das Rentenalter verlagert, wo die Steuerlast üblicherweise geringer ist. Außerdem kann der Berater auf diese Weise seine Ruhestands- bzw. Risikovorsorge deutlich verbessern.

7.2 Welche Arbeitgeberleistungen wirklich relevant sind

Angesichts der Vielzahl von zusätzlich möglichen Arbeitgeberleistungen stellt sich die Frage, welche Leistungen für die Zielgruppe der High Potentials wirklich von Bedeutung sind. Darüber lassen sich aber unmittelbar keine empirischen Befunde ausfindig machen. Wenn man aber in Betracht zieht, dass gewünschte Arbeitgeberleistungen nicht für alle gleich attraktiv sind, sondern sich vorwiegend nach Generationen und nach Lebensphasen unterscheiden, dann ist es gut zu wissen, welche Arbeitgeberleistungen von der Generation Z präferiert werden. Schließlich gehören die jüngeren High Potentials mehrheitlich der Generation Z an.

Abbildung 7-06 zeigt die Rangliste der attraktivsten Arbeitgeberleistungen aus Sicht der Generation Z. Die Rangliste ist ein Ergebnis der bundesweiten Studienreihe Generationenkompass 2020.

Arbeitgeberleistung	„Must-Have"
Überstundenausgleich	81 %
Flexible Arbeitszeiten	67 %
Betriebliche Altersvorsorge	58 %
Gute Anbindung an öffentliche Verkehrsmittel	57 %
Freie Internetnutzung	43 %
Coaching bzw. Persönlichkeitsentwicklung	41 %
Kein Verbot privater Smartphone-Nutzung	38 %
Kostenfreie Getränke	35 %
Homeoffice	34 %
Regelmäßige Mitarbeiterevents	30 %
Kantine	24 %
Kostenfreies Obst am Arbeitsplatz	20 %
Eigener Firmenwagen	4 %

[Quelle: Schlotter 2020, Generationenkompass]

Abb. 7-06: „Must-Have"-Benefits für die Generation Z

Die Rangfolge dürfte das konservative Personalmanagement durchaus überraschen. War es früher der Firmenwagen, der als Attraktion kaum zu überbieten war, so liegt heute der Überstundenausgleich mit großem Abstand an erster Stelle, gefolgt von flexiblen Arbeitszeiten und betrieblicher Altersvorsorge. Es handelt sich also um Arbeitgeberleistungen, die früher in bestimmten Branchen tabu waren (z.B. in der Unternehmensberatung) oder überhaupt nicht kommuniziert wurden, weil sie als selbstverständlich erschienen. So wird die freie Internetnutzung von kaum einem Arbeitgeber explizit nach außen kommuniziert, obwohl sie für 43 Prozent der Generation Z explizit ein „Must-have" ist [vgl. Schlotter/Hubert 2020, S. 7].

7.3 Aspekte der Entgeltgerechtigkeit

Bei der Konzeption von Vergütungssystemen, die sowohl Unternehmens- als auch Mitarbeiterinteressen berücksichtigen sollte, steht ein Kriterium im Vordergrund, das als Grundvoraussetzung für die Akzeptanz bei den Mitarbeitern gilt: **Gerechtigkeit.** Die „faire Vergütung im Vergleich zu Kollegen" zählt zu den Top-3-Treibern der Mitarbeiterbindung (engl. *Retention)* und ist zweifellos der entscheidende Hygienefaktor aller Anreiz- und Vergütungssysteme [vgl. Towers Perrin 2007].

Bei Fragen der Vergütung empfindet der Mitarbeiter sein Gehalt ganz subjektiv als gerecht oder auch ungerecht. Eine Aussage über die *absolute* Gerechtigkeit einer Vergütung kann nicht getroffen werden, lediglich eine Aussage über die *relative* Gerechtigkeit (im Vergleich zu den Kollegen, zum Branchendurchschnitt, zur Leistung, zum Alter oder auch zur Ausbildung) ist sinnvoll [vgl. Tokarski 2008, S. 63].

Demnach wird die Vergütung dann als angemessen betrachtet, wenn sie als gerecht und ausgewogen wahrgenommen wird. Um ein in diesem Sinne *gerechtes* Vergütungssystem zu gestalten, bedarf es der Klärung, wie Gerechtigkeitsempfindungen von Beschäftigten im Allgemeinen und (potenziellen) Führungskräften im Besonderen zustande kommen und wie sich diese auf das Arbeitsverhältnis auswirken. Dazu wird im ersten Schritt auf die verschiedenen Gerechtigkeits*prinzipien* Bezug genommen und anschließend den drei Gerechtigkeits*dimensionen* gegenübergestellt.

7.3.1 Gerechtigkeitsprinzipien

Die verschiedenen Komponenten der Entgeltgerechtigkeit, die in der Praxis verwendet und in Abbildung 7-07 dargestellt sind, werden auch als **Gerechtigkeitsprinzipien** bezeichnet. [vgl. Göbel 2006, S. 210 ff.].

Abb. 7-07: Komponenten der Entgeltgerechtigkeit

Angesichts dieser Vielzahl von nicht überschneidungsfreien Prinzipien ist es nahezu unmöglich, einen allgemein als gerecht empfundenen Maßstab für die Vergütungsdifferenzierung zu finden. Letztendlich sind es aber drei **Kernprinzipien der Entgeltgerechtigkeit**, die für die Zusammensetzung der Gehaltsstruktur maßgeblich sind [vgl. Lippold 2010, S. 18]:

- **Anforderungsgerechtigkeit** (im Hinblick auf Qualität, Schwierigkeitsgrad oder Verantwortungsbereich des jeweiligen Jobs),

- **Marktgerechtigkeit** (im Hinblick auf die Vergütungsstruktur der Branche bzw. des Wettbewerbs) sowie

- **Leistungsgerechtigkeit** (im Hinblick auf die Leistung der Führungskraft einerseits und des Unternehmens andererseits).

7.3.2 Gerechtigkeitsdimensionen

Diesen Gerechtigkeits*prinzipien* stehen sogenannte Gerechtigkeits*dimensionen* gegenüber, die sich mit den konkreten Austauschbeziehungen zwischen Personen und Organisationen befassen [vgl. Stock-Homburg 2013, S. 62 ff.]:

- **Interaktionale Gerechtigkeit** als wahrgenommene Gerechtigkeit im zwischenmenschlichen Umgang mit dem Austauschpartner (Beispiel: Persönliches Überzeugen der Führungskraft vom gewählten Vergütungsmodell),

- **Prozedurale Gerechtigkeit** als wahrgenommene Gerechtigkeit der Abläufe und Praktiken in einer Austauschbeziehung (Beispiel: Transparent machen von Vergütungsstufen) und

- **Distributive Gerechtigkeit** als wahrgenommene Gerechtigkeit des materiellen Ergebnisses einer Austauschbeziehung (Beispiel: Festlegen der Gehaltsstruktur, Leisten und Aufteilen von Bonuszahlungen bzw. Prämien).

Werden die Gerechtigkeitsdimensionen den drei Gerechtigkeitsprinzipien gegenüber gestellt, so ergibt sich eine 3 x 3-Matrix. In Abbildung 7-08 ist diese Matrix mit beispielhaften Ansatzpunkten vervollständigt.

Wie die Erfahrungen aus der Praxis zeigen, erfüllen viele Unternehmen die distributive und teilweise auch die prozedurale Gerechtigkeitsdimension. Die interaktionale Gerechtigkeit, d. h. das Aushandeln bestimmter Vergütungselemente wird bislang noch wenig praktiziert [vgl. Brietze/Lippold 2011, S. 231 ff.].

Prinzip \ Dimension	Interaktionale Gerechtigkeit	Prozedurale Gerechtigkeit	Distributive Gerechtigkeit
Anforderungs-gerechtigkeit	Aushandeln der jeweils passenden Karrierestufe	Transparent machen von Karrierestufen	Festlegen der generellen Karrierestufen
Marktgerechtigkeit	Aushandeln der jeweils passenden Gehalts-strukturelemente	Transparent machen von Gehaltsbandbreiten	Festlegen der generellen Gehaltsstruktur
Leistungs-gerechtigkeit	Aushandeln der jeweils passenden Zielvereinbarung	Transparent machen des Review-Prozesses	Leisten von Bonuszahlungen/ Prämien

[Quelle: Brietze/Lippold 2011, S.231]

Abb. 7-08: Gegenüberstellung von Gerechtigkeitsprinzipien und -dimensionen

7.4 Anforderungsgerechtigkeit und Karrierestufe

Der erste Schritt der Gehaltsfindung bezieht sich auf die *Anforderungsgerechtigkeit*. Sie orientiert sich an den Anforderungen des Jobs (Ausbildung, Erfahrung, Kompetenz, Verantwortung etc.). Aus diesem Grund haben viele Unternehmen ein **Karrierestufen-Modell** (engl. *Grading System*) aus Rollen und Kompetenzen entwickelt, das jeder Karrierestufe (engl. *Grade*) ein bestimmtes Zieleinkommen (100%-Gehalt) zuordnet. Das Grading-System dient einerseits der grundsätzlichen Einstufung des Mitarbeiters in Abhängigkeit vom Anforderungsgrad seines Jobs (Position/Rolle) und andererseits zur Festlegung des (relativen) variablen Gehaltsbestandteils, d. h. je größer die Anforderung an die Position/Rolle und damit die Verantwortung des Beraters ist, desto höher ist der variable Gehaltsanteil.

In Abbildung 7-09 ist ein sechsstufiges Karriere-Modell am Beispiel des Funktionsbereichs *Marketing* dargestellt. Jeweils eine Rolle/Position ist dabei einem Grade zugeordnet. Grundlage der Zuordnung ist ein rollenbezogenes **Kompetenzmodell** (engl. *Competency Model*), in dem die erforderlichen fachlichen, sozialen und methodischen Qualifikationen, Fähigkeiten und Erfahrungen für jede Karrierestufe aufgeführt sind. Wie aus dem beispielhaften Grading-System weiter zu entnehmen ist, wird für jede Karrierestufe eine Aufteilung des Zielgehalts (100%) in Fixgehalt und variables Gehalt vorgenommen. Ein solches Karrierestufen-Modell bildet den Orientierungsrahmen sowohl für die anforderungsgerechte Einstufung der Berater als auch für die entsprechende Entgeltfindung. Darüber hinaus zeigt es den Beratern zugleich die Entwicklungsmöglichkeiten im Rahmen der persönlichen Laufbahnplanung.

Grade (Karrierestufe)	Rolle/Position	Anteil Fixgehalt am 100%-Zieleinkommen	Anteil variables Gehalt am 100%-Zieleinkommen
6	Marketing Vorstand	60 %	40 %
5	Marketing Direktor	70 %	30 %
4	Marketing Manager	75 %	25 %
3	Marketing Professional	80 %	20 %
2	Marketing Specialist	85 %	15 %
1	Marketing Analyst	90 %	10 %

Abb. 7-09: Beispiel für ein rollenbezogenes Karrierestufen-Modell

7.5 Marktgerechtigkeit und Gehaltsbandbreiten

Der zweite Schritt der Gehaltsfindung bezieht sich auf die **Marktgerechtigkeit**. Hier geht es in erster Linie darum, das *relative Vergütungsniveau* im Vergleich zu anderen Unternehmen festzulegen [vgl. Brown et al. 2003, S. 752]. Es ist in erster Linie an der Vergütungsstruktur der Branche bzw. des Wettbewerbs sowie im internationalen Bereich zusätzlich an Kaufkraftkriterien ausgerichtet.

Um grundsätzlich bei der Gewinnung und Bindung strategisch wichtiger Führungskräfte und Mitarbeiter entsprechend flexibel reagieren zu können, bietet sich die Gestaltung von **Vergütungsbandbreiten** an. Solche Bandbreiten sind in das unternehmensweite *Grading-System* eingebettet und eröffnen die Möglichkeit, jeden Mitarbeiter entsprechend bestimmter Merkmale (z. B. Alter, Erfahrung, Spezialkenntnisse) innerhalb einer Karrierestufe unterschiedlich zu vergüten.

In Abbildung 7-10 ist ein Vergütungsbandbreiten-System modellhaft dargestellt. Jede Hierarchiestufe ist mit einem Vergütungsband belegt, dessen Grenzen maximal 25 Prozent vom jeweiligen Mittelwert abweichen können. Außerdem liegt die durchschnittliche Vergütung jeder Hierarchiestufe jeweils 25 Prozent über der darunterliegenden Stufe. Ein derart gestaltetes Bandbreiten-System gestattet eine individuell gerechte Positionierung des Mitarbeiters in jedem Grade.

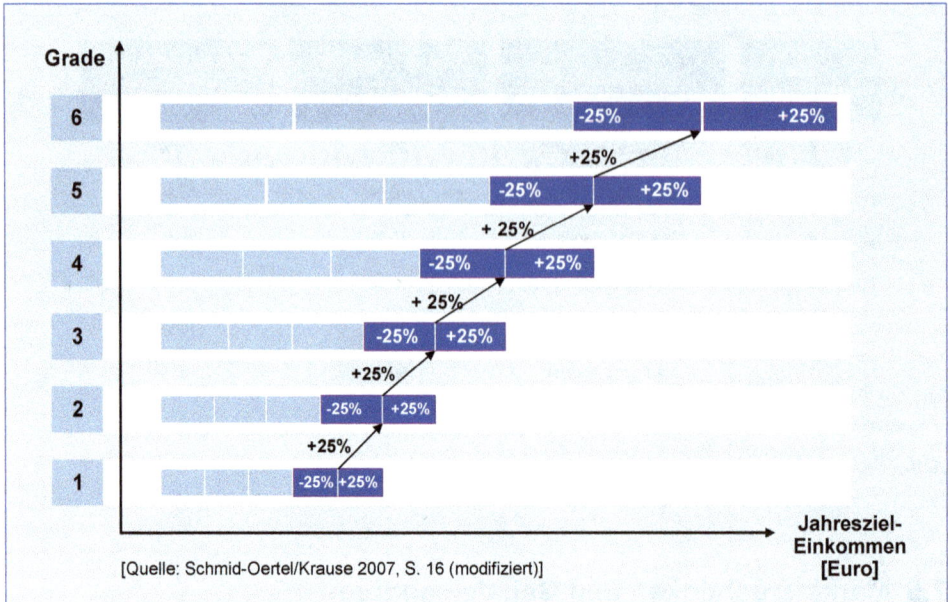

Abb. 7-10: Vergütungsbandbreiten

7.6 Leistungsgerechtigkeit und variable Vergütung

Der dritte Schritt der Gehaltsfindung zielt auf die **Leistungsgerechtigkeit** ab. Dieses Gerechtigkeitsprinzip wird vorzugsweise durch die Gestaltung *variabler Vergütungs-komponenten* realisiert.

7.6.1 Bemessungsgrundlagen der variablen Vergütung

Als Bemessungsgrundlagen der variablen Vergütung können die *individuellen* Leistungen des High Potentials und/oder die Leistungen des Unternehmens- bzw. eines Unternehmensbereichs (*kollektive* Leistung) herangezogen werden.

Die **individuelle Leistung** kann am Zielerreichungsgrad, am Potenzialabgleich sowie im Mitarbeitervergleich (Kalibrierung) gemessen werden, wobei die Ergebnisse der Personalbeurteilung hierzu die Grundlage bilden. Besonders wichtig ist, dass die betroffenen High Potentials ihre Leistungen direkt beeinflussen können und diese auch messbar sind. Dies hat in der Praxis dazu geführt, dass vorzugsweise im Vertrieb die individuelle Leistung (z. B. der erzielte Auftragseingang (engl. *Bookings*)) als Bemessungsgrundlage für die variable Vergütung herangezogen wird. In Bereichen, in denen die Leistungen der High Potentials nur begrenzt quantifiziert und nicht eindeutig zugeordnet werden können (z.B. in den zentralen Support-Bereichen), müssen quantifizierbare Hilfsgrößen herangezogen werden (z. B. die Attrition-Rate zur Bemessung der Leistungen des Personalmanagements). Andernfalls kann die Einführung einer leistungsbezogenen variablen Vergütung in bestimmten Bereichen zu Umsetzungs- und Akzeptanzproblemen führen.

Bestimmungsgrund für die **kollektive Leistung** ist zumeist die Jahresperformance (Gewinn, Umsatz, Deckungsbeitrag o. ä.) des Unternehmens bzw. relevanter Teilbereiche. Im Vergleich zur Messung der individuellen Leistung sind die Bestimmungsfaktoren der Unternehmensleistung i. d. R. deutlich einfacher zu quantifizieren.

7.6.2 Zusammensetzung der variablen Vergütung

In der Praxis haben sich im Wesentlichen **drei Grundformen** der Zusammensetzung der variablen Vergütungsbestandteile durchgesetzt (siehe Abbildung 7-11):

- Der variable Anteil wird ausschließlich durch die Ergebnisse der **individuellen Leistung** bestimmt.
- Nur die **Leistung des Unternehmens** bzw. relevanter Unternehmensteile wird zur Bestimmung des variablen Anteils herangezogen.
- Es wird sowohl die individuelle Leistung als auch die Unternehmensperformance berücksichtigt. Bei dieser **Mischform** gibt es zwei Varianten, die sich auf die Verknüpfung der beiden variablen Gehaltsanteile beziehen. In der einen Variante werden der individuelle Anteil (auch als *individueller Faktor* (IF) bezeichnet) und der Unternehmensanteil (auch als Unternehmens- oder *Businessfaktor* (BF) bezeichnet) addiert. Bei der zweiten Variante wird der individuelle Faktor mit dem Businessfaktor multiplikativ miteinander verknüpft, so dass unter bestimmten Umständen (z. B. bei vollständiger Schlechtleistung des Unternehmens oder des Mitarbeiters und damit BF=0 bzw. IF=0) kein variables Gehalt ausgezahlt wird.

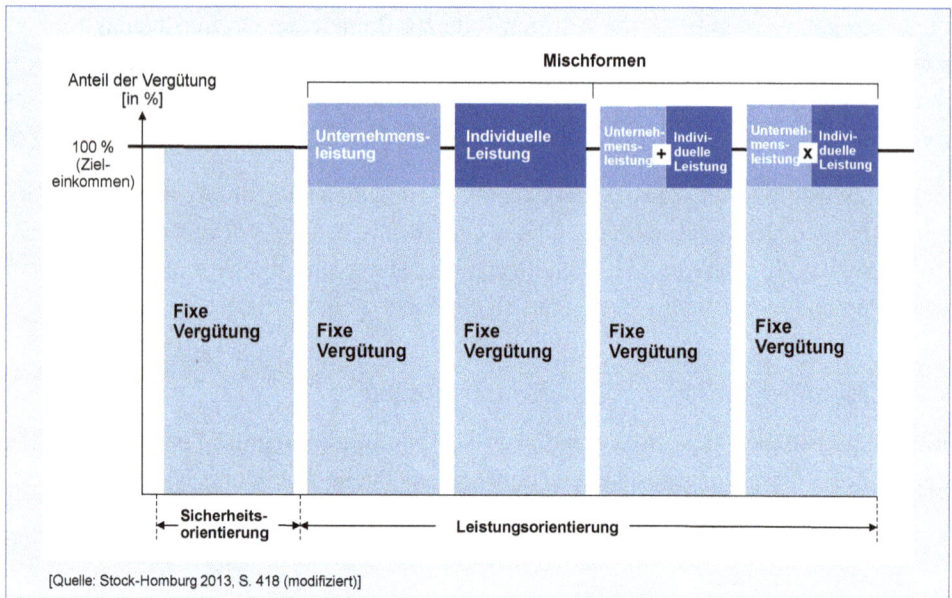

Abb. 7-11: *Ausgewählte Kombinationsmöglichkeiten fixer und variabler Vergütung*

Alle drei beschriebenen Varianten sollten eine Deckelung des variablen Anteils bei 200 Prozent vorsehen, d. h. selbst bei einer deutlichen Planüberfüllung des Unternehmens und des Mitarbeiters kann der auszuzahlende variable Anteil demnach das Zweifache seiner (100%-) Zielgröße nicht überschreiten. Auf diese Weise können exorbitant hohe Beratergehälter vermieden werden.

7.6.3 Zielarten variabler Vergütung

Im modernen Personalmanagement setzt sich zunehmend die Erkenntnis durch, dass Vergütungssysteme die Potenziale der Mitarbeiter und Führungskräfte nur dann optimal nutzen, wenn sie individualisiert sind [vgl. Locher 2002, S. 1]. Ein Ausdruck dieser Individualisierung sind ausdifferenzierte **Zielkataloge** für Mitarbeiter, die aus mehreren Zielarten pro Grade bestehen. Damit wird den unterschiedlichen Anforderungen, den spezifischen Kenntnissen und Fähigkeiten sowie den individuellen Zielsetzungen der Berater Rechnung getragen.

Ein modellhaftes Beispiel für die verschiedenen Zielarten in der Beratungsbranche liefert Abbildung 7-12. Danach werden jedem Grade sowohl Unternehmens- als auch persönliche Ziele zugeordnet. Je nach unternehmerischer Zielsetzung lassen sich die Ziele zusätzlich gewichten, wobei durchaus zu berücksichtigen ist, dass mathematische Scheingenauigkeiten den eigentlichen Nutzeffekt überlagern können.

Zielart	Bewertung	Grade (Karrierestufe)					
		6	5	4	3	2	1
Unternehmensziele	Ergebnisziele	○	○	○	○	○	○
Bereichsziele	Ergebnisziele	○	○	○	○	○	○
Strategische Ziele	Persönliche Ziele	●	●				
Verantwortetes Delivery-Volumen	Ergebnisziele	●	●	●			
Sales	Auftragseingang	●	●	●	●		
Delivery	Auslastung			●	●	●	●
Qualität Projekte	Persönliche Ziele			●	●	●	●
Innovation/Konzeption	Persönliche Ziele			●	●	●	●
Führungsverhalten	Persönliche Ziele			●	●		
Teamverhalten	Persönliche Ziele				●	●	●
Kundenverhalten	Persönliche Ziele				●	●	●
Persönliche Kompetenzentwicklung	Persönliche Ziele				●	●	●

[Quelle: modifiziert nach Preen 2009, S. 22]   ○ Unternehmensziele   ● Individuelle Ziele

Abb. 7-12: Zielkatalog am Beispiel der Beratungsbranche

8. Personalführung und High Potentials

> *„Die Wertschöpfung wird in Zukunft davon bestimmt sein, ob es Führungskräften gelingt, komplexe Kommunikation zu gestalten."* [Matthias Horx]

Das zweite wichtige Aktionsfeld im Personalbetreuungsprozess ist die *Personalführung*. Es hat die Optimierung der *Wertschätzung* zum Ziel:

Wertschätzung = f (Personalführung) → optimieren!

Das Aktionsfeld *Personalführung* ist das zweite Aktionsfeld der Prozesskette Personalbetreuung (siehe Abbildung 8-01).

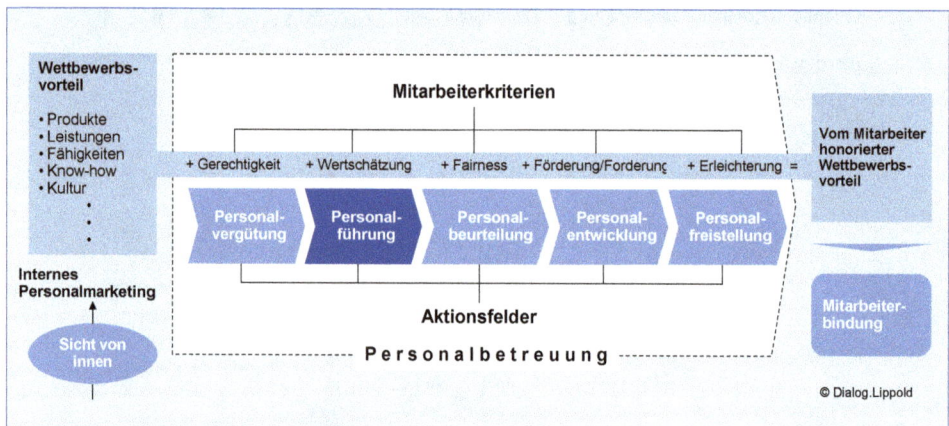

Abb. 8-01: Das Aktionsfeld Personalführung

Der Führungsbegriff wird häufig gleichgesetzt mit Management und Leitung. Verallgemeinert wird er anstelle von Unternehmensführung oder Mitarbeiterführung verwendet. Hier soll ausschließlich die Führung von Menschen durch Menschen diskutiert und dargestellt werden. Am geeignetsten (und kürzesten) erscheint deshalb die **Definition von Führung** durch von Rosenstiel [2003, S. 4]:

„Führung ist zielbezogene Einflussnahme."

Das heißt konkret: Orientierung geben, die Richtung vorgeben und den Weg zeigen, um bestimmte Ziele zu erreichen sowie erfolgreiches Intervenieren in kritischen Situationen.

Die grundsätzlichen Aufgaben eines Managers sind es, ein Unternehmen bzw. eine Organisation zu leiten und die Menschen in diesem System zu führen. Der Bereich der

Unternehmensführung beinhaltet dabei die „klassischen" sachbezogene Führungs-, Leitungs- und Verwaltungsaufgaben aus der Betriebswirtschaftslehre. Mitarbeiterführung ist dagegen die personenbezogene, verhaltenswissenschaftliche Komponente des Managements, die auch als **Personalführung** (engl. *Leadership*) bezeichnet wird [vgl. Staehle 1999, S. 72].

Unter allen Aktionsfeldern der Personalmarketing-Gleichung erfährt das Aktionsfeld *Personalführung* derzeit sicherlich die größten Veränderungen. Der enorme Erfolg, den Start-ups mit ihren innovativen Führungsstilen haben, bleibt auch großen Unternehmen nicht verborgen. So schreibt der ehemalige Telekomvorstand Sattelberger im Forum „Gute Führung" [vgl. Lippold 2017a]:

„Wir erleben gerade einen Paradigmenwechsel in deutschen Unternehmen. Entscheidungsfähigkeit und Macht werden zunehmend auf Teams oder Projektgruppen verlagert. Der einzelne kluge Kopf wird Teil von Kooperationsnetzen. Geführte erwarten zunehmend andere Menschenführung, Führungskräfte sind zunehmend auf der Suche nach einem anderen Verständnis von Führung und beide wollen eine neue Führungskultur."

Eine besondere Bedeutung erhält das Aktionsfeld *Personalführung* auch dadurch, dass nicht das Geld, sondern ganz offensichtlich ein guter Chef häufig genug der Hauptgrund für einen Jobwechsel ist. Das ist zumindest das Ergebnis einer Studie zur Arbeitsqualität in Deutschland im Auftrag des Bundesarbeitsministeriums [vgl. von Borstel 2015].

Jobwechsel

Welche beruflichen Verbesserungen oder Veränderungen haben Sie sich von einem Wechsel versprochen?

Bessere Vorgesetzte	76
Faire Behandlung durch Kolleginnen bzw. Kollegen und Vorgesetzte	73
Veränderte Arbeitsinhalte	72
Bessere Karriere- und Weiterbildungsmöglichkeiten	66
Bessere Bezahlung und Zusatzleistungen	61
Verändertes Arbeitsvolumen	60
Mehr Jobsicherheit	45
Günstig gelegene Arbeitszeiten	41

QUELLE: BUNDESMINISTERIUM FÜR ARBEIT UND SOZIALES

[Quelle: Welt - Wirtschaft, veröffentlicht am 25.10.2015]

Abb. 8-02: Die wichtigsten Gründe für einen Jobwechsel

8.1 Führungsaufgaben, Führungsprozess, Führungsstil

In der Personalführung zeichnet sich in den letzten Jahren ein Paradigmenwechsel ab. Wurden bislang Mitarbeiter in erster Linie mit Aufgaben bzw. mit Aufträgen geführt, orientieren sich Führungsentscheidungen heute mehr an den Ergebnissen. Allerdings verfügen Führungskräfte nicht mehr über alle wichtigen Informationen, um *allein* ergebnisorientierte Entscheidungen treffen zu können. Daher kann das alte Führungsmuster „Führung durch wenige Führungskräfte – Ausführung durch viele Mitarbeiter" nicht mehr funktionieren. Mitarbeiter sollten früh in die Planungs- und Entscheidungsprozesse ihrer Unternehmen eingebunden werden und Handlungsspielraum bekommen. Damit werden die Unternehmensziele zu Zielen der Mitarbeiter [vgl. Schröder 2002].

Der damit angesprochene Trend zur **dezentralen Selbststeuerung** der Mitarbeiter trifft bei diesen auf einen fruchtbaren Boden. Zum einen sind viele Mitarbeiter heute beruflich qualifizierter als früher und deshalb in der Lage, dispositive Aufgaben im Sinne einer Ergebnisorientierung zu übernehmen. Zum anderen haben vor allem die Vertreter der jüngeren Generation eine andere Einstellung zu ihrem Beruf: Ein hohes Maß an Selbstständigkeit und Handlungsspielraum gehören zu ihren wichtigsten Motivationsfaktoren [vgl. Doppler/Lauterburg 2005, S. 67].

Führung als zielbezogene Einflussnahme ist ein **Prozess**, dessen Umsetzung durch die Wahrnehmung von **Führungsaufgaben** (z. B. Zielvereinbarung, Delegation etc.) erfolgt. Die Form bzw. die Art und Weise, in der die Führungsaufgaben von den Führungskräften wahrgenommen werden, wird als **Führungsstil** (z. B. kooperativ) bezeichnet. Führungsstile sind somit *Verhaltensmuster* für Führungssituationen, in denen eine Führungskraft ihre Mitarbeiter führt [vgl. Bröckermann 2007, S. 343].

In Abbildung 8-03 sind die Zusammenhänge zwischen Führungsprozess, Führungsaufgaben und Führungsstil veranschaulicht.

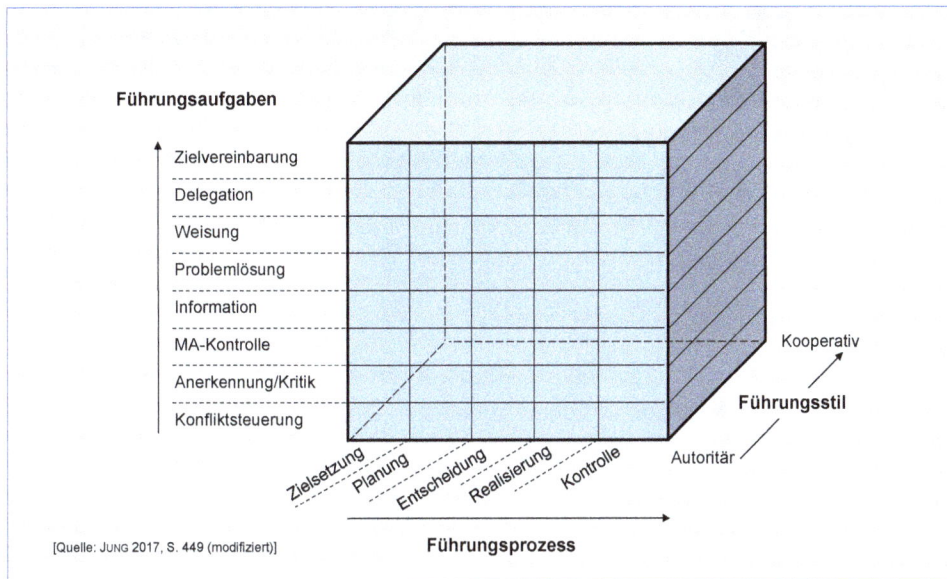

Abb. 8-03: Zusammenhang zwischen Führungsprozess, -aufgaben und -stil

8.1.1 Führungsprozess

Im Rahmen des Personalführungsprozesses sind folgende Phasen angesprochen, die bei der Wahrnehmung der eigentlichen Führungsaufgaben immer wieder durchlaufen werden müssen [vgl. Jung 2017, S. 441 ff.]:

- Zielsetzung (engl. *Target Setting*)
- Planung (engl. *Planning*)
- Entscheidung (engl. *Decision*)
- Realisierung (engl. *Realization*)
- Kontrolle (engl. *Controlling*).

Zielsetzung und Planung. Der Mechanismus der **Zielsetzung** ermöglicht eine Fokussierung der Handlungsthemen, die zum Gegenstand konkreter Pläne gemacht werden sollen. Ziele erzeugen so etwas wie eine „Sogwirkung". Sie helfen Arbeitsabläufe, Arbeitsaufgaben sowie die Zusammenarbeit der Organisationseinheiten und der Mitarbeiter untereinander transparent zu machen [vgl. Steinmann/Schreyögg 2005, S. 146].

Mitarbeiter wollen motiviert und wertgeschätzt werden. Freundlichkeit, Engagement, Identifikation, Motivation und Begeisterung lassen sich nicht verordnen. Aber man kann Spielregeln der Kooperation entwickeln, von denen alle Beteiligten profitieren und eine Art „Win-Win-Situation" erzeugen. Hierzu sind Ziele eine entscheidende Voraussetzung [vgl. Eyer/Haussmann 2005, S. 12].

Ziele sollten möglichst konkret, d. h. mess- und überprüfbar sein. Interpretationsfähige Formulierungen, die leicht Leerformel-Charakter annehmen, sollten vermieden werden (Beispiel: „Wir streben nach überdurchschnittlicher Motivation unserer Mitarbeiter"). In der Zielformulierung sollten

- **Zielinhalt** (Was soll erreicht werden?),
- **Zielerreichungsgrad** (Wie viel soll erreicht werden?) und
- **Zielperiode** (Wann soll es erreicht werden?)

enthalten sein [vgl. Becker, J. 2009, S. 23 f.].

Die **Planung** gibt eine Orientierung dessen an, was zu tun ist, um die definierten Ziele zu erreichen. Sie befasst sich mit den Maßnahmen, Mitteln und Wegen zur Zielerreichung. Planung ist kein einmaliger, in sich abgeschlossener Akt, sondern ein rollierender Prozess. Unter den vielfältigen Aspekten der Planung, die sich durch eine starke Analysetätigkeit auszeichnet, soll hier lediglich der zeitliche Gesichtspunkt erwähnt werden. Während die **strategische Planung** den grundsätzlichen und damit zumeist längerfristigen Handlungsrahmen für zentrale Unternehmensentscheidungen vorgibt, zielt die **operative Planung** darauf ab, eine konkrete Orientierung für das Tagesgeschäft zu gewinnen [vgl. Steinmann/Schreyögg 2005, S. 163].

Entscheidung, Realisierung und Kontrolle. In allen Unternehmenseinheiten wird tagtäglich eine Vielzahl von **Entscheidungen** getroffen. Diese sind nach Inhalt, Häufigkeit und Tragweite sehr unterschiedlich. Zwei Merkmale sind jedoch allen komplexeren Entscheidungen gemeinsam [vgl. Jung 2017, S. 445 f.]:

- Entscheiden bedeutet die Auswahl aus mehreren *Handlungsalternativen*.

- Entscheidungen werden unter dem Aspekt des *Risikos* getroffen, d. h. es ist i. d. R. nicht genau bekannt, wie sich die verschiedenen Handlungsmöglichkeiten auswirken werden.

Typisch für Entscheidungen im Personalbereich ist zudem, dass diese Entscheidungen nicht *isoliert* getroffen werden, da häufig ein Zusammenhang mit anderen Managementbereichen besteht.

Das Setzen von Zielen, ihre Umsetzung in Pläne und das Treffen der Entscheidungen reichen aber nicht aus, um den Erfolg der Maßnahmen zu gewährleisten. Wichtig ist die **Realisierung**, also die praktische *Umsetzung* des Gewollten. Es ist nicht Aufgabe der Führungskräfte, die erforderlichen Aktivitäten zur Zielerreichung selbst auszuführen. Vielmehr geht es in dieser Phase darum, generelle organisatorische Regelungen zu treffen und durch Einwirken auf die Mitarbeiter (z. B. durch Veranlassen, Unterweisen bzw. Einweisen) dafür zu sorgen, dass der Plan umgesetzt wird.

Erst durch eine **Kontrolle** der umgesetzten Maßnahmen ist es möglich, dass eine für die Regelung des Unternehmensgeschehens erforderliche *Rückkopplung* (engl. *Feedback*) stattfindet. Die Kontrollfunktion, die Soll-Größen der Planung mit den Ist-Größen der Realisierung vergleicht, gibt Auskunft über den Grad der Zielerreichung.

8.1.2 Führungsaufgaben

Die konkrete Anwendung des Führungsprozesses erfolgt durch die Wahrnehmung der Führungsaufgaben, wie Ziele und Zielvereinbarungen erarbeiten, Mitarbeiter auswählen, beurteilen und entwickeln, Projekte managen, Teams bilden, entwickeln und lenken. Im Zuge einer stärkeren Systematisierung können diese Führungsaufgaben unterteilt werden in die teilweise *formalisierten Sachaufgaben* wie Personalvergütung, Personalbeurteilung oder Personalentwicklung, die in diesem Buch jeweils in eigenen Abschnitten behandelt werden, und den mehr *situations- und personenbezogenen Aufgaben*. Dies sind im Einzelnen [siehe dazu ausführlich Jung 2017, S. 449 ff.]:

- Zielvereinbarung
- Delegation und Weisung
- Problemlösung
- Information und Kontrolle
- Anerkennung und Kritik
- Konfliktsteuerung.

Grundsätzlich sind die Führungsaufgaben eingebettet in die übergelagerten Managementfunktionen eines Unternehmens (Planung, Organisation, Personaleinsatz, Führung und Kontrolle.

Abbildung 8-04 veranschaulicht den Managementprozess, in den die Personalführungsaufgaben integriert sind, und gibt darüber hinaus einen Überblick über weitere Einzelaufgaben, die den Funktionen zuzuordnen sind.

Zielvereinbarung. Die Zielvereinbarung ist ein besonderer Aspekt des Führungsmodells „Führen mit Zielen" (engl. *Management by Objectives – MbO*). In einem Zielvereinbarungsgespräch werden aus den Unternehmenszielen, den Zielvorstellungen des Vorgesetzten und des einzelnen Mitarbeiters gemeinsame Mitarbeiterziele, deren Zielerreichungsgrad und Maßnahmen zur Zielerreichung vereinbart und schriftlich fixiert. Wichtig ist, dass die Zielvereinbarung nicht aus einem reinen Aufgabenkatalog besteht, sondern vielmehr konkrete Ziele und messbare Ergebnisse enthält. Damit gewinnt jenes Führungsverhalten an Bedeutung, das den (beteiligten) Mitarbeiter in seiner komplexen und vernetzten Arbeitswelt am besten würdigt (wertschätzt) [vgl. Lippold 2010, S. 21].

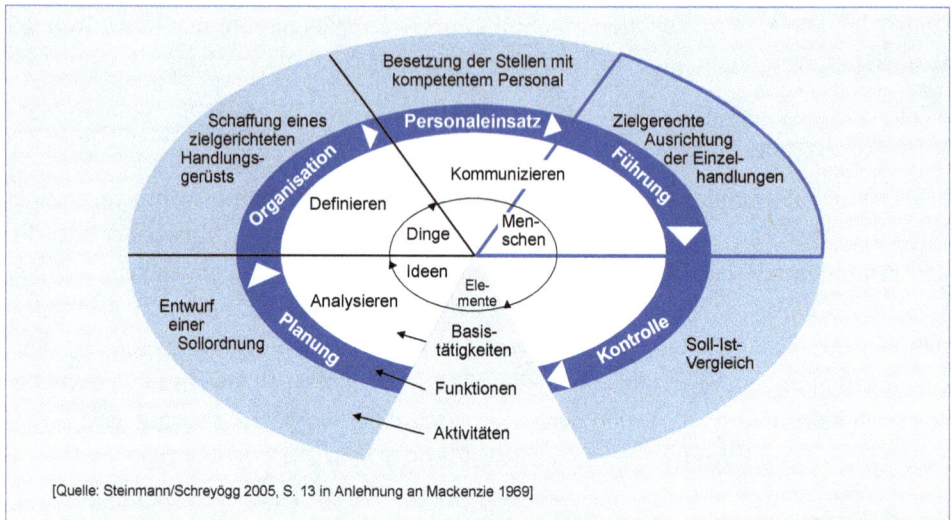

[Quelle: Steinmann/Schreyögg 2005, S. 13 in Anlehnung an Mackenzie 1969]

Abb. 8-04: Managementfunktionen

Der Vorteil einer Zielvereinbarung gegenüber einer reinen Zielvorgabe liegt darin, dass der aktiv beteiligte Mitarbeiter einen konkreten Orientierungsrahmen erhält und damit seine Identifikation mit den Zielen seiner Tätigkeit erhöht wird. Nachteilig ist der zweifellos höhere Zeitaufwand.

Delegation und Weisung. Um seine Führungsaufgaben erfüllen zu können, muss ein Vorgesetzter Tätigkeiten mit genau abgegrenzten Befugnissen (Kompetenzen) und Verantwortlichkeiten zur selbständigen Erledigung an geeignete Mitarbeiter übertragen. Die Vorteile der **Delegation** sind im Wesentlichen:

– Zeitersparnis und Entlastung der Führungskraft,
– Vergrößerung des Freiraums der Führungsperson für strategische Fragestellungen,
– Erfüllung der Mitarbeiterbedürfnisse nach Anerkennung und Selbstverwirklichung,
– Nutzung von Kenntnissen, Fähigkeiten und Erfahrungen der Mitarbeiter und
– Ausbau der Fähigkeiten potenzialstarker Mitarbeiter.

Demgegenüber stehen folgende Verhaltensweisen, die ein Delegieren erschweren:

– Geringes Zutrauen der Führungskraft in die Fähigkeiten seiner Mitarbeiter,
– Nichtanerkennung brauchbarer Vorschläge der Mitarbeiter und
– Scheuen des Erklärungsaufwands bei der Übertragung anspruchsvoller Aufgaben.

Um Mitarbeiter zu bestimmten Handlungen zu veranlassen, bedient sich die Führungskraft **Weisungen**. Diese sollten eindeutig, klar und vollständig sein. Typische Weisungsformen sind der *Befehl*, die *Anweisung* und der *Auftrag*.

Problemlösung. „Führung durch Anerkennung" ist eine häufig praktizierte Maxime, wenn es darum geht, Führungspositionen zu besetzen. Eine Führungskraft erwirbt sich vor allem dann bei ihren Mitarbeitern Anerkennung, wenn sie neben dem formalen Führungsverhalten auch entsprechende Problemlösungskompetenz nachweisen kann.

Dabei geht es manchmal gar nicht so sehr darum, dass die Führungskraft auftretende Probleme selber löst. Vielmehr muss sie in der Lage sein, Probleme rechtzeitig zu erkennen, ihre Ursachen zu analysieren, sie zu vermeiden bzw. Lösungswege aufzuzeigen, um gemeinsam mit den Mitarbeitern eine Problemlösung zu erarbeiten.

Information und Kontrolle. Eine der wichtigsten Führungsaufgaben ist es, Mitarbeiter hinreichend mit **Informationen** zu versorgen, damit sie bereit und in der Lage sind, Mitverantwortung zu übernehmen. Ein guter Mitarbeiter ist zugleich auch immer ein gut informierter Mitarbeiter.

Grundsätzlich ist zu unterscheiden zwischen Informationen, die für die Aufgabenerfüllung erforderlich sind, und aufgabenunabhängigen, aber wünschenswerten Informationen. Die Auswertung vieler Mitarbeiterbefragungen zeigt, dass die Informationsversorgung zu den wichtigsten zu verbessernden Maßnahmen zählen. Fehlende, falsche, unzureichende oder missverständliche Informationen über den (wahren) Geschäftsverlauf oder die Kostensituation führen häufig zu Unverständnis für manch unternehmerische Entscheidung und heizen die „Gerüchteküche" an. Motivations- und Vertrauensverluste sind häufig die Folge.

Gerade in prekären Situationen ist das Management gut beraten, statt zu dementieren, offen, ehrlich und vertrauensvoll zu informieren.

Mit der **Kontrolle** der Mitarbeiter ist nicht die allgemeine Kontrollfunktion aus dem Führungsprozess angesprochen. Hier geht es vielmehr um die Kontrolle der konkreten Umsetzung einer Aufgabe, die dem Mitarbeiter vom Vorgesetzten zugewiesen wurde. In der Regel handelt es sich bei der Mitarbeiterkontrolle um eine **Ergebniskontrolle**, d. h. es wird geprüft, mit welchem qualitativen oder quantitativen Ergebnis der Mitarbeiter die ihm übertragene Aufgabe durchgeführt hat. Eine solche Art der Kontrolle wird von den Mitarbeitern nicht nur hingenommen, sondern im Sinne einer Information und Bestätigung auch gewünscht. Ohne Kontrolle lassen sich Ziele nicht zuverlässig erreichen. Zu viel Kontrolle wird allerdings nicht nur als lästig empfunden, sondern viele Mitarbeiter sehen dahinter auch Misstrauen in ihre Fähigkeiten.

Anerkennung und Kritik. Das durch die Mitarbeiterkontrolle gegebene „Feedback" ist daneben auch für die Führungskraft eine gute Möglichkeit, dem Grundbedürfnis des Mitarbeiters nach **Anerkennung** nachzukommen. Anerkennung ist ein ganz entscheidender Motivationsfaktor – nicht nur im Arbeitsleben. Auf der anderen Seite ist der Vorgesetzte aber auch verpflichtet, die Schlechtleistung seines Mitarbeiters sachlich zu kritisieren, denn ohne **Kritik** und der daraus folgenden Einsicht ist keine Veränderung möglich.

Damit der Mitarbeiter Fehler einsieht und bereit ist, sein Verhalten zukünftig zu verändern, sollten bei der negativen Kritik einige Regeln eingehalten werden:

– Fehlerhaftes Verhalten sollte möglichst sofort angesprochen werden, da sonst Fehler zur Gewohnheit werden.

– Der Vorgesetzte sollte nicht persönlich werden, sondern ausschließlich die Sache kritisieren (konstruktive Kritik).

– Die Kritik sollte nur „unter vier Augen" ausgesprochen werden, da sonst die Gefahr des „Gesichtsverlusts" besteht.

– Kritik sollte nicht hinter dem Rücken des betroffenen Mitarbeiters ausgeübt werden.

Konfliktsteuerung. *„Wo immer es menschliches Leben gibt, gibt es auch Konflikt"* [Dahrendorf 1975, S. 181]. Die Ursachen für Konflikte im Unternehmen können ebenso vielfältig sein wie ihre Gestaltungsformen. Nachteilig können Konflikte sein, wenn sie zur Instabilität führen und das Vertrauen erschüttern. Vorteilhaft sind Konflikte dann, wenn sie Energien und Kreativität freisetzen und zu gewünschten Veränderungen führen. Neben Konflikten zwischen Personen sind in der betrieblichen Praxis vor allem Konflikte zwischen verschiedenen Gruppen (insbesondere Organisationseinheiten) anzutreffen. Konflikte zwischen Organisationseinheiten entstehen häufig nach Fusionen oder Unternehmensübernahmen und können sehr lange andauern. Konfliktursache ist hier das „Aufeinanderprallen" unterschiedlicher Unternehmenskulturen, d. h. Menschen mit unterschiedlichsten Kenntnissen, Fähigkeiten und Werthaltungen treffen aufeinander, so dass Konflikte immer wahrscheinlicher werden. Können solche Konflikte nicht bewältigt werden, führt dies zur Enttäuschung und Frustration bei den Betroffenen. Die Konfliktbewältigung nach Unternehmenszusammenschlüssen ist deshalb besonders wichtig, weil ansonsten die mit einer Fusion gewünschten Synergieeffekte zunichte gemacht werden können. Es gehört zu den Aufgaben einer Führungskraft, Bedingungen zu schaffen, die zur Konfliktvermeidung beitragen oder eine entsprechende Lösung herbeiführen. Daher ist es wichtig, die Entstehung eines Konfliktes richtig „einordnen" zu können.

Folgende Konflikttypen können auftreten [vgl. Schuler 2006, S. 626 f.]:

• **Bewertungskonflikt**, d. h. der Wert eines Ziels wird unterschiedlich bewertet;
• **Beurteilungskonflikt**, d. h. die Parteien sind sich über das Ziel einig, aber nicht über den Weg zur Zielerreichung;
• **Verteilungskonflikt**, d. h. die Parteien streiten über die Verteilung knapper Ressourcen (Anreize, Statussymbole, Aufgaben);
• **Beziehungskonflikt,** d. h. eine Partei fühlt sich durch die andere persönlich herabgesetzt oder zurückgewiesen.

In Gruppen kommt es vor allem dann zu Konflikten, wenn die Verantwortlichkeiten und Entscheidungsbefugnisse nicht geklärt sind. Unkoordiniertem Handeln und auch Streit um die Verantwortung für das Scheitern, nachdem das Ziel nicht erreicht wurde, sind in solchen Fällen vorprogrammiert.

Wie sollte die Führungskraft mit Konflikten umgehen? Das **Dual-Concern-Modell** von Pruitt/Carnevale [1993] geht von **fünf Grundstrategien** zur Bewältigung von Konflikten aus. Dabei sind zwei Motive für Konfliktsituationen charakterisierend. Zum einen das Motiv, die eigenen Interessen durchzusetzen (Eigeninteresse) und sich selbst zu behaupten, und zum anderen das Kooperationsmotiv, die Bedürfnisse der anderen Partei ebenfalls zu berücksichtigen. Damit ist die Sichtweise aufgehoben, dass Menschen in Konfliktsituationen immer aus egoistischen Motiven oder vollkommen selbstlos handeln. Abbildung 8-05 zeigt die fünf Alternativen für das Verhalten in Konflikt- bzw. Verhandlungssituationen [vgl. Schuler 2006, S. 632].

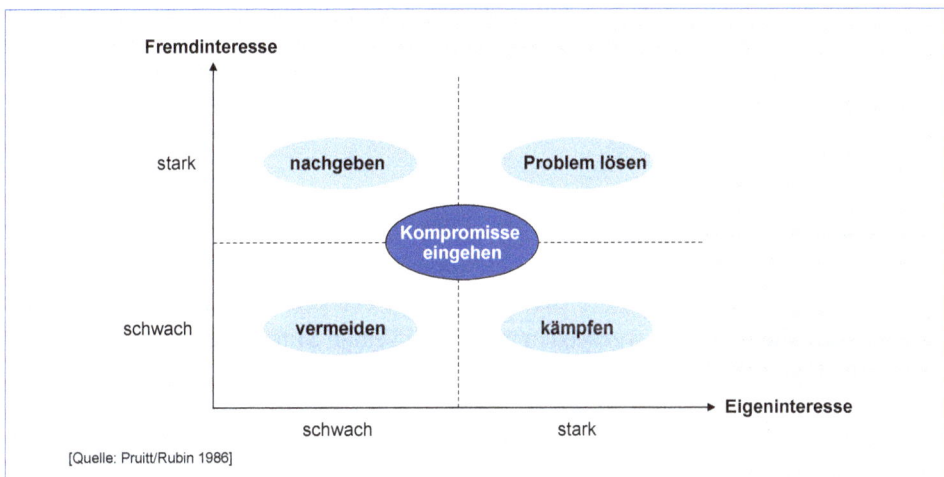

Abb. 8-05:   Das Dual-Concern-Modell

Einen Schritt weiter gehen Jansen/van de Vliert, die an das Dual-Concern-Modell anknüpfen, aber die Strategie „Kämpfen" stärker differenzieren. Damit können letztlich acht Formen des Konfliktverhaltens unterschieden werden (siehe Abbildung 8-06).

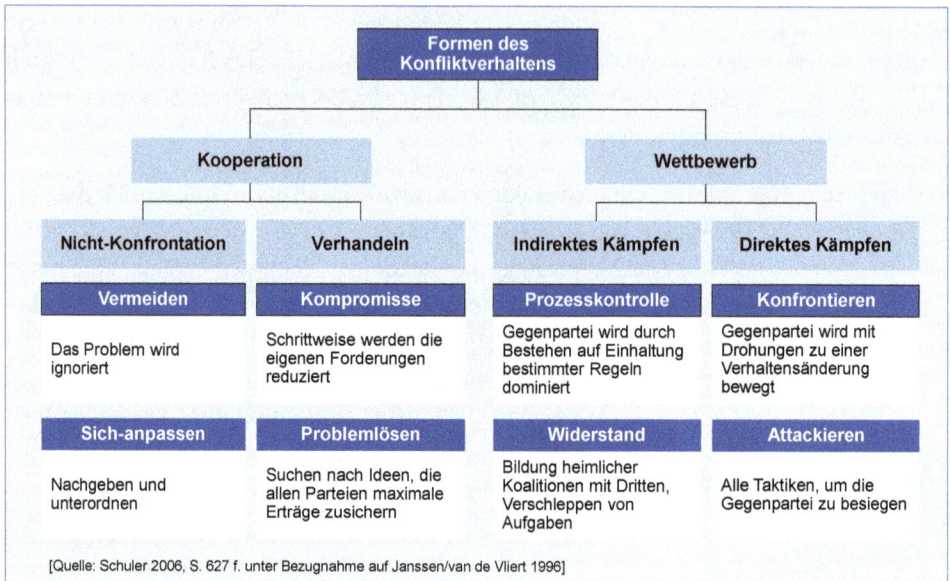

```
                    ┌─────────────────────┐
                    │    Formen des        │
                    │  Konfliktverhaltens  │
                    └─────────────────────┘
```

Nicht-Konfrontation	**Verhandeln**	**Indirektes Kämpfen**	**Direktes Kämpfen**
Vermeiden	**Kompromisse**	**Prozesskontrolle**	**Konfrontieren**
Das Problem wird ignoriert	Schrittweise werden die eigenen Forderungen reduziert	Gegenpartei wird durch Bestehen auf Einhaltung bestimmter Regeln dominiert	Gegenpartei wird mit Drohungen zu einer Verhaltensänderung bewegt
Sich-anpassen	**Problemlösen**	**Widerstand**	**Attackieren**
Nachgeben und unterordnen	Suchen nach Ideen, die allen Parteien maximale Erträge zusichern	Bildung heimlicher Koalitionen mit Dritten, Verschleppen von Aufgaben	Alle Taktiken, um die Gegenpartei zu besiegen

Kooperation / Wettbewerb

[Quelle: Schuler 2006, S. 627 f. unter Bezugnahme auf Janssen/van de Vliert 1996]

Abb. 8-06: Formen des Konfliktverhaltens

8.1.3 Führungsstil

Führungsstil ist die dritte Dimension des „Führungswürfels" in Abbildung 8-03. Der Führungsstil gibt die Form an, in der die Führungskraft ihre Führungsaufgaben im Rahmen der Organisation wahrnimmt. Der Führungsstil ist somit die Grundausrichtung des Führungsverhaltens eines Vorgesetzten gegenüber seinen Mitarbeitern [vgl. Lang/Rybnikova 2014, S. 27 f.].

Der Begriff steht stellvertretend für die drei klassischen Strömungen der Personalführungsforschung:

* **Eigenschaftsorientierter Führungsansatz** (→ Eigenschaftstheorien und -modelle)
* **Verhaltensorientierter Führungsansatz** (→ Führungsstiltheorien und -modelle)
* **Situativer Führungsansatz** (→ situative Führungstheorien und -modelle)

Die klassischen Führungsansätze und -theorien haben gemeinsam, dass sie Aussagen über die Bedeutung von Führungseigenschaften, Führungsverhaltensweisen und Führungssituationen im Hinblick auf den **Erfolg** von Führungskräften treffen. Kenntnisse über menschliche und zwischenmenschliche Prozesse sowie über die Mechanismen bestimmter Führungsansätze und -theorien erhöhen die Wahrscheinlichkeit, dass sich eine Führungskraft in einer bestimmten Situation richtig bzw. erfolgreich verhält.

Abbildung 8-07 liefert einen Überblick über die Schemata der drei Führungsansätze.

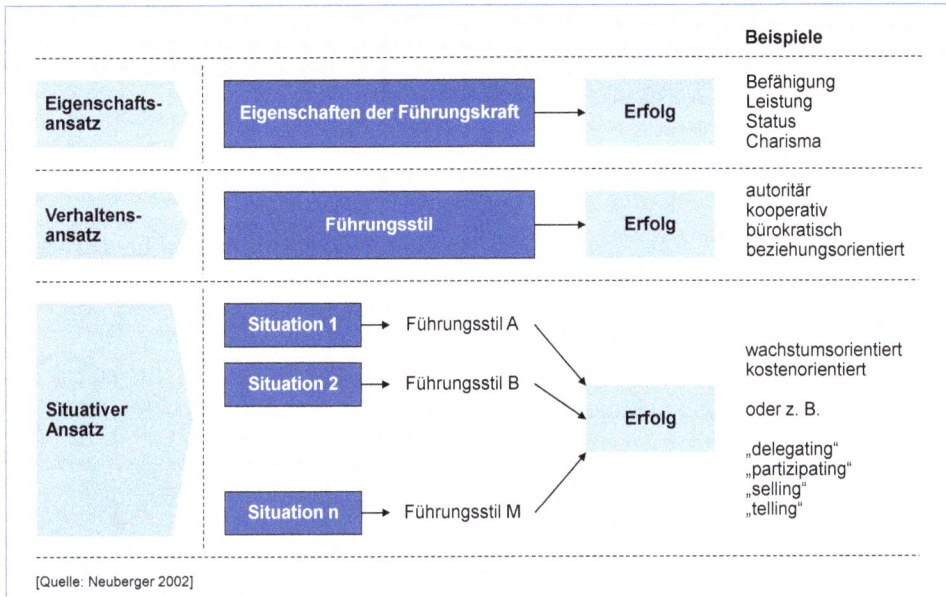

Abb. 8-07: Schema des eigenschafts-, des verhaltens- und des situativen Ansatzes

Eigenschaftsorientierte Ansätze sind die historisch ältesten Erklärungsansätze der Führung. Sie gehen in ihrem Grundkonzept davon aus, dass Führung und Führungserfolg maßgeblich von den Persönlichkeitseigenschaften der Führungskraft bestimmt werden. Bis zur Mitte des 20. Jahrhunderts konzentrierte sich die Führungsforschung hauptsächlich auf die Great-Man-Theorie, die vielfach auch mit der Eigenschaftstheorie insgesamt gleichgesetzt wird. Die Great-Man-Theorie ist in erster Linie an berühmten Einzelpersonen der Geschichte, sowohl aus Politik und Militär als auch dem Sozialbereich, ausgerichtet.

Verhaltensorientierte Führungsansätze werden auch als *Führungsstilkonzepte* bezeichnet. Führungsstile als regelmäßig wiederkehrende Muster des Führungsverhaltens können häufig nur anhand mehrerer Merkmale beschrieben werden. Zu diesen Beschreibungsmerkmalen zählen die von einer Führungskraft wahrgenommene Bedeutung der Zielerreichung, die Art der Willensbildung, die Beziehungen in der Gruppe der Geführten, die Form der Kontrolle, die Art der Sanktionierung und die Einstellung und Fürsorge einer Führungsperson gegenüber den Mitarbeitern.

Situative Führungsansätze gehen davon aus, dass die Vorteilhaftigkeit des Führungsverhaltens von den jeweiligen situativen Umständen abhängt. Daher – so die Situationstheorie – setzt eine erfolgreiche Personalführung auch immer eine Analyse des Handlungskontexts voraus. Die verschiedenen situativen Ansätze unterscheiden sich nun im Wesentlichen dadurch, welche Faktoren („Situationsvariablen") bei der Gestaltung des Führungsverhaltens zu berücksichtigen sind.

Eine weitere Unterteilung der verschiedenen Führungstheorien kann anhand der Anzahl der verwendeten *Kriterien* zur Beschreibung des Führungsverhaltens vorgenommen werden [vgl. Bröckermann 2007, S. 343 f.]:

- **Eindimensionale Führungsansätze** normieren das Führungsverhalten lediglich nach einem Kriterium, dem Entscheidungsspielraum der Führungskraft.

- **Zweidimensionale Führungsansätze** basieren in der Mehrzahl auf den Kriterien Beziehungsorientierung und Aufgabenorientierung zur Beschreibung des Führungsverhaltens.

- **Mehrdimensionale Führungsansätze** verwenden mehr als zwei Kriterien zur Beschreibung von Führungsstilen.

Abbildung 8-08 gibt einen Überblick über die gängigsten theoretisch-konzeptionellen Ansätze in der Personalführung, die im Folgenden kurz vorgestellt werden sollen.

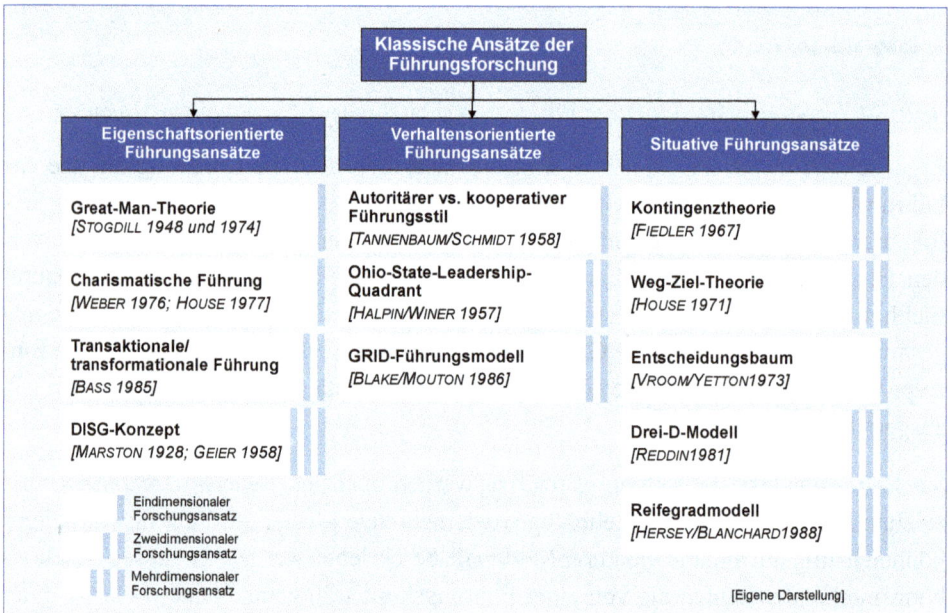

Abb. 8-08:   Theoretisch-konzeptionelle Ansätze der Personalführung

Die Welt der klassischen Führungstheorien mit ihren klaren, eindimensionalen Konzepten, bei denen **Führungseigenschaften**, **Führungsverhalten** und **Führungssituationen** im Vordergrund stehen, wird heute von einer Führungswelt abgelöst, die sich sehr gut mit dem schon fast geläufigen Akronym VUCA beschreiben lässt. VUCA steht für volatil, unsicher, komplex (engl. *complex*) und mehrdeutig (engl. *ambiguous*). Die eigentliche Herausforderung einer VUCA-Welt besteht nämlich darin, sie anzunehmen und mit ihr mitzugehen [vgl. Ciesielski/Schutz 2016, S. 4].

8.2 Digitalisierung und neue Führungsansätze

Heutzutage liegt der Fokus der Führung nicht allein auf dem Führenden, sondern auch auf den Geführten, den Peers, den Arbeitsbedingungen und auch der Arbeitskultur. Neue Führungsansätze betrachten ein viel breiteres Feld und eine größere Vielfalt von Personen national wie international. Gleichzeitig findet sich Führung heute in den verschiedensten Modellen wieder: strategisch, global, komplex, verteilt, relational, sozialdynamisch [vgl. Lang/Rybnikova 2014, S. 20].

Als Grund für das Entstehen dieser neuen Führungstheorie werden häufig der Wandel der Gesellschaft und der Einzug der „Generation Y" in den Arbeitsmarkt genannt, die nun nach und nach die Mitglieder anderer Generationen (Generation X) ablösen. Wo Mitglieder der Generation X mit Hierarchien und kontrollierten Abläufen aufgewachsen waren, stehen bei den heutigen Digital Natives der Generation Y viel stärker emotionale Werte im Fokus ihres Denkens und ihrer Haltung.

Beispielhaft für die Vielzahl neuer Führungsansätze, die auch kurz als **New Leadership-Ansätze** bzw. **New Work-Führungsansätze** (und manchmal sogar als *„Führungsinstrumente aus dem Silicon Valley"*) bezeichnet werden, sollen einige besonders intensiv diskutierte Konzepte vorgestellt werden. Im Vordergrund steht hierbei jedoch keine theoretische Durchdringung der einzelnen Führungsansätze, sondern lediglich eine kurze inhaltliche Darstellung der wichtigsten Ausprägungen: Super Leadership, geteilte und verteilte Führung, agile Führung, systemische Führung, virtuelle Führung und digitale Führung [siehe hierzu im Folgenden Lippold 2019e].

8.2.1 Super Ledership

Der **Super Leadership-Ansatz** (engl. *Super Leadership Theory*) befasst sich mit den Herausforderungen einer dezentralen Arbeitswelt, in der es für Führungskräfte mitunter sehr schwierig sein kann, Mitarbeiter zeitnah zu erreichen und deren Verhaltensweisen in ihrem Verantwortungsbereich durch direkte Einflussnahme zu steuern. Vor diesem Hintergrund wird verstärkt auf weichere, weniger starre Formen der Arbeitsorganisation gesetzt. Diese beinhalten unter anderem eine größere Selbständigkeit der Mitarbeiter. Der Super Leadership-Ansatz, der zu den transformationalen New Leadership-Theorien zählt, beschäftigt sich daher intensiv mit der Antwort auf die Frage, wie es Führungskräften gelingen kann, Mitarbeiter zur Selbstorganisation oder „Selbstführung" zu motivieren bzw. zu befähigen. Diese Fähigkeit wird als „Self Leadership" bezeichnet. In der Theorie agiert also der Führende als „Super Leader", der seinen Mitarbeitern flexiblere Rahmenbedingungen für eine zweckgerichtete Selbststeuerung schafft [vgl. Stock-Homburg 2013, S. 515 ff.].

Das Konzept der Super Leadership grenzt sich somit spürbar von klassischen Führungsstilen ab, bei denen der Vorgesetzte die Verhaltenssteuerung der Geführten übernimmt, den Spielraum seiner Mitarbeiter also klar begrenzt. Der Führende agiert nicht mehr als eine Art „Über-Führer", sondern eher als am Arbeitsablauf orientierter Gestalter, der seinen Mitarbeitern Freiräume lässt und die Möglichkeit eröffnet, sich selbst zu organisieren. Der Vorgesetzte selbst sieht sich dabei als Prozessmoderator. Um eine erfolgreiche Self Leadership durchzusetzen, schlagen die Führungsforscher Manz und Sims einen mehrstufigen Prozess vor, an dessen Ende eine Einführung der Self-Leadership durch Super Leadership erfolgt ist. Dieses Ziel ist dann erreicht, wenn sich Mitarbeiter Aufgaben und Informationen selbstständig suchen und Entscheidungen eigenständig treffen. Grundlage sind dabei stets die Wertvorstellungen des Unternehmens und dessen Strategien [vgl. Schirmer/Woydt 2016, S. 192].

8.2.2 Geteilte Führung

Infolge von Globalisierung und Digitalisierung verbunden mit neueren Organisationsansätzen (Stichwort: flachere Hierarchien) und zunehmender Forderung nach stärkerer Demokratisierung unternehmerischer Entscheidungsprozesse rückt ein weiterer New Leadership-Ansatz in den Blickpunkt des Interesses – die **geteilte Führung** (engl. *Shared Leadership*). Bei diesem Ansatz steht, wie auch beim Super-Leadership-Ansatz, nicht mehr der Vorgesetzte als Alleinentscheider im Fokus des Führungsprozesses. Vielmehr steht die Frage im Vordergrund, wie Führung in Organisationen aufgeteilt werden soll, um Motivation und Leistung zu optimieren. Führung ist demnach nicht eine Kette von Anweisungen, die vom Vorgesetzten an seine Mitarbeiter weitergegeben wird. Vielmehr sollen sich Führender und Geführter vor dem Hintergrund der Zielvorgabe als quasi Gleichberechtigte sehen. Der Vorgesetzte agiert eher als Beschleuniger, statt die Rolle des Entscheiders einzunehmen [vgl. Schirmer/Woydt 2016, S. 195 ff.; Lang/Rybnikova 2014, S. 151 ff.].

Neben der Kompetenz- und Führungserweiterung durch das Team ist ein Verständnis von geteilter Führung verbreitet, bei dem zwei Chefs die Führungsrolle in Teilzeit zusammen ausüben. Eine solche Variante der geteilten Führung bietet sich immer dann an, wenn Teilzeit im Unternehmen einen hohen, akzeptierten Stellenwert hat.

In der Praxis wird Shared Leadership unterschiedlich bewertet. Als positive Ergebnisse konnten oftmals mehr Vertrauen unter den Teammitgliedern, eine bessere Teamperformance und auch eine höhere Zufriedenheit der Beschäftigten festgestellt werden. „Fehlende Orientierung" oder „Machtmissbrauch" durch Teammitglieder sind dagegen als negative Effekte zu verbuchen. Um „Geteilte Führung" in einem Unternehmen zu etablieren, bedarf es eines gewissen Durchhaltevermögens, denn Teil einer erfolgreichen Einführung ist sowohl eine Einübungs- als auch eine Findungsphase aller Mitwirkenden. Als begünstigender Faktor für die Einführung kristallisierte sich nach Studienergebnissen ein hoher Frauenanteil, verbunden mit einem insgesamt geringen Altersdurchschnitt, heraus. Außerdem zählten eine hohe ethnische Diversität und ein großes gegenseitiges Vertrauen innerhalb der Gruppe. Dementgegen stehen auf der Seite der Führungskräfte Faktoren wie Kontroll- und Machtverlust, Furcht vor Anarchie, persönliche Unsicherheit und mangelnde Fähigkeiten im Umgang mit nichtdirektivem Führungsverhalten. Auf Seiten der Mitarbeiter können Furcht vor zu viel Macht und Verantwortung sowie Angst vor Statusverlust eine Herausforderung darstellen [vgl. Lang/Rybnikova 2014, S. 168 ff.].

8.2.3 Verteilte Führung

In Abgrenzung zur geteilten Führung schließt das (etwas) weitergehende Konzept der verteilten Führung (engl. *Distributed Leadership*) über die Gruppe hinausgehende, aber in diese hineinwirkende strukturelle und z.T. auch kulturelle Führungsformen zusätzlich mit ein. Dabei spielen formale, pragmatische, strategische, regionale, aber auch kulturelle Verteilung von Führung dann eine Rolle, wenn die gemeinsamen Annahmen über eine natürliche Teilung der Führungsprozesse die Arbeitsgrundlage bilden [vgl. Lang/Rybnikova 2014, S. 168 ff.].

Grundsätzlich haben Shared und Distributed Leadership-Ansätze immer dann eine besondere Relevanz, wenn es um Teilung und Verteilung von Führungsaufgaben, um Aufteilung der Führungsverantwortung, um Teilung und Verteilung von Machtressourcen sowie um gemeinsame, kollektive Einflussausübung geht.

8.2.4 Agile Führung

Eine praxisbezogene Ausprägung des Shared Leadership ist die agile Führung, die seit Jahren stark an Bedeutung gewinnt. Dabei wird agile Führung als Verhalten interpretiert, bei der die Mitarbeiter selbstbestimmt den Weg der Aufgabenbewältigung festlegen und somit in Entscheidungen eingebunden werden. Wichtig ist dabei, dass hierarchische Strukturen aufgebrochen werden. Mitarbeiter sollen ihre Kompetenzen selber erkennen, einschätzen und sich gegenseitig Feedback geben. Agiles Führen kann sogar bedeuten, dass Führungsfunktionen nach dem Motto „Mitarbeiter wählen ihren Chef" infolge eines basisdemokratischen Wahlprozesses temporär auf einzelne Mitarbeiter übertragen werden [vgl. Schirmer/Woydt 2016, S. 200].

Der Begriff Agilität unterscheidet folgende Ebenen:

- Agile Werte und Prinzipien, die im sogenannten *agilen Manifest* festgelegt sind,
- Agile Methoden (z.B. *Scrum, IT-Kanban, Design Thinking*) und
- Agile Praktiken, Techniken und Tools (*Product Owner, Product Backlog, Time Boxing*).

Die agile Führung ist in der Softwareentwicklung entstanden und dort inzwischen eher die Regel als die Ausnahme. Aber auch im IT-nahen Umfeld, wie beispielsweise der Einführung von ERP-Systemen und im Non-IT-Bereich, wie der Produktentwicklung, spielen agile Methoden und Prinzipien eine immer wichtigere Rolle. Agile Methoden stellen Werte und Prinzipien in den Vordergrund, wo bisher Methoden und Techniken im Fokus waren. Die Softwareentwicklungsmethodik **Scrum** kann dabei als eine Art Vorreiter der agilen Führung bezeichnet werden: Anstatt Projekte nach starren Plänen zu führen, gehen agile Projekte flexibler vor. Scrum kommt aus dem Rugby-Sport und bezeichnet eine „Gedränge-Formation", in der sich die beiden Teams nach einer kurzen Spielunterbrechung zur Weiterführung wieder zusammenfinden. Scrum setzt auf selbstorganisierende Teams ohne Projektleiter in der Softwareentwicklung. Die Teams teilen das Gesamtprojekt in kurze Intervalle (Sprints) auf. Am Ende der Intervalle stehen in sich abgeschlossene Teilergebnisse, die durch eigenverantwortliche und selbstorganisiert arbeitende Entwickler realisiert werden. Damit wird auf die bisher sehr umfangreichen, bürokratischen Planungs- und Vorbereitungsprozesse verzichtet, die letztlich zu einer Trennung von Planung und Ausführung führten [vgl. Schirmer/Woydt 2016, S. 199].

In agilen Organisationen *„formieren sich Mitarbeiter in Squads (interdisziplinäre Produktteams), Tribes (Zusammenschluss von Squads mit gemeinsamer Business Mission) und Chapters (Wissens- und Erfahrungsschwerpunkte über die Squads hinweg) zu ständig neuen Teams. Die Führungsorganisation umfasst Product Owners (Prozessverantwortliche innerhalb eines Squads), Tribe Leads (Managementverantwortliche innerhalb eines Tribes) und Chapter Leads (hierarchische Funktion mit ganzheitlicher Personalverantwortung innerhalb eines Chapters). Zusätzlich bieten agile Coaches individuelle Begleitung von Einzelpersonen oder Moderation von Teams an"* [JOCHMANN 2019].

Agile Methoden treffen immer dann auf fruchtbaren Boden, wenn sich das Führungsverständnis zunächst der Projektmanager und dann der Führungskräfte mit wandelt. Der Boden hierfür scheint aber gut aufbereitet, denn agile Methoden finden zunehmend Interesse bei Teamleitern wie im Top-Management und werden deutlich positiver bewertet als die des klassischen Projektmanagements. Allerdings zeigen Umfragen, dass erst 20 Prozent aller befragten Unternehmen (n = 902) agile Methoden durchgängig („nach Lehrbuch") bei der Durchführung und Planung von Projekten einsetzen und nutzen (siehe Abbildung 8-09).

In welcher Form setzen Sie agile Methoden in Ihrem Tätigkeitsbereich
bei der Durchführung und Planung von Projekten/
Entwicklungsprozessen ein?

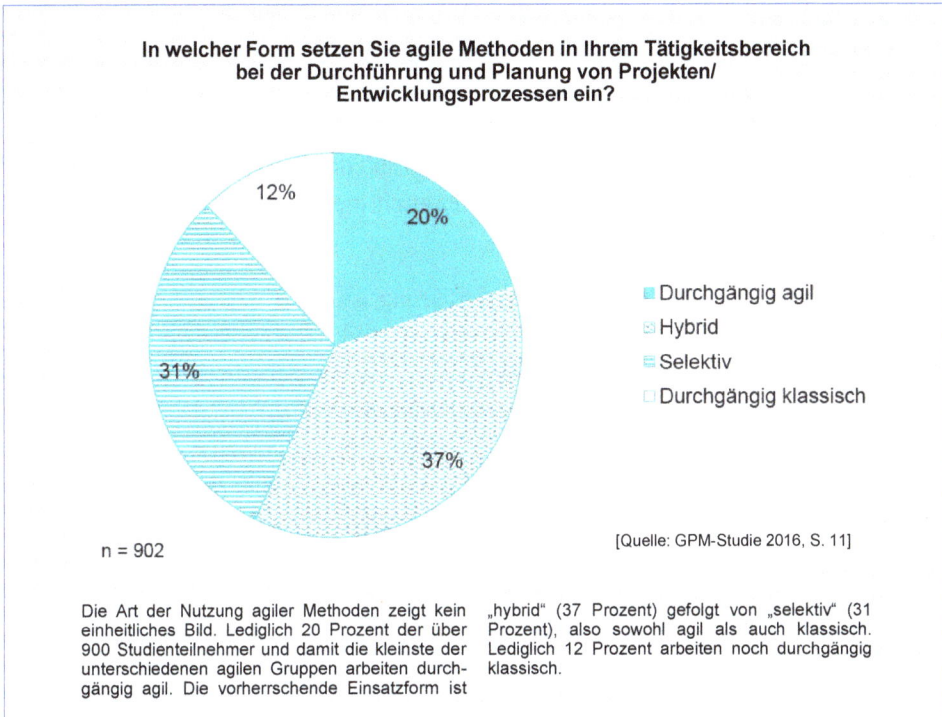

- Durchgängig agil
- Hybrid
- Selektiv
- Durchgängig klassisch

n = 902

[Quelle: GPM-Studie 2016, S. 11]

Die Art der Nutzung agiler Methoden zeigt kein einheitliches Bild. Lediglich 20 Prozent der über 900 Studienteilnehmer und damit die kleinste der unterschiedenen agilen Gruppen arbeiten durchgängig agil. Die vorherrschende Einsatzform ist „hybrid" (37 Prozent) gefolgt von „selektiv" (31 Prozent), also sowohl agil als auch klassisch. Lediglich 12 Prozent arbeiten noch durchgängig klassisch.

Abb. 8-09: Einsatzformen agiler Methoden

8.2.5 Systemische Führung

Obwohl die transformationalen New-Leadership-Ansätze davon ausgehen, dass Entscheidungsprozesse weitgehend selbstorganisiert durch die Mitarbeiter geschehen, so sind sie jedoch noch so gestaltet, dass Führungskräfte steuernd eingreifen können. Bei der **Systemischen Führung** betrachtet man Unternehmen als Systeme, in denen Lenkungshandlungen dagegen zu einer Vielzahl von direkten und indirekten Führungsreaktionen führen, womit eine klassische, beeinflussende Führung „unmöglich" wird.

„Systeme sind Ganzheiten, die sich aus einzelnen Elementen zusammensetzen, die miteinander über Relationen verbunden sind und interagieren. Unternehmen stellen mit ihren Subsystemen und Elementen, d. h. Abteilungen und Mitarbeitern, komplexe Systeme dar. Komplexität beschreibt dabei die Fähigkeit eines Systems, eine große Zahl verschiedener Zustände einnehmen zu können bzw. mit einer großen Zahl unterschiedlich zusammengesetzter Reaktionen auf Impulse reagieren zu können." [Schirmer/Woydt 2016, S. 201].

Mit dieser Beschreibung werden Unternehmen von einfacheren Systemen wie zum Beispiel Maschinen, die auf gewisse Reize nur mit einer bestimmten Reaktion antworten können, abgegrenzt. Bei der systemischen Führung geht man davon aus, dass die **Komplexität** ein wichtiger Bestandteil wirksamer Führung ist. Dabei beschränkt sie sich nicht auf die Beziehungen zwischen Führungskräften und Mitarbeitern allein, sondern schließt die Beziehungen aller beteiligten Stakeholder des Systems ein. Die Führungskraft agiert dabei lediglich als Impulsgeber. Aufgrund der großen Komplexität und der vielen Einflüsse ist ein Steuern der Prozesse durch die Führungskraft so kaum noch möglich.

Der wichtigste Baustein der Systemischen Führung ist die **Kommunikation**. Hierbei gilt es vor allem, den Mitarbeitern durch eine gezielte Gesprächsführung neue Perspektiven darzustellen. Ziel dabei ist allerdings nicht, dass alle Mitarbeiter später eine einheitliche Sichtweise vertreten. Um zu diesem Punkt zu kommen, werden von Führungskräften Werkzeuge wie Skalen- oder Klassifikationsfragen genutzt. Skalenfragen werden dazu eingesetzt, um Wertigkeiten oder Bedeutungen einschätzen zu können. Eine mögliche Skalenfrage wäre hier: „Wie wichtig ist auf einer Skala von eins bis zehn die Zufriedenheit unserer Mitarbeiter?" Eine Klassifikationsfrage wird eingesetzt, um unterschiedliche Betrachtungsweisen erkennbar zu machen, so beispielsweise: „Welche unserer neuen Produkte werden den meisten wirtschaftlichen Erfolg bringen?"

Die Systemische Führung liefert keine einfachen Lösungen in Form von Handlungsanweisungen. Daher wird versucht, die wahrgenommene Realität der Mitarbeiter so zu beeinflussen, dass Lösungen selbstorganisiert gefunden werden können. Allerdings verwehrt die sehr spezifische Theoriefundierung vielen Praktikern einen Zugang zur Systemischen Führung [vgl. Schirmer/Woydt 2016, S. 203].

8.2.6 Virtuelle Führung

Virtualität beschreibt Eigenschaften eines konkreten Objekts, die nicht physisch, aber durch den Einsatz von Zusatzspezifikationen (z.B. von neuen Kommunikationsmöglichkeiten) realisiert werden können. Bei **virtueller Führung** – also Führung mit neuen Medien – kann mit Hilfe dieser Zusatzeigenschaften trotz physischer Abwesenheit von Führungskräften geführt werden. Es geht hier also nicht um die „Führung der Möglichkeit nach", sondern um die Führung realer Mitarbeiter mit Hilfe von modernen Informations- und Kommunikationstechnologien bzw. sozialen Medien [vgl. im Folgenden Wald 2014, S. 356 ff.].

Das zentrale Problem virtueller Führung ergibt sich aus der **Distanz** bzw. den fehlenden persönlichen Kontakten zwischen Führenden und Geführten. Dabei ist die Entfernung nicht entscheidend für die Effektivität der Kommunikation, wohl aber für die Effektivität der Führung. Der fehlende persönliche Bezug und fehlende Informationen zum sozialen Kontext erschweren den Aufbau sozialer Beziehungen. Dies kann Passivität und Leistungszurückhaltung der Mitarbeiter hervorrufen. Andererseits werden der Umgang mit dieser Distanz, d.h. die erfolgreiche Kommunikation mit modernen Medien sowie der Aufbau und der Erhalt von Vertrauen, unter virtuellen Bedingungen unverzichtbar.

Letztlich sind es nach Peter M. Wald vier Perspektiven, aus denen man sich dem Phänomen der virtuellen Führung nähern kann:

- Virtuelle Führung als Führung aus der Distanz – Aus der Entfernung führen
- Virtuelle Führung als E-Leadership – Mit neuen Medien führen
- Virtuelle Führung als Führung mit neuen Beziehungen – Neue Führungsbeziehungen gestalten
- Virtuelle Führung als emergente (neu aufkommende) Führung – Entstehende Führung nutzen.

Führung kann unter virtuellen Bedingungen auf verschiedene Instanzen „verteilt" werden, d.h. die Teamführung, wenn also Teammitglieder gemeinsam Führung ausüben, kann unter virtuellen Bedingungen empfehlenswert sein, weil damit die Selbststeuerungsfähigkeit des Teams erhöht wird. Gemeinsam ausgeübte Führung beeinflusst die Leistung stärker als in konventionellen Teams. Fragen nach dem Verhältnis der Führungsformen (zentral/verteilt, transaktional/transformational), Wirkungen ihres Einflusses und die Umsetzung interaktionaler Führung unter virtuellen Bedingungen sind aber bislang noch unbeantwortet.

Die Empfehlungen zur Gestaltung virtueller Führung beinhalten neben Hinweisen für die Auswahl und Entwicklung von Führungskräften auch konkrete Vorschläge zur Umsetzung virtueller Führung mittels Kommunikation, Vertrauen, Beziehungen und Distanzführung.

8.2.7 Digitale Führung

Unter den New Work-Führungsansätzen ist die digitale Führung (engl. *Digital Leadership*) sicherlich am bekanntesten. Wenn die These zutrifft, dass unsere heutige Führung mit der digitalen Transformation in weiten Teilen überfordert ist, wie sieht dann richtige Führung aus? Angesprochen ist das Modell der „Digitalen Führung".

Doch zunächst eine Klarstellung: Es gibt keine „digitale Führung" (und sollte es auch nie geben). Gemeint ist vielmehr eine „digitale Führungskompetenz".

Explizit *nicht* enthalten in den Schlüsselkompetenzgruppen nach Erpenbeck/Heyse (siehe Abschnitt 2.2) ist die **Führungskompetenz**. Sie ist vielmehr eine **Querschnittskompetenz**. Führungskompetenz wird am häufigsten mit folgenden Schlüsselkompetenzen in Verbindung gebracht:

- Kommunikationsfähigkeit
- Entscheidungsfähigkeit
- Teamfähigkeit.

Interessanterweise liegt bislang das Augenmerk bei den Führungstrainings allerdings auf den Methoden und Fachkompetenzen.

Geht man jetzt von der (herkömmlichen) Führungskompetenz zur **digitalen Führungskompetenz** über, so kommen ganz offensichtlich zwei Kompetenzen hinzu, die in der Kompetenzarchitektur so nicht zu finden und daher ebenfalls als Querschnittskompetenzen zu bezeichnen sind: die Medienkompetenz und die interkulturelle Kompetenz. **Medienkompetenz** wird zwar nicht unbedingt von einer Führungskraft erwartet, der sichere Umgang mit sozialen Medien wird aber immer wieder als entscheidender Mangel aktueller Führungskräfte angesehen. Als solch ein Mangel gilt auch die **interkulturelle Kompetenz**, denn in der Praxis nehmen Führungskräfte meist nur dann an interkulturellen Trainings teil, wenn sie eine längere Zeit im Ausland verbringen werden. Auf der Grundlage dieser beiden (zusätzlichen) Kompetenzen müssen für die konkreten Führungsaufgaben verschiedene Teil- und Schlüsselkompetenzen ermittelt, definiert und gewichtet werden. Und genau an dieser Stelle sind junge High Potentials den Führungskräften aus der Gruppe der Digital Immigrants deutlich überlegen [vgl. Ciesielski/ Schutz 2016, S. 122].

Digitale Führungskompetenz betrifft nicht nur jedes Unternehmen, sondern jede Organisation schlechthin – so auch Schulen und Hochschulen. Das veränderte Lernen und Arbeiten der digital geprägten Generationen Y und Z haben die Lern- und Arbeitsprozesse in Schulen und Hochschulen voll erfasst. Allerdings hat sich die Lehre vor allem in der Hochschule bislang wenig bis gar nicht darauf eingestellt. Von vereinzelten Leuchtturmprojekten und Einzelinitiativen einmal abgesehen gehen die Hochschulen vielfach immer noch von einer weitgehend homogenen Studierendenlandschaft aus. Da die Hochschulen auf die **Bologna-Reform** gar nicht oder nur sehr schlecht vorbereitet waren, kamen auf die Lehrstuhlinhaber ein höherer Arbeitsaufwand und verschulte Studiengänge zu. Für die Lehrenden bedeutet die Bachelor-Master-Struktur vor allem Bürokratie und Prüflingsbetreuung statt der Heterogenität der Studierenden Rechnung tragen zu können. Hauptleidtragende zwischen starren Modulplänen, ausufernden Prüfungsleistungen, gefrusteten Professoren und unrealistischen Workload-Annahmen sind die Bachelor-Studierenden, deren Mehrzahl zwischenzeitlich einen Master „draufsattelt", um beschäftigungsfähig (engl. *employable*) zu werden. Sie sollen Persönlichkeiten statt nur Absolventen sein. Besonders hinderlich sind die sich anhaltend verschlechternde Betreuungsrelation von Studierenden zu Professoren und die geringe Verzahnung von Theorie und Praxis. Die Studierenden der Generationen Y und Z schwappen dann in die Unternehmen, die meist noch die traditionellen Absolventenmuster erwarten.

Treffen sie hier nicht auf analog wie digital kompetente Führungskräfte, werden sie schnell weiterziehen [vgl. Ciesielski/Schutz 2016, S. 115].

Und noch ein Umstand, der die Beschäftigung mit und die Investition in digitale Führungskompetenz so notwendig macht: Betrachtet man die Kompetenzmodelle führender deutscher Unternehmen, die im Internet oder entsprechenden Broschüren einsehbar sind, so ist auffällig, dass ein Einfluss der Digitalisierung auf die Kompetenzen bzw. auf die Personen, die die Kompetenzen entwickeln sollen, überhaupt nicht erwähnt wird [vgl. Erpenbeck et al. 2013, S. 67].

8.3 Wie neue Führungskonzepte in die Praxis umgesetzt werden

8.3.1 New Work und Homeoffice

Homeoffice ist ein Teilaspekt der *Telearbeit*. Dieser Begriff fasst Arbeitsformen zusammen, bei denen Mitarbeiter ihre Arbeit ganz oder teilweise außerhalb der Gebäude des Arbeitgebers verrichten. Oft wird auch von *Mobilarbeit* oder von *mobiler Arbeit* gesprochen. Beim Homeoffice findet diese Arbeit zuhause – also in den Räumen des Arbeitnehmers – statt.

Im Gegensatz zu den klassischen Führungsansätzen sind die New Work-Konzepte deutlich besser auf die Corona-induzierten Homeoffice-Boom vorbereitet. Schließlich haben die virtuelle Führung, die digitale Führung und vor allem der Super-Leadership-Ansatz einen ihrer Ursprünge in der räumlichen Distanz zwischen Führenden und Geführten. Das Homeoffice spiegelt also genau eine der möglichen Voraussetzungen für diese neuen Führungskonzepte wider.

Da dem Begriff *Homeoffice* (noch) der Ordnungsrahmen fehlt, hat das Bundearbeitsministerium einen Entwurf für „Das Mobile-Arbeit-Gesetz" erarbeitet. Die Rede ist von jährlich 24 Tage – also zwei Tage im Monat – gesetzlichen Anspruch auf Homeoffice bzw. mobile Arbeit für jeden Vollzeitbeschäftigten. Arbeitgeber müssten zwingende betriebliche Gründe darlegen, um das ablehnen zu können. Oder sie müssen begründen, warum sich die Tätigkeit grundsätzlich nicht dafür eignet. In vielen Dienstleistungsbereichen, bei denen der Kunde als externer Faktor eine wichtige Rolle spielt, wird eine solche Begründung allerdings nicht schwerfallen. Anders sieht es dagegen in den meisten Führungs-, Verwaltungs- und Enabling-Bereichen aus. Hier kann Homeoffice zu einer erheblichen Entlastung vieler Familien bedeuten. Grundsätzlich sind sich alle Politikbeteiligten einig, dass Homeoffice eine große Chance für die Wirtschaft ist. Ob man daraus allerdings einen gesetzlichen Anspruch ableiten kann, anstatt eine Einigung den Tarifpartnern zu überlassen, ist zumindest fraglich.

Besonders eindrucksvoll hat Verena Pausder in ihrem Bestseller „Das Neue Land" die Wirkung von Homeoffice auf New Work beschrieben (siehe Abbildung 8-10).

New Work im Neuen Land:
Das Zuhause ist kein unproduktiver Ort
von *Verena Pausder*

„Ich muss zum Flieger!" Für mich ist das ein Satz aus dem Alten Land. Nicht, dass wir nicht mehr zum Flieger dürfen oder müssen, aber dieses Statussymbol, dieses „ich reise, also bin ich wichtig" – das wird die Pandemiezeit nur schwer überleben.

Es ist nicht mehr nötig, ständig „im Flieger" zu sitzen. Es ist kein Nachweis der eigenen Wichtigkeit mehr, wenn man ständig unterwegs ist. Die wichtigste Frage lautet vielmehr "Musst du da wirklich hin?" Gibt es keine digitale Lösung, um Daten abzurufen und auszuwerten? Und keine virtuelle Möglichkeit, die Ergebnisse zu besprechen? Kein Tool, um den Fortschritt des Projektes nachzuvollziehen? Kein Programm, das nicht auch von zuhause abrufbar ist?

Denn: Das Zuhause ist kein unproduktiver Ort. Nach einer Erhebung der Universität Konstanz, gaben im April 2020 rund die Hälfte der Befragten an, im Homeoffice besser und effektiver zu arbeiten. 35 Prozent der rund 700 Studienteilnehmer hatten vorher sogar noch nie von zuhause gearbeitet.

Und nach einer Studie des Münchner ifo Instituts im Juli 2020 wollen 54 Prozent der Unternehmen weiter auf das Homeoffice setzen. Die Forscher gehen davon aus, dass sich hybride Arbeitsmodelle zwischen Präsentarbeit und Homeoffice immer mehr durchsetzen werden.

Und selbst die traditionsreichen deutschen Konzerne ziehen nach. So hat Siemens im Juli 2020 angekündigt, auch nach der Coronapandemie stark auf mobiles Arbeiten zu setzen. 140.000 der weltweit 240.000 Mitarbeiter*innen sollen künftig an zwei bis drei Tagen pro Woche nicht mehr ins Büro oder ins Werk müssen. Man habe gesehen, wie produktiv und effektiv das mobile Arbeiten sein kann, heißt es bei Siemens.

Und offenbar auch, dass es viele Mitarbeiter*innen zufriedener macht. Es ist eben nicht die entscheidende Frage, ob es Mexikanisch oder Indisch oder beides in der Kantine gibt, sondern ob die Fähigkeiten eines*r Mitarbeiters*in wertgeschätzt werden – und ob die Firma die Entwicklung ihrer Angestellten fördert. Es ist eben viel

wichtiger, dass Mitarbeiter*innen mit Führungskräften darüber reden, was sie werden können und nicht, was sie hier für sich herausholen können.

Es geht darum, die Arbeit so zu gestalten, das sie bestmöglich wird. Es geht darum, den eigenen Mitarbeiter*innen mit Respekt und Fairness zu begegnen, ihre Entwicklung zu fördern, mit ihnen gemeinsame Ziele zu definieren, Ihnen mehr zu vertrauen als sie zu kontrollieren, und ihnen die Sinnhaftigkeit der Arbeit, den Purpose ihres, besser zu vermitteln.

Das ist New Work. Und das steht für die Strahlkraft von New Work, die auch das Arbeiten im Neuen Land auszeichnet.

VERENA PAUSDER

DAS NEUE LAND

WIE ES **JETZT** WEITERGEHT!

[Quelle: Pausder 2020, S. 122 ff., verkürzt]

Abb. 8-10: „Das Zuhause ist kein unproduktiver Ort"

8.3.2 Neues Führungsverständnis

Alle genannten New Work-Führungskonzepte haben zwar ihren Ursprung in neuen Anforderungen (Umgang mit räumlicher Distanz, mit neuen Medien, mit flachen Hierarchien, mit unterschiedlichen Wertvorstellungen verschiedener Generationen etc.), letztendlich sind es aber sehr ähnliche und teilweise überschneidende Ausprägungen eines grundsätzlich neuen Führungsverständnisses, das sich wie folgt skizzieren lässt:

- **Gemeinsames Verständnis** von Zielen und Aufgaben als sich entwickelnde Basis der Kommunikation

- **Gemeinsame Verantwortlichkeit der Gruppe** für den Prozess und die Entwicklung der eigenen Kooperationsfähigkeiten

- **Gemeinsame, selbstorganisierte Führung**, sowohl auf Projekt- als auch auf Abteilungsebene

- Jahresendprozesse **ohne Kalibrierung** der Mitarbeiter

- Hohes Maß an gegenseitigem **Vertrauen**

- Hinterfragen der **Sinnhaftigkeit** von Aufgaben und Akzeptanz einer **positiven Fehlerkultur.**

Abbildung 8-11 liefert einen groben Vergleich klassischer und neuer Führungskonzepte.

	Klassische Ansätze	Neuere Ansätze
Einflussausübung	Einseitig	Wechselseitig
Führungshandeln	Führungsstil	Strategien, Taktiken
Machtbeziehung	Herrschaft der Führer	Anteil der Geführten, Machtbalancen
Instrument der Zielerreichung	Erfolg abhängig vom Führungsstil	Viele Faktoren, vernetzt, zirkulär, viele Alternativen
Merkmal der Persönlichkeit	Eigenschaften der Führungskraft	Zuschreibung durch Geführte
Gruppenphänomen	Formelle Führung, Statik	Informelle, emergente Prozesse, Dynamik
Führungsansätze	Eigenschaftsansatz, Verhaltensansatz, Situativer Ansatz	New Leadership-Ansätze, Systemische Ansätze, Virtuelle Ansätze

[Quelle: modifiziert nach Lang/Rybnikova 2014, S. 24]

Abb. 8-11:   Vergleich klassischer und neuerer Führungskonzepte

In den neuen Führungskonzepten wird die Führungsrolle also ziemlich anders gesehen als in den klassischen Führungstheorien. Wesentliche Elemente der **Führung** übernehmen selbstorganisierte Teams. Damit liegt einer Organisation, in der praktisch jeder Führung übernehmen kann, eine ganz andere Führungshaltung zugrunde: Mitarbeitern wird grundsätzlich vertraut. Solche Organisationsmodelle entsprechen in ihrer ausgeprägten Form dem **transformationalen und kooperativen Führungsstil**.

Wirft man einen Blick auf die gegenwärtige Führungspraxis in deutschen Unternehmen, so lässt sich das Aufeinanderprallen von klassischen und neuen Führungskonzepten am besten an den beiden Polen unserer Unternehmenslandschaft illustrieren: Start-ups und Großunternehmen [siehe Lippold 2017, S. 370 ff.].

8.3.3 Führung mit Begeisterung und Offenheit

Ziel der Neuformierung in Richtung digitaler Führung muss es sein, die Führungskompetenz dahingehend zu entwickeln, dass mit Begeisterung und Offenheit geführt wird.

Begeisterung deshalb, weil selbst begeistert sein und andere begeistern können, zwei der wichtigsten elementaren Führungseigenschaften sind. Begeisterung vor allem auch deshalb, weil die Generation Z (Geburtsjahrgänge ab 1995) in der Führung durch Begeisterung einen ganz wichtigen Schlüssel für oder gegen ein Unternehmen als Arbeitgeber sieht.

Offenheit deshalb, weil in einer sich ständig ändernden Umwelt eine permanente Lern- und Veränderungsoffenheit essentiell ist. Offenheit aber auch deshalb, weil organisationale Offenheit und damit **Vertrauen** die Währung im digitalen Zeitalter und in der digitalen Führungskultur ist.

Das kommt einem **Paradigmenwechsel in der Personalführung** gleich. Die digitale Transformation ist also ein Leadership- **und** ein Kultur-Thema. Jede Arbeitskultur braucht ihren eigenen Zugang zu den jeweils passenden Kommunikationstechnologien. Jede Kultur tickt anders, verarbeitet ihre Informations- und Kommunikationsflüsse unterschiedlich. Hier besteht zum Teil ein erheblicher Handlungsbedarf, denn Kultur wird nicht verordnet, sondern muss (vor-)gelebt werden. [vgl. Ciesielski/Schutz 2015, S. XII].

8.4 Die hybride Führungskraft als Erfolgsfaktor

Um in dem neuen, digital geprägten Umfeld zu bestehen, ist also ganz offensichtlich die **hybride Führungskraft** ein möglicher Schlüssel zum Führungserfolg. Das heißt, für die Führungskraft ist es wichtig, sowohl in der virtuellen als auch in der analogen Welt als ein menschliches Wesen wahrgenommen zu werden, um mit den Mitarbeitern deren

Werte teilen zu können. Am Ende sind es die Menschen mit Persönlichkeit, die Präsenz zeigen und eine Identität sichtbar machen, die offline und online zur Kenntnis genommen werden kann. Auf die aktive Gestaltung solcher Identitäten sollte Führung in der digitalen Welt viel Wert legen [vgl. im Folgenden Ciesielski/Schutz 2015, S. 140 ff. und Hildebrandt et al. (2013), S. 163 ff.].

Hildebrandt et al. unterscheiden im Kontext hybrider Arbeitsräume drei **Präsenzarten**:

- **Soziale Präsenz** (engl. *Social Presence*)
- **Kognitive Präsenz** (engl. *Cognitive Presence*)
- **Führungspräsenz** (engl. *Leadership Presence*).

Soziale Präsenz ist die Wahrnehmung, die andere von einem als Person in einem virtuellen Umfeld haben. In virtueller Interaktion kann soziale Präsenz im Wesentlichen durch folgende Reaktionen gezeigt werden:

- Affektive Reaktionen (wie Emotionen, Humor, Selbstoffenbarungen)
- Bindende Reaktionen (Ausrufe und Grüße, die Gruppe mit „wir" und „unser" ansprechen)
- Bezugnehmende Reaktionen (Nutzung von „Bearbeitungsfunktionen", direktes Zitieren, Bezugnehmen auf die Inhalte anderer Nachrichten).

Kognititve Präsenz ist das menschliche Vermögen, Bedeutungen und Wissen aus einem Prozess der Reflexion und Kommunikation in einem virtuellen Rahmen zu ziehen. Wenn Einsichten aus Diskussionen und Konflikten gewonnen werden, wenn Synthesen vorgeschlagen und Informationen ausgetauscht werden oder wenn Probleme angesprochen oder Lösungsvorschläge gemacht werden, so sind dies Indikatoren für kognitive Präsenz.

Führungspräsenz schließlich bindet soziale und kognitive Präsenz zusammen, sorgt proaktiv dafür, dass die technischen und kulturellen Rahmenbedingungen vorhanden sind, in denen die Gruppe interagieren kann. Es werden Beziehungen und Aufgaben betrachtet und stets als Rollenvorbild agiert. In den meisten Fällen geht es um Formen der Moderation und des Coachings. Eine digitale Führung sollte stets virtuelle Verfügbarkeiten haben. So sollte die Führungskraft einmal die Woche z. B. via WebEx online zur Verfügung stehen oder die Präsenz durch das Schreiben eines Blogs erhöhen.

Soziale, kognitive und Führungskompetenz sind auch das Ergebnis der **Medienkompetenz** der jeweiligen Führungskraft. Medienkompetenz als Teil der digitalen Führungskompetenz ist dabei als eine Querschnittskompetenz zu betrachten, die das Entwickeln verschiedener Kompetenzbereiche notwendig macht – ähnlich der digitalen Führungs-

kompetenz. Dabei geht es u. a. darum, den richtigen Medienmix für die optimale Zusammenarbeit zu finden. Medienkompetenz macht vor allem auch Generationsunter-
schiede deutlich, denn bei dieser Kompetenzart geht es nicht allein um die Frage, welche
Medien eingesetzt werden, um zu kommunizieren, sondern es muss auch berücksichtigt
werden, mit welchem Kompetenzniveau die jeweilige Gruppe an die Anwendung der
Technologien herangeht. Wird die gesamte Bandbreite der Medienkanäle nicht auspro-
biert, kann es durchaus vorkommen, dass nicht alle Gruppenmitglieder ihre Probleme
und Herausforderungen rechtzeitig und stark genug kommunizieren können.

8.5 Wie weit sich Führung demokratisieren lässt

Allen neuen Führungsansätzen ist eines gemeinsam: Sie weisen einen deutlich höheren
Demokratisierungsgrad auf als die klassischen Führungskonzepte [vgl. im Folgenden
Lippold 2018].

Es ist zwar richtig, dass Führungskräfte, die auf persönliche Macht, Einfluss, Status und
Prestige fixiert sind, in jeder Organisation überflüssig sind. Unter solch einer schlechten
Führung haben alle Mitarbeiter zu leiden und hier trifft sicherlich die Erkenntnis zu,
dass ein Mitarbeiter, der kündigt, nicht das Unternehmen, sondern den Chef verlässt.
Die Frage aber ist, ob man deshalb die Führung total „demokratisieren" sollte? Und
überhaupt: Wieviel Demokratie verträgt Führung eigentlich?

Wollen wir wirklich nicht mehr von den Vorteilen guter Führung profitieren? Wollen
wir auf motivierende Zielsetzungen, positiv wirkendes Feedback, Wertschätzung der
Arbeit, individuelle Forderung und Förderung und ein offenes Ohr für die Sorgen der
Mitarbeiter verzichten? Wären Fußballmannschaften ohne Trainer wie Pep Guardiola,
Jürgen Klopp oder Hansi Flick genauso erfolgreich, wenn sie sich selbstorganisieren
würden? Wer in einer Organisation arbeitet, in der Führung durch Vorgesetzte positiv
wirkt, käme wohl kaum auf die Idee, die Führungskräfte abzuschaffen [vgl. Scherer
2018].

Bei aller Euphorie über die neuen, progressiven Zusammenarbeitsmodelle sollte die Passung von Führungsstil und Organisationsform immer wieder auf den Prüfstand gestellt
werden. Denn es gibt einen Punkt, an dem der optimale Grad der Mitbestimmung für
die jeweilige Organisation erreicht ist. Abbildung 8-12 zeigt sehr anschaulich, dass Demokratisierung keine lineare Funktion ist, die automatisch zu mehr Erfolg führt. Maximale Demokratisierung ist also suboptimal.

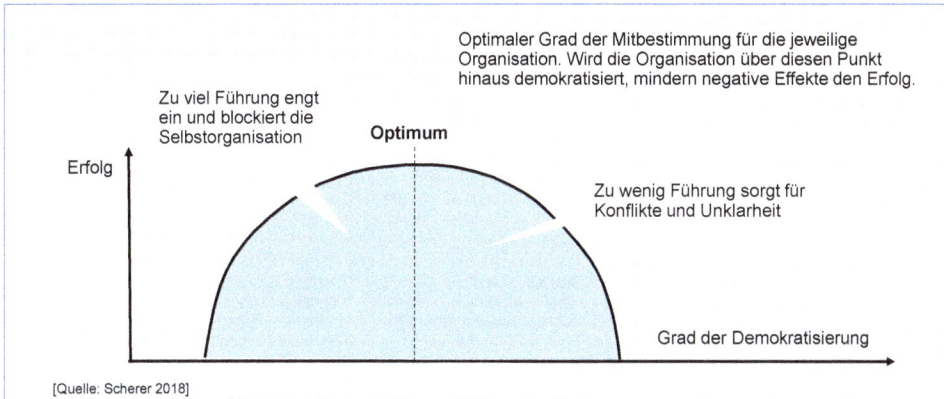

[Quelle: Scherer 2018]

Abb. 8-12:   Optimaler Grad der organisationalen Mitbestimmung

Wird die Organisation über diesen Punkt hinaus „demokratisiert", kann der Schuss nach hinten losgehen, denn

– nicht jeder Mitarbeiter möchte Zunahme an Verantwortung und den Leistungsdruck einer Führungsposition übernehmen,
– nicht jeder Mitarbeiter möchte an Entscheidungen beteiligt werden,
– nicht jedes Unternehmen verfügt über eine homogene Mitarbeiterschaft, die bspw. alle derselben Generation (Y) angehört,
– nicht jedes Unternehmen hat so gute Voraussetzungen für eine agile Organisation wie Start-ups.

Thomas J. Scherer kommt zu der Erkenntnis, dass die Abschaffung klassischer Führungsstrukturen dazu führt, dass sich dann eine Dynamik in Gang setzt, in der Machtkämpfe um informelle Positionen ausgetragen werden. Schließlich gäbe es eine nicht unbeträchtliche Anzahl von Menschen, *„die am Ende des Tages, wenn sie keine Konsequenzen zu fürchten hätten, ihr eigenes Wohl über das der Organisation oder des Teams stellen würden? Und braucht es nicht vielleicht formelle Führung, um Individualinteressen ausgleichen und Mobbing unterbinden zu können?"* [Scherer 2018]

Diese Überlegungen machen sehr deutlich, dass es letztlich doch immer wieder formeller und damit klassischer Führungsansätze bedarf, um letztlich den Rahmen für gemeinsame, selbstorganisierte Führung zu schaffen und diese damit überhaupt erst ermöglichen.

Abbildung 8-13 fasst die wichtigsten Überlegungen zum Miteinander von klassischen und New Work-Führungskonzepten zusammen:

	Klassische Ansätze	Neuere Ansätze
Führungserfolg	Durch **Eigenschaften** oder **(situatives) Verhalten** der Vorgesetzten	Durch **Interaktion** zwischen Führungskräften und Mitarbeitern
Führungsverständnis	Mitarbeiter brauchen eine – starke Hand – klares Ziel – den Weg dahin Aber auch: – Motivierende Zielsetzungen – Positiv wirkendes Feedback – Individuelle Forderung und Förderung – Offenes Ohr für die Sorgen der Mitarbeiter	• Gemeinsame, selbstorganisierte Führung • Mitarbeitern wird grundsätzlich vertraut • Hinterfragen der Sinnhaftigkeit von zu erledigenden Aufgaben • Hoher „Demokratisierungsgrad" Aber auch: – Nicht alle Mitarbeiter wollen Verantwortung und Leistungsdruck – nicht jeder Mitarbeiter möchte an Entscheidungen beteiligt werden – nicht jedes Unternehmen hat eine homogene Mitarbeiterschaft – nicht jedes Unternehmen hat so gute Voraussetzungen für eine agile Organisation wie Start-ups

Abb. 8-13:   Miteinander von klassischen und New Work-Führungskonzepten

8.6 Unverhandelbare Führungsaspekte

Eine (Führungs-)Kultur lässt sich nicht verordnen und schon gar nicht in der Form einführen, dass danach der „ganze Laden anders tickt". Ganz im Gegenteil, eine **Kultur muss (vor)gelebt** werden und hierzu benötigt man die richtigen Vorreiter. Für diese ist es wichtig, dass sie sowohl in der digitalen als auch in der analogen Welt als Menschen wahrgenommen werden, mit denen die Mitarbeiter bestimmte Werte teilen können (Stichwort: Hybride Führungskraft).

Unabhängig davon, ob man auf transaktionale Führungsansätze einerseits oder auf transformationale, agile, virtuelle oder verteilte Führung andererseits bzw. auf klassisch geführte oder selbstorganisierte Teams setzt, folgende **Kennzeichen einer Führungskultur** sollten nicht verhandelbar sein [vgl. im Folgenden Lippold 2019b]:

• **Führung nicht durch Status oder Macht, sondern durch Anerkennung und Respekt**

Führung durch Status und Macht bedeutet – aus Sicht der Geführten – dass hier Anerkennung von anderen „gegeben" ist. Gerade bei jüngeren Organisationen wird ein solcher Status besonders hinterfragt, diskutiert und kritisiert. Damit besteht die Gefahr, dass Führung instabil wird. Aus Gründen einer stabilen Führungskultur sollte somit Anerkennung und Respekt auch immer direkt von den geführten Mitarbeitern kommen.

• **Führung mit Begeisterung, Wertschätzung und Offenheit**

Wer selbst begeistert ist und andere begeistern kann, verfügt über zwei der wichtigsten elementaren Führungseigenschaften. Wertschätzung ist das höchste Gut, das die Vorgesetzten ihren Mitarbeitern gegenüber erweisen können. Organisationale Offenheit und damit Vertrauen ist die Währung im digitalen Zeitalter.

- **Über das Eigeninteresse hinausgehendes Engagement**

Ein Mitarbeiterengagement, das weit über das Eigeninteresse hinaus geht und damit der Gesamtheit dient, kann gar nicht hoch genug eingestuft werden. Es hat entscheidenden Einfluss auf Motivation, Anerkennung und Respekt bei allen beteiligten Führungskräften und Mitarbeitern.

- **Ergebnisse und nicht unbedingt Leistung zählen**

Bei der Beurteilung von Führungskräften und Mitarbeitern sollte die allseits bekannte physikalische Messlatte „Leistung ist Arbeit in der Zeiteinheit" so langsam der Vergangenheit angehören. Entscheidend ist nicht, wie lange jemand täglich am Schreibtisch sitzt, sondern welche Ergebnisse er erzielt hat.

- **Gemeinsame Erforschung neuer Lösungen und Denkweisen durch die Gruppe**

Gute Führung kann auch informell aufgrund von Gruppenprozessen entstehen. Dazu ist eine Interaktions- und Beziehungsqualität erforderlich, die einen konstruktiven und generativen Dialog erlaubt. Zudem ist eine gute Interaktions- und Beziehungsqualität häufig eine Voraussetzung für das Wir-Gefühl einer Gruppe.

Es steht außer Frage, dass die New Work-Führungsansätze eine ganze Reihe von Vorteilen mit sich bringen. Flexibel, dynamisch, agil und demokratisch sind die Attribute, die am häufigsten im Zusammenhang mit **zeitgemäßer Führung** genannt werden. Es steht auch außer Frage, dass sie Unternehmen dazu verhelfen können, eine höhere Entscheidungsqualität, Kreativität, Agilität und damit gute Gewinne zu erreichen.

Doch sind auch wirklich alle Unternehmen für solch eine Art Führung gleichermaßen geeignet? Und wenn ja, wie können es Unternehmen mit einer eher **autoritären Führungskultur** schaffen, sich hin zu einer kooperativen Führungskultur zu entwickeln, ohne allerdings eine maximale Demokratisierung der Führung anzustreben. Wie können Führungskulturen, die bislang von Anweisungen, Vorgaben und Kontrolle leben, den Weg in ein digitales Zeitalter mit einer disruptiven Organisationsumgebung finden?

Es sind nicht so sehr die formellen Strukturen, Strategien und Prozesse, die bei diesem Weg eine entscheidende Rolle spielen. Es sind vielmehr vor allem **weiche Faktoren** wie gemeinsam geteilte Werte, Fähigkeiten der Mitarbeiter und eine geeignete Arbeitskultur, die über den erfolgreichen Weg eines Unternehmens in eine agile Arbeitsumgebung entscheiden. Passt eine sich selbst führende Organisation hier in das Gesamtkonzept der Unternehmung, kann diese ein erfolgreicher Weg in die Zukunft sein [vgl. Scherer 2018a].

Es geht also nicht mehr um die Vor- oder Nachteile der digitalen Transformation und der damit verbundenen organisatorischen Rahmenbedingungen, sondern darum, wie unsere Unternehmen diesen unaufhaltsamen **gesellschaftlichen Trend** für sich nutzen. Es geht darum, agiles Arbeiten zu ermöglichen, Silodenken aufzubrechen und eine ausgeprägte Innovations- und Kundenorientierung zu praktizieren, ohne dabei allerdings den Demokratisierungsgrad der Führung zu maximieren. Dazu bedarf es einer Feedback- und Fehlerkultur, die dafür sorgt, dass sich Organisation und Führungskräfte weiterentwickeln und sich die Digitalisierung zu Nutze machen [vgl. Aron-Weidlich 2018].

Fazit: Digitale und agile Transformationen sind Lernprozesse, an denen Mitarbeiter, Teams und Organisationen beteiligt sind. Der damit zusammenhängende Lernbedarf kann allerdings mit klassischen Standardtrainings und Entwicklungsgesprächen nicht gedeckt werden. Wissenschaftlich fundierte Antworten und praktische Hinweise für die konkrete Umsetzung gibt dagegen der **agile Lernansatz** [vgl. Gehlen-Baum/Illi 2019].

9. Personalbeurteilung und High Potentials

Die Personalbeurteilung setzt als drittes Aktionsfeld in der Personalbetreuungsprozesskette auf den beiden Säulen *Leistungsbeurteilung* und *Potenzialbeurteilung* auf (siehe Abbildung 9-01). Eine jederzeit *faire* Beurteilung ist das Kriterium. Das Aktionsfeld *Personalbeurteilung* ist also auf die Optimierung der *Fairness* ausgerichtet:

$$\text{Fairness} = f\,(\text{Personalbeurteilung}) \rightarrow \text{optimieren!}$$

Aufgabe und Zielsetzung der Personalbeurteilung ist es, Personalentlohnung, -entwicklung und -einsatz zu objektivieren. Durch eine Beurteilung können die unterschiedlichen Potenziale der Mitarbeiter und damit auch der High Potentials besser genutzt und aufeinander abgestimmt werden. Schwachstellen innerhalb der Organisation sollen auf diesem Wege aufgedeckt und behoben werden [vgl. Kiefer/Knebel 2004, S. 24 ff.].

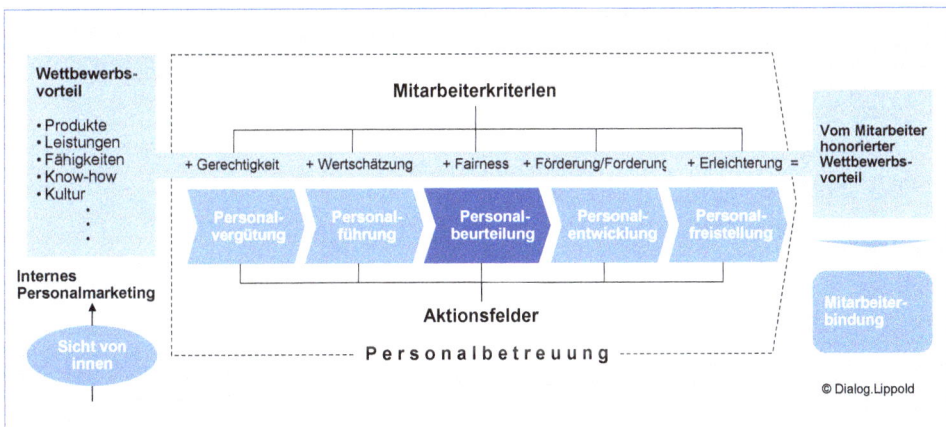

Abb. 9-01: Das Aktionsfeld Personalbeurteilung

Durch die systematische Auswertung einer Vielzahl von Beobachtungen und Beurteilungen im Unternehmen lassen sich Erkenntnisse sammeln, die für die verschiedensten Entscheidungen des Personalmanagements erforderlich sind [vgl. Jung 2006, S. 743 ff.; Steinmann/Schreyögg 2005, S. 794]:

- Durch die Bereitstellung von Daten über die Leistungen der Mitarbeiter kann ein **leistungsgerechtes Entgelt** ermittelt werden.

- Durch die periodische Beurteilung stehen aktuelle Daten zur Personalstruktur zur Verfügung, die im Rahmen der **Personaleinsatzplanung** verwendet werden können.

- Die Personalbeurteilung liefert relevante Informationen zur Bestimmung des **Fort- und Weiterbildungsbedarfs**.

- Die systematische Personalbeurteilung kann als Instrument zur **Unterstützung des Führungsprozesses** dienen.

– Die Leistungs- und Potenzialbeurteilung (inkl. Beurteilungsfeedback) erhöht die **Motivation und Förderung der individuellen Entwicklung** der Mitarbeiter.

– Hinzu kommt noch die **Informationsfunktion für die Mitarbeiter,** denn nach § 82 II BetrVG können Arbeitnehmer verlangen, dass mit ihnen die Leistungsbeurteilung und die Möglichkeiten der weiteren beruflichen Entwicklung im Unternehmen erörtert werden.

Damit wird deutlich, dass das Aktionsfeld *Personalbeurteilung* eine gewisse Querschnittsfunktion darstellt. So werden die Ergebnisse der Personalbeurteilung zugleich auch für die *Personalgewinnung* (Personalbedarfsplanung, interne Personalbeschaffung) sowie in den Aktionsfeldern *Personalentwicklung*, *Personalfreisetzung*, *Personalvergütung* und *Personalführung* verwendet.

Die **Anlässe** für die Durchführung einer Personalbeurteilung sind vielfältig. Beurteilungen können u. a. erstellt werden

– bei Jahres-/Halbjahresbeurteilungen,
– nach Ablauf der Probezeit,
– beim Wechsel des Vorgesetzten,
– bei Versetzung sowie
– bei Beendigung des Arbeitsverhältnisses.

Im Rahmen dieser Darstellung soll lediglich auf den (periodischen) Aspekt der Jahres- bzw. Halbjahresbeurteilung eingegangen werden.

9.1 Beteiligte und Formen der Personalbeurteilung

Grundsätzlich existieren verschiedene Konstellationen, wer wen beurteilen kann. In Abbildung 9-02 sind die wichtigsten Formen der Personalbeurteilung aufgeführt.

	Beurteilter	Beurteiler
Mitarbeiterbeurteilung	Mitarbeiter	Vorgesetzter, Review-Team
Vorgesetztenbeurteilung	Vorgesetzter	Mitarbeiter
Selbstbeurteilung	Mitarbeiter	Mitarbeiter
Kollegenbeurteilung	Kollege	Kollegen
Beurteilung durch Externe	Beschäftigte	Externe (Berater)
360⁰-Feedback	Beschäftigte	Interne + Externe

[Quelle: Bröckermann 2007, S. 223 (modifiziert)]

Abb. 9-02: Zuständigkeiten bei Personalbeurteilungen

Die häufigste Form der Personalbeurteilung ist die **Mitarbeiterbeurteilung**. In der Regel ist der Beurteilende der direkte Vorgesetzte des Beurteilten. Da das aktuelle Arbeitsverhalten Gegenstand der Beurteilung ist, hat i. d. R. nur dieser ausreichende Beurteilungsinformationen. Bei mehreren Vorgesetzten (z. B. in einer Matrixorganisation) kann eine gemeinsame Beurteilung in Betracht gezogen werden. Im Rahmen von Assessments für bestimmte Positionen kann aber auch ein **Review-Team** die Rolle des Beurteilenden einnehmen. Ein solches Review-Team besteht aus Mitarbeitern bzw. Führungskräften, die mindestens eine Hierarchiestufe über der zu beurteilenden Person angesiedelt sind. Zeitweise werden Review-Teams auch aus externen Beratern gebildet, um so ein höheres Maß an Neutralität und Objektivität zu gewährleisten. Neben der Mitarbeiterbeurteilung existieren weitere Formen der Personalbeurteilung:

- **Vorgesetztenbeurteilungen** sind Verfahren, bei denen Mitarbeiter das Arbeits- und Führungsverhalten sowie die Fähigkeiten und Kenntnisse ihrer direkten Vorgesetzten nach qualitativen Beurteilungskriterien bewerten. Vorgesetztenbeurteilungen können konkrete Hinweise auf notwendige Änderungen des Führungsverhaltens geben [vgl. Bröckermann 2007, S. 224].

- Die **Selbstbeurteilung** wird häufig in Zusammenhang mit der Zeugniserstellung durchgeführt. Der betroffene Mitarbeiter wird gebeten, sein Arbeitszeugnis vorzuformulieren. Die Erstellung eines *Arbeitszeugnisses* ist bei Ausscheiden des betroffenen Mitarbeiters obligatorisch. Sie wird aber auch regelmäßig bei einem *Vorgesetztenwechsel* oder bei *Versetzungen* vorgenommen. Wichtig ist in diesem Zusammenhang die sogenannte *Zeugnissprache*, deren Formulierung an bestimmte Kriterien gebunden ist. In Abbildung 9-03 sind einige Formulierungsbeispiele und deren Bedeutung angeführt. Ursächlich verantwortlich für das „Auseinanderklaffen" sind die durch das Bundesarbeitsgericht formulierte Pflicht zur wahrheitsgemäßen Zeugniserstellung und die Pflicht zur wohlwollenden Zeugniserteilung. An sich sind beide Anforderungen sinnvoll, doch führen sie in der Praxis häufig zu einem Widerspruch, der nur durch Interpretation aufgelöst werden kann [vgl. Oechsler/Paul 2019, S. 235].

- Weniger häufig wird die **Kollegenbeurteilung** praktiziert. Die Beurteilung erfolgt entweder in Beurteilungskonferenzen oder jeder Einzelne gibt seine Beurteilung beim Vorgesetzten ab.

- Manche Unternehmen setzen zur Beurteilung ihrer Mitarbeiter und Führungskräfte auch die Expertise von **Externen** ein. Diese Gruppe von Beurteilenden setzt sich zumeist aus Beratern zusammen, die sich auf Beurteilungsverfahren spezialisiert haben. Die Ergebnisse ermöglichen im Branchenvergleich ein objektives und neutrales Bild der Beurteilungszielgruppe.

- Eine besondere Form der Beurteilung ist das **360^0-Feedback**, das eine anonyme Beurteilung des Mitarbeiters von verschiedenen Seiten vorsieht. Im Normalfall wird die 360^0-Beurteilung von Führungskräften, Mitarbeitern und Kollegen vorgenommen. Es können aber auch zusätzlich die Beurteilungen von Kunden, Lieferanten oder Dienstleistern in den Beurteilungsprozess einbezogen werden [vgl. Scholz 2011, S. 391].

Verhalten	Leistung
Sein/ihr Verhalten war ...	**Er/Sie erfüllte seine/ihre Aufgaben ...**
Note 1: ... stets /jederzeit vorbildlich. **Note 2:** ... vorbildlich/stets höflich und korrekt. **Note 3:** ... gut/einwandfrei/höflich und korrekt. **Note 4:** ... zufriedenstellend/gab keinen Anlass zu Beanstandungen. **Note 5:** ... im Wesentlichen einwandfrei/insgesamt zufriedenstellend.	**Note 1:** ... stets zur vollsten Zufriedenheit. **Note 2:** ... zur vollsten/stets zur vollen Zufriedenheit. **Note 3:** ... zur vollen Zufriedenheit. **Note 4:** ... zur Zufriedenheit. **Note 5:** ... im Großen und Ganzen zu unserer Zufriedenheit. **Note 6:** ... Er/Sie hat sich bemüht.
Zeugnisdeutsch...	**Das heißt es wirklich...**
Sie hat alle Arbeiten mit großem Fleiß und Interesse erledigt.	Sie war zwar fleißig und interessiert, aber nicht erfolgreich.
Er war stets nach Kräften bemüht, die Arbeiten zu unserer vollen Zufriedenheit zu erledigen.	Er hat sich angestrengt, aber Erfolg hatte er nicht.
Die Aufgaben, die wir ihr übertrugen, hat sie zu unserer Zufriedenheit erledigt.	Sie machte ihren Job – und zwar nur das, was wir ihr sagten. Ansonsten blieb sie passiv, war also allenfalls Durchschnitt.
Er arbeitete mit größter Genauigkeit.	Er war ein erbsenzählender, langsamer und unflexibler Pedant.
Sie verstand es, alle Aufgaben stets mit Erfolg zu delegieren.	Sie drückte sich vor der Arbeit, wo sie nur konnte.
Er war seinen Mitarbeitern jederzeit ein verständnisvoller Vorgesetzter.	Er war nicht durchsetzungsfähig und besaß keinerlei Autorität.
Sein Verhalten gegenüber Kollegen und Vorgesetzten war stets vorbildlich.	Er hatte Probleme mit seinem Chef (weil der erst nach den Kollegen erwähnt wird).
Sie war sehr tüchtig und wusste sich gut zu verkaufen.	Sie war eine impertinente Wichtigtuerin.
Er erledigte alle Aufgaben pflichtbewusst und ordnungsgemäß.	Er war zwar pflichtbewusst, zeigte aber praktisch keine Initiative.
Er hat unseren Erwartungen im Wesentlichen entsprochen.	Seine Leistungen waren schlichtweg mangelhaft.
Er hat alle Aufgaben zu seinem und im Interesse der Firma gelöst.	Er beging Diebstahl und fiel durch schwere Vergehen auf.
Er trat sowohl innerhalb als auch außerhalb des Unternehmens engagiert für die Interessen der Kollegen ein.	Er war im Betriebsrat und hat sich gewerkschaftlich betätigt.
Er verfügte über Fachwissen und ein gesundes Selbstvertrauen.	Er glich mangelhaftes Fachwissen mit einer großen Klappe aus.
Er hatte Gelegenheit, sich notwendiges Fachwissen anzueignen.	Doch nutze er die Gelegenheit nicht.
Gegenüber unseren Kunden war er schnell beliebt.	Er machte zu viele und zu schnelle Zugeständnisse.

[Quelle: Oechsler/Paul 2019, S. 234 ff.]

Abb. 9-03: Zeugniscode und Bewertung bzw. entsprechende Interpretation

9.2 Beurteilungsfehler

Grundsätzlich sollten alle Beurteilende über Kenntnisse und Erfahrungen in der Personalbeurteilung verfügen. Dadurch lassen sich Beurteilungsfehler zwar nicht vollständig vermeiden, jedoch erheblich reduzieren. Jeder Beurteilende unterliegt einer Reihe von subjektiven Einflüssen, die dazu führen, bestimmte Aspekte stärker oder verfremdet zu sehen und andere eher auszublenden. Diese Wahrnehmungsverzerrungen werden durch *intrapersonelle, interpersonelle* und *sonstige* Einflüsse hervorgerufen (siehe Abbildung 9-04).

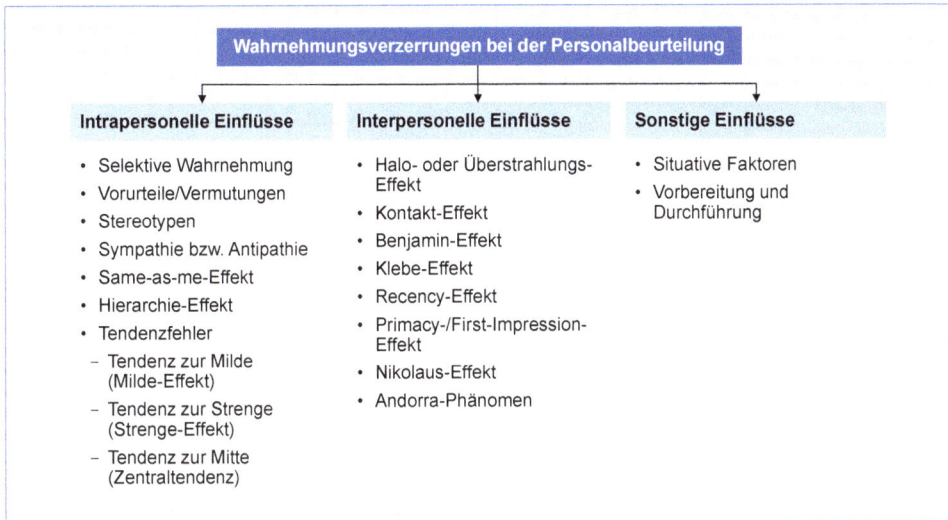

Abb. 9-04: Wahrnehmungsverzerrungen bei der Personalbeurteilung

9.2.1 Intrapersonelle Einflüsse

Intrapersonelle Einflüsse lassen sich unmittelbar auf den Beurteilenden zurückführen bzw. liegen in der Persönlichkeitsstruktur des Beurteilenden begründet [vgl. Steinmann/ Schreyögg 2005, S. 799].

– Bei der **selektiven Wahrnehmung** wählt der Beurteilende aus einer Vielzahl von Informationen nur einen kleinen Ausschnitt bewusst oder unbewusst aus und macht diese zur Grundlage seines Urteils.

– **Vorurteile und Vermutungen** beruhen auf positiven oder negativen Erfahrungen, die der Beurteilende mit ähnlichen Personen gemacht hat. Sie überdecken die tatsächlichen Fakten und Zusammenhänge.

– Der **Hierarchieeffekt** liegt dann vor, wenn die Beurteilung umso besser ausfällt, je höher die hierarchische Position des Beurteilten ist.

– Beurteilende können durch die **Projektion ihres persönlichen Wertesystems** zu einer Fehleinschätzung gelangen. In diesem Fall übertragen sie Vorstellungen und Erwartungen, die sie bei sich selbst wahrnehmen, unreflektiert auf andere.

Zu den intrapersonellen Einflüssen zählen schließlich noch **Tendenzfehler**, die aus den unterschiedlichen Beurteilungsgewohnheiten des Beurteilenden resultieren (siehe Abbildung 9-05).

– Bei der **Tendenz zur Milde** *(Milde-Effekt)* neigt der Beurteilende dazu, generell keine negativen Aussagen über die Beurteilten zu machen. Der Milde-Effekt tritt empirischen Untersuchungen zur Folge dann verstärkt auf, wenn die Beurteilung für Beförderungszwecke durchgeführt wird

- Im Gegensatz dazu steht die **Tendenz zur Strenge** *(Strenge-Effekt)*, bei der der Beurteilende aufgrund seines sehr hohen individuellen Anspruchsniveaus gute oder sehr gute Leistungen als normal ansieht.

- Eine **Tendenz zur Mitte** *(Zentraltendenz)* liegt dann vor, wenn bei der Beurteilung einer Person positive und negative Extremurteile vermieden werden. Der vorsichtige Beurteilende nimmt eine Maßstabsverschiebung derart vor, dass er überproportional häufig mittlere Urteilswerte über seine Mitarbeiter abgibt.

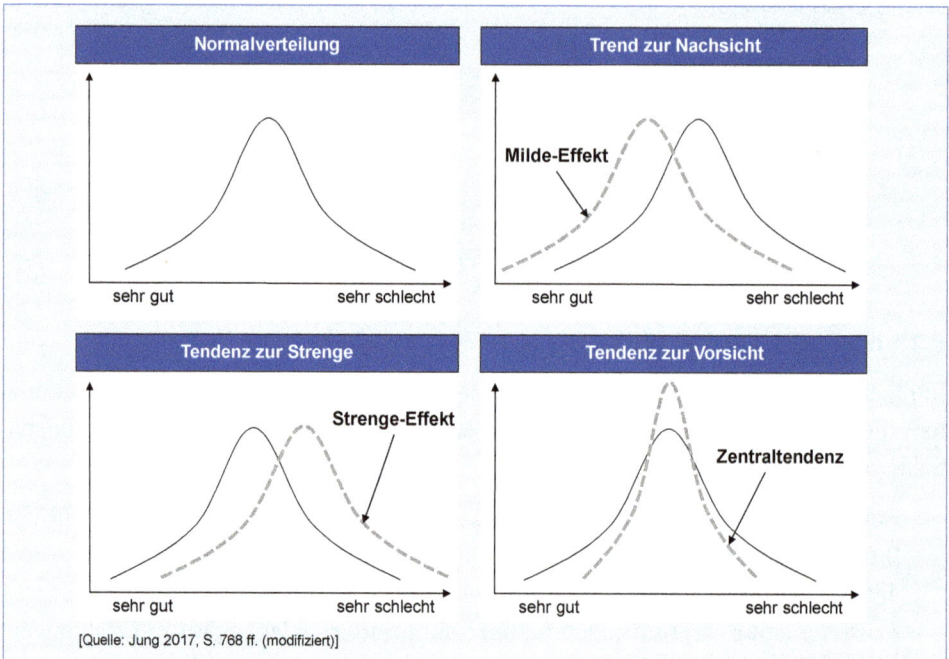

Abb. 9-05: Urteilstendenzen

9.2.2 Interpersonelle Einflüsse

Interpersonelle Einflüsse liegen in der Beziehung zwischen den Beteiligten der Personalbeurteilung begründet und können ebenfalls zu Wahrnehmungsverzerrungen führen. Diese Einflüsse können sich als Sympathie oder Antipathie bemerkbar machen [vgl. Jung 2017, S. 764 f.].

- Beim **Halo- oder Überstrahlungseffekt** schließt die beurteilende Person von einer prägnanten Eigenschaft bzw. einem spezifischen Verhalten auf andere Merkmale des Beurteilten.
- Der **Kontakt-Effekt** besagt, dass die Beurteilung eines Mitarbeiters umso besser ausfällt, je häufiger er Kontakt mit dem Beurteilenden hat.

– Der **Benjamin-Effekt** geht davon aus, dass Personen umso strenger beurteilt werden, je kürzer sie im Unternehmen sind und je jünger sie sind.

– Der Klebe-Effekt besagt, dass eine einmal erfolgte Leistungseinschätzung an der Person kleben bleibt, auch dann, wenn sie sachlich nicht mehr zutreffend ist.

– Der **Recency-Effekt** drückt aus, dass der Beurteilende bei der Bewertung speziell auf Ereignisse, die erst kürzlich stattgefunden haben, abzielt.

– Der **First-Impression-Effekt** drückt aus, dass die in einer Beurteilungsperiode zuerst erhaltenen Informationen bzw. Eindrücke auf den Beurteilenden größere Wirkung erzielen als später erhaltene und von daher unbewusst bei der Bewertung übergewichtet werden.

– Der **Nikolaus-Effekt** geht davon aus, dass der Beurteilte seine Leistung im Hinblick auf den Beurteilungszeitpunkt sukzessive steigert.

– Das **Andorra-Phänomen**, das nach einem Schauspiel von Max Frisch benannt ist, geht von einer gegenseitigen Einflussnahme dahingehend aus, dass der Beurteilte in die Rolle schlüpft, die sein Gegenüber (also der Beurteilende) von ihm erwartet.

9.3 Kriterien der Personalbeurteilung

Zu den vorbereitenden Maßnahmen einer Personalbeurteilung gehört die Auswahl und Festlegung der Beurteilungskriterien. Unter der Vielzahl der zur Verfügung stehenden Beurteilungskriterien lassen sich folgende Hauptgruppen einteilen:

- Systematisierung nach den Bezugsgrößen,

- Systematisierung nach dem zeitlichen Horizont und

- Systematisierung nach dem Grad der Quantifizierung.

9.3.1 Systematisierung nach den Bezugsgrößen

Bei diesem Systematisierungsansatz geht es um die drei Beurteilungsgegenstände Arbeits*verhalten*, Arbeits*leistung* und Arbeits*ergebnis* (siehe Abbildung 9-06):

- Im Mittelpunkt des **verhaltensorientierten Ansatzes** steht die Beurteilung der Persönlichkeit des Mitarbeiters. Es interessieren vor allem die Input-Eigenschaften des Mitarbeiters wie Loyalität, Dominanz, Intelligenz und Kreativität [vgl. Steinmann/ Schreyögg 2005, S. 796].

- Der **leistungsorientierte Ansatz** stellt den Tätigkeitsvollzug, also die Arbeitsleistung des Mitarbeiters in den Mittelpunkt der Beurteilung. Beurteilt wird also nicht die Persönlichkeit, sondern das im Transformationsprozess konkret beobachtete Leistungsvermögen des Mitarbeiters.

- Beim **ergebnisorientierten Ansatz** zählt weder die Persönlichkeit noch das Leistungsvermögen eines Mitarbeiters, entscheidend ist vielmehr das tatsächlich erreichte Ergebnis, d. h. der Output des Transformationsprozesses. Insbesondere das Entscheidungsverhalten von Führungskräften wird heutzutage ausschließlich am erzielten Ergebnis gemessen.

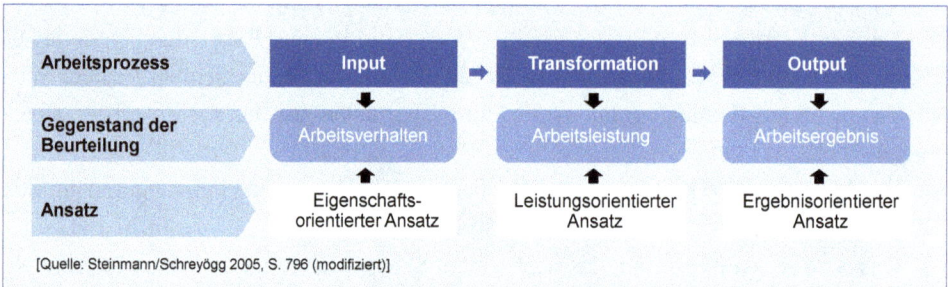

Abb. 9-06: Systematisierung nach Bezugsgrößen

9.3.2 Systematisierung nach dem zeitlichen Horizont

Bei diesem Systematisierungsansatz geht es um die Frage, ob Mitarbeiter bzw. Führungskräfte mehr an der erreichten Leistung (Ergebnis, Output) oder mehr an ihrem Leistungsvermögen (Potenzial) gemessen werden sollten.

Die **Leistungs- bzw. Ergebnisbeurteilung** ist vergangenheitsbezogen und berücksichtigt den „Output" des Mitarbeiters. Das Leistungsergebnis, also das Ausmaß der Erreichung der vorgegebenen Ziele, wird bei diesem Verfahren erfasst und bewertet. Sie ist maßgebend bei der Bewertung der Zielerreichung und damit zugleich das entscheidende Kriterium für eine gerechte, differenzierte Vergütung [vgl. Jung 2017, S. 738].

Die **Potenzialbeurteilung** ist eher zukunftsbezogen und bewertet Qualifikation und Eignung des Mitarbeiters. In die Beurteilung geht vor allem der erwartete zukünftige Beitrag von Führungskräften bzw. Mitarbeitern zur Erreichung der Unternehmensziele ein [vgl. Stock-Homburg 2008, S. 309].

Werden beide Kriterien miteinander kombiniert, so ergibt sich – wie in Abbildung 9-07 dargestellt – eine **Leistungs-Potenzial-Matrix** (engl. *Performance-Potential-Matrix*). In dieser Portfolio-Matrix werden Mitarbeiter bzw. Führungskräfte entsprechend ihrer Leistungsergebnisse und ihrer Potenziale positioniert.

Anmerkung: Die Matrix ist zugleich auch die Grundlage der „mengentheoretischen" Abgrenzung zwischen High Potentials und „normalen" Talenten, wie sie in Abschnitt 2.3 vorgenommen worden ist.

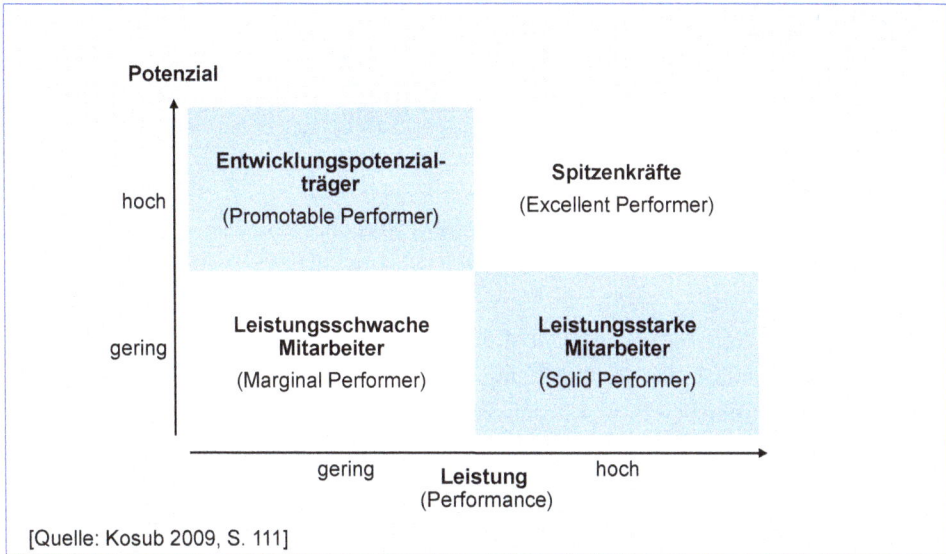

Abb. 9-07: Leistungs-Potenzial-Matrix

Besondere Aufmerksamkeit sollte das Personalmanagement den „*Solid Performers*" und den „*Promotable Performers*" widmen. Bei diesen Personengruppen besteht offensichtlich der größte Personalentwicklungsbedarf. Die „*Solid Performers*" erbringen zwar eine gute Leistung im Hinblick auf die an sie gestellten Anforderungen; sie verfügen aber über keine hohe Entwicklungsfähigkeit. „*Promotable Performers*" verfügen über ein hohes Entwicklungspotenzial, das aber durch das bisherige Aufgabengebiet nicht ausgeschöpft wird.

Durch geeignete Entwicklungsmaßnahmen, die einerseits den Bindungswillen erhöhen und andererseits Karrieremöglichkeiten aufzeigen, ließen sich beide Personengruppen entsprechend motivieren. Insgesamt ermöglicht die Leistungs-Potenzial-Matrix eine Analyse der Ist-Situation über die Leistungs- und Potenzialträger im Unternehmen. Vorhandene quantitative und qualitative Ungleichgewichte in der Mitarbeiterstruktur, die auch zukünftig zu erwarten sind, lassen sich auf diese Weise aufzeigen [vgl. Kosub 2009, S. 112].

Die oben beschriebene Matrix ist auch gleichzeitig Teil umfassender **Performance-Measurement-Systeme**, die zwischenzeitlich Einzug in viele, vor allem größere Unternehmen gehalten haben. In solche Systeme fließen neben den Leistungs- und Potenzialbeurteilungen der Mitarbeiter auch Projekt- und Kundenbeurteilungen sowie eine Vielzahl von Kennziffern (z. B. über Fluktuation, Mitarbeiter- und Kundenzufriedenheit u. ä.) ein. Sie dienen neben der Performance-Messung von Mitarbeitern auch zur Beurteilung der Leistungsfähigkeit von Abteilungen und Unternehmensbereichen [zur grundsätzlichen Ausgestaltung von Performance-Measurement-Systemen siehe Grüning 2002].

Als zentrales Element der Personalbeurteilung gilt die **Jahresendbeurteilung** (engl. *Year-End-Review*). Sie ist in vielen Unternehmen Grundlage für die Bestimmung der Höhe des variablen Gehaltsanteils, für evtl. Vergütungserhöhungen sowie für Beförderungen (engl. *Promotions*) im Rahmen des Grading-Systems.

Als **Praxisbeispiel** soll hier die Vorgehensweise und Struktur des Year-End-Reviews des Beratungsunternehmens Capgemini angeführt werden. Neben der Performance- und der Potenzialbeurteilung als Soll-Ist-Vergleich wird bei diesem Year-End-Review mit dem sogenannten *Skill-Level*, das die Verweildauer des Mitarbeiters auf einer Karrierestufe (engl. *Time in Grade*) kennzeichnet, noch eine weitere Dimension in der Beurteilungssystematik berücksichtigt. Abbildung 9-08 gibt einen Überblick über die Funktionsweise dieses Praxisbeispiels mit der *Skill-Level/Potential/Performance-Matrix* als zentrales Darstellungsmittel.

Skill-Level	Poten-tial	Performance Low 5	4	Normal 3	High 2	1
Mastery	A			Promotion possible	Lehmann	
	B	Müller		Schulze	Jansen	
	C		Meier Krause	Neumann	Becker	Schmidt
	D			Fischer		
Skilled	A				Wagner	
	B		Becker	Baumann		
	C			Weber Koch		
	D		Schneider			
Entry	A					
	B			Bauer		
	C					
	D					

5 = Did not meet expectations   A = High potential
4 = Improvement desired   B = Steady growth
3 = Met expectations   C = Steady
2 = Exceeds   D = At risk
1 = Excellent

Quelle: Lippold 2010, S. 23

Grundlage für den **Jahresendprozess** (engl. *Year End Review*) ist die *Zielvereinbarung*, die Anfang eines jeden Geschäftsjahres zwischen Mitarbeitern und Vorgesetzten verabschiedet wird. Sie orientiert sich an den vorgegebenen Standardzielen pro Grade (Karrierestufe). Diesen Standardzielen liegen – neben individuellen Zielen wie Auslastung, Sales-Bei-trag, Delivery-Volumen etc. – vier Verhaltensdimensionen zu Grunde:

- Managementverhalten,
- Führungsverhalten,
- Teamverhalten und
- kundenorientiertes Verhalten.

Die Führungskraft (der Vorgesetzte/Mentor) verdichtet diese Kriterien zu einem Gesamteindruck, der dann im Year-End-Review einem *Peer-Vergleich* gestellt wird. In diesem Peer-Vergleich werden alle Mitarbeiter der gleichen Karrierestufe (Grade) gegeneinander kalibriert (siehe Abbildung). Dies geschieht anhand einer vorbereiteten Matrixdarstellung mit folgenden drei Dimensionen:

- **Performance** mit den Ausprägungen „excellent" (1), „exceeds" (2), „met expectations" (3), „improvement desired" (4) und „did not meet expectations" (5),
- **Potential** mit den Ausprägungen „high potential" (A), „steady growth" (B), „steady" (C) und „at risk" (D) und
- **Time in Grade** mit den Ausprägungen „mastery", „skilled" und „entry".

Nur diejenigen Mitarbeiter, die in dieser Darstellung gleichzeitig den Bereichen Mastery, Performance 1 bis 3 und Potenzial A und B zugeordnet sind, können befördert und beim nächsten Review im Grade n+1 geführt werden. Bei der Kalibrierung ist ferner darauf zu achten, dass die zu beurteilenden Mitarbeiter hinsichtlich der Performance-Beurteilung *gleichverteilt* eingestuft werden. D. h. der Performance-Wert muss für alle Mitarbeiter im Durchschnitt dem Normal-Wert „Met expectations" (= 3) entsprechen. Die derart vorgenommene Kalibrierung wirkt in drei Richtungen: Sie ist maßgebend für die Berechnung des variablen Gehaltsanteils, für eine evtl. strukturelle Gehaltserhöhung sowie für die Möglichkeit einer Beförderung.

Abb. 9-08: Die Skill-Level/Potential/Performance-Matrix von CAPGEMINI

9.3.3 Systematik nach dem Grad der Quantifizierung

Eine weitere Systematisierung kann anhand der Unterscheidung zwischen quantitativen und qualitativen Kriterien erfolgen. **Quantitative Beurteilungsgrößen** sind eindeutig und objektiv messbare Größen. Bei der objektiven Messung werden operationalisierbare und empirisch überprüfbare Indikatoren verwendet, die eindeutig quantifizierbar sind. Beispiele für eine Führungskraft bzw. einen Mitarbeiter im Vertriebsbereich sind:

- Erzieltes (Bereichs-)Ergebnis,
- Anzahl akquirierter Kunden,
- Anzahl durchgeführter Kundenbesuche,
- Erzielter Auftragseingang,
- Erzielter Umsatz,
- Anzahl Reklamationen,
- Fehlzeiten u.v.a.m.

In der Praxis werden Unternehmensziele zunehmend mit der von Kaplan/Norton [1992] entwickelten **Balanced Scorecard** herunter gebrochen. Dabei werden quantitativ bewertbare Beurteilungskriterien formuliert und systematisiert. Anschließend werden die Kriterien sukzessive auf Bereichs-, Abteilungs- und Mitarbeiterebene angewendet. Grundgedanke der Balanced Scorecard ist die Umsetzung von Visionen und Strategien des Unternehmens in operative Maßnahmen. Das dazu entwickelte Kennzahlenraster der Balanced Scorecard umfasst insgesamt vier Dimensionen:

- Finanzwirtschaftliche Dimension (Sicht des Aktionärs bzw. Investors)
- Kundenbezogene Dimension (Sicht des Kunden)
- Prozessbezogene Dimension (Sicht nach innen auf die Geschäftsprozesse)
- Potenzialbezogene Dimension (Sicht aus der Lern- und Entwicklungsperspektive).

Für den Personalbereich besonders relevant ist die Lern- und Entwicklungsperspektive. Die daraus resultierende Verbindung der klassischen Zielvereinbarung mit der Balanced Scorecard führt zwangsläufig dazu, auch in die Zielvereinbarung verstärkt quantitative Ziele als sogenannte *Key Performance Indicators* (KPIs) zu übernehmen.

Abbildung 9-09 zeigt die einzelnen Dimensionen und Komponenten des Grundmodells der Balanced Scorecard.

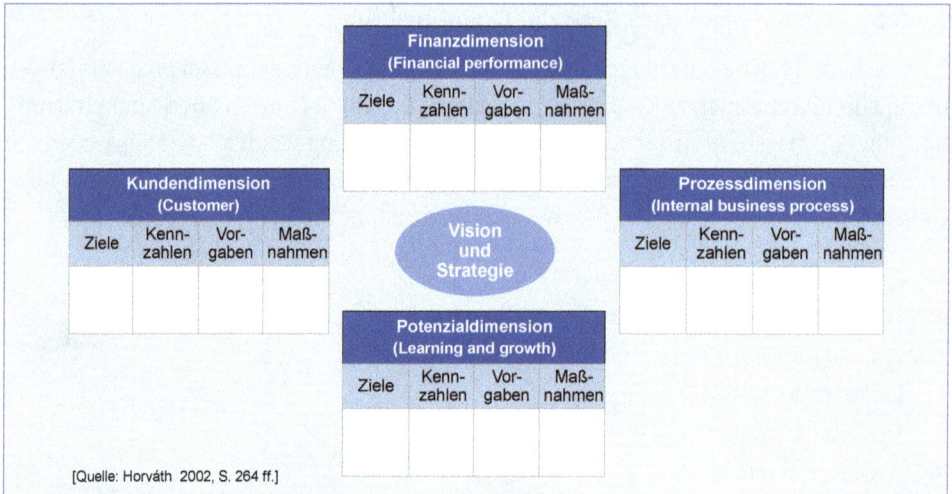

[Quelle: Horváth 2002, S. 264 ff.]

Abb. 9-09:   Die vier Dimensionen der Balanced Scorecard

Durch die ganzheitliche Zielentwicklung kann jeder einzelne Mitarbeiter seinen Anteil am Erreichen der Team-, Bereichs- und Gesamtunternehmensziele verfolgen. Wenn das strategische Ziel des Unternehmens z.B. die Steigerung der Kundenzufriedenheit ist, könnte ein Servicemitarbeiter als persönliches Ziel die Erhöhung der Anzahl seiner Kundenkontakte ableiten.

Mit dieser Kopplung von Führungs- und Anreizsystemen ist eine wichtige Voraussetzung für die Einführung von variablen, leistungsabhängigen Vergütungsbestandteilen gegeben. In Kombination mit einem garantierten fixen Vergütungsanteil kann der variable Vergütungsanteil die erbrachten Leistungen angemessen honorieren. Die Höhe des variablen Entgeltbestandteils hängt dabei vom Ausmaß ab, mit dem die in der Balanced Scorecard definierten Zielvorgaben bzw. Kennzahlen erreicht werden. Das variable Entgelt ist bei der beschriebenen Vorgehensweise sowohl vom Grad der individuellen Zielerreichung als auch vom Erfolg auf Gruppen- und Unternehmensebene abhängig. Die Kennzahlen der Balanced Scorecard liefern dabei für alle drei Ebenen die entsprechenden Erfolgsindikatoren.

Eine Vielzahl von Untersuchungsmerkmalen bei der Bewertung von Führungskräften und Mitarbeitern bezieht sich auf deren Fähigkeiten und Verhalten. Hierbei handelt es sich um **qualitative Bewertungskriterien**, die sich einer eindeutigen und objektiven Messbarkeit entziehen. Die Beurteilung solcher qualitativen Größen unterliegt subjektiven Einflüssen, d. h. die Bewertung kann von Beurteilendem zu Beurteilendem erheblich variieren [vgl. Stock-Homburg 2013, S. 381].

Mögliche Beurteilungskriterien über das Verhalten von Führungsnachwuchskräften liefert Abbildung 9-10.

Organisatorisches Verhalten	Führungsverhalten
• Planen und Koordinieren • Ausführen und Kontrollieren • Selbstorganisation	• Ziele und Aufgaben klar vorgeben • Entscheiden und Problemlösen • Delegieren und Fördern • Kooperieren und Konflikte lösen • Motivieren und Vorleben
Teamverhalten	**Kundenbezogenes Verhalten**
• Partizipation und Verantwortung • Soziale Verantwortung und Unterstützung	• Beratungsqualität • Betreuungsqualität • Serviceverfügbarkeit

Abb. 9-10: Verhaltensdimensionen von Führungsnachwuchskräften (Beispiel)

Sind die Beurteilungskriterien und deren Ausprägungen festgelegt, so gilt es, für die Bewertung möglichst eindeutige Messvorschriften zu entwickeln. Durch die Vorgabe einer Messvorschrift soll die Vergleichbarkeit der Ergebnisse sichergestellt und gleichzeitig der subjektive Einfluss der Beurteilenden auf das Beurteilungsergebnis minimiert werden. Für diesen Zweck existiert eine Reihe von Verfahren, die unterschiedliche Einsatzgebiete haben und verschiedene Vor- und Nachteile aufweisen:

Eine **Ratingskala** (oder **Einstufungsskala**) gibt in Form von Zahlen, verbalen Beschreibungen oder Beispielen, markierte Abschnitte eines Merkmalkontinuums vor. Bei der Beurteilung wird diejenige Stufe der Ratingskala markiert, die der Ausprägung des Kriteriums bei dem betroffenen Beurteilungsobjekt entspricht. Die Abstände zwischen den Skalenpunkten sind gleich groß. Unter der Voraussetzung einer sorgfältigen Konstruktion und Handhabung stellt die Ratingskala ein wertvolles Instrument dar, das sich in der Praxis vielfach bewährt hat (siehe Abbildung 9-11).

	- 2	- 1	0	+ 1	+ 2
Zustimmung	nein	eher nein	weiß nicht	eher ja	ja
Häufigkeit	nie	selten	gelegentlich	oft	immer
Intensität	gar nicht	kaum	mittelmäßig	ziemlich	außerordentlich
Wahrscheinlichkeit	keinesfalls	wahrscheinlich nicht	vielleicht	ziemlich wahrscheinlich	ganz sicher

Abb. 9-11: Beispiel für Ratingskalen mit unterschiedlichen Merkmalen

Beim **Rangordnungsverfahren** wird bezüglich des interessierenden Kriteriums eine Rangordnung hergestellt. Die Beurteilung erfolgt mit Hilfe der Methode des paarweisen Vergleichs, d. h. alle zu beurteilenden Mitarbeiter werden jeweils mit allen anderen verglichen. Aus der sich ergebenden Matrix wird anschließend eine Rangfolge gebildet.

Das **Polaritätsprofil** besteht aus mehreren Beurteilungskriterien. Jedem Kriterium werden zwei gegensätzliche Eigenschaftsbezeichnungen zugeordnet, zwischen denen diverse graduelle Unterschiede angegeben sind. Die vom Beurteiler angegebenen Grade werden durch einen Linienzug verbunden, so dass sich ein Polaritätsprofil ergibt (siehe Abbildung 9-12).

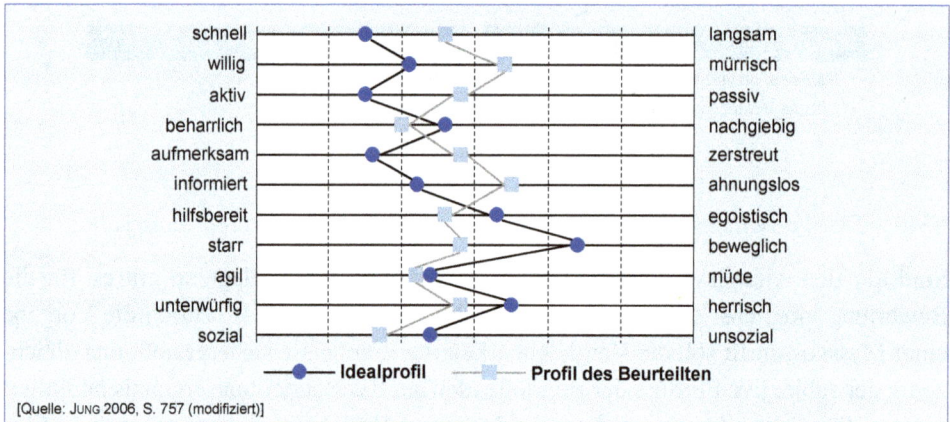

Abb. 9-12:   Beispiel eines Polaritätsprofils für das Merkmal „soziales Verhalten"

Bei der **Methode der kritischen Vorfälle** werden spezielle Vorkommnisse, die in einer definierten Periode angefallen sind, gesammelt. Als Vorfälle kommen sowohl positive als auch negative Ereignisse in Frage. Die Weiterverarbeitung dieser Daten kann summarisch oder analytisch erfolgen. Die Methode der kritischen Vorfälle sollte in der Regel nur im Zusammenhang mit anderen Verfahren als Ergänzung eingesetzt werden.

Beim **Vorgabevergleichsverfahren** werden die Mitarbeiter bezüglich ihrer Zielerreichung beurteilt. Dies geschieht in der Regel mit der Vergabe von Prozentwerten. Die vollständige Erreichung eines vorgegebenen Zieles wird mit einem Wert von 100 Prozent ausgezeichnet (siehe Abbildung 9-13).

Mitarbeiter:	Klaus Möller	Claudia Schmidt	Jens Schulte
Beurteilungskriterium	Zielerreichung	Zielerreichung	Zielerreichung
Organisatorisches Verhalten	110 %	100 %	90 %
Teamverhalten	90 %	120 %	110 %
Führungsverhalten	120 %	130 %	100 %
Kundenbezogenes Verhalten	100 %	110 %	80 %
Gesamtbewertung	105 %	115 %	95 %

Abb. 9-13: Beispiel für ein Vorgabevergleichsverfahren

9.4 Beurteilungsfeedback

Dem **Feedback-Gespräch** zwischen Mitarbeiter und Vorgesetzten, das sich grundsätzlich an eine Beurteilung anschließen sollte, kommt im Rahmen des gesamten Verfahrens
eine erhebliche Bedeutung zu. Auch hierbei steht das Ziel der Personalbeurteilung, nämlich die **Fairness** im Mittelpunkt.

Durch das Beurteilungsfeedback erhält der Mitarbeiter diverse Informationen, denen
folgende Fragestellungen zu Grunde liegen:

* Was hat der Beurteilende konkret beobachtet?
* Was schließt der Beurteilende daraus?
* Welche Entwicklungspotenziale können daraus abgeleitet werden?

Das Beurteilungsgespräch kann bei richtiger Handhabung ein wesentliches Instrument
innerhalb des Führungsprozesses darstellen und in erheblichem Maße zur Motivation
der Mitarbeiter beitragen. Soll ein Beurteilungsgespräch die daran gestellten Erwartungen erfüllen, so ist neben einer gründlichen Vorbereitung (z.B. anhand einer Checkliste)
eine konstruktive, offene und zielorientierte Gesprächsführung unabdingbar. Bei der
Gesprächsführung hat es sich als vorteilhaft erwiesen, gewisse Ablaufstrukturen vorzu-
sehen.

Bei der **Gesprächseröffnung** sollte versucht werden, eine entspannte Stimmung zu
schaffen und Verkrampfungen abzubauen. Nach der Begrüßung ist der Anlass des Gesprächs noch einmal darzulegen.

In der **Überleitung** sollte ein Überblick über den Gesprächsverlauf und die Ziele der
Besprechung gegeben werden.

Die Besprechung der positiven und negativen Beurteilungen bildet den **Hauptteil** des
Gesprächs. Dabei sollte mit den positiven Ergebnissen bzw. Entwicklungen seit der letzten Beurteilung begonnen werden. Die Besprechung negativer Ergebnisse sollte immer
auf Grundlage gesicherter und sachlicher Informationen beruhen und für den Beurteilten
transparent sein. Schwächen dürfen nicht als unüberwindbar, sondern immer nur in Verbindung mit Förderungsmöglichkeiten dargestellt werden. Als Grundsatz gilt: keine negative Kritik ohne anschließende Handlungsimplikation. Ziel ist es, zwischen den Beteiligten eine Einigung zu erzielen. Gelingt dies nicht, sollte dem Beurteilten die Gelegenheit gegeben werden, seinen Widerspruch, der anschließend in schriftlicher Form in
die Personalakte eingeht, zu formulieren.

Am **Schluss** des Gespräches sollten die wesentlichen Ergebnisse und die geplanten Ak-
tionen noch einmal zusammengefasst werden. Der Vorgesetzte sollte darauf achten, das
Gespräch einvernehmlich ausklingen zu lassen.

9.5 Kritische Würdigung der Year End Reviews

Dennoch nimmt die Kritik an dieser Art des **Year-End-Reviews** mit der entsprechenden Kalibrierung der Mitarbeiter in jüngster Zeit ständig zu. So beginnen die ersten international ausgerichteten Dienstleistungsunternehmen damit, ihre Personalentwicklung komplett umzustellen und auf sämtliche Rankings ihrer Mitarbeiter künftig zu verzichten.

Der Grund: Die jährlichen Gespräche seien mit viel Aufwand, aber wenig Ertrag verbunden. In einem Interview mit der Washington Post erklärte Pierre Nanterme, CEO des IT-Dienstleisters Accenture:

„Manager müssen die richtige Person für die richtige Stelle auswählen und sie mit ausreichend Freiraum ausstatten. Die Kunst guter Führung besteht nicht darin, Angestellte ständig miteinander zu vergleichen" [ZEIT-Online am 27.08.2015: So geht gute Führung].

Das bedeutet in der Konsequenz, dass die vielen Year-End-Reviews, die in aller Regel mit einer **Kalibrierung der Mitarbeiter** (also einem Vergleich bzw. Ranking der Kollegen einer Grade-Stufe) verbunden sind, obsolet werden. Das führt zu einer Entschlackung von liebgewonnenen, organisationsweiten Prozessen, die aus einem Vollständigkeits- und Kontrollwahn einst installiert wurden, aber einer Vertrauens- und Führungskultur diametral entgegenstehen [vgl. Lippold 2016].

10. Personalentwicklung und High Potentials

> *„Es geht heute vor allem darum, Menschen zu er-*
> *mächtigen, weil gemeinschaftliches Problemlö-*
> *sen der Weg in die Zukunft ist. " [Otto Scharner]*

Die Qualifizierung von Mitarbeitern und Führungskräften stellt eine zentrale Voraussetzung für Unternehmen dar, um langfristig wettbewerbsfähig zu sein. Mitarbeiter mit der
richtigen fachlichen Qualifikation und den *richtigen* sozialen und kommunikativen
Kompetenzen sowie – insbesondere bei High Potentials – die Managementqualitäten
einer Führungskraft sind wesentliche Erfolgsfaktoren.

Somit gilt es, die Personalentwicklung und hier speziell die Führungskräfteentwicklung
(engl. *Leadership Development*) als viertes Aktionsfeld im Rahmen der Prozesskette
Personalbindung im Hinblick auf die *Mitarbeiterforderung und -förderung* zu optimieren (siehe Abbildung 10-01):

Forderung und Förderung = f (Personalentwicklung) → optimieren!

Inhalte der Personalentwicklung sind zum einen die Vermittlung von Qualifikationen
im Sinne einer unternehmensgerechten *Aus- und Weiterbildung* (Forderung) und zum
anderen Maßnahmen zur Unterstützung der beruflichen Entwicklung und Karriere (Förderung).

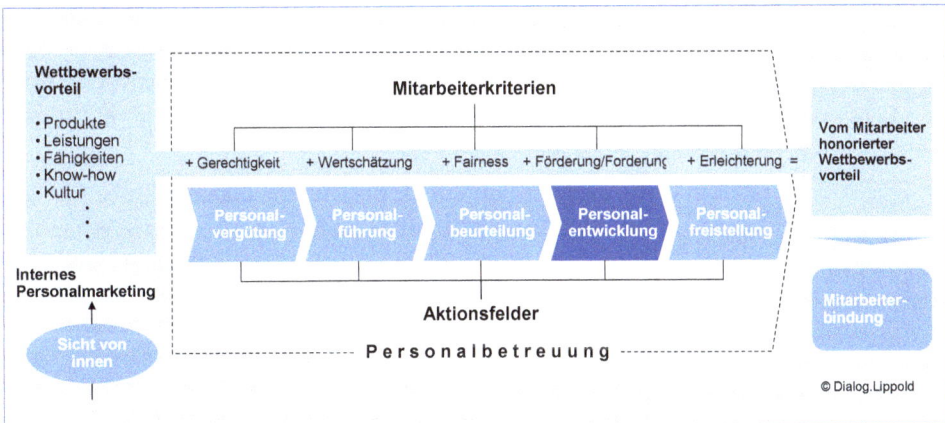

Abb. 10-01: Das Aktionsfeld Personalentwicklung

Von besonderer Bedeutung ist darüber hinaus die Entwicklung von Führungsnachwuchskräften. Ihre Funktion als Repräsentant, Vorbild, Entscheidungsträger und Mei-
nungsbildner macht die Führungskraft zum Multiplikator in der Personalentwicklung.

10.1 Inhalte und Ziele der Personalentwicklung

Die zentrale Aufgabe der Personalentwicklung liegt darin, die Menschen durch Lernen zu befähigen, sich in der dynamischen Welt der Arbeit zurechtzufinden. Nur mit systematisch betriebener **Aus- und Weiterbildung** kann es gelingen, über die gesamte Dauer des Berufslebens den sich wandelnden Anforderungen gewachsen zu sein. Systematische Förderung der Eignung und Neigung sichert qualifizierte und motivierte Mitarbeiter. Daneben muss der durch die veränderten Bedürfnisse entstandene **Wertewandel** von der Personalentwicklung aufgenommen und die daraus gewonnenen Erkenntnisse in **Bildung und Förderung** umgesetzt werden.

In Abbildung 10-02 ist der Zusammenhang zwischen Inhalten und generellen Zielen der Personalentwicklung dargestellt.

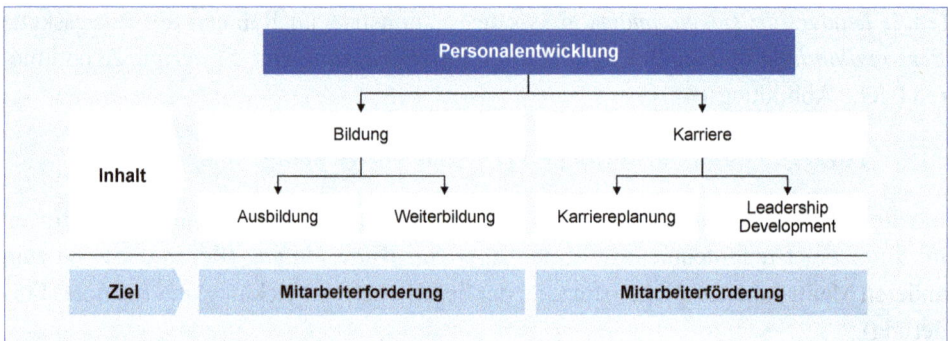

Abb. 10-02: Inhalte und Ziele der Personalentwicklung

Bei Unternehmen lassen sich nach Jung [2017, S. 250 f.] im Allgemeinen zwei **Ansätze der Personalentwicklung** beobachten. Die eine Vorgehensweise versucht, die aktuellen Arbeitsplatzanforderungen mit den entsprechenden Qualifikationen in Einklang zu bringen. Der zweite (und sicherlich effektivere) Ansatz verfolgt das Ziel, über die gegenwärtigen Anforderungen hinaus flexible Mitarbeiterqualifikationen zu schaffen und eine individuelle Personalentwicklung zu praktizieren. Im Vordergrund steht dabei die Vermittlung weitgehend arbeitsplatzunabhängiger **Schlüsselqualifikationen**, die der Halbwertszeit des Wissens und dem lebenslangen Lernen Rechnung tragen.

Abbildung 10-03 stellt die Wertentwicklung verschiedener Wissensarten im Zeitablauf dar. Besonders das berufliche Fachwissen, das Technologiewissen und das IT-Fachwissen veralten sehr schnell, wenn es im Rahmen der Personalentwicklung nicht kontinuierlich aufgefrischt wird [vgl. Stock-Homburg 2013, S. 202 f.].

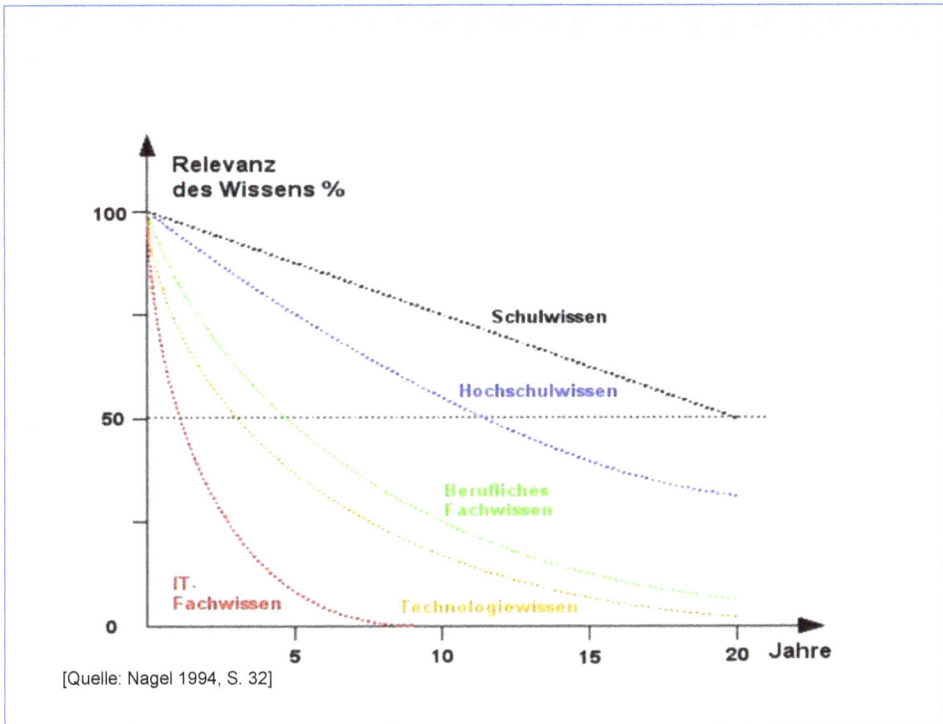

Abb. 10-03: Die Halbwertszeit des Wissens

Die zentrale Aufgabe der Personalentwicklung liegt demnach darin, die Menschen durch Lernen zu befähigen, sich in der dynamischen Welt der Arbeit zurechtzufinden. Nur mit systematisch betriebener Aus- und Weiterbildung kann es gelingen, über die gesamte Dauer des Berufslebens den sich wandelnden Anforderungen gewachsen zu sein. Systematische Förderung der Eignung und Neigung sichert qualifizierte und motivierte Mitarbeiter. Daneben muss der durch die veränderten Bedürfnisse entstandene **Wertewandel** von der Personalentwicklung aufgenommen und die daraus gewonnenen Erkenntnisse in Bildung und Förderung umgesetzt werden.

Sowohl das Unternehmen als auch seine Mitarbeiter verbinden mit der Personalentwicklung jeweils eigene Zielvorstellungen. **Ziele** der Personalentwicklung **aus Sicht des Unternehmens** sind [vgl. Stock-Homburg 2013, S. 209]:

- Verbesserung der Arbeitsleistung von Führungskräften bzw. Mitarbeitern,

- Erhöhung der Anpassungsfähigkeit der Führungskräfte und Mitarbeiter hinsichtlich neuer Anforderungen und neuer Situationen,

- Steigerung von Eigenverantwortlichkeit, Eigeninitiative und Selbständigkeit der Führungskräfte bzw. Mitarbeiter,

- Steigerung der Identifikation und Motivation der Führungskräfte und Mitarbeiter,

- Erhöhung der Attraktivität als Arbeitgeber auf dem Arbeitsmarkt.

Ziele der Personalentwicklung **aus Sicht der Mitarbeiter und vor allem aus Sicht der High Potentials** sind [vgl. Stock-Homburg 2013, S. 209]:

- Verbesserung der Karriere- und Aufstiegsmöglichkeiten innerhalb und außerhalb des Unternehmens,

- Klarheit über die beruflichen Ziele und Aufstiegsmöglichkeiten im Unternehmen,

- Schaffung von Möglichkeiten, um über das fachliche Wissen hinaus betriebsspezifisches Know-how und Flexibilität zur Bewältigung anstehender Veränderungsprozesse zu erlangen,

- Steigerung der individuellen Mobilität auf dem Arbeitsmarkt,

- Schaffung von Möglichkeiten zur Selbstverwirklichung z. B. unter dem Aspekt der Übernahme von größerer Verantwortung einerseits und der *Work-Life-Balance* andererseits.

10.2 Qualifikation und Kompetenzmanagement

Die oben beschriebenen Ziele der Personalentwicklung können erst dann erreicht werden, wenn die Leistungsanforderungen des jeweiligen Projektes den **Qualifikationen** des Mitarbeiters entsprechen. Folglich ist eine genaue Kenntnis der Qualifikationen notwendig, um die Berater in den richtigen Projekten einsetzen und gezielte Fördermaßnahmen durchführen zu können.

Da sich die Anforderungen an die funktionelle Flexibilität der Berater zunehmend erhöhen, ist neben der fachlichen Qualifizierung ein besonderer Wert auf die Förderung der überfachlichen Qualifizierung zu legen, um die Berater mit umfassender Handlungskompetenz auszustatten.

In diesem Zusammenhang kommt dem *Kompetenzmanagement* eine besondere Bedeutung zu. Es legt fest, welche Fähigkeiten und Verhaltensweisen verändert bzw. entwickelt werden sollen. Das Kompetenzmanagement weist in zwei Richtungen. Zum einen geht es darum, was das Unternehmen oder die Unternehmenseinheit können muss, um seine/ihre Ziele zu erreichen (organisationale Kompetenz). Zum anderen sind die Fähigkeiten, Kenntnisse und Verhaltensweisen gefragt, die der Berater benötigt, um seine individuellen Anforderungen (im Sinne der gesetzten Ziele) zu bewältigen (rollenbezogene Kompetenz). Im Allgemeinen werden dabei folgende drei *Kompetenzfelder* angesprochen: *fachliche, soziale und methodische Kompetenzen* [vgl. Lippold 2010, S. 25]:

- Unter der **fachlichen Kompetenz** werden alle Fähigkeiten und Kenntnisse eines Beraters zusammengefasst, die sich auf ein bestimmtes Aufgabengebiet beziehen. Hierzu zählen spezifische Branchenkenntnisse ebenso wie funktionale Kenntnisse im Bereich des Rechnungswesens, des Marketing etc. Die fachliche Kompetenz ist also stark vom jeweiligen Umfeld der Beratungsprojekte abhängig.

- Die **soziale Kompetenz** beschreibt, in wieweit ein Berater in der Lage ist, sich in die Organisation durch Kommunikationsfähigkeit und Kooperationsbereitschaft positiv einzubringen. Teamfähigkeit und Einfühlungsvermögen sind weitere Indikatoren für eine hohe Sozialkompetenz, die für die berufliche Entwicklung auf allen Unternehmensebenen von Bedeutung ist.

- **Methodische Kompetenz** bezieht sich auf die Fähigkeit, bestimmte Aufgabenstellungen mit einem methodisch-systematischen Vorgehen zu bewältigen. Projektmanagement, Präsentations- und Moderationstechniken aber auch die Fähigkeit, innovative Ideen einzubringen sind beispielhaft für diese Kategorie zu nennen.

Aufbauend auf diesen Kompetenzfeldern entwickeln Unternehmen eigene *Kompetenzmodelle*, die den jeweiligen spezifischen Organisationsanforderungen entsprechen. Ebenso sind die Kompetenzfelder inhaltliche Grundlage für die Darstellung von Rollen, Karrierepfaden und Leadership Development-Programmen. Setzt man sich mit Kompetenzmodellen unterschiedlicher Unternehmen auseinander, so stößt man auf eine Vielzahl inhaltlich voneinander abgehobener Kompetenzen. Da ist von sozialer Kompetenz aber auch von unternehmerischer, interkultureller, kommunikativer oder pädagogischer Kompetenz die Rede und fast täglich kommen neue Bezeichnungen hinzu wie die „Wischkompetenz" der „Digital Natives" – angeeignet durch das pausenlose Benutzen von digitalen Endgeräten.

Erpenbeck/Heyse, die im ersten Schritt den Kompetenzbegriff von ähnlichen Begriffen wie *Fertigkeiten* und *Qualifikationen* abgrenzen (siehe Abbildung 10-04), erklären Kompetenz als *„Selbstorganisationsdispositionen des Individuums"*. Damit meinen sie, dass eine agierende Person eine bestimmte Situation selbstorganisiert unter Zuhilfenahme der jeweiligen „Dispositionen (Anlagen, Fähigkeiten, Bereitschaften)" meistert und somit kompetentes Handeln aufweist [vgl. Bauer/Soos 2017, S. 13f.].

Im Mittelpunkt steht demnach die tatsächliche Handlungsfähigkeit der betreffenden Person. **Kompetenzen** gehen damit deutlich über **Qualifikationen** hinaus. Während eine Qualifikation bestätigt, dass ein formal definiertes und – zumindest in der Theorie – objektives Lernziel (z.B. der Bachelorabschluss in Business Administration) erreicht wurde, bezieht sich eine Aussage über die Kompetenz einer Person darauf, welche Fähigkeiten eine Person tatsächlich besitzt [vgl. Ciesielski/Schutz 2016, S. 105].

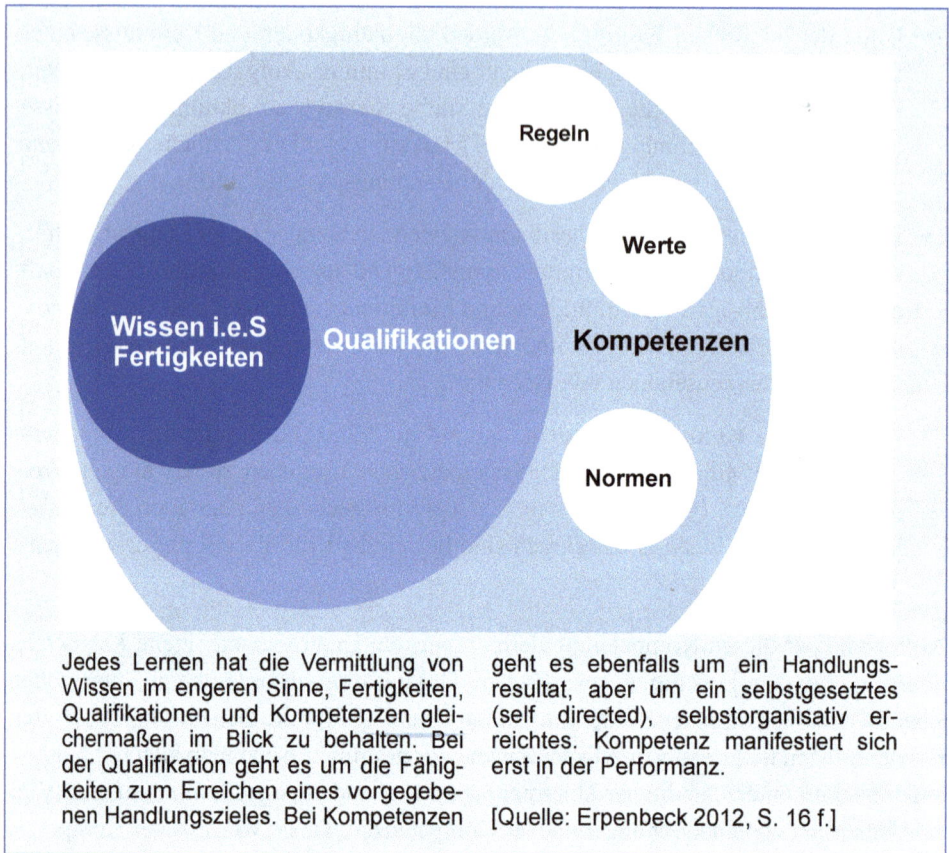

Jedes Lernen hat die Vermittlung von Wissen im engeren Sinne, Fertigkeiten, Qualifikationen und Kompetenzen gleichermaßen im Blick zu behalten. Bei der Qualifikation geht es um die Fähigkeiten zum Erreichen eines vorgegebenen Handlungszieles. Bei Kompetenzen geht es ebenfalls um ein Handlungsresultat, aber um ein selbstgesetztes (self directed), selbstorganisativ erreichtes. Kompetenz manifestiert sich erst in der Performanz.

[Quelle: Erpenbeck 2012, S. 16 f.]

Abb. 10-04: Kompetenzen schließen Wissen, Fertigkeiten und Qualifikationen ein

Kompetenz ist somit die *„Fähigkeit einer Person zum selbstorganisierten, kreativen Handeln"* [Erpenbeck/Heyse 2007], wenn sie sich mit einer ungewohnten Situation konfrontiert sieht. Auf der Grundlage dieses Kompetenzbegriffs haben Erpenbeck/Heyse eine **Kompetenzarchitektur** entwickelt, die sie als **Kompetenz-Atlas** bezeichnen (siehe Abbildung 10-05).

Im Kern besteht der Kompetenzatlas aus vier menschlichen **Basiskompetenzgruppen**:

- **Personale Kompetenzen** (z.B. Loyalität, Glaubwürdigkeit, Eigenverantwortung)
- **Aktivitäts- und Handlungskompetenzen** (z.B. Tatkraft, Entscheidungsfähigkeit, Initiative)
- **Fach- und Methodenkompetenzen** (z.B. Fachwissen, Planungsverhalten, Marktkenntnisse)
- **Sozial-kommunikative Kompetenzen** (z.B. Kommunikations-, Integrations-, Teamfähigkeit).

Die **personalen Kompetenzen**, die High Potentials meist schon ins Unternehmen mitbringen, stellen die Grundlage da. Sie haben weniger mit Bildung, sondern mehr mit
Erziehung und Prägung zu tun. Dazu zählen Kompetenzen wie Disziplin, Lernbereitschaft, Selbstmanagement und die Offenheit für Veränderungen, aber auch Humor und
Hilfsbereitschaft.

Fach- und Methodenkompetenzen wie Lernfähigkeit, Fleiß, Fachwissen und Projektmanagement spielen in den meisten High Potential-Programmen eine dominierende
Rolle, obgleich sie in der Harvard-Studie nicht so hoch bewertet werden.

Aktivitäts- und Handlungskompetenzen spielen dagegen eine wichtigere Rolle. So
ziehen High Potentials gleich vom ersten Tag mit, wollen selbst aktiv gestalten, geben
wertvolle Impulse und arbeiten ergebnisorientiert.

Sozial-kommunikative Kompetenzen zählen ebenfalls zu den erfolgskritischen Faktoren für High Potentials. Viele Talente scheitern an diesen „weichen" Faktoren, zu denen unter anderem Integrationsfähigkeit, Beziehungsmanagement, Kundenorientierung
und Experimentierfreude gehören.

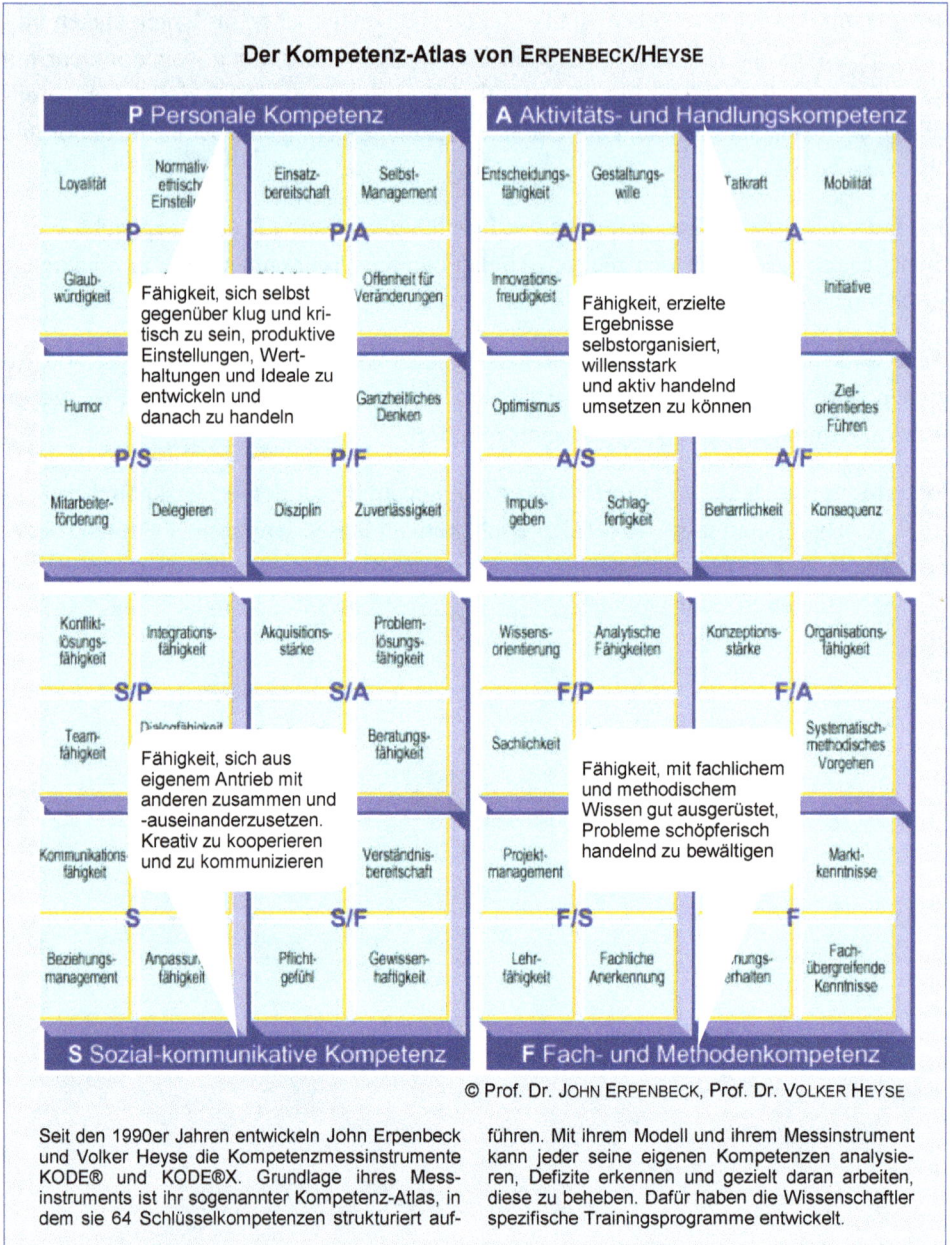

Abb. 10-05: Der Kompetenz-Atlas nach Erpenbeck/Heyse

Die insgesamt vier Basiskompetenzgruppen umfassen die

- Fähigkeiten, das eigene Handeln selbstorganisiert, selbstreflexiv und kritisch zu hinterfragen und eigene produktive, kreativitätsfördernde Einstellungen, Werthaltungen, Ideale usw. zu entwickeln (P)

- Fähigkeiten, selbstorganisiert, aktiv und willensstark erzielte Ergebnisse umsetzen zu können, alles Wissen und Werten integrierend (A)
- Fähigkeiten, mit dem fachlichen und methodischen Wissen gut ausgerüstet und über eigenes Wissen verfügend Probleme selbstorganisiert und schöpferisch bewältigen zu können (F)
- Fähigkeiten, Kommunikations- und Kooperationsprozesse auf interpersonaler und/ oder interorganisationaler Ebene selbstorganisiert so zu optimieren und zu effektivieren, dass Konfliktpotenziale minimiert werden (S).

Den vier Basiskompetenzgruppen (P), (A), (F) und (S) werden sodann aus einer Fülle von über Hunderten Kompetenzbegriffen jeweils 16 sogenannte **Schlüsselkompetenzen** zugeordnet, so dass man letztlich ein „überschaubares und praktikables" Tableau von 64 Schlüsselkompetenzen erhält.

Entscheidend ist nunmehr, nicht nur Wissen, sondern vielmehr Kompetenzen zu vermitteln. Zu den besonders wirksamen **Formen der Kompetenzentwicklung** in der Praxis zählen [vgl. Erpenbeck 2012, S. 39 ff.]:

- **Erfahrungslernen** (Kompetenzentwicklung erfolgt hierbei durch Wissen, das durch eigenes Handeln erworben wurde.)

- **Erlebnislernen** (Kompetenzentwicklung wird nicht durch Wissen im engeren Sinne vermittelt, sondern es werden z.B. Dissonanzsituationen so unumgänglich gemacht, dass intendierte Werthaltungen handlungswirksam werden können.)

- **Lernen durch subjektivierendes Handeln** (Kompetenzentwicklung erfolgt durch Handeln, das auf Erfahrungen und Erlebnissen einzelner Menschen aufbaut.)

- **Informelles Lernen** (Kompetenzentwicklung wird durch im Kooperations- und Kommunikationsprozess selbstorganisiert entstandene Regeln, Werte und Normen vorangetrieben.)

- **Situiertes Lernen** (Kompetenzentwicklung erfolgt anhand möglichst authentischer Problemsituationen.)

- **Expertiselernen** (Kompetenzentwicklung durch das, was Könner zu Könnern macht. Einziger Indikator für ihre Könnerschaft ist ihre Leistung beim Ausüben einer Tätigkeit.).

10.3 Talent Management

10.3.1 Begriffliche Abgrenzungen

Talent Management ist nicht identisch mit **Personalentwicklung**. Es beinhaltet zwar wesentliche Elemente der Personalentwicklung, aber es ist zum einen weiter und zum anderen enger gefasst. Während die Personalentwicklung die (Aus-)Bildung und Förderung aller Mitarbeiter einer Organisation umfasst, richtet sich das Talent Management ausschließlich an die Zielgruppe der „Talente". Gleichzeitig beschränken sich die Maßnahmen und Konzepte des Talent Managements nicht nur auf die Bildung und Förderung, sondern auch auf die Gewinnung, Beurteilung und Bindung von Talenten.

Abbildung 10-06 soll diese Abgrenzung der beiden Begriffe *Personalentwicklung* und *Talent Management* verdeutlichen.

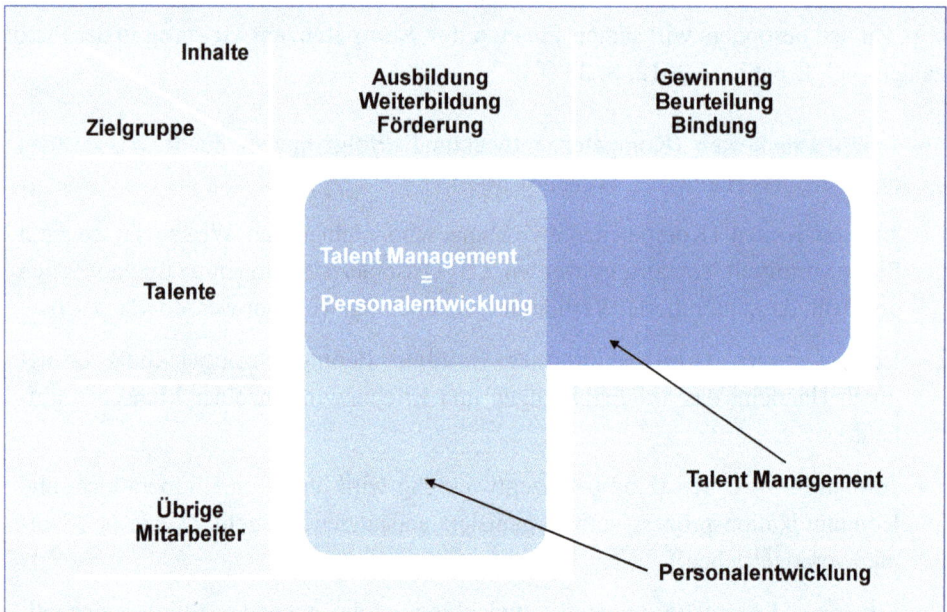

Abb. 10-06: Abgrenzung Talent Management und Personalentwicklung

Vor diesem Hintergrund kommen Ritz/Sinelli [2018, S. 14] zu folgender Definition des Begriffs *Talent Managements*:

> „**Talent Management** bezeichnet jene Organisationskonzepte und -maßnahmen, die sich gezielt mit der Gewinnung, Beurteilung, Erhaltung und Entwicklung von gegenwärtigen oder zukünftigen Mitarbeitenden auseinandersetzen, die aufgrund ihrer vergleichsweise knappen, stark nachgefragten und für die Organisation zentralen Schlüsselkompetenzen als Talente bezeichnet werden."

Ein so definiertes Talent Management, das sich ausschließlich an Talente richtet, kann definitionsgemäß auch als **High Potential Management** angesehen werden, sofern aus den Talenten zukünftige Führungskräfte erwachsen. Da dies aber ohnehin das Ziel des Talent Managements darstellt, ist das High Potential Management somit eine Sonderform des Talent Managements. Um aber dem begrifflichen Wirrwarr aus dem Wege zu gehen, soll hier das (gebräuchliche) Talent Management verwendet werden.

Ein funktionierendes Talent Management leistet also einen entscheidenden Beitrag dazu, das Potenzial bestehender oder neuer Mitarbeiter zu identifizieren, richtig einzuschätzen und vorausschauend zu entwickeln. Ständige Fortbildungsmaßnahmen, persönliche Coachings und ein praxisnahes Mentoring sind weitere Bausteine, um aus Berufseinsteigern künftige Manager zu entwickeln.

Das Thema **Führungskräfteentwicklung** (engl. *Leadership Development*) steht seit Jahren ganz oben auf der Liste der Top-Themen des Personalmanagements. Es ist ein weiterer Begriff mit vielen Überschneidungen zum Talent Management. Führungskräfteentwicklung zielt auf die Entwicklung der Führungskompetenzen von Managern und Führungsnachwuchskräften ab. Bei der Führungskräfteentwicklung geht es – im Gegensatz zum Talent Management – nicht um die Gewinnung von Führungsnachwuchskräften, sondern ausschließlich um die Förderung, Weiterentwicklung und Bindung von Führungs- und Führungsnachwuchskräften.

10.3.2 Vom Talent Management zum Talent Empowerment

Allerdings wird am derzeitigen Konstrukt des Talent Managements, mit dem heute immer noch standardisierte Führungsklone als künftige Vorgesetzte produziert werden sollen, erhebliche Kritik geäußert:

Führungskräfte müssen vom traditionellen Talent Management weg und hin zu einem zeitgemäßen **Talent Empowerment** gehen. Empowerment ist entscheidend, um Talente mit den richtigen Fähigkeiten anzuziehen, zu fördern, zu engagieren und so die digitale Transformation voranzutreiben! Denn im Kern geht es bei der digitalen Führung um Beziehungsarbeit, d.h. um wertebasierte Beziehungen, die aufgebaut, gepflegt und gegebenenfalls auch professionell beendet werden müssen. Und das bedeutet in letzter Konsequenz, dass individuelle (und keine standardisierte) Talententfaltungsformate erarbeitet werden müssen [vgl. hierzu und im Folgenden Lippold 2020a].

Durch die **Ermächtigung der Mitarbeiter** (engl. *Empowerment*) werden Potenziale gehoben, die in nicht-agilen Organisationen zumeist verloren wären. Das Empowerment ist quasi die Messlatte für New Work. Digitale Talente verfügen über eine Kombination aus spezifischen Soft- und Hard-Skills, die für eine erfolgreiche Umsetzung der digitalen Transformation entscheidend ist. Deshalb sind zumindest in klar abgegrenzten Bereichen die agile Organisation und das agile Lernen den klassischen Organisations- und

Denkmustern deutlich überlegen. Der wahrscheinlich wichtigste Schritt hierbei ist, die Lernenden mit ihren individuellen Bedarfen, Vorkenntnissen, Stärken und Ressourcen vorbehaltlos in den Mittelpunkt zu stellen.

Hinzu kommt, dass die Verantwortung in Unternehmen immer seltener bei Einzelpersonen mit zentraler Direktivgewalt liegt. Verantwortung wird zunehmend mehr kollektiv in eingesetzten Teams wahrgenommen, in denen Führungskräfte eher eine moderierende Funktion innehaben. Es geht um gemeinsame, selbstorganisierte Führung. Menschen mit Führungsverantwortung dürfen auch Lernende sein und müssen nicht alles beherrschen. Die Führungskraft im agilen Umfeld setzt sich für eine gemeinsame Vision ein, die so klar formuliert ist, dass der Einzelne seine individuellen Ziele dazu in Bezug setzen kann. Nur mit Kontrollen bekommt man die Komplexität der Arbeitswelt nicht mehr in den Griff. Im New-Work-Prozess müssten Führungskräfte eine neue Rolle lernen und annehmen. Sie müssen Macht weiterreichen, loslassen, stimulieren und einfach auf die Selbstverantwortung der Mitarbeiter vertrauen. Allerdings, und das ist die Erkenntnis einer SRH-Studie: *"Empowerment ist ansteckend. Positiv, aber auch negativ: Wenn Führungskräfte aus einer höheren Hierarchieebene wenig Bedeutsamkeit, Kompetenz, Einfluss und Selbstbestimmung erleben, weil sie durch Bürokratie oder andere Umstände gegängelt werden, geben sie das an Abteilungs- und Teamleiter weiter – bis runter zu den Praktikanten,"* so Studienleiter Schermuly [https://newmanagement.haufe.de/organisation/new-work-ist-messbar].

Die Auswahl der potenziellen Führungsnachwuchskräfte sollte sich daher an folgenden drei Kriterien orientieren:

- **Vielfalt statt Konformität:** Gefragt sind keine „abgerundeten" Persönlichkeiten, die keine Schwächen (aber eben auch keine Stärken) haben. Es geht um Kandidaten mit Ecken und Kanten, die eine ausgeprägte Stärke für Führungsaufgaben haben und an deren Ecken und Kanten auch einmal wirksame Vorschläge hängen bleiben.

- **Performance statt Potenzial:** Potenziale sind zunächst immer nur vage Hoffnungen auf Leistungen, die der Aspirant später einmal erbringen könnte – oder auch nicht. Es geht um solche Führungsnachwuchskräfte, die Leistungen gezeigt haben und Ergebnisse gezeigt haben. Das sind zumeist solche Kandidaten, die in Ihrem Lebenslauf Ergebnisse und nicht Positionen angegeben haben.

- **Einstellungen statt Fachwissen:** Fachliche Fähigkeiten sind Voraussetzungen. Wichtiger als Fachkenntnisse sind für eine potenzielle Führungskraft dessen Sensibilitäten, Werte, Verhaltensmuster, Prägungen und die innere Einstellung zur Selbstverantwortung. Hierdurch entscheidet sich, ob die Führungskraft einen substanziellen Beitrag zur Weiterentwicklung des Unternehmens liefern wird oder nicht.

Viele Unternehmen beobachten, dass der Mangel an digitalen Talenten zu einem Verlust von Wettbewerbsvorteilen führt. Den Unternehmen ist zu raten, ihre traditionellen Leadership Praktiken in ein zeitgemäßes Talent Empowerment umzuwandeln. Dabei stehen individuelle Personalentwicklungsangebote mit entsprechenden Beziehungstrainings im Vordergrund – Trainings, bei denen das agile Lernen der zentrale Baustein einer neuen Führungskultur ist. Trainings, die besser auf die Bedürfnisse der heutigen digitalen Talente zugeschnitten sind als die traditionellen Management-Praktiken.

10.4 Weitere Aspekte der Führungskräfteentwicklung

Ein besonderes Augenmerk müssen Unternehmen auf die **Karriereplanung** ihrer Führungsnachwuchskräfte legen. Hierbei geht es darum, die persönlichen und beruflichen Ziele der Potenzialträger mit den Interessen des Unternehmens in Einklang zu bringen. Diese Facette der Personalentwicklung zielt somit auf die **Mitarbeiterförderung und -bindung** ab.

10.4.1 Führungs- und Fachlaufbahn

Mit dem Begriff *Karriere* wird in erster Linie die *Führungs*laufbahn assoziiert. Der Aufstieg im Rahmen einer Führungskarriere bedeutet in der Regel einen Zuwachs an Kompetenz, Status, Macht und Vergütung in Verbindung mit den einzelnen Karriereschritten. In der Unternehmenspraxis gewinnt zunehmend aber auch die *Fach*karriere an Bedeutung. Aus Unternehmenssicht liegt hierbei der Fokus auf der Förderung und Bindung von Spezialisten.

Bei der Karriereplanung sollte das Unternehmen berücksichtigen, dass Mitarbeiter – gleich ob sie eine Führungs- oder eine Fachlaufbahn anstreben – im Hinblick auf ihre Karriere unterschiedliche Ziele verfolgen können. Eine gute Grundlage für eine zielgerichtete Förderung ist daher eine richtige Einschätzung des Unternehmens über die Karriereziele und -motive der betroffenen Nachwuchs- und Führungskräfte. Die Führungskräfteentwicklung ist bei vielen Unternehmen in den Mittelpunkt aller Personalentwicklungsmaßnahmen, teilweise sogar des gesamten Personalmarketings gerückt. Ob als *Talents*, *High Potentials* oder als *Leaders of Tomorrow* bezeichnet, nahezu alle größeren und international agierenden Unternehmen entwerfen derzeit Programme, um die Zielgruppe der Führungsnachwuchskräfte adäquat fördern und binden zu können.

Eine besondere Bedeutung im Rahmen der Führungskräfteentwicklung kommt dem **Auslandseinsatz** zu. Er wird gewählt, wenn eine Karriere durch den Aufbau internationaler beruflicher Erfahrung angestrebt wird. Im Vordergrund stehen der Erwerb und die Vertiefung von Sprachkenntnissen und das Kennenlernen ausländischer Geschäftspraktiken und Verhaltensweisen. Je nach Zielsetzung kann der Auslandseinsatz zwischen wenigen Wochen und mehreren Jahren dauern.

Im Rahmen der Vermittlung von Führungsverhaltensweisen sind folgende **feedbackba-sierte Methoden zur Persönlichkeitsentwicklung** sind das Coaching und das Mento-ring zu nennen.

10.4.2 Coaching

Coaching ist ein Mittel zur Förderung der Entwicklung von Führungskräften und Mit-arbeitern und vereinfacht in der Regel dadurch angestoßene Veränderungsprozesse. Es wird auf Basis einer tragfähigen und durch gegenseitige Akzeptanz gekennzeichneten Beratungsbeziehung – gesteuert durch einen dafür qualifizierten *Coach* (m/w) - in meh-reren freiwilligen und vertraulichen Sitzungen abgehalten. Der Coach zieht für die ein-zelnen Sessions diverse Gesprächstechniken und seine professionelle Erfahrung heran, um den *Coachee* (m/w) dabei zu unterstützen, dessen gesetzten Ziele zu erreichen. Klas-sisches Coaching wird immer als Begleitprozess verstanden. Der Coachee als Partner auf Augenhöhe legt seine Ziele selbst fest und führt Lösungen (Veränderungen) eigen-ständig herbei. Ein professioneller Coaching-Prozess ist jederzeit transparent zu gestal-ten. Der Coach bespricht mit dem Coachee die Vorgehensweise, erklärt Techniken und Tools und beendet jede Sitzung mit der Möglichkeit zu beidseitigem Feedback. Ein Coaching kann generell nur dann erfolgreich sein, wenn der Wunsch nach Unterstützung und die Änderungsbereitschaft beim Coachee vorhanden sind. Ging man in der Vergan-genheit überwiegend von defizitär veranlassten Coachings aus (Negativanlass: Behe-bung einer bestimmten Problemsituation und dadurch Erreichung von gesetzten Leis-tungsstandards) setzen sich heute verstärkt der Potenzial- sowie der Präventivansatz durch. Unter dem **Potenzialansatz** versteht man die effektive Nutzung vorhandener, aber noch nicht ausgeschöpfter Potenziale, oder sogar erst deren Entdeckung. Beim **Prä-ventivansatz** des Coachings sollen bestimmte, als störend empfundene Verhaltenswei-sen oder Situationen in Zukunft vermieden werden.

10.4.3 Mentoring

Im Gegensatz zum Coaching ist Mentoring geprägt durch seinen losen Beziehungscha-rakter, d.h. es besteht kein wie auch immer gearteter Vertrag zwischen den Gesprächs-parteien. Der *Mentor* zeichnet sich durch einen gewissen Erfahrungsvorsprung gegen-über dem *Mentee* (m/w) aus und berät diesen losgelöst von disziplinarischer Weisungs-befugnis. Für die konkrete Auswahl eines passenden Mentors für einen neu an Bord kommenden Mitarbeiter bedeutet dies, dass der Vorgesetzte nie gleichzeitig auch Men-tor sein kann. Der Vorteil an dieser Konstellation liegt darin, dass der Mentee so immer eine Anlaufstelle hat, falls es Probleme oder Herausforderungen gibt, die nicht mit dem Vorgesetzten besprochen werden können oder wollen. Mentoring zeichnet sich vor al-lem dadurch aus, dass Mentee und Mentor freiwillig miteinander arbeiten. Beim Men-toring handelt es sich um einen langfristig angelegten Entwicklungsprozess, während das klassische Coaching nach einem halben, maximal einem Jahr seinen Abschluss findet. Im Idealfall arbeiten Mentor, Mentee und Vorgesetzter konstruktiv miteinander, tauschen sich aus, beraten sich und bringen das Potenzial des Mentees gemeinsam zur Entfaltung.

Mentoring als unterstützende Lernbeziehung hat das Ziel, Wissen und Erfahrung auszutauschen und weiterzugeben. Ferner hilft Mentoring beim Ausbilden von Führungsqualitäten und der Leistungssteigerung. Die Partnerschaft zwischen Mentor und Mentee ist idealerweise geprägt von professioneller Freundschaft, der Mentee empfindet das Mentoring als geschützten Raum, indem er auch seine Ängste und Nöte preisgeben kann. Nicht zuletzt ist der Mentor aufgerufen, seinem Mentee ein Stück weit den Weg zu ebnen, indem er ihn z.B. seinem persönlichen Netzwerk zuführt oder ihn mit erfahrenen, langjährigen Firmenmitgliedern bekannt macht.

10.5 Generationenverbindende Zusammenarbeit als Erfolgsfaktor

Es geht heutzutage nicht mehr darum, digital zu werden – wir sind es bereits. In den heutigen Bürowelten kommen aber nicht nur die Generationen Y und Z, sondern eben auch die Baby Boomer und die Generation X zusammen. Die Frage ist also, wie es gelingen kann, eine generationenübergreifende, besser generationenverbindende Kommunikations- bzw. Unternehmenskultur zu leben. Denn im Bereich der Arbeitskultur kommt es regelmäßig zu den größten Ablehnungs- oder Adaptionserscheinungen gegenüber einer neuen Technologie. Die unterschiedlichen mentalen Modelle und Wertvorstellungen der jeweiligen Generationen zu ignorieren und mit Kündigungen zu reagieren, kann angesichts der demografischen Entwicklung nicht funktionieren und ist keine Lösung. Nur eine generationengerechte Unternehmensführung wird zum wettbewerbsbestimmenden Erfolgsfaktor für die Zukunft [vgl. Möller et al. 2015, S. 127].

Bei den Start-ups sind neue Technologien zumeist essenzielle Bestandteile der Arbeitskultur. Bei den traditionellen Firmen begegnet man den neuen Technologien am besten mit einer kompetenzbasierten, generations- und kultursensiblen Führung fernab der bloßen Statussymbolik. Gefragt ist hier also eine Führung, die alle Generationen begeistert und verbindet, damit alle an der gemeinsamen Arbeitsumgebung arbeiten und fortlaufend hybride (analoge wie digitale) Kompetenzen entwickeln können. Start-ups, die häufig (noch) keinerlei Hierarchien kennen, verstehen sich sehr gut darin, alle Eigenschaften der Generation Y (und zunehmend auch der Generation Z) zu nutzen und auch in ihrem Sinne zu bestärken. Wo andere Unternehmen an ihre Grenzen stoßen und mit den Eigenschaften und Ansichten der Digital Natives (wie z.B. das permanente Hinterfragen der traditionellen Praxis) nicht umgehen können, werden sie in Start-ups unterstützt. Im Gegenzug sind zumindest die „Ypsiloner" bereit, eine hohe Leistungsbereitschaft zu zeigen. Statussymbole wie Dienstwagen sind von geringerer Bedeutung.

Wichtig dagegen ist die intrinsische Motivation der Mitarbeiter. Sie hinterfragen Aufgaben, die zu erledigen sind, und wollen die Sinnhaftigkeit darin erkennen. Ähnliches gilt auch für das Feedback. Zwar suchen Mitarbeiter der Generation Y offensiv das Feedback, jedoch entscheiden sie kritisch, ob sie es annehmen. Für Start-ups ist es wichtig, dass Führungskräfte zwar ein klares Ziel definieren, jedoch nicht den Weg vorgeben. Dadurch können sich Mitarbeiter mit der Aufgabe identifizieren und sind motivierter. Dies steigert wiederum Zufriedenheit und Loyalität. Bei den Freiräumen, die Mitarbeiter bei diesem „Coaching-Ansatz" genießen, geht Autorität nicht verloren. Diese erhält die Führungskraft aber nicht durch Status oder Macht. Vielmehr ist wichtig, dass sie gegenüber dem Mitarbeiter eine natürliche Autorität (besser: Respekt) erlangt. Das kann dadurch erreicht werden, dass Mitarbeiter durch die Erfüllung von Zielen auch ihren persönlichen Zielen näherkommen. Dadurch akzeptiert sie die Führungskraft. Wichtig für die jungen Mitarbeiter ist die Authentizität der Führungskraft. Merkt der Mitarbeiter, dass ihm etwas vorgespielt wird, verliert er schnell den Respekt gegenüber seinem Vorgesetzten [vgl. Riederle 2014].

Der enorme Erfolg, den Start-ups mit ihren innovativen Führungsstilen haben, bleibt auch großen Unternehmen nicht verborgen. Sie übernehmen gewisse Aspekte der neuen Führungsansätze, die sich aus dem Umgang mit den veränderten Wertvorstellungen der neuen Generationen ergeben (siehe Abbildung 10-07), und führen sie in den eigenen Organisationen ein. So auch der Verlag Axel Springer SE, dessen Aktivitäten als beispielhaft im Umgang mit den besonderen Herausforderungen der digitalen Transformation gelten. Im Rahmen seiner Umstrukturierung vom physischen Print-Verlag zum digitalen Medienkonzern tätigte Springer in den Jahren 2006 bis 2015 mehr als 230 Investments vornehmlich in Startup-Unternehmen. Aufgrund der Erfahrungen mit diesen M&A-Aktivitäten wirbt der Konzern mit dem Slogan „Alle Chancen eines Start-ups". Mit dieser Arbeitgeberkampagne will man potenziellen Mitarbeitern zeigen, dass das Unternehmen die Sicherheit und Vorteile eines Konzerns und gleichzeitig die Dynamik und Arbeitskultur eines kleineren Start-ups bietet [vgl. Laudon et al. 2017].

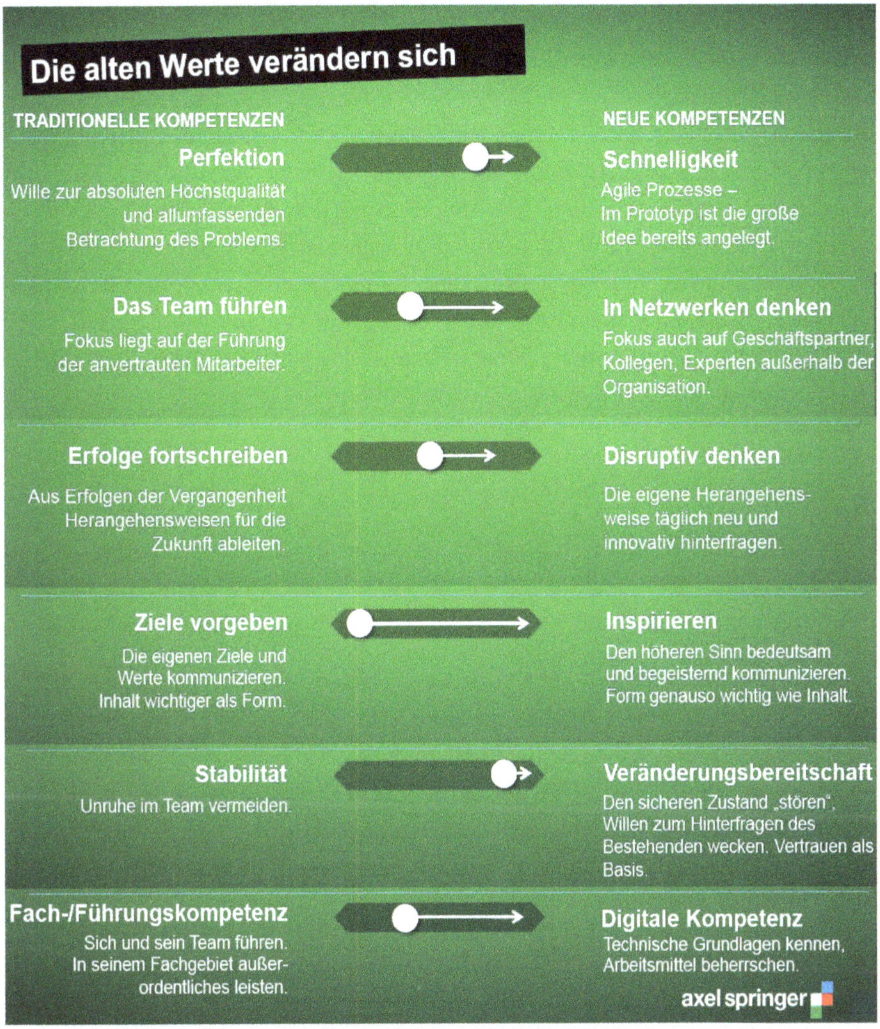

Die alten Werte verändern sich

TRADITIONELLE KOMPETENZEN		NEUE KOMPETENZEN
Perfektion Wille zur absoluten Höchstqualität und allumfassenden Betrachtung des Problems.	→	**Schnelligkeit** Agile Prozesse – Im Prototyp ist die große Idee bereits angelegt.
Das Team führen Fokus liegt auf der Führung der anvertrauten Mitarbeiter.	→	**In Netzwerken denken** Fokus auch auf Geschäftspartner, Kollegen, Experten außerhalb der Organisation.
Erfolge fortschreiben Aus Erfolgen der Vergangenheit Herangehensweisen für die Zukunft ableiten.	→	**Disruptiv denken** Die eigene Herangehensweise täglich neu und innovativ hinterfragen.
Ziele vorgeben Die eigenen Ziele und Werte kommunizieren. Inhalt wichtiger als Form.	→	**Inspirieren** Den höheren Sinn bedeutsam und begeisternd kommunizieren. Form genauso wichtig wie Inhalt.
Stabilität Unruhe im Team vermeiden.	→	**Veränderungsbereitschaft** Den sicheren Zustand „stören", Willen zum Hinterfragen des Bestehenden wecken. Vertrauen als Basis.
Fach-/Führungskompetenz Sich und sein Team führen. In seinem Fachgebiet außerordentliches leisten.	→	**Digitale Kompetenz** Technische Grundlagen kennen, Arbeitsmittel beherrschen.

axel springer

[Quelle: Axel Springer SE]

Wie kaum ein anderes Unternehmen der Medienbranche hat sich die Axel Springer SE auf die digitale Transformation eingestellt. Zu den jüngeren strategischen Maßnahmen zählen der Verkauf verschiedener Zeitungen und Zeitschriften an die Funke Mediengruppe sowie die Zusammenführung von N24 und Welt-Gruppe. Neue Akquisitionen im Bereich Rubriken und diverse Investitionen in journalistische Portale in den USA sowie eine neue Marktsegmentierung in die Bereiche ‚Bezahlangebote', ‚Vermarktungsangebote' und ‚Rubrikenangebote' runden die strategische Neuausrichtung ab. Die digitale Transformation erfordert aber nicht nur neue Geschäftsstrategien, sondern auch neue Führungsmodelle, die sich an den veränderten Werten der Mitarbeiter orientieren müssen.

Abb. 10-07: „Die alten Werte verändern sich"

Ob sich junge Menschen zu Beginn ihres Berufslebens für eine Arbeit in einem Startup mit vielen Freiräumen oder in einem hierarchisch geprägten Unternehmen mit mehr

Strukturen, Prozessen und Routinen entscheiden, hängt sicherlich von ihren persönlichen Präferenzen ab. Damit stellen sie eigenverantwortlich schon erste Weichen dafür, wie sie arbeiten und wie sie geführt werden möchten. Die agile Aufgabenbearbeitung mit „Start-up-Methoden" steht dabei den Strukturen und Standards der „*Managerial-Effektiveness*" größerer Unternehmen gegenüber. Doch unabhängig davon, wie sich junge Menschen entscheiden, eine gute Führung zeichnet sich in allen Unternehmen durch Wertschätzung, Anerkennung, soziale Präsenz und letztlich auch durch das Führungsprinzip „*Management by Objectives*" aus. Das ist eine Frage der Persönlichkeit der jeweiligen Führungskraft und nicht, ob man in einem Start-up oder in Großunternehmen arbeitet. Offensichtlich ist es aber eine anspruchsvollere Führungsaufgabe, den jungen Mitarbeitern von Großunternehmen in prozessgesteuerten Bereichen das Gefühl der Arbeitszufriedenheit und -erfüllung zu vermitteln.

Um generationengerecht und generationenverbindend zu führen und zu agieren, schlagen Ciesielski/Schutz [2015, S. 58] drei Wege vor:

Erstens: Bei der Führungskräfteentwicklung sollte der **Irrweg Talentmanagement** durch individuelle Talententfaltungsformate ersetzt werden. Es kommt darauf an, individuelle Führungspersönlichkeiten zu entwickeln und nicht standardisierte Führungsklone als Vorgesetzte vom Fließband zu produzieren.

Zweitens: Die Generation Z arbeitet auf hohem Aktivitätsniveau gerne, aber mit reduzierter Verantwortung, da sie von Kindheit an durch ihre Helikopter-Eltern und in ihrer Umwelt gelernt haben, die Verantwortung stets bei anderen zu sehen. Für die Unternehmen und ihre Führungskräfte bedeutet dies, dass der Generation Z **Verantwortung in kleinen Schritten** und behutsam anerzogen werden muss. Führungskräfte werden damit im Sinne eines konstruktiven Lernbegleiters gefordert werden.

Drittens: Es gilt nicht länger uneingeschränkt der schlichte Satz: „Die Jungen lernen von den Älteren". Führungskunst ist es jetzt, die Kompetenzen der einzelnen Generationen im Alltag so zu erfassen und zu kombinieren, dass sie auch im Ganzen zur Entfaltung kommen können. Hierbei können völlig **neue Rollenbilder** entstehen und zusammenwirken.

10.6 Genderspezifische Personalentwicklung

Besonders die High Potentials unter den weiblichen Arbeitnehmern werden immer wichtiger und damit begehrter für die Unternehmen. Aber es ist eine Tatsache, dass Frauen aus familiären Gründen häufiger Abstriche in Bezug auf den eigenen Beruf und die eigene Karriere machen als Männer. Um Frauen an das Unternehmen zu binden und besser zu integrieren, sollten Unternehmen neben einer familienfreundlichen Gestaltung der Arbeitszeiten gezielt auf die Förderung der Karriere von weiblichen Arbeitnehmern achten.

Besonders interessant ist die Erfahrung, dass Personalentwicklungsmaßnahmen, die gezielt auf Frauen und ihre vielfältigen Lebensmuster zugeschnitten sind, sich in aller Regel auch optimal für Männer erweisen. Das Personalentwicklungsmanagement darf und soll sich sogar an den Frauen orientieren, wenn sie für beide Geschlechter Gültigkeit haben sollen. Überhaupt kann durch geschlechtergemischte Fortbildungen die Zusammenarbeit von Frauen und Männern gefördert werden. Weibliche und männliche Teilnehmer können so voneinander lernen. Die Unterschiede in den Verhaltens- und Denkweisen können während einer Maßnahme thematisiert und einander nähergebracht werden [vgl. Stalder 1997, S. 22].

Es geht aber nicht nur darum, auf welche Personalentwicklungsmaßnahmen Frauen am besten ansprechen. Vielmehr sollten die Rahmenbedingungen so angepasst werden, dass mehr Frauen die Teilnahme an solchen Maßnahmen ermöglicht wird. So werden Weiterbildungen häufig nicht für Teilzeitstellen angeboten, obwohl gerade diese vielfach von Frauen besetzt sind. Fortbildungen, die weit entfernt vom Arbeitsplatz oder Wohnort durchgeführt werden oder gar eine Übernachtung erfordern, sind zumeist Ausschlusskriterien für berufstätige Mütter.

11. Personalfreistellung und High Potentials

„Wenn Unternehmen kein hohes Commitment gegenüber ihren Mitarbeitern an den Tag legen, können sie auch kein vorbehaltloses Bekenntnis der Mitarbeiter gegenüber dem Unternehmen erwarten." [Stefan Huf]

Jedes Arbeitsverhältnis wird formell begründet und endet irgendwann. Die Beendigung kann durch Zeitablauf (bei befristeten Arbeitsverträgen), durch Eintritt einer den Arbeitsvertrag auflösenden Bedingung (z. B. Erreichen des Renteneintrittsalters), durch eine einvernehmliche Aufhebung des Arbeitsverhältnisses (z.B. Altersteilzeit) oder durch eine arbeitgeber- oder arbeitnehmerseitige Kündigung erfolgen [vgl. Huf 2012, S. 32].

Angesichts der Tatsache, dass es sich hier um **High Potentials** als Zielgruppe des Personalmanagements handelt, ist eine Freisetzung solcher Top-Performer, bei der das Unternehmen die Trennung von dem Mitarbeiter betreibt, höchst selten. Selbst wenn das Personalmanagement in bestimmten Situationen die Aufgabe hat, eine personelle Überkapazität zu vermeiden bzw. abzubauen, so werden doch die High Potentials in der Regel zu allerletzt freigestellt. Insofern wird hier der Begriff *Personalfreisetzung* (aus der zweigeteilten Personalmarketing-Gleichung) durch **Personalfreistellung** ersetzt.

Das letzte Aktionsfeld im Rahmen der Wertschöpfungskette *Personalbetreuung* stellt somit die *Personalfreistellung* dar (siehe Abbildung 11-01).

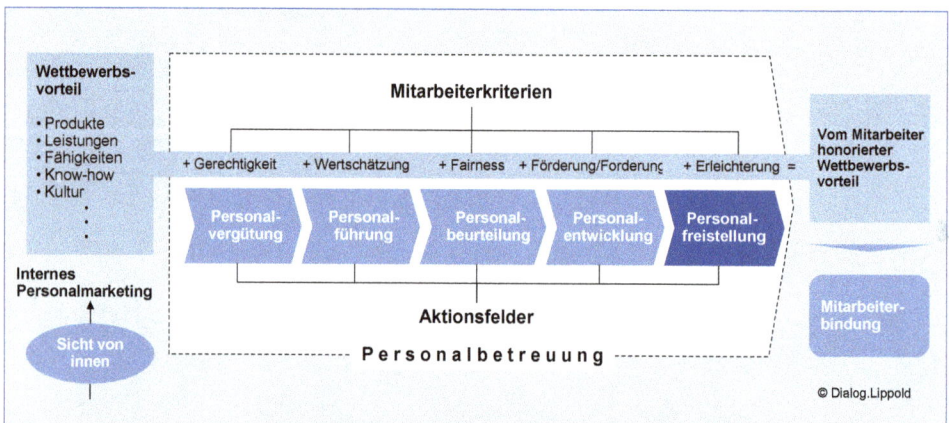

Abb. 11-01: Das Aktionsfeld Personalfreistellung

Das freiwillige Ausscheiden von Mitarbeitern kann sich – zumindest beim Einsatz *positiver* Förderung – als eine Lösung („Erleichterung") im Interesse der betroffenen Mitarbeiter und des Unternehmens erweisen. Daher geht es bei der Personalfreistellung in erster Linie um die Optimierung der *Erleichterung*.

$$\text{Erleichterung} = \text{f (Personalfreistellung)} \rightarrow \text{optimieren!}$$

Formal gesehen bedeuten Personalfreistellungen eine unerwünschte Fluktuation. Die Ausgangsinformation einer Personalfreistellung ist ein negativer Saldo zwischen voraussichtlichem Personalbestand und dem Soll-Personalbestand.

11.1 Trennungsgründe

Im Zusammenhang mit diesem Aktionsfeld sind zwei Aspekte für das Personalmanagement wichtig: Zum einen sind die *Gründe* für das (freiwillige) Ausscheiden des Mitarbeiters in Erfahrung zu bringen, um mögliche Optimierungsansätze für die Wertkette *Personalbetreuung* abzuleiten. Zum anderen sollten Maßnahmen eingeleitet werden, durch die der Kontakt zu dem Mitarbeiter professionell aufrechterhalten werden kann.

Für ein freiwilliges, selbst initiiertes Ausscheiden eines High Potentials kann es viele Gründe geben:

Es fehlt dem High Potential an Leidenschaft. Einer der wichtigsten Trennungsgründe ist die fehlende Leidenschaft, die mangelnde Begeisterung für die Aufgabe, für das Produkt oder für die Dienstleistung des Unternehmens. Ambitionierte und talentierte Top-Performer fragen sich heutzutage: „Was ist mein Beitrag für die Welt?" Können sie das für sich nicht beantworten, werden sie sich einer anderen Aufgabe und damit zumeist einem anderen Arbeitgeber zuwenden.

Es fehlt an Wertschätzung gegenüber dem High Potential. Hat ein talentierter Mitarbeiter ein Konzept entwickelt oder eine Idee hervorragend umgesetzt, so sollte auch er die Lorbeeren dafür ernten und nicht der Vorgesetzte, der das Konzept im Führungskreis präsentiert. Wird die Arbeit der jungen Leistungsträger nicht genug gewürdigt, ist das ein sicherer Weg, um ein Top-Talent zu einem anderen Unternehmen zu treiben.

Versprechen gegenüber dem High Potential werden nicht gehalten. Immer wieder redet der Arbeitgeber davon, dass er an einer misslichen Situation etwas ändern wird. Doch wenn den Worten keine Taten folgen, wird der High Potential sehr schnell feststellen, dass es sich nur um leere Versprechungen handelt. Der Arbeitgeber erleidet einen Vertrauensverlust, der dann leicht zu einem Jobwechsel führt.

Die Qualität der Führungsetage reicht nicht aus. Vorgesetzte müssen Ziele verdeutlichen, Mitarbeiter motivieren und in kritischen Situationen erfolgreich intervenieren.

Doch nicht jede Führungskraft wird dieser Verantwortung gerecht. Und wenn Talente die nötige Führung in ihrem Unternehmen nicht finden, dann werden sie woanders danach suchen.

Die Kreativität des High Potentials wird nicht gefördert. Talente und Top-Performer wollen alles verbessern. Sie haben das Potential zum Leistungsträger. Wenn ihnen die Möglichkeit genommen wird, Dinge zu verändern oder zu verbessern, führt das leicht zur Unterforderung. Verständlicherweise baut sich dann Frust und Demotivation auf.

High Potentials werden überfordert. Aber auch das Gegenteil zur Unterforderung kann der Fall sein. Es ist schließlich sehr verlockend, die besten Mitarbeiter länger und härter arbeiten zu lassen. Aber dann sollte auch ein entsprechender Ausgleich geschaffen werden (Beförderung, Prämie, Jobtitel). Geschieht dies nicht, führt solch eine zusätzliche Belastung bei den Talenten zu dem Gefühl, dass sie für gute Arbeit bestraft werden.

Es mangelt an Weiterbildungen. High Potentials haben zumeist eine sehr gute Ausbildung genossen und wollen in ihrer Karriere weit kommen. Haben sie jedoch nicht die Möglichkeit, sich entsprechend weiterzubilden und neue Fähigkeiten zu entwickeln, so werden sie sich nach einem Arbeitgeber umsehen, der ihnen solche Chancen bietet.

High Potentials erhalten zu wenig Freiheitsgrade. Einem High Performer bis ins kleinste Detail vorzuschreiben, wie seine Aufgaben zu erledigen sind, ist frustrierend und erstickt jeden Arbeitseifer. Gerade Top Talente schauen über den Tellerrand hinaus und brauchen ihre Freiheitsgrade, um die Zufriedenheit in ihrem Team zu erhöhen.

High Potentials erhalten keine zusätzliche Verantwortung. Erkennt die Führungskraft in einem seiner Mitarbeiter ein großes Potential, so sollte er diesem Mitarbeiter die Möglichkeit bieten, dieses Potenzial entsprechend zu zeigen. Mehr Verantwortung für Projekte oder die Übernahme der Verantwortung für ein kleines Team geben jedem Potentialträger einen Motivationsschub.

Diese kleine Auswahl an Trennungsgründen bedeutet im Umkehrschluss, dass High Potentials an das Unternehmen gebunden werden, wenn

- sie fair bezahlt werden
- sie und ihre Arbeit geschätzt wird
- ihnen Verantwortung übertragen wird
- man ihnen zuhört
- sie mitentscheiden können
- sie gefördert und gefordert werden
- sie immer wieder durch neue Aufgaben und Projekte herausgefordert werden.

11.2 Kündigung aus eigenem Antrieb

Trotz bester Betreuungs- und Bindungsmaßnahmen muss immer wieder davon ausgegangen werden, dass ein Teil der High Potentials aus eigenem Antrieb heraus kündigt. Die Ursache für diese **unerwünschte Fluktuation** muss nicht zwangsläufig auf eine mangelhafte Betreuung zurückzuführen sein. Gerade ambitionierte High Potentials, die bei ihrem jetzigen Arbeitgeber nicht unzufrieden sein müssen, kündigen dennoch, weil sie beispielsweise der Annahme unterliegen, dass ein Wechsel des Arbeitgebers karriereförderlich ist und der Nachweis, dass man in unterschiedlichen Unternehmen erfolgreich gearbeitet hat, heutzutage ein „Muss" darstellt. Auch das bessere Angebot eines anderen Unternehmens kann zur freiwilligen Kündigung eines High Potentials führen. Umso wichtiger ist es für das Personalmanagement, die **wahren Trennungsgründe** in Erfahrung zu bringen [vgl. Weinert 2018, S. 39].

Die **besten und talentiertesten Mitarbeiter** zu verlieren, ist für jeden Arbeitgeber höchst unangenehm. Dabei geht es aber nicht nur um den kurzfristigen Erfolg des Unternehmens oder des Teams, der sich nun nicht mehr einstellen kann. Auch langfristig kann die Reputation des Unternehmens darunter leiden. Schließlich möchte kein Arbeitgeber dafür bekannt sein, sich nicht richtig um seine besten Mitarbeiter zu kümmern. Um hier aber einen entsprechenden Änderungsprozess einleiten zu können, müssen zunächst die Gründe verstanden werden, die Talente zu einer Kündigung veranlassen.

Mitarbeitern und besonders High Potentials steht es stets frei, nach Alternativen auf dem Arbeitsmarkt Ausschau zu halten. Ihr Commitment kann daher nicht vorausgesetzt, son-dern muss stets aufs Neue gewonnen werden. Wenn das Finden und Binden von talen-tierten Mitarbeitern zunehmend schwieriger werden, ist es wenig verwunderlich, dass das **Retention Management** an Bedeutung gewinnt.

Wenn High Potentials mit ihrer Arbeit unzufrieden sind und zudem über attraktivere Jobalternativen verfügen, werden sie ihr aktuelles Arbeitsverhältnis kündigen. Dieser Aspekt ist leicht nachzuvollziehen. Top-Talente kündigen aber auch dann aus eigenem Antrieb, wenn sie mit ihrer aktuellen Arbeitsstelle nicht unzufrieden sind oder auch, wenn sie keine Jobalternative haben.

Arbeitsunzufriedenheit und sich bietende Beschäftigungsalternativen erklären Fluktuation also nur eingeschränkt. Eine Vielzahl weiterer Faktoren kann ursächlich sein: von der Persönlichkeit des Mitarbeiters und seines Ehepartners über unternehmensbezogene bis hin zu unternehmensexternen Ursachen (z. B. Geburt eines Kindes, berufliche Veränderung des Ehepartners, Hobbys, Einfluss von Bekannten, Krankheit) [vgl. Huf 2012, S. 31].

In Abbildung 11-02 sind die Gründe, warum Mitarbeiter heutzutage kündigen, im Rahmen einer Online-Befragung von 1.020 Usern erfasst worden. Bei den Befragten handelt es sich aber nicht explizit um High Potentials. Das Ergebnis gibt aber einen guten Überblick über die generellen Kündigungsgründe, unabhängig von der Qualifikation der Befragten.

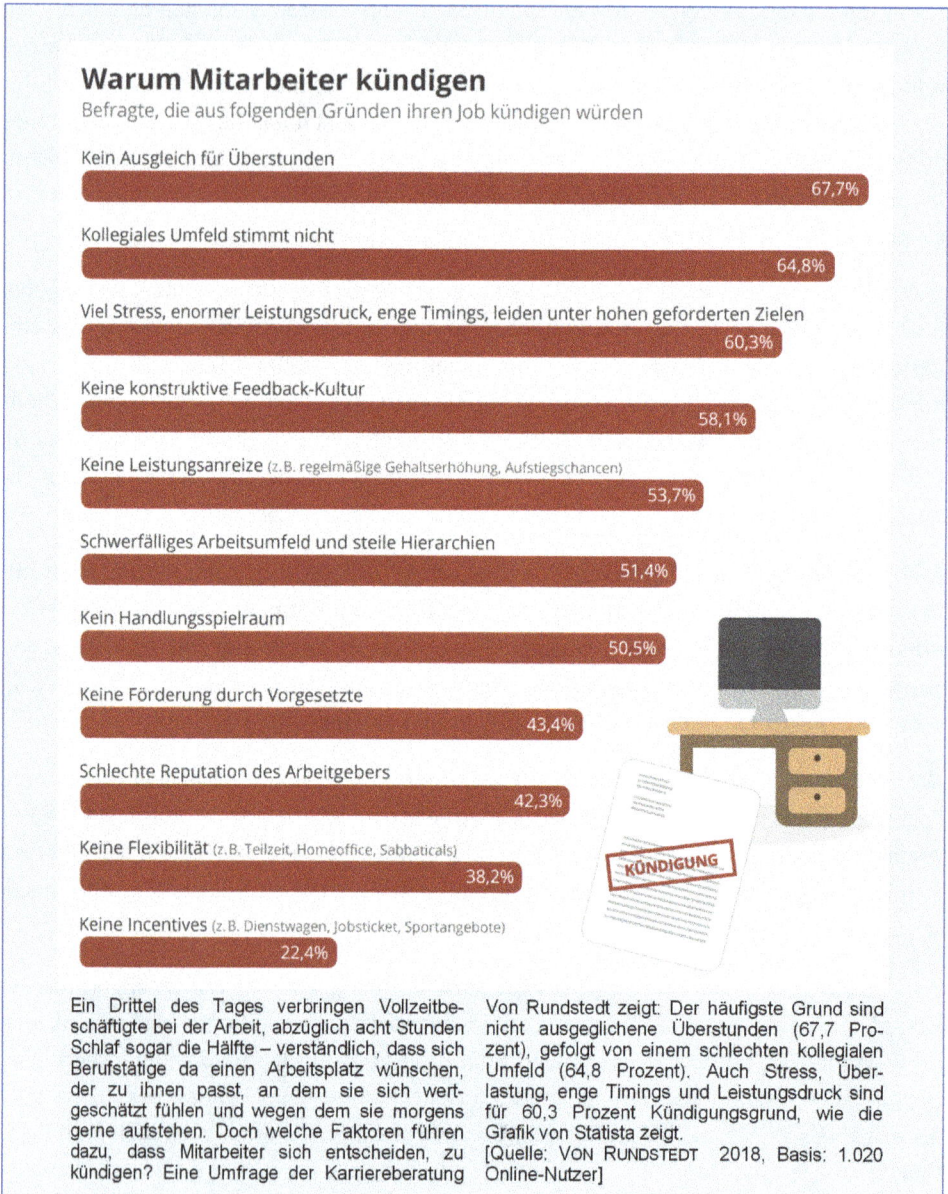

Warum Mitarbeiter kündigen

Befragte, die aus folgenden Gründen ihren Job kündigen würden

Kein Ausgleich für Überstunden

67,7%

Kollegiales Umfeld stimmt nicht

64,8%

Viel Stress, enormer Leistungsdruck, enge Timings, leiden unter hohen geforderten Zielen

60,3%

Keine konstruktive Feedback-Kultur

58,1%

Keine Leistungsanreize (z.B. regelmäßige Gehaltserhöhung, Aufstiegschancen)

53,7%

Schwerfälliges Arbeitsumfeld und steile Hierarchien

51,4%

Kein Handlungsspielraum

50,5%

Keine Förderung durch Vorgesetzte

43,4%

Schlechte Reputation des Arbeitgebers

42,3%

Keine Flexibilität (z.B. Teilzeit, Homeoffice, Sabbaticals)

38,2%

Keine Incentives (z.B. Dienstwagen, Jobticket, Sportangebote)

22,4%

KÜNDIGUNG

Ein Drittel des Tages verbringen Vollzeitbeschäftigte bei der Arbeit, abzüglich acht Stunden Schlaf sogar die Hälfte – verständlich, dass sich Berufstätige da einen Arbeitsplatz wünschen, der zu ihnen passt, an dem sie sich wertgeschätzt fühlen und wegen dem sie morgens gerne aufstehen. Doch welche Faktoren führen dazu, dass Mitarbeiter sich entscheiden, zu kündigen? Eine Umfrage der Karriereberatung

Von Rundstedt zeigt: Der häufigste Grund sind nicht ausgeglichene Überstunden (67,7 Prozent), gefolgt von einem schlechten kollegialen Umfeld (64,8 Prozent). Auch Stress, Überlastung, enge Timings und Leistungsdruck sind für 60,3 Prozent Kündigungsgrund, wie die Grafik von Statista zeigt.
[Quelle: Von Rundstedt 2018, Basis: 1.020 Online-Nutzer]

Abb. 11-02: „Warum Mitarbeiter kündigen"

11.3 Ursachen von Fluktuationsentscheidungen verstehen

Für das Verständnis der Zusammenhänge und Wirkungsweisen in der Personalwirtschaft sind solche gedanklichen Gebilde von Bedeutung, die geeignet sind, Phänomene der Realität zu erklären. Diese Gedankenkonstrukte, die als Theorien bezeichnet werden, stellen Aussagen über Ursache-Wirkungsbeziehungen dar und dienen der Identifizierung allgemeiner Gesetzmäßigkeiten [vgl. Kuß 2013, S. 47].

Um Trennungsgründe von High Potentials und damit Fluktuation besser verstehen zu können, werden im Folgenden vier Ansätze vorgestellt, die es erlauben, aufgrund der dahinterstehenden Gesetzmäßigkeiten Maßnahmen im Retention Management gezielt auszuwählen:

- Anreiz-Beitrags-Theorie
- Soziale Austauschtheorie
- Pfadmodell der Fluktuation
- Theorie der Einbettung

11.3.1 Anreiz-Beitrags-Theorie

Die auf Barnard [1938] zurückgehende und im Wesentlichen von March und Nobelpreisträger Simon [1958] weiterentwickelte Anreiz-Beitrags-Theorie konzentriert sich auf die Frage, unter welchen Bedingungen Mitarbeiter in Organisationen eintreten bzw. austreten und dazu motiviert werden, die vereinbarten Leistungen im Rahmen des Arbeitsverhältnisses zu erbringen. Damit stehen Entscheidungen über Eintritt, Verbleib und Austritt im Mittelpunkt der Theorie. Dabei stellt die Anreiz-Beitrags-Theorie heraus, dass sich die Fluktuationsentscheidung zum einen aus dem Wunsch des Mitarbeiters nach einem Verlassen der Organisation ergibt und zum anderen davon abhängt, wie leicht sich dieser Wunsch realisieren lässt. Der Veränderungswunsch ergibt sich demnach aus einer wahrgenommenen Arbeitsunzufriedenheit einerseits und der Realisierbarkeit des Wunsches aus den sich bietenden Jobalternativen andererseits [vgl. March/Simon 1958, 112 ff.].

Diese Entscheidungen kommen dadurch zustande, dass Personen eine Austauschbeziehung in der Art bewerten, dass sie die zu erbringenden bzw. erbrachten Leistungen (= Beiträge; engl. *Contributions*) mit den Gegenleistungen (= Anreize; engl. *Inducements*) vergleichen. Für Unternehmen geht es dementsprechend darum, die Anreize für Führungskräfte und Mitarbeiter derart zu setzen, dass deren Leistungsbereitschaft gesichert oder sogar gesteigert werden kann. Solche Beiträge bzw. Anreize können sowohl monetärer als auch nicht-monetärer Art sein [vgl. Stock-Homburg 2013, S. 55 unter Bezugnahme auf Simon 1997, S. 141 ff.].

Die zentrale Annahme der Anreiz-Beitrags-Theorie ist nun, dass die Austauschpartner nach einem *Gleichgewicht* in der Austauschbeziehung streben. Ein solches Gleichgewicht liegt dann vor, wenn die Anreize, die einer Person angeboten werden, mindestens gleich groß oder größer als die von ihr gelieferten Beiträge sind. Ein Ungleichgewicht liegt bspw. vor, wenn sich Mitarbeiter in hohem Maße für das Unternehmen engagieren, aber ihrer Meinung nach nicht hinreichend für ihre Leistungen vergütet werden. In einem solchen Fall werden sie nach Beschäftigungsmöglichkeiten in anderen Bereichen bzw. Unternehmen suchen. Insofern besagt die grundlegende Gesetzesaussage der Anreiz-Beitrags-Theorie, *„dass eine Organisation nur dann fortbesteht, wenn ein subjektiv empfundenes Gleichgewicht zwischen den von der Organisation angebotenen Anreizen und den von den Organisationsmitgliedern erbrachten Beiträgen besteht"* [Becker, M. 2010, S. 45]. Daher wird die Anreiz-Beitrags-Theorie auch als **Theorie des organisatorischen Gleichgewichts** (engl. *Theory of Organizational Equilibrium*) interpretiert.

11.3.2 Soziale Austauschtheorie

Die soziale Austauschtheorie, die auf Arbeiten von Homans [1958], Blau [1964] sowie Thibaut und Kelley [1959] beruht, ist keine einheitliche und abgeschlossene Theorie, sondern bildet den Rahmen mehrerer Konzepte und Ansätze in Bezug auf soziale Interaktionen bzw. Austauschprozesse. Allen Ansätzen ist die Annahme gemein, dass Individuen soziale Beziehungen nur eingehen bzw. aufrechterhalten, wenn die Beziehungen einen Nutzen stiften, d. h., wenn sie mehr Vor- als Nachteile haben. Dabei gehen die Ansätze von einer Maximierung von Nutzen (Belohnungen) und einer Minimierung von Kosten als Motiv bei Menschen aus [vgl. Rathenow 2011, S. 25 ff.].

Aus Sicht der Personalwirtschaft kann die soziale Austauschtheorie Antworten auf die Frage geben, welche Faktoren zur Zufriedenheit und Bindung (engl. *Retention*) von Mitarbeitern beitragen. So lässt sich die Beziehung mit einem Unternehmen als wechselseitiger Austausch von Belohnungen interpretieren, zu denen materielle Güter ebenso zählen wie Leistungen nichtmaterieller Art und Gefühlsäußerungen (Sympathie, Wertschätzung, Prestige). Das Ergebnis einer Austauschbeziehung (E) resultiert aus der Differenz zwischen Nutzen und Kosten für eine Person. Die Bewertung der Beziehung mit dem Unternehmen, die jeder Beschäftigte für sich vornimmt, erfolgt anhand zweier zentraler Vergleichsmaßstäbe:

- dem Vergleichsniveau (Comparison Level = CL) und
- dem Vergleichsniveau externer Alternativen (Comparison Level for Alternatives = CL_{Alt}).

Das Vergleichsniveau CL definiert ein aus Bedürfnissen und Erfahrungen ähnlicher Situationen (z. B. mit früheren Arbeitgebern) konstruiertes Anspruchsniveau, das sich der Mitarbeiter aus der Beschäftigungssituation erwartet. Wird das Vergleichsniveau CL vom Ergebnis E übertroffen (E > CL), stellt sich Zufriedenheit und Commitment des Mitarbeiters gegenüber dem Unternehmen ein. Auch das zweite Vergleichsniveau CL $_{Alt}$ entscheidet über die Stabilität einer Bindung. Es ergibt sich aus potenziellen und/oder bestehenden Alternativbeziehungen und bestimmt, bis zu welchem Niveau der Nutzen abnehmen kann, ohne dass der Mitarbeiter das Unternehmen verlässt. Somit beeinflussen nach diesem Ansatz die Positionen des Ergebnisses und die der Vergleichsniveaus die Stabilität und Beziehung eines Mitarbeiters mit seinem Unternehmen [vgl. Häußler 2011, S. 102 f.].

Abbildung 11-03 stellt alle sechs denkbaren Kombinationen und ihre Wirkung für den Bestand bzw. Fortlauf einer Beziehung mit dem Unternehmen vergleichend gegenüber.

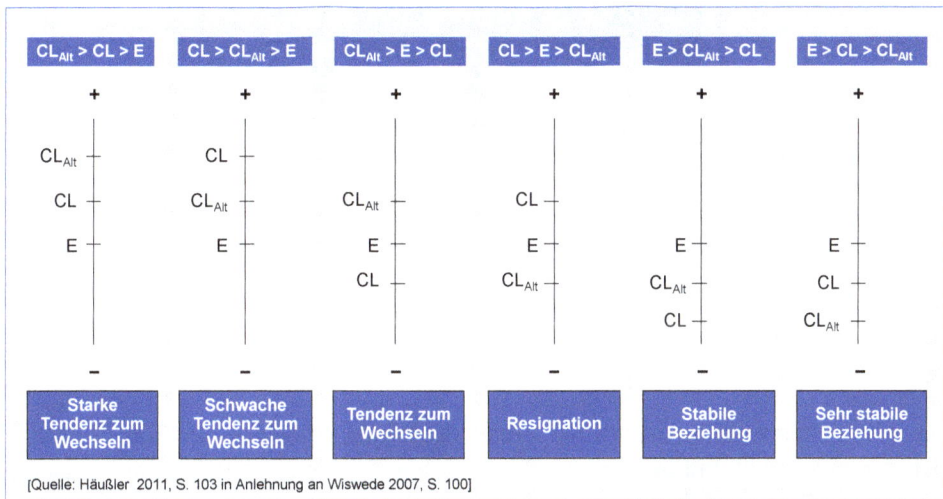

Abb. 11-03: Attraktivität sozialer Beziehungen

Aus der Gegenüberstellung von Ergebnis und den jeweiligen Vergleichsniveaus lassen sich im Kern **vier alternative Typen** von Mitarbeitern (siehe Abbildung 11-04) bezüglich ihrer Zufriedenheit und Bindung mit dem Unternehmen ableiten [vgl. Stock-Homburg 2013, S. 61 f.]:

- Von den **nachhaltig Gebundenen** werden die Ergebnisse der Austauschbeziehung höher eingeschätzt als die beiden Vergleichsniveaus.

- Bei den **Absprungkandidaten** ist es genau umgekehrt. Die Ergebnisse werden geringer eingestuft als die beiden Vergleichsniveaus.

- Die **unecht Gebundenen** sind mit dem Ergebnis der Austauschbeziehung unzufrieden, haben jedoch keine attraktiven Alternativen außerhalb des Unternehmens.

- **Jobhopper** sind zwar mit dem Ergebnis der Austauschbeziehung zufrieden, fühlen sich aber aufgrund verfügbarer externer Alternativen relativ wenig an das Unternehmen gebunden.

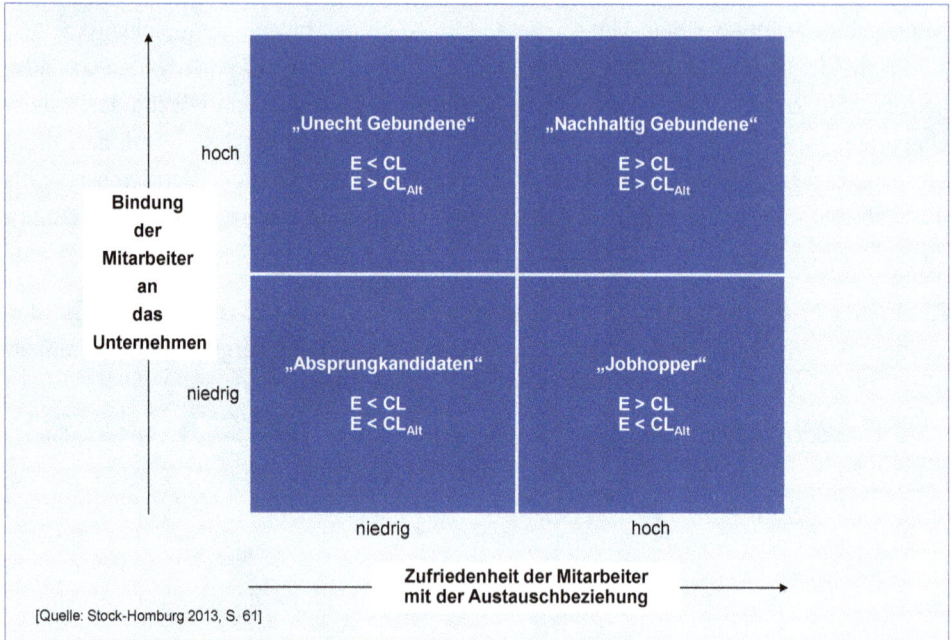

Abb. 11-04: Typologie der Mitarbeiterzufriedenheit und -bindung

11.3.3 Das Pfadmodell der Fluktuation

Um eine systematische Analyse der Trennungsgründe vornehmen zu können, eignet sich das sogenannte **Pfadmodell der Fluktuation** [Lee/Mitchel 1994]. Im Gegensatz zu einigen Vorgängermodellen, die lediglich Arbeitsunzufriedenheit als maßgeblichen Grund für eine freiwillige Kündigung ansehen, berücksichtigt das Schock- und Pfad-Modell auch Jobalternativen, Schocks und Pläne als *Fluktuationsparameter*. Schocks stellen dabei unerwartete und gravierende Ereignisse dar, die sodann spontane Folgehandlungen auslösen können. Pläne sind dagegen durchdachte Absichten, die bereits länger gehegt wurden.

Die fünf unterschiedlichen Pfade der Fluktuation lassen sich wie folgt beschreiben [vgl. Huf 2012, S.31 f.]:

Pfad 1 – schockinduzierte Planrealisierung. Ein Schock lässt einen zuvor gefassten Plan aktualisieren. Beispiel: Ein Mitarbeiter hat bereits seit einiger Zeit den Plan, den Bachelor- um einen Master-Abschluss zu ergänzen. Nachdem er – wider Erwarten – nicht mit der vakanten Gruppenleitung betraut wurde, verlässt er das Unternehmen, um das Masterstudium aufzunehmen.

Pfad 2 – schockinduzierter Impuls. Hier erfolgt die Kündigung durch den Mitarbeiter ebenfalls aufgrund eines Schocks. Allerdings kann der Mitarbeiter nicht auf einen „Plan B", z. B. ein alternatives Stellenangebot, zurückgreifen. Beispiel: Ein Teamleiter kündigt einen Tag nachdem seine neue Chefin benannt wurde, weil diese in seinen Augen fachlich inkompetent und menschlich unangenehm ist.

Pfad 3 – schockinduzierte Alternativenabwägung. Hier ist ebenfalls ein Schock der Auslöser. Allerdings erfolgt die Kündigung nicht wie im zweiten Pfad impulsiv, sondern erst nachdem das Angebot eines anderen Arbeitgebers vorliegt. Beispiel: Ein Mitarbeiter war bislang nicht unzufrieden mit seinem Job, aber das über eine Personalberatung an ihn herangetragene Stellenangebot ist schlichtweg zu reizvoll.

Pfad 4 – unzufriedenheitsinduzierter Impuls. Hier ist die Arbeitsunzufriedenheit so bestimmend wird, dass eine Kündigung ohne Jobalternative erfolgt. Hier erfolgt die Kündigung also nicht durch einen Schock, sondern durcheine aufgestaute, kumulierte Unzufriedenheit mit der individuellen Arbeitssituation.

Pfad 5 – unzufriedenheitsinduzierte Alternativenabwägung. Die Kündigung des Mitarbeiters erfolgt erst, nachdem er über eine attraktivere Arbeitgeberalternative verfügt. Auch hier erfolgt der Impuls zum Wechsel nicht über einen Schock, sondern primär durch Arbeitsunzufriedenheit.

Studien konnten empirisch nachweisen, dass etwa 95 Prozent aller Mitarbeiterkündigungen auf einem der fünf Pfade beruhen. Die Gewichtung ist allerdings gravierend unterschiedlich: Jede zweite Kündigung folgt Pfad 3, knapp ein Drittel Pfad 5. Der Rest verteilt sich zu etwa gleich großen Teilen auf die Pfade 1, 2 und 4 [vgl. Weinert 2018, S. 40 unter Bezugnahme auf Mitchell et al. 2001].

Abbildung 11-05 fasst noch einmal die einzelnen Kündigungspfade zusammen.

Das Pfadmodell der Fluktuation

Pfad	schockinduzierte(r)	Schock	Plan	Arbeitsun-zufriedenheit	Alter-native
1	Planrealisierung	ja	ja	nein	nein
2	Impuls	ja	nein	ja	nein
3	Alternativenabwägung	ja	nein	ja	ja
	unzufriedenheitsinduzierte(r)				
4	Impuls	nein	nein	ja	nein
5	Alternativenabwägung	nein	nein	ja	ja

[Quelle: in Anlehnung an Mitchell et al. 2001, S. 100]

Abb. 11-05: Das Pfadmodell der Fluktuation

11.3.4 Theorie der Einbettung

Die durch die Pfadtheorie gegenüber der Anreiz-Beitrags-Theorie vorgenommene Perspektivenerweiterung wird durch die Theorie der Einbettung [vgl. Lee et al. 2004] weiter ergänzt. Während es sich bei der Theorie der Einbettung um einen soziologischen Ansatz handelt, folgt die Anreiz-Beitrags-Theorie dem ökonomischen Kalkül der Kosten-Nutzen-Abwägung. Das Pfadmodell wiederum ist psychologisch fundiert [vgl. Huf 2012, S. 32].

Die Einbettungstheorie betrachtet das Ausmaß der Verwurzelung des Mitarbeiters in die Organisation als ausschlaggebend für dessen Bindung an das Unternehmen [vgl. Mitchell et al. 2002a, S. 1004].

Dieser Einbettungsmechanismus oder „Klebstoff" – wie Huf ihn bezeichnet – resultiert aus drei Faktoren:

– Aus den formellen und informellen sozialen Beziehungen
– Aus der wahrgenommenen Passung hinsichtlich der eigenen Persönlichkeit zum Unternehmen sowie des eigenen Selbstkonzepts zur privaten Lebenssituation
– Aus den Opfern, die man im Falle einer Kündigung in Kauf nehmen muss.

Alle drei Einbettungsfaktoren beziehen sowohl arbeitsplatz- und unternehmensbezogene Faktoren als auch die privaten Lebensumstände mit ein (siehe Abbildung 11-06), denn die Kündigung eines Arbeitsverhältnisses bringt nicht nur berufliche Veränderungen mit sich, sondern hat auch Auswirkungen auf die private Lebensführung.

Einbettungstheorie der Fluktuation

	On-the-job-Einbettung	Off-the-job-Einbettung
Passung	Person-Job-Kompatibilität	Person-Lebenswelt-Kompatibilität
Beziehungen	Berufliche Kontakte	Private Kontakte
Opfer	Unternehmensbezogener Verzicht	Lebensweltbezogener Verzicht

[Quelle: in Anlehnung an Mitchell et al. 2001a, S. 1104]

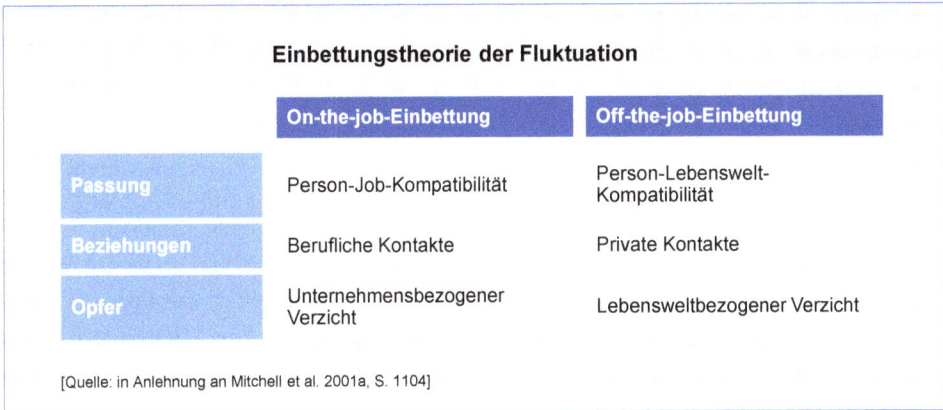

Abb. 11-06: Einbettungstheorie der Fluktuation

Daher kann auch der Verbleib in der Organisation sowohl durch qualitativ hochwertige Beziehungen innerhalb als auch außerhalb der Unternehmung bedingt sein. Auch die wahrgenommene Passung vermag sowohl aus einer hohen persönlichen Identifikation mit der eigenen Arbeit beziehungsweise dem Unternehmen als auch aus einem Gefühl der Stimmigkeit von persönlichem Selbstkonzept und privaten Lebensumständen zu resultieren. Und die mit der Kündigung verbundenen Opfer können unternehmensbezogenen Verzicht (z. B. hinsichtlich der betrieblichen Altersversorgung oder anderer Zusatzleistungen) oder privaten Verzicht mit sich bringen (Aufgabe einer geschätzten Wohnlage etc.).

11.4 Fluktuationsrate und Fluktuationskosten

Die Fluktuationsrate (engl. *Attrition rate*) sagt viel mehr über das Unternehmen aus als allgemein angenommen. Sie ist Indikator für erfolgreiche Führung, Personalentwicklung und effektives Personalmarketing. Sie ist ferner das Kriterium für gelungene Mitarbeiterbindung. Die Reduzierung der Fluktuationsrate schützt vor wirtschaftlich relevanten Verlusten – monetär, werteorientiert und personell [vgl. Lippold 2018a, S. 339].

Die Fluktuationsrate errechnet sich wie folgt:

Fluktuationsrate = (Abgänge / Durchschnittlicher Personalbestand) x 100 %

Das Ziel der **Fluktuationsanalyse** besteht darin, Gründe und Motive für das Ausscheiden in Erfahrung zu bringen und daraus zielgerichtete Maßnahmen zu entwickeln, um die Fluktuation im Rahmen der betrieblichen Gegebenheiten und die damit verbundenen Kosten zu senken.

Die **Fluktuationsrate** ist **die wichtigste Kennziffer** (engl. *Key Performance Indicator* = *KPI*) **im Personalbereich** und zählt zu den zehn bedeutendsten Unternehmenskennzahlen überhaupt. Sie wird in aller Regel als ein Barometer für die Attraktivität eines Unternehmens, einer Organisation oder einer Branche angesehen und sehr häufig herangezogen, um die Leistungsfähigkeit des Personalmanagements zu incentivieren. Doch was sagt eine Fluktuationsrate von zum Beispiel 15 Prozent eigentlich aus? Wie ist sie entstanden? Ist sie zu hoch oder zu niedrig? Und ist sie gesund?

Bei einer optimalen Fluktuation verliert man nur jene Mitarbeiter, die man verlieren möchte. Hier sind die Kosten geringer als bei den leistungsstarken Mitarbeitern, doch auch die Neubesetzungen der Stellen (besser: Aufgaben) der leistungsschwächeren Mitarbeiter sind mit zusätzlichen Kosten verbunden. Insofern geht es auch nicht so sehr um die Kosten der Fluktuation an sich, sondern um die **Wiederbeschaffungskosten** (engl. *Replacement costs*).

Die mögliche Bedeutung der Fluktuationsrate für den Unternehmenserfolg zeigt Abbildung 11-07. Am Beispiel der Beratungs- und IT-Dienstleistungsindustrie wird gezeigt werden, welch enormer Hebel die Fluktuationsrate in dieser Branche darstellt und wie entsprechend die Profitabilität von Beratungsunternehmen erhöht werden kann.

Die Reduktion der Fluktuationsrate als Erfolgsfaktor

	Unternehmen A • 800 Mitarbeiter • 16 Mio. Euro Gewinn		**Unternehmen B** • 1.600 Mitarbeiter • 60 Mio. Euro Gewinn	
	Vorher	Nachher	Vorher	Nachher
Anzahl Mitarbeiter	800		1.600	
Fluktuationsrate *(Attrition Rate)*	25%	15%	10%	5%
≙ Abgänge	200	120	160	80
Wiederbeschaffungskosten *(Replacement Costs)*	40.000 Euro pro Kopf		30.000 Euro pro Kopf	
Gesamt **Wiederbeschaffungskosten**	8,0 Mio. Euro	4,8 Mio. Euro	4,8 Mio. Euro	2,4 Mio. Euro
Einsparungen durch **reduzierte Fluktuationsrate**	3,2 Mio. Euro (≙ 20% vom Gewinn)		2,4 Mio. Euro (≙ 4% vom Gewinn)	
Reduktion der **Fluktuationsrate** **um 1 Prozentpunkt**	**320 TEuro** **Gewinnverbesserung** (≙ ~2% vom Gewinn)		**480 TEuro** **Gewinnverbesserung** (≙ ~1% vom Gewinn)	

Das Rechenbeispiel zeigt wichtige Unternehmensdaten zweier fiktiver Unternehmensberatungen:

Das **Unternehmen A**, eine Management- und Strategieberatung, beschäftigt 800 Mitarbeiter, erzielt einen Jahresgewinn von 16 Mio. Euro und weist eine Fluktuationsrate von 25 Prozent auf. Die Wiederbeschaffungskosten für einen neuen Berater betragen 40.000 Euro. Damit belaufen sich die Wiederbeschaffungskosten für 200 neue Berater auf insgesamt 8 Mio. Euro, um die Fluktuation auszugleichen. Lässt sich diese Fluktuationsrate von 25 auf 15 Prozent senken, so verringern sich ceteris paribus die Wiederbeschaffungskosten für 120 Berater auf 4,8 Mio. Euro. Damit ließen sich die Rekrutierungskosten allein durch diese Absenkung der Fluktuationsrate um 3,2 Mio. Euro vermindern. Bei einem angenommenen Gewinn von 16 Mio. Euro bedeutet dies eine Gewinnverbesserung für das Consulting-Unternehmen von 20 Prozent. Die Absenkung der Fluktuationsrate um jeweils nur einen Prozentpunkt führt in diesem Fall also zu einer Gewinnverbesserung von zwei Prozent.

Das **Unternehmen B** ist ein IT-Beratungs- und Serviceunternehmen. Es beschäftigt 1.600 Mitarbeiter und erzielt einen Jahresgewinn von 60 Mio. Euro. Das Unternehmen weist eine Fluktuationsrate (engl. *Attrition Rate*) von 10 Prozent auf. Die Wiederbeschaffungskosten für einen neuen IT-Berater betragen 30.000 Euro. Um die Fluktuation ceteris paribus auszugleichen, belaufen sich die Wiederbeschaffungskosten für 160 neue Berater auf insgesamt 4,8 Mio. Euro. Bei einer Absenkung der Fluktuationsrate auf 5 Prozent, lassen sich in dem Fall die Wiederbeschaffungskosten um 2,4 Mio. Euro vermindern. Bei einem angenommenen Gewinn des Unternehmens von 60 Mio. Euro p. a. bedeutet die Reduzierung eine Gewinnverbesserung von vier Prozent. Die Reduktion der Fluktuationsrate um einen Prozentpunkt führt hier also zu einer Gewinnverbesserung von rund einem Prozent.

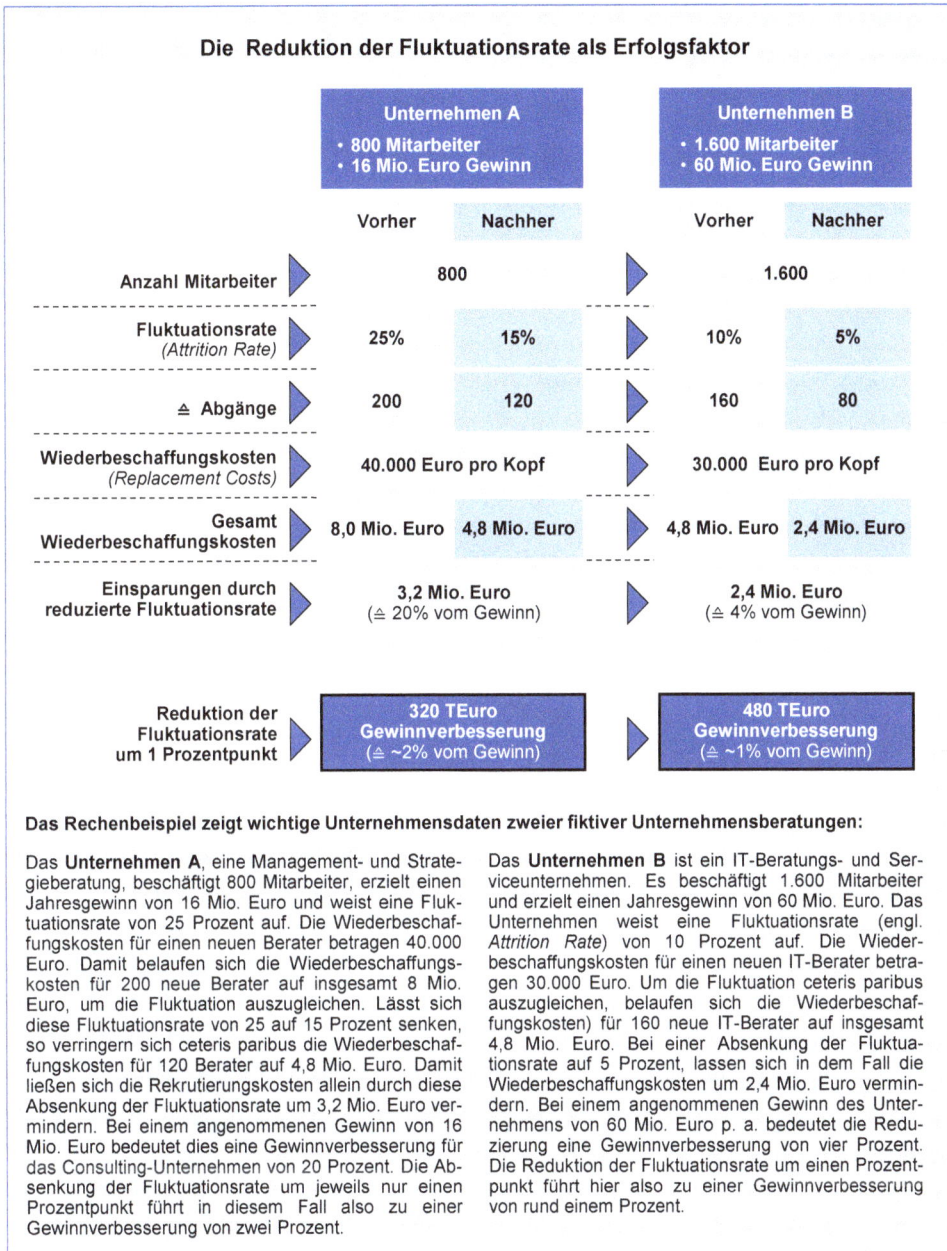

Abb. 11-07: Rechenbeispiel zur Fluktuationsrate in der Beratungsbranche

Es wird deutlich, dass die Fluktuation eine signifikante Kostengröße darstellt, allerdings ohne dass sie in der Gewinn- und Verlustrechnung als eigenständige Kostenposition auftaucht. Bei einer optimalen Fluktuation verliert das Unternehmen nur jene Mitarbeiter, die man auch verlieren möchte. Hier sind die Kosten geringer als bei den leistungsstarken Mitarbeitern, doch auch die Neubesetzungen der Stellen (besser: Aufgaben) der leistungsschwächeren Mitarbeiter sind mit zusätzlichen Kosten verbunden. Insofern geht es auch nicht so sehr um die Kosten der Fluktuation an sich, sondern um die Wiederbeschaffungskosten. Folgende Kosten gehen in die Wiederbeschaffungskosten ein [vgl. Lippold 2018a, S. 345 f.]:

- Kosten vor der Kündigung (Stichwort: innere Kündigung)
- Kosten, die sofort durch den Weggang entstehen (z.B. Aufhebungsvereinbarung)
- Kosten durch die unbesetzte Position (Aufgaben werden später erledigt)
- Rekrutierungskosten (Anzeige, Active Sourcing, Vorstellungsgespräche)
- Einarbeitungs- und Opportunitätskosten (Integration, Aus-/Weiterbildung).

Insgesamt kann davon ausgegangen werden, dass die Wiederbeschaffungskosten bei High Potentials etwa die **Hälfte eines Jahresgehaltes** betragen. Diese Annahme kann damit begründet werden, dass das Personalmanagement im Consulting- und IT-Dienstleistungsbereich ebenfalls von Wiederbeschaffungskosten ausgeht, die etwa die Hälfte eines Jahresgehalts betragen [vgl. Lippold 2018a, S. 346]:

- ca. 40.000 Euro für einen ausgebildeten Managementberater bzw.
- ca. 30.000 Euro für einen erfahrenen IT-Berater.

Warum die Durchschnittsgehälter von Management- und IT-Beratern so weit auseinanderklaffen, ist ein Faktum und soll an dieser Stelle nicht weiter erörtert werden.

Angesichts der hohen Wiederbeschaffungskosten für hochqualifiziertes Personal kann die Reduktion der Fluktuationsrate ceteris paribus einen sehr beachtlichen Erfolgsfaktor mit unmittelbarem Einfluss auf die Gewinnsituation eines Unternehmens darstellen. Um die Fluktuationsrate nachhaltig abzusenken sind Mitarbeiterbindungsprogramme erforderlich, die sich an den Kriterien Gerechtigkeit, Wertschätzung, Fairness sowie Forderung und Förderung orientieren.

11.5 Retention Management

Die zentrale Ressource aller Unternehmen sind hochqualifizierte und motivierte Mitarbeiter. Fluktuation bedeutet, dass diese Mitarbeiter das Unternehmen verlassen, mit anderen Worten: das Unternehmen verliert an zentralen Ressourcen und muss sie teilweise deutlich teurer wieder „einkaufen".

Retention Management befasst sich mit strategischen Maßnahmen zur Bindung von Mitarbeitern an ein Unternehmen. Insbesondere Leistungsträger und Arbeitskräfte, die auf dem Arbeitsmarkt schwer zu rekrutieren sind, sollen durch die Bindungsmaßnahmen im Unternehmen gehalten werden. Zielgruppen können einzelne Mitarbeiter sein, die gesamte Belegschaft oder Mitarbeitergruppen. In Zeiten von Fachkräfteengpässen und einem verschärften Wettbewerb unter Arbeitgebern um die besten Talente, spielt besonders die Bindung der gewonnenen Leistungsträger eine Rolle.

Das Retention Management umfasst alle geplanten personalwirtschaftlichen Maßnahmen zur Reduktion dysfunktionaler Fluktuation. „Dysfunktional" bedeutet, dass es nur um den Teil der Fluktuation geht, der ungesund und der gewünschten Unternehmensentwicklung abträglich ist [vgl. Huf 2012, S. 34].

Zum Aufbau des Retention Management bietet sich eine Vorgehensweise in vier Schritten an (siehe Abbildung 11-08):

- Analyse
- Konzeption
- Implementierung
- Evaluation.

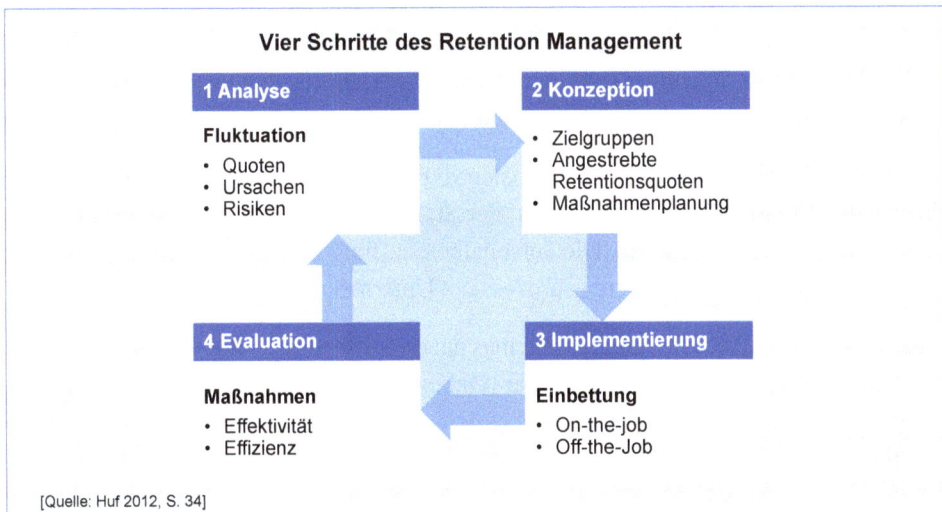

Abb. 11-08: Vier Schritte des Retention Management

11.4.1 Analysephase

In der Analysephase wird zunächst das quantitative Ausmaß der Fluktuation erfasst. Im Mittelpunkt steht die Frage, ob und in welchem Umfang Handlungsbedarf besteht. Hierzu ist neben der Ermittlung der Fluktuationsrate bezogen auf die Gesamtbelegschaft auch eine differenzierte Erhebung der mitarbeiterinduzierten Abgänge von High Potentials bzw. Top-Talenten angezeigt. Durch die Auswertung von Austrittsgesprächen können nen zudem die wesentlichen Fluktuationsursachen ermittelt werden. Regelmäßige Mitarbeiterbefragungen sowie eine systematische Beurteilung der Abwanderungsgefahr je High Potential durch die Vorgesetzten verweisen zudem auf zukünftige Fluktuationsrisiken.

Neben der Analyse der Fluktuationsrate sind in dieser Phase des Retention Managements eine Untersuchung der Wiederbeschaffungskosten besonders wichtig. Diese sind von Position zu Position, von Stelle zu Stelle, von Aufgabe zu Aufgabe und von Assignment zu Assignment unterschiedlich. Folgende **Faktoren** gehen in die **Wiederbeschaffungskosten** ein [vgl. Reiß 2014]:

Kosten vor der Kündigung. Der Mitarbeiter, der das Unternehmen verlassen will, hat seine innere Kündigung bereits ausgesprochen, arbeitet nicht mehr mit dem gleichen Engagement und stößt vielleicht keine Neuerungen mehr an.

Kosten, die sofort durch den Weggang entstehen. Bei einer Aufhebungsvereinbarung oder bei einem etwaigen Rechtsstreit entstehen hier zusätzliche Kosten.

Kosten durch die unbesetzte Stelle. Die Aufgaben werden später erledigt, Chancen können nicht genutzt werden oder werden auf andere Mitarbeiter verteilt. Im schlimmsten Fall bleibt etwas Wichtiges (z.B. Kundenaufträge) längere Zeit liegen, auf das andere Mitarbeiter bei ihrer Arbeit angewiesen sind.

Rekrutierungskosten. Hier sind alle Kosten zu berücksichtigen, die durch die Auswahl eines neuen Mitarbeiters entstehen. Von der Stellenanzeige über die Testverfahren bis zu den Vorstellungsgesprächen. Die Personalbeschaffung kann sehr kostspielig werden, je nachdem, welchen Rekrutierungsprozess ein Unternehmen wählt.

Einarbeitungskosten. Die Integration eines neuen Mitarbeiters läuft zumeist in mehreren Phasen ab. Nach einem Basisseminar (Onboarding) erfolgt eine mehr oder weniger lange Einarbeitungsphase. Im Beratungsgeschäft geht man davon aus, dass der neue Mitarbeiter erst nach ca. drei Monaten eine vollwertige Kraft ist. Auch muss das Wissen, das mit dem vorherigen Mitarbeiter abgewandert ist, durch entsprechende Schulungen bzw. Ausbildungseinheiten ersetzt werden.

Kalkulatorische Kosten. Sind Mitarbeiter damit beschäftigt, andere Mitarbeiter einzuarbeiten oder an Auswahlverfahren teilzunehmen, können sie sich nicht ihrer eigentlichen Aufgabe widmen.

Motivationskosten. Diese sind schwer messbar, jedoch (fast) immer gegeben: Unzufriedene Mitarbeiter ziehen durch Demotivation das sie umgebende Team mit „herunter".

Induzierte bzw. mittelbare Kosten. Kosten, die dadurch entstehen, dass mit dem Mitarbeiter ggf. auch Kunden abwandern, sind noch schwerer zu erfassen als die übrigen Kostenpositionen.

11.4.2 Konzeptionsphase

Nach der Analyse der Fluktuationsraten und Wiederbeschaffungskosten mit dem besonderen Fokus auf High Potentials erfolgt in der Konzeptionsphase die Festlegung der angestrebten Retentionrate dieser Zielgruppe sowie der entsprechenden Maßnahmen des Retention Managements. Die Bestimmung der einzelnen High Potentials kann sich an Stellen, Kompetenzen oder Personen orientieren. Eine stellenbezogene Festlegung fokussiert sich auf die Inhaber von für das Unternehmen erfolgskritischen Stellen, während beim kompetenzorientierten Vorgehen diejenigen Mitarbeiter primäre Adressaten sind, die über unternehmensstrategisch relevante Kompetenzen verfügen. Hierzu sind diejenigen Mitarbeiter zu berücksichtigen, deren Humankapital die Attribute wertvoll, rar, schwer imitierbar und nicht substituierbar erfüllen. Und schließlich können diejenigen Mitarbeiter im Zentrum der Bemühungen stehen, die hinsichtlich Leistung und/oder Potenzial positiv beurteilt werden [vgl. Huf 2012, S. 34].

Im Mittelpunkt der Retention-Management-Konzeption steht die Festlegung der Bindungsmaßnahmen gegenüber dem High Potential. Solche Maßnahmen können sich an den gegenwärtigen Arbeitsinhalten (Aufgaben, Verantwortung, Kompetenzen) und Arbeitsbedingungen (Entgelt, Arbeitszeit, Arbeitsort, Führung) sowie auch an der offerierten, zukunftsgerichteten Karriereperspektive orientieren. Andererseits kann unternehmensseitig positiv Einfluss auf das Umfeld des High Potential genommen werden (z. B. durch Arbeitszeitpolitik, Formen von Telearbeit, Cafeteria-Systeme bei betrieblichen Sozialleistungen, Kinderbetreuungsangebote oder Unterstützung dualer Karrieren von Ehepartnern).

Auch auf der Beziehungsebene gibt es einige Anknüpfungspunkte für Bindungsmaßnahmen. Die Qualität beruflicher Beziehungen kann durch Paten- oder Mentorensysteme ebenso wie durch Gemeinschaftsanlässe (z. B. Weihnachtsfeier, Sommerfest) positiv beeinflusst werden. Hinsichtlich der beruflichen Beziehungen kommt der Qualität der Beziehung zwischen Vorgesetzten und Mitarbeitern und zwischen den unmittelbaren Kollegen eine Schlüsselrolle zu. Auch wenn Unternehmen keinen unmittelbaren Einfluss auf die Intensität und Qualität privater Kontakte haben, kann durch die Ermöglichung einer erlebten Work-Life-Balance und beispielsweise der Unterstützung von Sport- oder Musikgruppen innerhalb der Mitarbeiterschaft auch die private Lebenssphäre positiv beeinflusst werden [vgl. Huf 2012, S. 34].

Und schließlich können die „Opfer", die die Mitarbeiter im Falle einer Kündigung in Kauf nehmen müssten, erhöht werden. Unternehmensbezogene Opfer werden beispielsweise durch eine betriebliche Altersversorgung, ein marktüberdurchschnittliches Entgelt oder die Möglichkeit eines Sabbaticals nach mehrjähriger Unternehmenszugehörigkeit induziert. Weitere Opfer müssten erbracht werden, wenn Mitarbeitern beispielsweise Dienstwagen zur privaten Nutzung, Dienstwohnungen, Eintrittskarten für Kulturoder Sportveranstaltungen gewährt werden oder sie Unterstützung bei der Kinderbetreuung erfahren [vgl. Huf 2012, S. 34].

11.4.3 Implementierung und Evaluation

In der Implementierungsphase steht die Orientierung an der individuellen beruflichen Situation des High Potentials im Vordergrund. Und schließlich erfolgt mit der Evaluation der ergriffenen Maßnahmen die Erfolgskontrolle. Einerseits wird das Ausmaß der Zielerreichung (Effektivität) gemessen, und zum anderen erfasst eine Kosten-Nutzen-Bewertung die Effizienz des Retention Management. Mit dieser Vorgehensweise sollte allerdings nicht der Eindruck erweckt werden, dass mit solchen Maßnahmen, Retention beliebig gesteuert werden kann. Besonders das Phänomen der plangestützten Kündigung zeigt, dass es unrealistisch ist, Fluktuation als grundsätzlich vermeidbar anzusehen. Vielmehr muss zwischen **vermeidbarer und unvermeidlicher Fluktuation** unterschieden werden. Vermeidbare Eigenkündigungen der High Potentials resultieren aus Gründen, die unternehmensseitig beeinflussbar sind, wie beispielsweise zu wenig Weiterbildung, niedrige Arbeitszufriedenheit, zu geringe Wertschätzung, Mangel an Herausforderungen oder branchenunterdurchschnittliches Entgeltniveau (siehe Abschnitt 11.1).

High Potentials kündigen jedoch auch aus Gründen, die unternehmensseitig nicht beeinflussbar sind (unvermeidliche Fluktuation), wie beispielsweise aufgrund von Änderungen in den persönlichen Lebensumständen. Mitarbeiter und insbesondere Top Performer gehören zudem nicht mit ihrer gesamten Persönlichkeit dem Unternehmen an. Daher haben Organisationen nur eingeschränkte Einwirkungsmöglichkeiten auf Einstellungen, Motive und Verhalten ihrer Mitglieder.

„Spricht man von Retention Management, wird allerdings nicht selten suggeriert, es läge in der Hand von Unternehmen und unterstehe ihrer Kontrolle, Mitarbeiter zu binden – als verfügten Unternehmen über den sozialen ‚Klebstoff', der die Mitgliedschaftsmotivation der Mitarbeiter aufrechterhält. Derart hoch gespannte Erwartungen scheitern jedoch an der Unberechenbarkeit der Individuen. Organisationsseitig können allenfalls Angebote offeriert werden, es obliegt jedoch stets dem einzelnen Mitarbeiter, über deren Annahme zu entscheiden." [Huf 2012, S. 36]

11.6 Austrittsinterview und Kontaktpflege

Kommt es im Unternehmen zu einer Freistellung eines High Potentials, so sind auch vom Personalmanagement verschiedene Maßnahmen zu ergreifen. Neben der Erstellung eines **Arbeitszeugnisses** sollte der High Potential, aber auch alle anderen ausscheidenden Mitarbeiter mit Hilfe eines **Austrittsinterviews** (engl. *Exit Interview*) zu charakteristischen Merkmalen des Unternehmens, zu Stärken und Schwächen in der Personalführung sowie zu seiner subjektiven Bewertung dieser Aspekte befragt werden. Das Austrittsinterview zudem die Gelegenheit, Gründe für das geplante Ausscheiden zu erheben.

Besonders das **Pfadmodell der Fluktuation** (siehe Abschnitt 11.3.3) kann dazu dienen, das Exit Interview systematischer und ganzheitlicher zu führen. Die Gründe für eine freiwillige Kündigung können so besser erfasst werden, was die Ableitung gezielter Gegenmaßnahmen zulässt. Doch selbst dann muss davon ausgegangen werden, dass ein unerwünschtes Ausscheiden von High Potentials nicht gänzlich zu stoppen ist.

Darüber hinaus dient ein Exit Interview meist auch praktischen Angelegenheiten wie der Information des Arbeitnehmers über weitere Rechte und Pflichten oder der Rückgabe firmeneigener Gegenstände. Mit einem Austrittsinterview lassen sich verschiedene Problembereiche in einem Unternehmen identifizieren. Die erhobenen Daten bilden somit eine wesentliche Grundlage für die Formulierung von Personalentwicklungsmaßnahmen sowie für das Retention Management.

Austrittsinterviews können schriftlich oder mündlich durchgeführt werden, es sind dabei freie oder strukturierte Formen der Interviewdurchführung denkbar. Als Interviewer sollte ein unbeteiligter Dritter fungieren (z.B. ein Mitarbeiter des Personalbereichs), nicht der unmittelbare Vorgesetzte oder ein Mitglied der eigenen Arbeitsgruppe. Austrittsinterviews finden in der betrieblichen Praxis bislang nur wenig Anwendung. Eine Ursache hierfür könnte in der möglichen Informationsverfälschung durch den ausscheidenden Mitarbeiter liegen. So besteht bei einer Kündigung aus eigenem Antrieb die Gefahr, dass der Mitarbeiter versucht, sich durch harmlose Antworten der langwierigen Frageprozedur zu entziehen.

Diese Probleme lassen sich durch eine **Standardisierung der Interviews** reduzieren. So stellt ein einheitlich formulierter Interviewleitfaden sicher, dass alle relevanten Themen behandelt werden und nicht nur bestimmte Fragestellungen im Mittelpunkt des Gesprächs stehen. Die Standardisierung der Interviewfragen kann auch über sogenannte Imagekarten erfolgen. Der ausscheidende Mitarbeiter ordnet dabei Karten mit Imagefaktoren (gutes Betriebsklima, gute Sozialleistungen, gute Arbeitsplatzgestaltung etc.) verschiedenen Kategorien zu (z.B. im Unternehmen verwirklicht, im Unternehmen nicht verwirklicht). Im Anschluss wird die Einschätzung des Unternehmens mit dem Mitarbeiter besprochen.

Mit der Freistellung eines High Potentials geht in der Regel auch wertvolles Know-how verloren, welches bei einem Anstieg des Personalbedarfs durch aufwendige Beschaffungs- oder Entwicklungsmaßnahmen neu erworben werden muss.

Vorausschauende Unternehmen betreiben ein professionales **Alumni Management**, das den Kontakt zu diesen systematisch plant und durchführt. Alumni Management ist im Prinzip eine Spezialform des *Relationship Managements*, das im Marketingbereich auch besser als *Customer Relationship Management* bekannt ist.

Weinert [2018, S. 40] weist darauf hin, dass in den letzten Jahren zudem das **Talent Relationship Management** zunehmend populär geworden ist. Es richtet sich überwiegend an potenzielle High Potentials in Form von ehemaligen Praktikanten und/oder Studierenden bestimmter Studiengänge oder Hochschulen. Damit wird das Ziel verfolgt, die jungen Talente frühzeitig an das Unternehmen heranführen, um sie zu einem späteren Zeitpunkt gezielt ansprechen und einstellen zu können.

12. Change und High Potentials

> *„Es ist nicht die stärkste Spezies die überlebt,
> auch nicht die Intelligenteste, es ist diejenige,
> die sich am ehesten dem Wandel anpassen
> kann."* [Charles Darwin]

Wandel ist immer und ewig. Die digitale Transformation ist im Prinzip nur eine bestimmte Ausprägung des Wandels. Veränderungen sind für unsere Unternehmen eine Daueraufgabe. Der Grund: Ohne Veränderung gibt es keinen Erfolg, kein Wachstum, keine Weiterentwicklung. Allerdings ist die Veränderung lediglich Voraussetzung, aber nicht Garant für den Erfolg. Denn Veränderungen wie zum Beispiel Unternehmenszusammenschlüsse können auch schief gehen. Sie werden zwar zumeist von außen angestoßen, aber sie werden von innen gefördert oder auch – und das zuweilen durchaus zu Recht – von innen gebremst. Wandel ist somit zu einer **Daueraufgabe** geworden, der sich Führungskräfte und ganz besonders auch High Potentials jederzeit und immer wieder stellen müssen.

Das **Veränderungsmanagement** (engl. *Change Management*) steuert und begleitet kulturelle, strukturelle und organisatorische Veränderungen im Unternehmen, um die Risiken zu reduzieren, die sich durch Veränderung und Transformation ergeben können.

Dabei steht die Umsetzung von neuen Strategien, Strukturen, Systemen oder Verhaltensweisen im Vordergrund. Bei digitalen Transformationen, Restrukturierungen, umfassenden Prozessveränderungen, der Implementierung von ERP-Systemen, der Neuausrichtung von Strategien oder Post-Merger-Integrationen gilt es, das entsprechende Geschäftsmodell möglichst schnell in operative Ergebnisse umzuwandeln.

Entscheidend für den Erfolg einer notwendigen Umsetzungsmaßnahme ist, wie gut und wie schnell sich Mitarbeiter an die Veränderung anpassen und ihre Arbeit daran ausrichten. Führungskräfte und High Potentials müssen zielgerichtet mobilisiert und motiviert werden, damit sie die bevorstehenden Veränderungen mitgestalten und vorantreiben. Flexibilität und Veränderungsfähigkeit ist demnach ein wichtiger Erfolgsfaktor im Wettbewerb.

12.1 Ursachen und Aktionsfelder von Change

12.1.1 Externe und interne Ursachen

Werden die vielfältigen Ursachen, die als Gründe für Veränderungen immer wieder genannt werden, zusammengestellt und geordnet, so lassen sich zwei grundlegende **Ursachenkomplexe** ausmachen:

Externe Ursachen, die von *außen* auf die Organisation als Problemdruck wirken. Zu den wichtigsten unternehmensexternen Einflüssen zählen der Druck des Marktes und des Wettbewerbs, Firmenübernahmen sowie technologische Veränderungen. Hinzu kommt ein gesellschaftlicher Wertewandel, der hierzulande besonders durch ein vergleichsweise hohes Bildungs- und Wohlstandsniveau beeinflusst wird.

Interne Ursachen, die von *innen* als Problemdruck auf die Organisation wirken. Interne Auslöser für Veränderungsprozesse können Fehlentscheidung der Vergangenheit, Kostendruck, Wachstumsinitiativen, eine Neuformulierung der Unternehmensstrategie oder neue Managementkonzepte sein.

Daraus lassen sich **erste Auswirkungen** ableiten, die sich unmittelbar in Programmen konkretisieren und in Abbildung 12-01 ohne Anspruch auf Vollständigkeit aufgeführt sind.

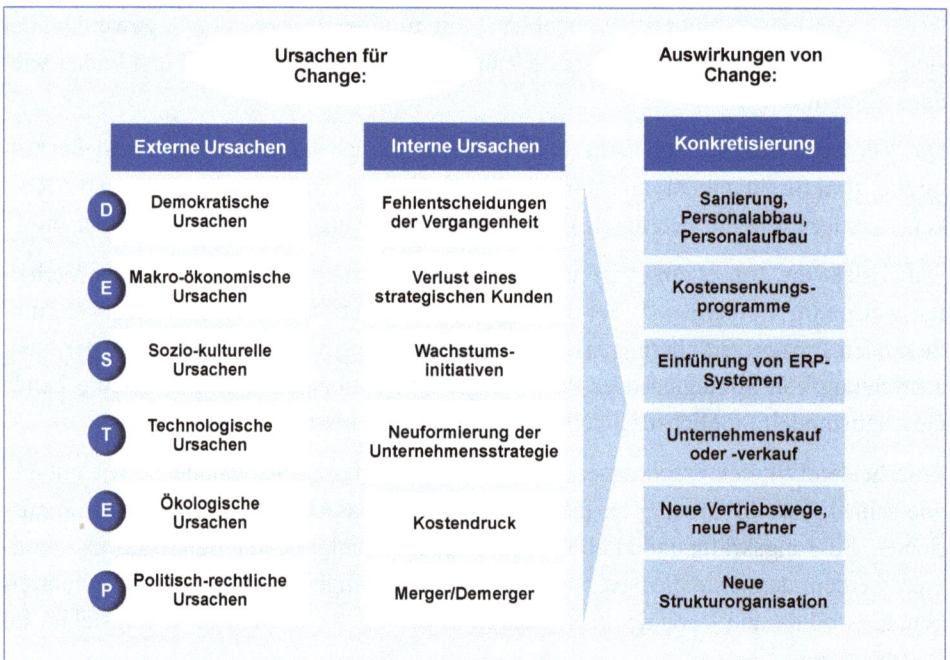

Abb. 12-01: Ursachen und Auswirkungen von Change

12.1.2 Aktionsfelder

Veränderungsprozesse mit einer großen Reichweite und Tiefe für Aufbau-, Ablauf- und Prozessstrukturen werden auch als **transformativer Wandel** bezeichnet und sollten nicht isoliert betrachtet werden. Vielmehr ist dafür Sorge zu tragen, dass die erkannten

Ursachen und die geplanten Veränderungsmaßnahmen in dem dynamischen Gesamtzusammenhang der fünf **Aktionsfelder des Change** zu sehen sind [vgl. Vahs 2009,
S. 334 ff.]:

Aktionsfeld 1: Strategie. Die Strategie – also der Weg zum Ziel – wird durch bereits
eingetretene oder noch zu erwartende Veränderungen beeinflusst. Erfolgt die Strategie
reaktiv, so spricht man von einer *Anpassungsstrategie*. Sie kann aber auch aktiv als *In-
novationsstrategie* formuliert werden. In Bezug auf die Reichweite der in den Veränderungsprozess einbezogenen Strategieebenen kann zwischen *Unternehmensstrategie,
Geschäftsbereichsstrategien* oder *Funktionsbereichsstrategien* unterschieden werden.
Unabhängig von den einbezogenen Unternehmensebenen wirkt die Formulierung einer
neuen Strategie nicht nur nach *außen,* sondern auch nach *innen*, d. h. sie bleibt in aller
Regel nicht ohne Auswirkungen auf die bestehenden Organisationsstrukturen.

Aktionsfeld 2: Kultur. Gegenüber den „harten" Faktoren gewinnt die Unternehmenskultur als „weiches" Aktionsfeld für ein erfolgreiches Veränderungsmanagement zunehmend an Bedeutung. Mitarbeiter erwarten abwechslungsreiche und verantwortungsvolle Aufgaben, die Freiräume für ihre persönliche Entfaltung bieten. Daher müssen sie
auch rechtzeitig über Veränderungen informiert und in den Veränderungsprozess eingebunden werden. Geschieht dies nicht oder nicht rechtzeitig, so meldet sich allzu häufig
das „natürliche Immunsystem" einer Organisation.

Aktionsfeld 3: Technologie. Versteht man unter *Technologie* ganz allgemein Verfahren, Methoden, Maschinen, Werkzeuge, Werkstoffe und das damit verbundene Anwen-
dungswissen, so werden diese vorrangig im Produktionsbereich von Industriebetrieben
eingesetzt. Anstehende Veränderungen betreffen hier also vornehmlich den Herstel-
lungsprozess. Veränderungen im Bereich der **Informations- und Kommunikations-
technologie** (IKT) betreffen jedoch nicht nur den Fertigungsbereich (z. B. als Embed-
ded Software), sondern auch den Verwaltungsbereich sowie ganz besonders auch
Dienstleistungsunternehmen wie Banken, Versicherungen, Logistik- und Handelsbe-
triebe. Hier hat die Entwicklung der IKT einen unmittelbaren Einfluss auf die Veränderung der Unternehmensstrukturen. So eröffnet die IKT heute in einem zunehmenden
Maße die Chance zur Gestaltung von Prozessen und Strukturen. Mehr noch, in vielen
Branchen hat sich die IKT als strategischer Erfolgsfaktor entpuppt. Ein Stichwort hierzu
ist die **Digitale Transformation**.

Aktionsfeld 4: Organisation. Mit dem Aktionsfeld *Organisation* sind typische Maßnahmen der **Reorganisation** von Unternehmen angesprochen. Dazu zählen der Abbau
von Hierarchieebenen ebenso wie die Einrichtung von Cost- und Profit-Centern oder
der Übergang von einer funktionalen zu einer prozessorientierten Struktur. **Restruktu-
rierungsmaßnahmen** (engl. *Restructuring*) sind die konsequenteste Form eines trans-
formativen Wandels, wenn eine strategische Neuausrichtung andere Strukturen ver-
langt.

Aktionsfeld 5: Kommunikation. Das fünfte und wohl wichtigste Aktionsfeld ist die *Kommunikation*. Eine rechtzeitige, klare und offene Information der Organisationsmitglieder über die Ursachen, Ziele und Fortschritte des Wandels stellt sicher, dass die Gründe für die Einleitung eines Veränderungsprozesses auch verstanden werden. Führungskräfte und Mitarbeiter werden sich nur dann für den Wandel einsetzen, wenn sie ausreichend über das Veränderungsvorhaben informiert sind und den Gesamtzusammenhang zur Unternehmens- bzw. Marktstrategie kennen. Denn: *Ein gut informierter Mitarbeiter ist zumeist auch ein guter Mitarbeiter.*

12.2 Promotoren und Opponenten

Für jedes Unternehmen ist es von existentieller Bedeutung, die **Treiber** und **Bremser** von Veränderungen, die es nahezu in jeder Abteilung gibt, zu kennen. Mitarbeiter, die Veränderungen (wie z.B. Wachstumsinitiativen, Merger/Demerger, organisatorische Neuformierung) eher fördern und unterstützen, werden als **Promotoren** bezeichnet. Bremser dagegen – und die sind zumeist in der Mehrzahl – verhindern oder verlangsamen den Veränderungsprozess. Sie sind die **Opponenten**. Doch Opponenten müssen nicht von vornherein Unrecht haben. Im Gegenteil, viele Beispiele zeigen, dass die Motive für eine ablehnende Haltung im Vorfeld hätten ernster genommen werden müssen.

Promotoren und vor allem Opponenten aufzuspüren, ist also eine sehr wichtige Aufgabe für das Top-Management, denn die geplanten Veränderungen sollen Wachstum oder wenigstens Stabilität mit sich bringen – sonst hätte man sie ja nicht initiiert. Wachstum entsteht zwar am Markt und wird von diesem angestoßen, doch der eigentliche **Wachstumsprozess** wird **von innen gefördert** oder **von innen gebremst**.

Promotoren und Opponenten lassen sich folgendermaßen klassifizieren [vgl. Lippold 2019b]:

- **Machtpromotoren bzw. -opponenten** beeinflussen den Veränderungsprozess aufgrund ihrer hierarchischen Stellung in der Organisation.

- **Fachpromotoren bzw. -opponenten** nehmen Einfluss aufgrund ihrer entsprechenden fachlichen Expertise und ihres Informationsstands.

- **Prozesspromotoren bzw. -opponenten** sind Bindeglied zwischen Macht- und Fachebene und zumeist die größte und wichtigste Gruppe.

Prozesspromotoren beeinflussen den Veränderungsprozess aufgrund der **formellen** Kommunikationswege, in dem sie Verbindungen zwischen Macht- und Fachpromotoren herstellen und dadurch Barrieren überwinden. **Prozessopponenten** dagegen konzentrieren sich mehr auf die **informellen** Kommunikationsbeziehungen und behindern den Veränderungsprozess, in dem sie organisatorische und fachliche Hindernisse errichten und Verbindungen zwischen Machtopponenten und Fachopponenten herstellen.

Da die Opponenten bzw. Bremser sehr häufig am längeren Hebel sitzen, gilt es, solche informellen Strukturen zu erkennen und aufzubrechen. Den Führungskräften kommt dabei eine ganz wesentliche Vorbildfunktion zu, um die Mitarbeiter als Träger des Wachstums zu begeistern.

Ein Lösungsansatz sind **altersgemischte Führungsteams**, die idealerweise aus drei Gruppen bestehen:

- **Junge Führungskräfte** – also High Potentials – sorgen für neues Denken und neue Ideen. Sie sind offener für digitale Entwicklungen, zeigen mehr Mut zu grundlegenden Veränderungen und legen ein anderes Tempo vor. Die Jungen öffnen vor allem Türen zu neuen Technologien.

- Die zweite Gruppe sind **erfahrene „Quereinsteiger"** aus anderen Unternehmen. Sie leiden nicht unter Betriebsblindheit und haben aufgrund ihrer Seniorität mehr Durchsetzungsvermögen bei Veränderungen.

- Bestehende Produkte hingegen werden vor allem von der dritten Gruppe, den **älteren Führungskräften** vorangetrieben. Sie haben die notwendige Erfahrung, Weitsicht und Durchsetzungskraft. Diese drei Gruppen können sich perfekt ergänzen und so die informellen Strukturen der Opponenten aufbrechen.

12.3 Veränderung und Widerstand

12.3.1 Die Verwandten der Veränderung

Jede Veränderung löst Verunsicherung, teilweise sogar Ängste und das Gefühl von Kontrollverlust bei den Mitarbeitern aus. Sie wissen nicht, was auf sie zu kommt, wie sie sich in der neuen Situation oder während der Übergangsphase verhalten sollen. So sind Widerstände (engl. *Resistance to Change*) ganz normale und unvermeidliche Begleiterscheinungen von Veränderungsprozessen.

Nun wird es gegen die Digitalisierung per se – also aus der Sicht der Nutzer – keine Widerstände geben. Zu groß sind die Vorteile gegenüber alten Technologien. Was ist jedoch, wenn die Digitalisierung im Unternehmen dort zur Anwendung kommt, wo alte (alteingefahrene) und funktionierende Prozesse abgelöst werden sollen? Was ist, wenn die digitale Transformation neue Geschäftsmodelle erfordert, von deren Nutzen die Mitarbeiter aber nicht überzeugt sind?

Solche Widerstände lassen sich auf fehlende Akzeptanz und Perspektiven, auf fehlende Qualifikation, auf fehlendes Verständnis für den Veränderungsdruck oder auf fehlerhafte Kommunikation zurückführen.

Jede Veränderung wird von Widerständen begleitet. Ob es sich um Sanierung und Personalabbau, um die Einführung von ERP-Systemen oder um Unternehmenskauf oder -verkauf handelt, in jedem Fall werden im Umfeld solcher Veränderungen Widerstände aufgebaut. Widerstände sind also so etwas wie der **Zwillingsbruder** der Veränderung. Derartige Barrieren haben – um im familiären Bild zu bleiben – in aller Regel vier „Väter" (siehe Abbildung 12-02).

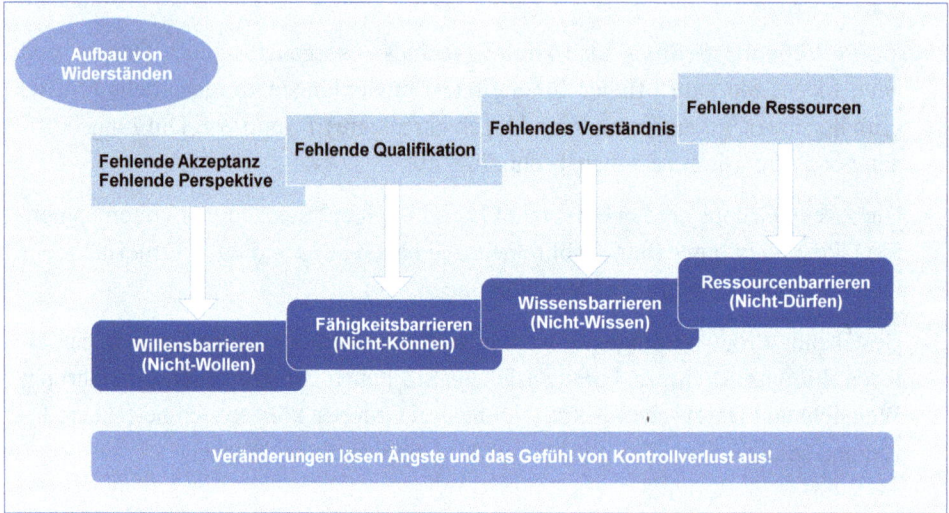

Abb. 12-02: Die „vier Väter" der Widerstandsbarrieren

Der erste "Vater" ist das **Nicht-Wollen**. Hierbei handelt es sich um **Willensbarrieren** bei den beteiligten und betroffenen Mitarbeitern. Die Angst vor Veränderung und der Wunsch, am Status quo festzuhalten, führen zu einer ablehnenden Haltung gegenüber der geplanten Veränderung. Dabei können sachliche, persönliche oder auch machtpolitische Gründe eine Rolle spielen. Fehlende Akzeptanz und fehlende Perspektive führen beim „Nicht-Wollen" also zu einer Ablehnung gegenüber der Veränderung.

Der zweite „Vater" ist das **Nicht-Können**. Häufig sind es neue Technologien oder auch Defizite bei den Fremdsprachen, die zu **Fähigkeitsbarrieren** führen. Letztlich werden mit einer Veränderung völlig neue Ziele angesteuert, die vielleicht mit traditioneller Technik oder ohne Englischkenntnisse nicht erreichbar sind. Da intensives Um- und Weiterlernen gefragt ist, führt das „Nicht-Können" zu einer Blockade oder Störung des Wandels aus Angst vor dem Versagen.

Der dritte „Vater" ist das **Nicht-Wissen**. Für den Nicht-Wissenden ist der neue Zustand ungewiss; er ist nicht davon überzeugt, dass es mit der Veränderung besser wird. Er baut **Wissensbarrieren** auf. Fehlende Informationen über Gründe und Durchführung

der geplanten Veränderung – meist hervorgerufen durch eine falsche Kommunikations-
politik – ziehen eine Ablehnung des Wandels nach sich. Das fehlende Verständnis für
die Vorteile der Neuformierung führt somit zu einem Mangel an Kontrolle.

Der vierte und letzte „Vater" ist das **Nicht-Dürfen**. Mitarbeiter und Führungskräfte, die
wissen, können und wollen, werden nicht zur Veränderung beitragen, wenn sie nicht
dürfen. Das heißt, es gibt eine Veränderungsbereitschaft, ja manchmal sogar ein Verän-
derungsdrang, der aber unterbunden wird. Letztlich geht es hierbei um Ressourcen, die
nicht vorhanden sind oder die für den Veränderungsprozess nicht bereitgestellt werden.

12.3.2 Umgang mit Veränderungen

Bleibt die Frage, wie man den Nicht-Wollenden, den Nicht-Könnenden, den Nicht-Wissenden und den Nicht-Dürfenden am besten begegnet, um der geplanten Veränderung
zum Erfolg zu verhelfen.

- **Willensbarrieren** lassen sich damit abbauen, dass man solche Mitarbeiter aktiv
  in den Veränderungsprozess einbindet, Fehler zulässt und eine anreizkompatible
  Organisationslösung einrichtet, bei der die Mitarbeiter durch Erfüllung der gestellten Aufgabe auch ihre eigenen Ziele erreichen können.

- **Fähigkeitsbarrieren** begegnet man mit einer raschen Qualifizierung der Be-
  troffenen. Sind solche Qualifizierungen nicht mehr möglich, so sind langjährige
  Arbeits- und Sozialbeziehungen ebenso zu berücksichtigen wie der Schutz von
  Personen, die vom Wandel negativ betroffen sind.

- **Wissensbarrieren** sind relativ leicht abzubauen. Eine rechtzeitige und offene Information der Organisationsmitglieder über die Ursachen, Ziele und Fortschritte
  des Wandels stellt sicher, dass die Gründe für die Einleitung eines Veränderungsprozesses auch verstanden werden. Führungskräfte und Mitarbeiter werden sich
  nur dann für den Wandel einsetzen, wenn sie ausreichend über das Veränderungsvorhaben informiert sind und den Gesamtzusammenhang zur Unternehmens- bzw.
  Marktstrategie kennen. Alle Beteiligten und Betroffenen müssen mit geeigneten
  Kommunikationsmitteln und -maßnahmen angesprochen werden, um ein konsistentes Bild der Veränderung zu erzeugen.

- **Ressourcenbarrieren** sind wohl am leichtesten abzubauen, wenn man über die
  entsprechenden finanziellen Mittel verfügt. Zu diesen Barrieren zählen aber nicht
  nur finanzielle und zeitliche Restriktionen, sondern auch mangelnde Unterstützung durch unwillige Führungskräfte. Der Aufbau eines vertrauensvollen Kom-
  munikations- und Arbeitsklimas, das ein laufendes Feedback über den Veränderungsprozess fordert und in die Maßnahmengestaltung einfließen lässt, ist somit
  eine ganz wichtige Voraussetzung für den erfolgreichen Unternehmenswandel.

12.4 Reaktionstypen

Hinsichtlich der Reaktionen auf geplante Veränderungen lassen sich unterschiedliche Personengruppen unterscheiden. Etwa ein Drittel der Betroffenen steht den Veränderungen offen und positiv gegenüber, ein Drittel verhält sich abwartend und neutral und das letzte Drittel lehnt den Wandel leidenschaftlich ab. Differenziert man diese Einteilung weiter, so können sieben Typen von Personen in Verbindung mit Veränderungsreaktionen ausgemacht werden, wobei eine Normalverteilung der einzelnen Typen unterstellt wird [vgl. Vahs 2009, S. 344 ff. unter Bezugnahme auf Krebsbach-Gnath 1992, S. 37 ff.]:

Visionäre und Missionare. Diese eher kleine Schlüsselgruppe gehört in der Regel dem Top-Management an und haben die Ziele und Maßnahmen des geplanten Wandels mit erarbeitet oder mit initiiert. Sie sind vom Veränderungserfolg überzeugt und versuchen nun, die übrigen Organisationsmitglieder von der Notwendigkeit der Veränderung zu überzeugen.

Aktive Gläubige. Auch diese Personengruppe akzeptiert den bevorstehenden Wandel und ist bereit, ihre ganze Arbeits- und Überzeugungsarbeit einzusetzen, um die Ziele und neuen Ideen in die Organisation zu tragen.

Opportunisten. Sie wägen zunächst einmal ab, welche persönlichen Vor- und Nachteile der Wandel für sie bringen kann. Gegenüber ihren veränderungsbereiten Vorgesetzten äußern sie sich positiv, gegenüber ihren Kollegen und Mitarbeitern eher zurückhaltend und skeptisch.

Abwartende und Gleichgültige. Diese größte Personengruppe zeigt eine sehr geringe Bereitschaft, sich aktiv an der Veränderung zu beteiligen. Sie wollen erst einmal Erfolge sehen und eine spürbare Verbesserung ihrer persönlichen Arbeitssituation erfahren.

Untergrundkämpfer. Sie gehen verdeckt vor und betätigen sich als Stimmungsmacher gegen die Neuerungen.

Offene Gegner. Diese Gruppe von Widerständlern, der es um die Sache und nicht um persönliche Privilegien geht, zeigt ihre ablehnende Haltung offen. Sie argumentiert mit „offenem Visier" und ist davon überzeugt, dass die Entscheidung falsch und der eingeschlagene Weg nicht zielführend ist.

Emigranten. Diese eher kleine Gruppe hat sich entschlossen, den Wandel keinesfalls mitzutragen und verlässt das Unternehmen. Häufig handelt es sich dabei um Leistungsträger, die nach der Veränderung keine ausreichende Perspektive für sich sehen.

In Abbildung 12-03 sind die typischen Einstellungen gegenüber dem organisatorischen Wandel als Normalverteilung derart dargestellt, dass auf der Abszisse die Veränderungsbereitschaft von links (Begeisterung, Zustimmung) nach rechts (Skepsis, Ablehnung) immer weiter abnimmt. Allerdings muss auch hierzu angemerkt werden, dass die unterstellte Normalverteilung durchaus plausibel erscheint, empirisch aber nicht abgesichert ist.

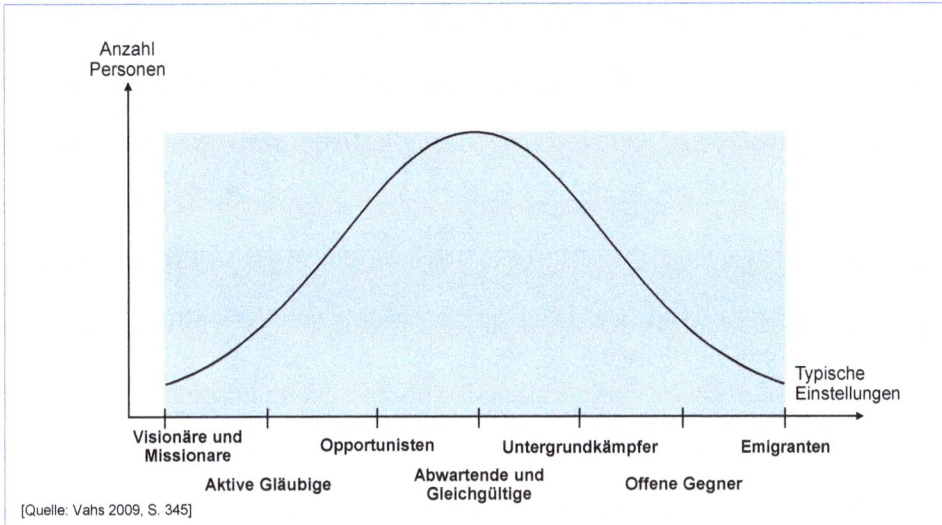

Abb. 12-03: Typische Einstellungen gegenüber dem organisatorischen Wandel

Jede Veränderung ist ein Prozess, der zweckmäßiger Weise in folgenden fünf Phasen ablaufen sollte [vgl. Krüger 2002, S. 49]:

- **Initialisierung**, d. h. der Veränderungsbedarf wird festgestellt und die Veränderungsträger müssen informiert werden,

- **Konzipierung**, d. h. die Ziele der Veränderung sind festzulegen und die entsprechenden Maßnahmen zu entwickeln,

- **Mobilisierung**, d. h. das Veränderungskonzept muss kommuniziert und Veränderungsbereitschaft und Veränderungsfähigkeit geschaffen werden,

- **Umsetzung**, d. h. die priorisierten Veränderungsvorhaben sind durchzuführen und Folgeprojekte anzustoßen,

- **Verstetigung**, d. h. die Veränderungsergebnisse müssen verankert und Veränderungsbereitschaft und -fähigkeit abgesichert werden.

12.5 Erfolgsfaktoren von Change-Projekten

Generell sind es drei Voraussetzungen, die den Erfolg von Change-Projekten bestimmen [vgl. Reger 2009, S. 14]:

- **Veränderungsbedarf**, d. h. die grundsätzliche Erkenntnis und Überzeugung, dass eine Veränderung zu einer besseren Ausgangssituation führt und damit wettbewerbsrelevant ist.

- **Veränderungsfähigkeit**, d. h. das Potenzial von Führungskräften und Mitarbeitern, die Veränderung erfolgreich umzusetzen.

- **Veränderungsbereitschaft**, d. h. den Willen aller Beteiligten und Betroffenen zur Umsetzung.

Nur wenn alle drei Voraussetzungen zusammenkommen, hat das „leichtes Spiel".

In Abbildung 12-04 sind die Beziehungszusammenhänge von Veränderungsbedarf, -fähigkeit und -bereitschaft dargestellt.

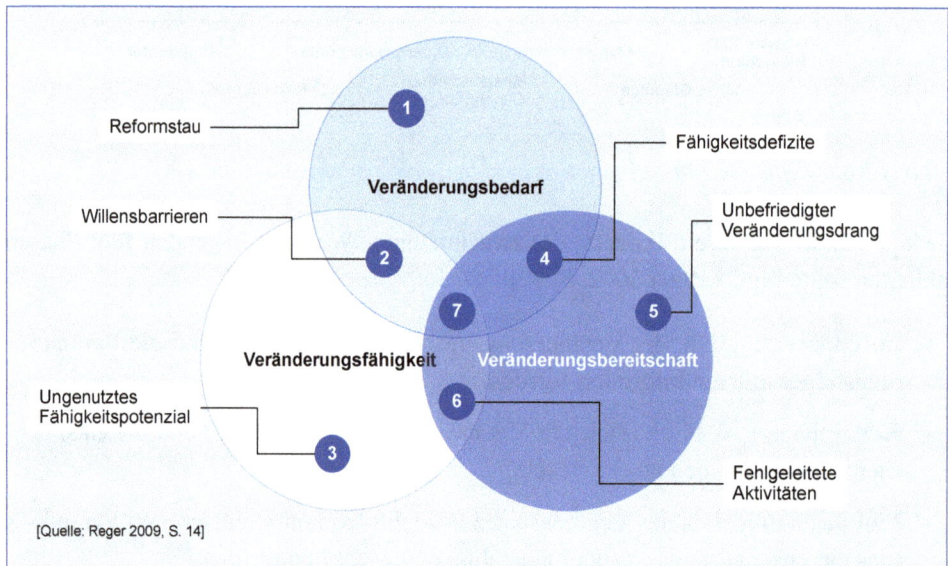

Abb. 12-04: Zusammenhang von Veränderungsbedarf, -fähigkeit und -bereitschaft

Ein wichtiger Bestandteil des Change ist eine klare, konsequente und konsistente **Kommunikation**. Eine rechtzeitige und offene Information der Organisationsmitglieder über die Ursachen, Ziele und Fortschritte des Wandels stellt sicher, dass die Gründe für die Einleitung eines Veränderungsprozesses auch verstanden werden. Führungskräfte und Mitarbeiter werden sich nur dann für den Wandel einsetzen, wenn sie ausreichend über das Veränderungsvorhaben informiert sind und den Gesamtzusammenhang zur Unternehmens- bzw. Marktstrategie kennen. Alle Beteiligten und Betroffenen müssen mit geeigneten Kommunikationsmitteln und -maßnahmen angesprochen werden, um ein konsistentes Bild der Veränderung zu erzeugen. Der Aufbau eines vertrauensvollen Kommunikations- und Arbeitsklimas, das ein laufendes Feedback über den Veränderungsprozess fordert und in die Maßnahmengestaltung einfließen lässt, ist somit eine ganz wichtige Voraussetzung für den erfolgreichen Unternehmenswandel [vgl. Vahs 2009, S. 355].

Jedes Change-Team sollte sich darüber im Klaren sein, dass sich ohne Ziele, Aktionspläne, Ressourcen, Fähigkeiten, Anreize und Informationen die gewünschte Veränderung nicht einstellen wird. Im Gegenteil, fehlt bereits eine dieser Komponenten, so ist Aktionismus, Chaos, Frustration, Angst oder Verwirrung vorprogrammiert.

Abbildung 12-05 zeigt sehr anschaulich, was das Fehlen einzelner Komponenten im Change-Prozess bewirken kann. Besonders deutlich werden diese Effekte, wenn man die Ursachen fehlgeschlagener Change-Projekte analysiert.

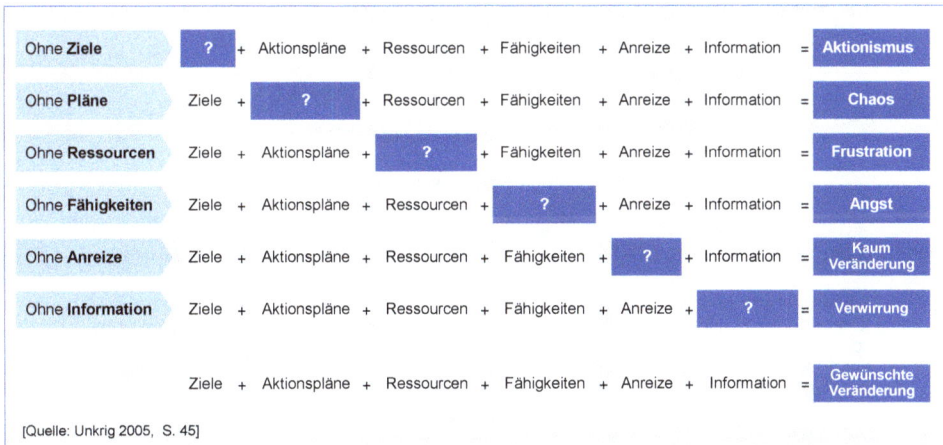

Ohne **Ziele**	?	+ Aktionspläne	+ Ressourcen	+ Fähigkeiten	+ Anreize	+ Information	= **Aktionismus**
Ohne **Pläne**	Ziele +	?	+ Ressourcen	+ Fähigkeiten	+ Anreize	+ Information	= **Chaos**
Ohne **Ressourcen**	Ziele +	Aktionspläne +	?	+ Fähigkeiten	+ Anreize	+ Information	= **Frustration**
Ohne **Fähigkeiten**	Ziele +	Aktionspläne +	Ressourcen +	?	+ Anreize	+ Information	= **Angst**
Ohne **Anreize**	Ziele +	Aktionspläne +	Ressourcen +	Fähigkeiten +	?	+ Information	= **Kaum Veränderung**
Ohne **Information**	Ziele +	Aktionspläne +	Ressourcen +	Fähigkeiten +	Anreize +	?	= **Verwirrung**
	Ziele +	Aktionspläne +	Ressourcen +	Fähigkeiten +	Anreize +	Information	= **Gewünschte Veränderung**

[Quelle: Unkrig 2005, S. 45]

Abb. 12-05: Komponenten der gewünschten Veränderung

In Abbildung 12-06 sind die häufigsten Ursachen für IT-Projekte, die die Erwartungen nicht erfüllt haben, aufgelistet. Daran wird deutlich, dass es im Wesentlichen immer wieder an der Vernachlässigung mindestens einer der o. g. Komponenten liegt, wenn Projekte nicht den gewünschten Erfolg bringen.

Konkret muss das Unternehmen Sorge dafür tragen, dass die Veränderung zu einer Anreiz-kompatiblen Organisationslösung führt, d. h. der Mitarbeiter sollte durch Erfüllung der gestellten Aufgabe auch seine eigenen Ziele erreichen können. Darüber hinaus ist die Motivation der Mitarbeiter auf ein gemeinsames Ziel auszurichten, um den Abbau von Blockaden zu erleichtern. Auch eine gezielte Steuerung der Erwartungen sowie eine entsprechende Qualifizierung der Mitarbeiter sind Grundlagen für einen erfolgreichen Change-Prozess.

Fazit: Eine der Veränderung positiv gegenüberstehende Unternehmenskultur, eine angemessene und zielgruppenorientierte Kommunikation sowie ein kompetentes Change Management-Team, das mit entsprechenden Ressourcen ausgestattet ist, bilden die wichtigsten Grundlagen für einen erfolgreichen Wandel im Unternehmen.

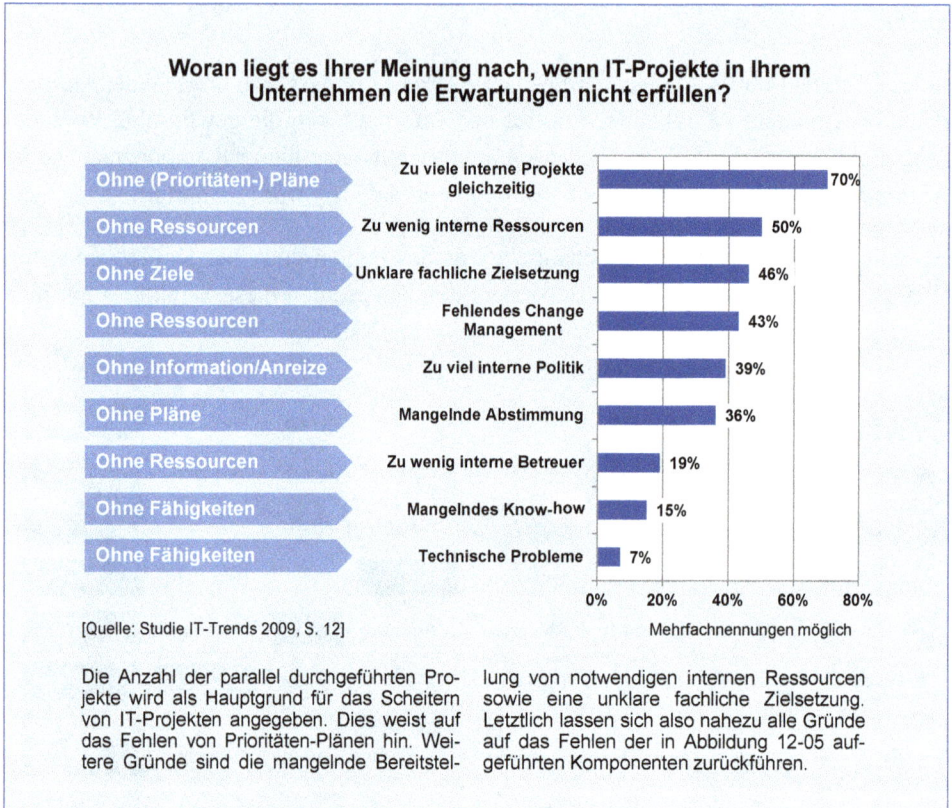

Woran liegt es Ihrer Meinung nach, wenn IT-Projekte in Ihrem Unternehmen die Erwartungen nicht erfüllen?

Ohne (Prioritäten-) Pläne	Zu viele interne Projekte gleichzeitig	70%
Ohne Ressourcen	Zu wenig interne Ressourcen	50%
Ohne Ziele	Unklare fachliche Zielsetzung	46%
Ohne Ressourcen	Fehlendes Change Management	43%
Ohne Information/Anreize	Zu viel interne Politik	39%
Ohne Pläne	Mangelnde Abstimmung	36%
Ohne Ressourcen	Zu wenig interne Betreuer	19%
Ohne Fähigkeiten	Mangelndes Know-how	15%
Ohne Fähigkeiten	Technische Probleme	7%

0%   20%   40%   60%   80%

[Quelle: Studie IT-Trends 2009, S. 12]   Mehrfachnennungen möglich

Die Anzahl der parallel durchgeführten Projekte wird als Hauptgrund für das Scheitern von IT-Projekten angegeben. Dies weist auf das Fehlen von Prioritäten-Plänen hin. Weitere Gründe sind die mangelnde Bereitstellung von notwendigen internen Ressourcen sowie eine unklare fachliche Zielsetzung. Letztlich lassen sich also nahezu alle Gründe auf das Fehlen der in Abbildung 12-05 aufgeführten Komponenten zurückführen.

Abb. 12-06: Ursachen fehlgeschlagener IT-Projekte

Literatur

Aaker, D. A. (1984): Strategic Market Management, New York 1984.

Amerland, A. (2020): Deutsche Firmen lahmen bei der digitalen Transformation. In: https://www.springerprofessional.de/transformation/industrie-4-0/deutsche-firmen-lahmen-bei-der-digitalisierung/

Ashforth, B. E./Mael, f. (1989). Social Identity Theory and the Organization. Academy of Management Review, 14, S. 20–39.

Backhaus, K. (1990): Investitionsgütermarketing, 2. Aufl., München 1990.

Bartscher, T./Stöckl, J./Träger, T. (Bartscher et al. 2012): Personalmanagement. Grundlagen, Handlungsfelder, Praxis, München 2012.

Bauer, U./Soos, J. (2017): Unternehmerische Kompetenzen von GründerInnen technologie-orientierter Unternehmen. Eine Erhebung im österreichischen AplusB-Programm. BWL-Schriftenreihe Nr. 21 der Universität Graz, Graz 2017.

Becker, J. (2009): Marketing-Konzeption. Grundlagen des ziel-strategischen und operativen Marketing-Managements, 9. Aufl., München 2009.

Becker, M. (2010): Personalwirtschaft. Lehrbuch für Studium und Praxis, Stuttgart 2010.

Blau, P. M. (1964): Exchange und Power in Social Life, New York 1964.

Borstel, von, S. (2015): Die wichtigsten Gründe für einen Jobwechsel, in: https://www.welt.de/wirtschaft/article148016628/Die-wichtigsten-Gruende-fuer-einen-Jobwechsel.html

Brodbeck, F.C. (2016): Internationale Führung. Das GLOBE-Brevier in der Praxis, Berlin – Heidelberg 2016.

Bröckermann, R. (2007): Personalwirtschaft. Lehr- und Übungsbuch für Human Resource Management, 4. Aufl., Stuttgart 2007.

Brown, M./Simmerling, M./Sturman, M. (Brown et al. 2003): Compensation Policy and Organizational Performance: The Efficiency, Operational, and Financial Implications of Pay Levels and Pay Structure, Academy of Management Journal, 46, 6, S. 752-762.

Capelli, P. (2008). Talent on demand. Boston: Harvard Business School Press.

Ciesielski, M.A./Schutz, T. (2016): Digitale Führung. Wie die neuen Technologien unsere Zusammenarbeit wertvoller machen, Wiesbaden 2016.

Classen, M./Kern, D. (2006): Studie HR Business Partner. Theorie und Praxis – Sichtweisen und Perspektiven (hrsg. v. Capgemini Consulting).

Classen, M./Kern, D. (2007): HR-Barometer 2007. Bedeutung, Strategien, Trends in der
Personalarbeit (hrsg. v. Capgemini Consulting).

Competencehouse (2017): Kompetenzen – ein Erklärungsversuch. In: https://compe-
tencehouse.de/2017/11/kompetenzen-ein-erklaerungsversuch/#/

Creusen, U./Gall, B./Hackl, O. (Creusen et al. 2017): Digital Leadership. Führung in
Zeiten des digitalen Wandels, Wiesbaden 2017.

Dahrendorf, R. (1975): Gesellschaft und Demokratie in Deutschland, München 1975.

Deloitte (2018): Human Capital Trends 2018, in: https://www2.deloitte.com/de/
de/pages/human-capital/articles/human-capital-trends-deutschland-2018.html

DGFP e.V. (Hrsg.) (2006): Erfolgsorientiertes Personalmarketing in der Praxis. Konzept
– Instrumente – Praxisbeispiele, Düsseldorf 2006.

Doppler, K./Lauterburg, C. (2005): Change Management. Den Unternehmenswandel
gestalten, 11. Aufl., Frankfurt/Main 2005.

Eckardt, A./Laumer, S./Maier, C./Wetzel, T. (Eckart et al. 2012): Bewerbermanage-
ment-Systeme in deutschen Großunternehmen. Wertbeitrag von IKT für dienstleis-
tungsproduzierende Leistungs- und Lenkungssysteme, in: Zeitschrift für Betriebswirtschaftslehre, Sonderheft 4/2012.

Edinger, T. (2002): Cafeteria-Systeme. Ein EDV-gestützter Ansatz zur Gestaltung der
Arbeitnehmer-Entlohnung, Herdecke 2002.

Enaux, C./Henrich, F. (2011). Strategisches Talent-Management, Freiburg 2011.

Erickson, T. (2010). The leaders we need now. Harvard Business Review, 2010 (5), S.
62–67.

Erpenbeck, J./Heyse, V. (2007). Die Kompetenzbiographie – Wege der Kompetenzentwicklung (2. Aufl.), Münster 2007.

Erpenbeck, J. (2012): Was sind Kompetenzen? In: Faix, W.G. (Hrsg.): Kompetenz.
Festschrift Prof. Dr. John Erpenbeck zum 70. Geburtstag, Stuttgart 2012.

Erpenbeck, J./von Rosenstiel, J./Grote, S. (Erpenbeck et al. 2013). Kompetenzmodelle
von Unternehmen: Mit praktischen Hinweisen für ein erfolgreiches Management
von Kompetenzen, Stuttgart 2013.

Eyer, E./Haussmann, T. (2007): Zielvereinbarung und variable Vergütung. Ein prakti-
scher Leitfaden – nicht nur für Führungskräfte, 3. Aufl., Wiesbaden 2005.

Festing, M./Dowling, P. J./Weber, W./Engle, A.D. (Festing et al. 2011): Internationales Personalmanagement, 3. Aufl., Wiesbaden 2011.

Festing, M./Weber, W. (2000): Internationales Personalmanagement, In: WiSt, 2000, Heft 8, S. 428-433.

Gebhardt, B./Hofmann, J./Roehl, H. (Gebhardt et al. 2015). Zukunftsfähige Führung. Die Gestaltung von Führungskompetenzen und –systemen. Gütersloh: Bertelsmann Stiftung.

Gehlen-Baum, V./Illi, M. (2019): Lern doch, was Du willst! Agiles Lernen für zukunftsorientierte Unternehmen, Norderstedt 2019.

Giesen, B. (1998): Personalmarketing – Gewinnung und Motivation von Fach- und Führungsnachwuchskräften, in: Thom, N./Giesen, B. (Hrsg.): Entwicklungskonzepte und Personalmarketing für den Fach- und Führungsnachwuchs, 2. Aufl., Köln 1998, S. 86–101.

Gmür, M./Thommen, J.-P. (2011): Human Resource Management, Strategien und Instrumente für Führungskräfte und das Personalmanagement, 2. Aufl., 2011.

Göbel, E. (2006): Unternehmensethik – Grundlage und praktische Umsetzung, Stuttgart 2006.

Griffeth, R. W./Hom, P. W./Gaertner, S. (2000): A meta-analysis of antecedents and correlates of employee turnover: Update, moderator tests, and research implications for the next millennium, in: Journal of Management, 26 (3), S. 463–488.

Grüning, M. (2002): Performance-Measurement-Systeme. Messung und Steuerung von Unternehmensleistung, Wiesbaden 2002.

Hagmann, C./Hagmann, J. (2011): Assessment Center, 4. Aufl., Freiburg 2011.

Häußler, T. (2011): Zeitliche Entwicklung von Netzwerkbeziehungen: Theoretische Fundierung und empirische Analyse am Beispiel von Franchise-Netzwerken Wiesbaden 2011.

Hildebrandt, M./Jehle, L./Meister, S./Skoruppa, S. (Hildebrandt et al. 2013): Closeness at a distance – Leading virtual groups to high performance. Oxfordshire: LIBRI Publishing 2013.

Himmelreich, f.-H. (1989): Arbeitsmarktanalyse. In: Strutz, H. (Hrsg.): Handbuch Personalmarketing, Wiesbaden 1989, S. 25-37.

Homburg, C./Krohmer, H. (2006): Marketing-Management, 2. Aufl., Wiesbaden 2006.

Homburg, C./Krohmer, H. (2009): Marketingmanagement. Strategie – Umsetzung – Unternehmensführung, 3. Aufl., Wiesbaden 2009.

Hofstede, G. 1993. Interkulturelle Zusammenarbeit. Kulturen - Organisationen – Management, Wiesbaden 1993.

Hofstede, G. 1997. Lokales Denken, globales Handeln. Kulturen, Zusammenarbeit und Management, München 1997.

Homans, G. C. (1958): Social Behavior as Exchange, American Journal of Sociology, 63, 3, S. 597-606.

House, R. J./Ranges, P. J./ Javidan, M./Dorfman, P. W./ und Gupta, V. (Hrsg.). (House et al. 2004): Culture, Leadership, and Organizations: The GLOBE Study of 62 Societies, Thousand Oaks, CA 2004.

Huf, S. (2012): Ursachen der Fluktuation verstehen, Mitarbeiterbindung optimieren Pfadmodell und Theorie der Einbettung erweitern das Verständnis, in: Personalführung 3/2012.

Jäger, W. (2008): Die Zukunft im Recruiting: Web 2.0. Mobile Media und Personalkommunikation, in: Beck, C. (Hrsg.): Personalmarketing 2.0. Vom Employer Branding zum Recruiting, Köln 2008.

Jochmann, W. (2019) in: https://www.linkedin.com/pulse/top-trends-hr-und-people-manage-ment-2019-dr-walter-jochmann/

Jung, H. (2017): Personalwirtschaft, 10. Aufl., Berlin/Boston, 2017

Keese, C. (2016): Silicon Germany. Wie wir die digitale Transformation schaffen, München 2016.

Kiefer, B. U./Knebel, H. (2004): Taschenbuch Personalbeurteilung – Feedback in Organisationen, 11. Aufl., Heidelberg 2004.

Kollmann, T./Schmidt, H. (2016): Deutschland 4.0. Wie die digitale Transformation gelingt, Wiesbaden 2016.

Kosub, B. (2009): Personalentwicklung, in DGFP e.V. (Hrsg.): Personalcontrolling. Konzept – Kennzahlen – Unternehmensbeispiele, Bielefeld 2009, S. 109–128.

Kotler, P./Keller, K. L./Bliemel, f. (Kotler et al. 2007): Marketing-Management. Strategien für wertschaffendes Handeln, 12. Aufl., München 2007.

Krebsbach-Gnath, C. (1992): Wandel und Widerstand, in: Den Wandel von Unternehmen steuern. Faktoren für ein erfolgreiches Change-Management, Frankfurt/M. S. 37-55.

Krüger, W. (2002): Excellence in Change. Wege zur strategischen Erneuerung, 2. Aufl., Wiesbaden 2002.

Kunerth, B./Mosley, R. (2011): Applying employer brand management to employee engagement. Strategic HR Review, Vol. 10, Iss: 3, S. 19-26.

Kuß, A. (2013): Marketing-Theorie. Eine Einführung, 3. Aufl., Wiesbaden 2013.

Kutschker, M./Schmid, S. (2006): Internationales Management, 5. Aufl., München 2006.

Lampert, H. (1994): Lehrbuch der Sozialpolitik, Berlin 1994.

Lang, R./Baldauf, N. (2016): Interkulturelles Management, Wiesbaden 2016.

Lang, R./Rybnikova, I. (2014): Aktuelle Führungstheorien und -konzepte, Wiesbaden 2014.

Laudon, K. C./Laudon, J./Schoder, D. (Laudon et al. 2015): Wirtschaftsinformatik: Eine Einführung, 3. Aufl., Hallbergmoos 2015.

Lee, T. W./Mitchell, T. R. (1994): An alternative approach: The unfolding model of voluntary employee turnover, in: Academy of Management Review, 19 (1), 51–89

Lippold, D. (2010): Die Personalmarketing-Gleichung für Unternehmensberatungen, in: Niedereichholz et al. (Hrsg.): Handbuch der Unternehmensberatung, Berlin 2010.

Lippold, D. (2014): Die Personalmarketing-Gleichung. Einführung in das wert- und prozessorientierte Personalmanagement, 2. Aufl., München 2014.

Lippold, D. (2015): Die Marketing-Gleichung. Einführung in das prozess- und wertorientierte Marketingmanagement, 2. Aufl., Berlin/Boston 2015.

Lippold, D. (2016): Überforderte Unternehmensführung – Ist das Modell der digitalen Führung die Lösung, in: https://lippold.bab-consulting.de/ueberforderte-unternehmensfuehrung-ist-das-modell-der-digitalen-fuehrung-die-loesung

Lippold, D. (2017): Marktorientierte Unternehmensführung und Digitalisierung. Management im digitalen Wandel, Berlin/Boston 2017.

Lippold, D. (2017a): Wie Start-ups unser Führungsverhalten verändern, in: https://lippold.bab-consulting.de/wie-start-ups-unser-fuehrungsverhalten-veraendern

Lippold, D. (2018): Wieviel Demokratie verträgt Mitarbeiterführung, in: https://lippold.bab-consulting.de/wieviel-demokratie-vertraegt-mitarbeiterfuehrung.

Lippold, D. (2018a): Die Reduktion der Fluktuationsrate als Erfolgsfaktor im Mittelstand. Dargestellt am Beispiel der Beratungsbranche. In: Ahrendt, B./Wöhrmann, S. (Hrsg.): Personalmarketing in 3D. Die vielfältige Disziplin, Berlin 2018.

Lippold, D. (2018b): Die Unternehmensberatung. Von der strategischen Konzeption zur praktischen Umsetzung, 3. Aufl., Wiesbaden 2018.

Lippold, D. (2018c): Reden wir mal über die neue Dreiteilung des Arbeitsmarktes, in: https://lippold.bab-consulting.de/was-ist-dran-am-dreigeteilten-arbeitsmarkt

Lippold, D. (2019): Personalmanagement im digitalen Wandel. Die Personalmarketing-Gleichung als Prozess- und wertorientierter Handlungsrahmen, 3. Aufl., Berlin/Boston 2019.

Lippold, D. (2019a): Gefragt ist die hybride Führungskraft. In: https://lippold.bab-consulting.de/gefragt-ist-die-hybride-fuehrungskraft/

Lippold, D. (2019b): Wer Erfolg haben will, muss sich verändern, in: https://lippold.bab-consulting.de/wer-erfolg-haben-will-muss-sich-veraendern-aber-nicht-um-jeden-preis/

Lippold, D. (2019c): Ist die Bologna-Reform gescheitert? In: https://lippold.bab-consulting.de/ist-die-bologna-reform-gescheitert

Lippold, D. (2019d): Onboarding – der größte Bindungsfaktor für neue Mitarbeiter, in: https://lippold.bab-consulting.de/onboarding-der-groesste-bindungsfaktor-fuer-neue-mitarbeiter

Lippold, D. (2019e): Führungskultur im Wandel. Klassische und moderne Führungsansätze im Zeitalter der Digitalisierung, Wiesbaden 2019.

Lippold, D. (2020): Was ist eigentlich ein High Potential? In: https://lippold.bab-consulting.de/was-ist-eigentlich-ein-high-potential

Lippold, D. (2020a): Paradigmenwechsel in der Personalentwicklung, in: https://lippold.bab-consulting.de/paradigmenwechsel-in-der-personalentwicklung-teil-2

Locher, A. (2002): Individualisierung von Anreizsystemen, Basel 2002.

Mitchell, T. R., Holtom, B. C., & Lee, T. W. (Mitchell et al. 2001). How to keep your best employees: Developing an effective retention policy. *Academy of Management Executive, 15*(4), 96–108.

Mitchell, T. R./Holtom, B. C./Lee, T. W./Sablynski, C. J./Erez, M. (Mitchell et al. 2001a): Why people stay: Using job embeddedness to predict voluntary turnover, in: Academy of Management Journal, 44 (6), 1102–1121.

Möller, J./ Schmidt, C./Lindemann, C. (Möller et al. 2015). Generationengerechte Führung beruflich Pflegender. In Zängl, P. (Hrsg.), Zukunft der Pflege – 20 Jahre Norddeutsches Zentrum zur Weiterentwicklung der Pflege (S. 117–130). Wiesbaden 2015.

Nissen, V./Kinne, S. (2008): IV- und Strategieberatung: eine Gegenüberstellung, in: Loos, P./Breitner, M./Deelmann, T. (Hrsg.): IT-Beratung. Consulting zwischen Wissenschaft und Praxis, Berlin 2008, S. 89-106.

Oberhardt, S. (2019): Struktur der Kompetenzen. In: https://sabineoberhardt.com/zenger-folkman/#toggle-id-5

Oechsler, W. A./Paul, C. (2019): Personal und Arbeit. Einführung in das Personalmanagement, 11. Aufl., Berlin/Boston 2019.

Pausder, V. (2020): Das Neue Land. Wie es jetzt weitergeht! Hamburg 2020.

Permantier, M. (2019): Haltung entscheidet. Führung & Unternehmenskultur zukunftsfähig gestalten, München 2019.

Porter, M. E. (1986): Competition in Global Industries. A Conceptual Framework, in: PORTER, M. E. (Hrsg.): Competition in Global Industries. Harvard Business School Press, Boston, 1986, 15-60.

Preen, von A. (2009): Mitarbeiterentlohnung und Partnerschaftsmodelle in Unternehmensberatungen, Präsentationsvortrag Kienbaum Unternehmensberatung v. 08.10.2009.

Pruitt, D. G./Rubin, J. Z. (1986). Social conflict: Escalation, stalement and settlement. New York 1986.

Radomsky, C. (2019): Willkommen in der Welt der Digital Natives. Wie Sie als erfahrene Arbeitskraft Ihre Stärken ausspielen, München 2019.

Rathenow, M. (2011): Theorien der Allianzforschung: Inwiefern die relationale Perspektive und die soziale Austauschtheorie den Transaktionskostenansatz ergänzen, Hamburg 2011.

Ready, D.A./Conger, J.A./Hill, L.A. (Ready et al. 2010): Are You a High Potential, in: https://hbr.org/2010/06/are-you-a-high-potential.

Recruiting Trends 2018, hrsg. vom Centre of Human Resources Information Systems (CHRIS) der Otto-Friedrich-Universität Bamberg und der Goethe-Universität Frankfurt am Main.

Reger, G. (2009): Innovationsmanagement – Change Management. Präsentationsvorlage Potsdam 12.12.2009.

Reiß, C. (1014): Fluktuation, in: http://www.personaler-on-line.de/typo3/nc/ personalthemen/suche-in-artikeln/detailansicht/ar-tikel/fluktuation, veröffentlich am 2.1.2014, Stand: Dezember 2017.

Riederle, P. (2014) Wir Digital Natives verändern die Welt. WeltN24 GmbH. https://www.welt. de/debatte/kommentare/article135783672/Wir-Digital-Natives-veraendern-die-Welt.html.

Ritz, A./Sinelli, P. (2018): Talent Management – Überblick und konzeptionelle Grundlagen. Von einem umfassenden Begriffsverständnis zu einem einheitlichen Gesamtkonzept, in: Ritz,A./Thom, N. (Hrsg.): Talent Management. Talente identifizieren, Kompetenzen entwickeln, Leistungsträger erhalten, 3. Aufl., Wiesbaden 2018

Ringlstetter, M./Kaiser, S. (2008): Humanressourcen-Management, München 2008.

Rosenstiel, von, L. (2003). Führung zwischen Stabilität und Wandel, München 2003.

Schamberger, I. (2006): Differenziertes Hochschulmarketing für High Potentials, Schriftenreihe des Instituts für Unternehmensplanung (IUP), Band 43, Norderstedt 2006.

Scherer, T. J. (2018): Die Utopie der sich selbst führenden Organisation – Teil 1, in: https://www.linkedin.com/pulse/die-utopie-der-sich-selbst-f%C3%BChrenden-organisation-teil-scherer/.

Scherer, T. J. (2018a): Die Utopie der sich selbst führenden Organisation – Teil 2, in: https://www.linkedin.com/pulse/die-utopie-der-sich-selbst-f%C3%BChrenden-organisation-teil-scherer/

Schirmer, U./Woydt, S. (2016): Mitarbeiterführung, 3. Aufl., Wiesbaden 2016.

Schlotter, L. (2020): Generationenkompass, Augsburg 2020.

Schlotter, L./Hubert, P. (2020): Generation Z – Personalmanagement und Führung, 21 Tools für Entscheider, Wiesbaden 2020.

Schmid-Oertel, M./Krause, T. (2007): Compensation & Benefits – Vergütungssystematik und Performance Management für Führungskräfte, Präsentationsvorlage EnBW vom 09.11.2007.

Schmitt, I. L./Werth, K. (1998): Personalauswahl in Unternehmen. Zur Theorie der Auswahlpraxis, München 1998.

Scholz, C. (2011): Grundzüge des Personalmanagements, München 2011.

Schröder, W. (2002): Ergebnisorientierte Führung in turbulenten Zeiten, 2002, URL: http://www.dr-schroeder-personalsysteme.de/pdffiles/Artikel17/

Schuler, H. (2006): Lehrbuch der Personalpsychologie, 2. Aufl., Göttingen 2006.

Simon, H. (1997): Administrative Behavior, 4 Aufl., New York 1997.

Simon, H./Wiltinger, K./Sebastian, K.-H./Tacke, G. (Simon et al. 1995): Effektives Personalmarketing. Strategien, Instrumente, Fallstudien, Wiesbaden 1995.

Staehle, W. (1999): Management, 8. Aufl., München 1999.

Stalder, B. (1997): Frauenförderung konkret. Handbuch zur Weiterbildung im Betrieb, Zürich 1997.

Steinmann, H./Schreyögg, G. (2005): Management. Grundlagen der Unternehmensführung. Konzepte – Funktionen – Fallstudien, 6. Aufl., Wiesbaden 2005.

Stock-Homburg, R. (2013): Personalmanagement: Theorien – Konzepte – Instrumente, 3. Aufl., Wiesbaden 2013.

Teetz, T. (2008): Hochschulmessen: Markt für Karrieren? In: Beck, C. (Hrsg.): Personalmarketing 2.0. Vom Employer Branding zum Recruiting, Köln 2008, S. 142–149.

Thibaut, J. W./Kelley, H. H. (1959): The Social Psychology of Groups, New York 1959.

Thom, N./Friedli, V. (2008): Hochschulabsolventen gewinnen, fördern und erhalten, Bern 2008.

Tokarski, K. O. (2008): Ethik und Entrepreneurship. Eine theoretische und empirische Analyse junger Unternehmen im Rahmen einer Unternehmensethikforschung, Wiesbaden 2008.

Towers Perrin Global Workforce Study 2007-2008 (Towers Perrin 2007): Was Mitarbeiter bewegt zum Unternehmenserfolg beizutragen – Mythos und Realität

Trommsdorff, V. (1987). Image als Einstellung zum Angebot, in: Hoyos et al. (Hrsg.): Wirtschaftspsychologie in Grundbegriffen, 2. Aufl., München 1987, S. 117-128.

Unkrig, R. (2005): Business Partner Personalmanagement. Auf dem Weg von der Verwaltung zur Wertschöpfung, Präsentationsvortrag RWE Solutions, Pforzheim 27. April 2005.

Vahs, D. (2009): Organisation. Ein Lehr- und Managementbuch, 7. Aufl., Stuttgart 2009.

Wagner, D./Herlt, S. (2010): Implikationen der Studienabschlüsse Bachelor und Master auf die Personalauswahl und -entwicklung, in: Wagner, D./Herlt, S. (Hrsg.): Perspektiven des Personalmanagements 2015, Wiesbaden 2010.

Wald, P. M. (2014): Virtuelle Führung, in: Lang, R./Rybnikova, I. (Hrsg.): Aktuelle Führungstheorien und -konzepte, Wiesbaden 2014 (S. 355-386).

Weinert, S. (2018): Das High Potential Management. Wie Unternehmen erfolgskritische Stellen gezielt und richtig besetzen können, Wiesbaden 2018.

Werle, K. (2013). Die Kuschel Kohorte. http://www.manager-magazin.de/magazin/artikel/0,2828,druck-875547,00.html.

Weuster, A. (2004): Personalauswahl. Anforderungsprofil, Bewerbersuche, Vorauswahl und Vorstellungsgespräch, Wiesbaden 2004.

Weuster, A. (2012): Personalauswahl I. Internationale Forschungsergebnisse zu Anforderungsprofil, Bewerbersuche, Vorauswahl, Vorstellungsgespräch und Referenzen, 3. Aufl., Wiesbaden 2012.

Wiswede, G. (2007): Einführung in die Wirtschaftspsychologie, 4. Aufl., Stuttgart 2007.

Abbildungsverzeichnis

Sachwortverzeichnis

www.ingramcontent.com/pod-product-compliance
Lightning Source LLC
Chambersburg PA
CBHW061806210326
41599CB00034B/6903